# 小學校長走過第一年

林文律　主編

天空數位圖書出版

# 獻詞

本書獻給華人世界現任小學校長以及有志於小學校長職務者，同時也獻給我的四個聰明活潑可愛的孫子女善水、佳美、佳雨與好球。

# 誌謝

我非常感謝參與本書這項校務經營焦點座談的所有校長。我也要特別謝謝我兩位倍極辛勞的專案助理陳佳榮與林碧榆。

# 給校長班學員的勉勵詞

當一個好校長
當思如何使學校進步，
如何帶好每一位老師，
以及如何透過老師，
把每一個學生帶上來。

# 主編簡介

　　林文律，1951 年出生於臺中市，係輔仁大學英文學士（1973），語言學碩士（1977），美國伊利諾大學香檳校區英語教學碩士（1983），美國賓州州立大學教育行政博士（1990）。1977 年起，開始在大學任教英文。1990 年起，除任教英文之外，同時亦任教教育行政與校長學。本著對於推動台灣本土校長學的一份強烈的使命感，2006 年主編《中小學校長談校務經營》（上、下冊）。2010 年主編《中學校長的心情故事》與《小學校長的心情故事》。2012 年主編《校長專業之建構》。2018 年主編《資深國小校長的經驗與智慧：且聽眾校長道來》、《學校經營的實踐智慧》與《小學校園裡的繽紛世界：學校行政個案集》。2022 年主編《小學校長走過第一年》。在服務於國立臺北教育大學 22 年之後，2012 年 10 月因健康因素申請退休。

# 主編序

　　這是一本 2022 年出版的校長學專書，書中所呈現的是 2003 年至 2004 年台北市與台北縣上任第一年國民小學校長校務經營焦點座談的完整記錄。本書這份資料自蒐集至今已經過了 19 個年頭。這段期間整個台灣少子化與人口老化現象逐漸嚴重，新住民及新住民第二代逐年增加，小學課程逐步微調。因應國際化潮流及台灣社會與經濟情況不斷的劇烈變化，教育政策也一直在推陳出新，包括 2019 年新的學年度以「核心素養」為主軸的 108 新課綱開始實施，以自主行動、溝通互動、社會參與三大面向，強化孩子適應現在生活和面對未來挑戰所應具備的知識、能力和態度，以幫助孩子達到終身學習的目標。

　　最近幾年學校校園的重大變化，除了國民教育實施 108 新課綱之外，更有甚者，2020 年初開始，全台灣開始承受了新型冠狀病毒肺炎（COVID-19，簡稱新冠肺炎）疫情在全球所帶來全面性肆虐，使得 108 學年度第二學期開學伊始至今，全國大學、中小學及幼兒園所有的校園，為了維護學子健康，全面處於極端緊張的備戰狀態，視疫情情況斷斷續續交替實施線上課程與實體課程，唯恐一有閃失，新冠肺炎疫情在整個校園肆虐，危害了學子的健康。

　　上述這些重大教育改革以及基於因應學童健康的可能威脅，迫使教育現場採取了非常迥異於尋常的緊急因應措施。不過，即使教育現場承受了上述這些或大或小的變化與衝擊，但國民教育的本質以及國民小學校務經營的樣態似乎並沒有太大的變化。這也是《小學校長走過第一年》這本書在歷經 19 年的沈澱之後，仍然值得出版的理由。

　　《小學校長走過第一年》這本書是 2003 年至 2004 年台北市與台北縣上任第一年 17 位國民小學校長，從校長遴選結果發佈開始，到校

長上任第一年結束為止，整整一年經營學校心路歷程的完整紀錄，也是這17位校長經營學校點點滴滴的心得與心情故事，非常寫實，可以說是台灣國民小學教育史上非常重要，也非常具有參考價值的教育歷史文獻。這本校長學專書的出版，可以為2003年至2004年台灣的國民小學教育留下一個歷史見證。

也許各位讀者心中難免有一個疑問：初任第一年的小學校長，有關校務經營方面，真的有特別的見地嗎？19年前我自己親身主持這些初任校長每一場次的焦點座談會。19年之後，由於編輯的需要，我重新對所有焦點座談內容非常認真仔細地閱讀之後，我深深覺得，這些校長，雖然是第一次接掌一所學校，本著每一個人原來在小學擔任教職與學校行政職務多年的豐富經驗，又因每一個人都是教育工作與學校行政的佼佼者，才得以過關斬將遴選上校長。這些校長各個資質原本就非常優秀，在一整年親身經營學校的歷程之中，每次的焦點座談所發表的校務經營理念與策略，真的是很有見地，令我非常佩服。而這些新手校長與學校教職員工之間，一步一步從認識、熟悉、建立領導威信，一直到發展出彼此互信的整個磨合過程之中，新手校長所展現的高度技巧與手腕也令人印象深刻。

《小學校長走過第一年》這一本書把新手校長經營學校的智慧納入書中，不僅全書的可讀性很高，書中所呈現的這些初任校長校務經營的經驗與智慧也非常值得肯定與讚賞。這本書絕對是一本值得向現任小學校長以及未來有志於小學校長職務者推薦，也是非常值得所有關心小學學校經營的人士珍藏的好書。

我會對於北台灣國民小學第一年校長進行這一份校務經營焦點座談研究專案，乃起因於我對於校長學的高度愛好。自從1987年在賓州州立大學就讀教育行政博士班開始，我就鍾情於校長學，並且矢志在回到臺灣之後，在校長學領域耕耘。基於此種念頭，我一直在認真思考如

何讓校長學在臺灣本土廣受探討。

回國後，有幸進入國立臺北師範學院（後來改制為國立臺北教育大學）服務，即以此為據點，歷經多次努力，2001 年初終於促使教育部核准國立臺北師範學院成立全臺灣第一所中小學校長培育與專業發展中心，並據此向臺北市及臺北縣、宜蘭縣極力爭取設立候用校長培育班。在校長中心成立初期，國立臺北師範學院連續多年舉辦一系列大型校長學國際學術研討會，邀請世界最頂尖的教育行政學者蒞臨台灣，與台灣知名的教育行政學者共同發表校長學論文，使得校長學開始在全臺灣受到普遍的關注與討論。

基於對於在臺灣推廣校長學的一份強烈使命感，我在 2003 年至 2004 年主持了一項小學校長校務經營焦點座談專案，邀請了台北市與台北縣 17 位剛上任第一年的小學初任校長，以每個月一個主題，進行為期一年的焦點座談，所探討的內容均是第一年擔任小學校長的校務經營逐步調適的辛苦歷程與深刻感受，因此我就把這本書定名為《小學校長走過第一年》。

本書分為 12 章，係由一系列總共 12 次的焦點座談主題所構成。焦點座談所觸及的面向包括：（1）新手校長入職階段面面觀；（2）建立領導威信與組織行政團隊；（3）校長的工作內容與時間管理；（4）校長教學領導；（5）校長課程領導；（6）校長如何形塑哲學觀知識與能力；（7）校長如何形塑學校文化並使學校進步；（8）校長如何協助教師專業成長；（9）學生特殊需求；（10）校長如何經營對內和對外公共關係；（11）校園規劃；（12）新手校長第一年回顧：探尋校長工作的意義。

我很感謝這 17 位台北市與台北縣國民小學校長參與為期一整年總計 12 次的小學校務經營焦點座談。這 12 次的焦點座談紀實構成了這本書的素材。這份寶貴素材在歷經多年的沉澱之後，我決定將其付梓，因此乃有《小學校長走過第一年》的醞釀與誕生。

在這本書編輯的最後階段，由於台北市北投國小翁世盟校長的探詢，本書的編輯進度乃有了突破性的進展。與此同時，臺北市興德國小退休校長洪瑾瑜一直熱心聯絡夥伴，並且協助最後之校對，熱情可感。此外，本次校務經營研究專案全體參與者不遺餘力，辛苦校對，大家的努力特別值得在此記上一筆。在 19 年前整個焦點座談資料蒐集的歷程之中，研究生陳佳榮與林碧榆負責研究專案的座談紀錄與逐字稿整理，倍極辛苦，特此致謝。

　　這本書是台灣國民小學教育史上非常重要的歷史文獻，對於現任小學校長、有志於小學校長職務者，以及所有關心台灣國民小學校務經營的眾多教育界同好與社會大眾，甚具實用與參考價值。但願大家一起來探討校長學，讓台灣本土校長學在大家積極關注之下，發展得更好。如果這本書也能在整個華人世界的教育圈引起一些迴響，更是我所樂見的事。

林文律

2022 年 03 月 16 日序於

國立臺北教育大學教育經營與管理學系

# 目　次

主編簡介　　　　　　　　　　　　　　　　　　　　i

主編序　　　　　　　　　　　　　　　　　　　　iii

## 小學校長的第一年校務經營焦點座談紀實

第1章　新手校長入職階段面面觀　　　　　　　　1

第2章　建立領導威信與組織行政團隊　　　　　　39

第3章　校長的工作內容與時間管理　　　　　　　79

第4章　校長教學領導　　　　　　　　　　　　119

第5章　校長課程領導　　　　　　　　　　　　155

第6章　校長如何形塑哲學觀知識與能力　　　　191

第7章　校長如何形塑學校文化並使學校進步　　225

第8章　校長如何協助教師專業成長　　　　　　269

第9章　學生特殊需求　　　　　　　　　　　　309

第10章　校長如何經營對內和對外公共關係　　347

第11章　校園規劃　　　　　　　　　　　　　403

第12章　新手校長第一年回顧：探尋校長工作的意義　435

# 第1章
# 新手校長入職階段面面觀

　　新手校長從遴選結果發佈開始,如何為第一次接手一所學校做準備?心中想的是哪些事情?是請教前任校長與原來的行政人員嗎?是拜會家長與社區人士嗎?還是物色自己的行政幹部?展望未來一年,新手校長的入職策略是什麼?如何擬定校務發展重點?是否會思考自己是什麼樣的人?對自己有何了解?如何在自己、他人、環境、與上級單位之間,取得一個最佳平衡?

　　此外,新手校長是否會思考學校有何舊勢力?如何吸納該股力量?如何化解阻力?有沒有預想到任何困難?或是已經實際碰到困難了?要向誰求助?如何求助?而且,新手校長如何作反省功夫?是否找到一面鏡子,隨時看出自己所做所為是否得當,並藉此了解自己的優點與缺點,但仍能保持一定的自信?

## 討論內容

### 江校長:

　　從校長遴選結果發布之後,初任校長可以從兩方面來準備。首先是心態上的準備。從考上候用校長到儲訓完畢,這段期間都是我在準備進入狀況。我個人在接手學校之前,前兩年都借調在教育局。教育局的生態與學校不一樣,因為教育局有更多的眼睛、更多的人在看著你在做什麼。在形象上的表現,要做校長的楷模,做一個表率。在我真正擔任校長之前,這樣的經歷對我是很重要的,包括有機會出席很多教育局的會議,我參與討論或發表意見,這些表現讓自己被看見,甚至比留在學校

裡沒有被借調的候用校長來得更被看重。

除了心態上的準備之外，在實際工作上的準備，就是多方面蒐集關於學校的資料。現在台北縣在校長遴選時，會請各個學校的候用校長先做功課，做三張 A4 大約 3,000 字的校務發展計畫。所以每一位候用校長在就任之前，大概都會對這所學校有了初步的認識，都會有自己提出來的校務發展計畫。不過，後來到了實際的教育現場後，會發現有很多的落差。

很多書面計畫看不到的問題，這時候才會逐一浮現，包括我到學校以後跟校長談、跟主任談，以及跟家長會相關人士談，就會有一些不同的訊息進來，每次都會有一些不同的意見，問題就慢慢加進來。這個時候，我的立場就是不做任何評斷，而是不斷地傾聽，而且我希望更多人不斷地告訴我一些甚麼，我也才會發現學校在發展上是有一些困境的。其實這時候我最大的感受就是社區家長和學校的關係需要修補，所以後來我真的花很多時間在這上面。

## 邱校長：

參加校長遴選本來就會面對很大的壓力，我發覺遴選這個過程就是最好的導入階段。在這個過程中，我面對許多挑戰，也有很多成長。從一個候用的校長到一個正式的校長，遴選的過程對我是很有幫助的。當你遴選真正的結果出來時，你其實也準備好一大半了，因為在遴選過程中有許多挑戰要求你準備，在一次又一次的過程中，你會有許多地方要去內化、去改變自己。從遴選前到遴選的那一段時間雖然看起來時間短短的，但前後是有差別的。

其次，遴選有哪些地方需要去準備呢？遴選之前通常會面對很多所學校出缺。臺北市是一所學校、一所學校來進行遴選。所以我們是面對不同型態、不同規模的學校，要做一些思考，最後要參與哪一所學校

的遴選，並不是一開始就能知道的。因此，你有可能很多的校務經營理念需要重新整理，尤其是要針對最後確定要去遴選的這所學校，需要重新再去整理一次。自己要先把自己整理好，然後才能去想其他的事情。所以我先整理自己，把一些想法回過頭來對焦在現在這一所學校，再積極去思考。這是需要準備的第一件事情。

再來就是去認識這所學校。為了要認識這所學校，對於學校現有的形貌，必須要有一個比較具體的了解，包含它可能有哪些優勢、劣勢，正面臨什麼挑戰，這是剛開始的整個前期作業很重要的一個方向的掌握。我的做法是我對前任的校長非常敬重。因為他對我的幫助會是最大，畢竟他已經在那個位置，對整個學校是有具體的了解的。

他的了解如果能夠有效轉移給我，對我應該有較大的幫助，因此原任校長是最重要的關鍵人物。我很幸運剛好遇到了一位非常熱心、願意提攜後進的長者。透過他，我等於一次掃描學校所有的人、事、物。當然我不可能跟他有完全相同的看法，但是至少看到他所看到的學校是什麼樣子。

接著是主任的層級。透過主任的眼睛去看看學校是什麼樣子，其中還有許多前輩對於學校的了解也很重要。這些通通了解之後，我才會開始靜下來思考，接下來要透過什麼步驟來經營這所學校。這些人給我一些架構，他們提出來的待答答案卷等著我去填充。不管是架構、方向或是應該拿捏的分寸，等到我真的去碰觸那所學校的人、事、物時，會有參考點。我覺得先了解再加以整理是很重要的。

## 孫校長：

剛剛各位從經緯的角度切入就職前的一些準備事宜。我則從脈絡的方向說說。

我會從兩個向度切入。第一，在實務上，機會通常是留給有準備的

人。過去我有階段性的學校行政工作目標，我隨時做好準備。我知道機會不一定會留給我，但會增加我的競爭力。在擔任教職的經歷中，我擔任導師的時間不長，擔任導師只有 8 年，2 年當兵，6 年是教師兼任組長，後來有 15 年都在擔任各處室主任。這 15 年，學校每一個處室我都歷練過了。在考上校長之前，每一個處室我都待了將近 4 年。從實務的觀點而言，過去的工作經驗就是我對現在校長職務最好的準備。

第二，在理論上，我的碩士論文是「國民小學校長知識管理與學校效能關係之研究」。在撰寫論文的過程，我充分閱讀國民小學校長的角色與校務推展策略的大量文獻，也認識到國民小學校長在經營學校時，可以從幾個角度切入，包括行政效能、教師效能、學生績效、公共關係及環境設備的經營軸線。我緊抓著這幾個方向，以一個宏觀的角度持續為當校長做職前準備。

**秦校長：**

準備指的是在事前做好準備。正好我自己本身是童軍專長，童軍人做任何事，心中永遠會放著「準備」二字。所有的校長都是從組長、主任做起，那些工作經驗歷程應該都算是一種準備。校長遴選是一個自己很難有完全準備的一件事。從其中，我雖然有準備，但是也覺得惶恐。

不過，在遴選前，不管自己投入哪一所學校，不管是他們找我，還是我自己去設定一個目標，在資料準備的歷程，以及去年一年的校長培育歷程中，當我在做每一細項思考時，我都是在做一種準備。不管在面對什麼人跟我講話，我都可以應付得很好。經過了這個歷程之後，當我實際進入瑞瑞國小（化名），才發現這所學校的一些問題。

當了校長之後，不論是拜訪瑞瑞國小社區的人，或是對於學校的老師與原任校長，在遴選之前就已經在思考：「到底我是要主動還是被動？」其實是各有優缺點。我個人剛開始是採取被動，因為之前我跟瑞

瑞國小真的是一點關係都沒有。我要從哪個地方開始切入比較恰當，一直頗費思量。常去又覺得不妥，不去的話，又會讓他們覺得這位校長都已經要來我們學校了，卻又不太關心的樣子。

所以這時候我常常會有很多的掙扎。那個時候，我送資料到警衛室，警衛還問我說：「這個要做什麼？」那時候我也不便表態說我就是申請要到貴校擔任校長的人。所以這個部分事實上是有很多很巧妙之處的。

再來就是在什麼時間點去瑞瑞國小最適宜？我覺得尊重原任校長是非常重要的，包括跟學校老師的接觸，到底要主動還是被動，我都做了一些琢磨。我主動打電話給校長，校長告訴我說：「不急啊！八月一日以後再說。」他這句話使我退縮。

後來教務主任和人事主任跟我聯絡，我才開始接觸。他們說：「校長可能誤會您的意思，事實上有些事情現在就可以開始做了。」我覺得有些事情如果能先跟一些幹部接觸，可能會比較恰當。如果一時之間要找校長，他就會認為，有些事情不必急於這個時候。當中的巧妙，可能要花一點時間去思索。

主持人：

與原任校長見面的時機，的確比較不容易拿捏。要避免給人家那種感覺，好像你跟他接觸，就好像要逼他走一樣。

王校長：

我是台北縣的。我的經歷跟大家比較不太一樣。我在受訓完之後，大概在 2001 年的時候，就馬上借調到台北縣教育局特教課，有這樣的機會來歷練。兩年之間，我主持了很多會議，對於我進入欣欣國小（化名）之後有很大的幫助。那時候我在教育局的工作很忙，沒有時間。

## 小學校長走過第一年

在考慮在不失禮的情況下，當遴選結果一公布出來，我早上一大早七點鐘就打電話給原任校長，告知他這件事情，同時也在第一時間，打電話給家長會長，告訴他我是新任的校長，然後在白天去到教育局時，我跟欣欣國小的每一位主任聯絡，告訴他們我是新任的校長，而且在當天取得所有學校家長會顧問及委員的名單。當天晚上我一一打電話，告訴他們我現在正在教育局忙，無法一一拜訪。等我有空時，我會一一過去拜訪他們。

我在跟家長會長接觸之後，他也很善意地主動召集所有的委員一起來見面，讓我不用一一去拜會。那種感覺是相當好的。

接下來，欣欣國小原來的校長是我以前的老同事，我們的關係相當好。他的教務主任也是我大學部的同學，是原來的教務轉總務。他的輔導主任也是我師院四十學分班的同學。他的總務後來轉訓導，也是我們原來同事的女婿。人事主任是我之前待過的學校的人事主任。所以整個行政體系的人員我都很熟悉。我跟他們接觸以後，他們都告訴我學校目前有什麼問題。我也馬上告訴他們要怎麼做。我知會過原來的校長，因為我擔心有些事情在八月一日之前需要做處理，不然起步會太慢。

學校的運作是不能夠間斷的。六月三十日學校所有的人事就已經定案了。八月一日我接任，八月三日我真正接手學校校務。有的主任想要調動職務，我會尊重他們。資深主任如果要更換職務的話，何嘗不可。如果以學習的角度來看，學校的行政團隊可以利用這樣的機會再一次學習。調整了職位，大家可以重新去思考工作的內容與方向，這是一個很好的開始。

八月份，除了要到教育局去開會，其他的時間我都在學校參加大大小小的各種會議。我試著去接觸所有的老師。在接觸的過程之中，我掌握了一個重要的原則，就是尊重校園倫理，以教育愛來經營學校的點點滴滴，以專業成長來鼓勵老師。我就親自示範，以愛來經營這個校園。

事實上我還處理了許多問題，包括廚工的問題。這真是一件很困擾的事情，也是一件大事。我很慶幸，就在我處理的過程中，我成功的資遣了三、四位廚工，而且他們還非常感動，願意為學校效力。我採取積極主動的方式介入。在這個過程中，我認為可以藉機形塑我的好形象，讓他們充分接納我。

## 張校長：

我算是在座當中校長遴選經驗比較慘烈的。遴選過程中，有很多無奈、委屈與辛酸，簡直就是一場殘忍的戰爭。雖然我早已準備好要當校長了，但我從來沒有準備好接受殘酷的遴選。這句話說起來有點衝突，卻是現階段遴選制度所造成的結果。

我會到美麗國小（化名）任職，相當令人意外，過程中有許多不確定的因素。遴選會那一天，當遴選委員宣布由我出任美麗國小校長時，當下心情五味雜陳、激動不已。我試著快速調整自己的情緒，準備好到這所學校接掌校務。另一方面，美麗國小的教職員工和家長，也需要調整適應這個事實，迎接一位不在預期中的新校長。遴選過後，大家都需要好好調整身心狀態。

經過一段時日後，我覺得應該親自去拜訪現任校長，並請他傳授經驗。現任校長申請退休，好像事先全校沒有人知道，因為前六年來，校長與學校的互動關係並不好，前任校長要退休的訊息，學校老師竟然是從報紙上得知的。據說，當消息見報的第二天，校長在朝會時站起來跟大家宣布：「我要退休了！」台下老師們交頭接耳、議論紛紛，搞不清楚到底學校發生什麼事？

當我想要跟前任校長接觸時，面臨到的困擾是：究竟比較理想的接觸時機是什麼時候？我只是希望能事先了解學校，並且從前任校長那兒獲得經驗上的傳承而已，以便讓學校的發展不會產生斷層，也就是說

有較佳的連續性。當我打電話想向前任校長虛心求教時，他一聽到是我打來的電話，覺得沒什麼好跟我講的，立刻把電話掛掉了！這個突如其來的舉動讓我好錯愕、好難過！為什麼他的態度如此惡劣呢？

　　真的萬般無辜與無奈，我只能調整自己、安慰自己，並且暫時放下這件事，等 8 月 1 日以後再做打算吧！ 8 月 1 日之前，前任校長所做的任何決定，我都無條件概括承受。

## 李校長：

　　我的背景算是比較特別的。我原來只在一所國小當了 10 年的主任，這之間也歷練了所有的行政工作。我初接任純純國小（化名）校長之際，很多時間都在打電話，謝謝之前遴選時所有曾經指導過我的人。他們教導我怎麼去遴選應答，如何繳交資料等。我一一打電話致謝的原因就是想延續原來的人脈，因為純純國小與我原來服務的學校地點非常接近。這些人也許不在純純國小，但是他們依然是我的朋友，我依然可以從他們那邊得到一些建議。所以我做的第一件事就是打電話。

　　接下來，第二件事就是接電話。各位都有經驗，就是新學校會有人打電話來請教很多問題，因為原來純純國小的校長選擇提早退休，他有第二個人生規劃，他要發展他的另一個生涯，學校同仁已經無法問出他的意見。

　　在我尚未接任之前，我的心思與時間還是以原來服務的學校為主，因為我不希望讓別人覺得我馬馬虎虎走人，留下了許多事情沒有好好處理。所以在一開始，我幾乎都沒有直接去接觸將要上任的新學校，但是新學校的人就一直打電話給我，比如說某些事想要請教我的看法，或者要為原校長舉辦歡送餐會，問我要不要參加。

　　再來就是如何跟原來服務的學校同仁或朋友們道再見，因為很多人有很多話想跟我說，這是老同事的情誼。此外，在接任新學校之前，

我做了就任新職之前一個很重要的事，就是花錢置裝，我希望儘量把遴選時那種緊繃的心情做一個放鬆，然後準備以新樣貌出發。

## 趙校長：

面對遴選，我的第一個考量就是如何在遴選校長的過程中凸顯個人特色，以及找出適合學校的特色。第二個就是預先思考面對危機時如何處理。第三個就是在面對不同情境與不同挑戰時，如何去延續公共關係。第四個就是面對新學校那麼多的資料，如何去掌握新學校的資訊，在短短的時間裡，強而有力的把它報告出來。面對遴選委員的提問，如何把學校的困境與未來的發展清楚表達出來。

再來，就是面對各種壓力時，如何去調適。在遴選的過程裡所需要的特質，與後來進入學校擔任校長的特質其實非常類似。其次就是形象的建立。在遴選完之後，六月到七月底之間，基本上，我在原來服務的學校都要工作到晚上六點才會回家。

我不希望我要到別的學校去擔任校長，原來學校的事情就都不管。原來的國小的課後輔導活動上到 7 月 31 日。我記得新學校的原任校長打電話給我時，我人都還在上課。校長問我：「怎麼現在還在上課？」我說：「沒辦法。因為有些工作還是要做一個結束，所以我還是要親自來擔任這個課程。」

我希望在原服務學校的最後階段能把每一步做好，而且做得更加謹慎，讓人家知道我在原來學校所經營的點點滴滴，能夠獲得學校的師生和家長的認同。同樣的，我希望可以把美好的形象帶到新的學校。就形象的建立而言，交接典禮是非常好的機會點。這樣的機會必須透過點點滴滴的準備來達成。

### 小學校長走過第一年

**蔡校長：**

　　我現在接任快樂國小（化名），但是很多人並不知道我曾經在快樂國小待過八年，因為我能見度不高。快樂國小是第一個有教師會組織的學校，其實我之前在快樂國小服務的第三年就已經有教師會了，我那時在訓導處擔任生教組長。當時除了訓導處之外，各處室都和教師會處得不是很愉快。我的主任被選為第一屆的教師會監事，我則是擔任第一屆理事。離開快樂國小之後，我從來沒有想過會再回到快樂國小服務。

　　離開快樂國小去他校擔任主任之後，對於「當校長」一職，我一直都不積極。坦白講，我沒有為校長生涯做任何規劃。在這方面，我想我是該期候用校長班裡面最不認真積極的，但是我接手任何工作絕對是全力以赴。我想快樂國小會再邀我回去參與校長遴選，可能也是因為我過去在快樂國小的工作態度讓他們是可以接受的緣故。

　　我不希望被歸類到某一個小團體裡面，我儘量公平對待身邊的每一個人，從來不會對團體中某一個人特別好。離開五年，重新回到快樂國小擔任校長，因為學校裡面大約七成同事我都認得，所以基本上我對這所學校並不陌生。上任之後所面對的事情或狀況，我大概也知道要怎麼辦，但是現在執行很多事情時，我還是會多看、多聽。雖然對很多事情已經很了解，但是有時還是要虛心請益，以聽取更多意見。

**曾校長：**

　　從遴選之前到現在，我總覺得自己一直在忙，但都不知道在忙些什麼。剛剛很多位校長夥伴說，在當校長以前就已經在為當校長做準備，我也是覺得我過去的經驗都是在為當校長做準備，可是有一件事情我並沒有準備到。我沒有準備成為這所學校社區的人，這讓我要進入這個社區的時候，我發現有的學校確實是跟別的學校不太一樣。

　　每一所學校都有每一所學校的特色，我不知道是不是每一個人都

會為這個做準備。當我要到這所學校時，在遴選的過程中，必須要跟對方的家長會、教師會做接觸。我第一次跟家長會接觸的時候，家長會長就像劉文聰一樣。他直接用台語對我說：「校長，你說台語好不好？」他直接就對我嗆聲，我在電話中就感覺氣氛不太對。

遴選過程當中，一直到要進入遴選會場的當天，我打電話給家長會長，他一直都不接也不回我的電話。然後我知道他們家長是有預設人選的。所以在遴選時，我要進入遴選會場之前我就預期，大概不會被遴選到這所學校來擔任校長。遴選的結果出來之後，我自己也是有點意外。而且在遴選的過程當中，我並沒有積極評估要去哪一所學校比較好。

但是我的前輩校長們會去打聽很多的消息，每天晚上都會打電話跟我說，你要去做點什麼、你要去做點什麼。甚至有前輩校長早上六點就把我挖起來，跟我說你要去做什麼、什麼、什麼。我是一直在後面被推著要往前做準備，可是到遴選前我真的覺得，我只要到最後把遴選的資料送出去了，就什麼事都不做了。我原來是這樣打算的。

可是在這中間，有一位前輩張輝雄校長跟我說：「如果有的人不好溝通，你就不去找他溝通，以後你當校長，你要知道喔，不好溝通的人多得是啊！」他的這句話讓我驚覺到我應該在遴選結果還有沒有揭曉之前，再做最後的一些努力。不過也是沒什麼用，因為家長會長就是不接我的電話，也不回我的電話。要不然他就直接跟我說：「現在沒空，等一下再打給你。」然後就沒有下文。

因為這所學校有六個候用校長在競爭。遴選結果出來之後，他們的家長非常不能接受這樣的結果。第二天早上一早八點十分，他們就打電話到我原來服務的學校，語帶威脅地跟我說：「主任啊，校長都給你選上了，你找個時間跟我們家長會委員喬一喬吧！如果喬不好，我們這些家長都要轉校，不要讓小孩在這所學校就讀了。」

他們要求我給他們一個時間，所以後面會一直影響到我上任之前的準備，包括上任當天的典禮。其實我上任當天，聽了很多人給我的建議，讓我對那個社區有一些了解。事實上，上任那天有點被原來那個校長卡到時間，所以我的安排有些改變，不過那也是考驗智慧的機會。

## 周校長：

我的遴選過程比較像「風吹疏竹，風去而不留聲」，因為我本身還在就讀博士班，所以對於校長遴選，是抱持著去了解遴選運作過程的心態。六月八日去參加縣政府在海山中學舉辦的面試。很幸運地，六月十八日晚上畢業典禮的時候，七點半教育局長官就打電話進來說：「恭喜。」我說：「什麼事？」他說網站已經公佈了遴選結果，確定我遴選上了。我只能說：「謝謝。」

接下來我做了哪些事情呢？第一件事就是回家後寫日記。因為我有寫日記的習慣，尤其是重大事件發生時的心境，我都會記錄下來。接下來就是回到自己的學校，將原來學務主任沒有做，自己覺得很想做，但是還沒有做的事情，先跟校長報告，說自己覺得有點遺憾，哪些事情還沒有做到，需要資源的給資源，包括在我離開之前，自己掏腰包把學務處辦公室的一面牆打掉，希望留一個比較好的工作環境，給新的主任與同仁們，也希望能把分內的事情做好。

另外一件事情就是把縣裡的學校通訊手冊調出來，擬出 10 名標竿校長，有優秀校長，有跟我同樣學術背景的校長。我開始準備做拜訪，然後跟他們約時間，繼續跟他們學習。

其次就是趕快認識新學校。我八年前曾經在獲遴選的青春國小（化名）擔任過教導主任。這所學校很單純，只有 6 班，89 位學生，138 棵老樹而已。我剛剛所說的認識，指的就是我離開青春國小的八年之間，學校發生了什麼事，有沒有需要我幫忙處理的。我請教原任校長，因為

我跟原任校長不論在人格特質、長相等各方面都很像,所以我就請問他有沒有什麼需要我配合的。

他說,6 月 25 日是學校的畢業典禮餐會,問我要不要露個面,因為他們都很希望看看我跟八年前的樣子有沒有改變。所以我就問原任校長,我如果去的話,會不會給人家感覺我很急著上任的樣子。他說不會,並且希望我去。如果我不去的話,可能會讓家長委員覺得我的姿態很高。所以我就選擇去參加。

最後一件事就是整個交接典禮要怎麼辦理。我仔細思考後,強調最主要的就是簡單隆重。交接典禮沒有什麼大的花招,僅強調守時而已。時間到了,有人跟我說鎮長還沒來。我說時間到了應該準時,就直接開始。典禮只花 45 分鐘就結束了。

接下來就是校園生態之旅,因為我們的校園很漂亮,家長們讓孩子大老遠跑來本校就讀,就是覺得讀這一所學校有附加價值。新任的主任就兵分兩路帶他們去參觀。所以,身為一位新校長,我個人形象的建立,最主要的就是守時、創新、謙虛。這些大概就是我這一陣子的心路歷程。

## 主持人:

現在大家第一輪都稍微講過了,有一些主題已經浮現了,也就是有關大家上任前後的歷程,其中有一點我特別感興趣,就是各位校長在準備接掌學校之際,跟原任校長究竟要如何接觸最適切。各位在接觸的時候,是要各位做判斷,但是有時候各位也是被動的。

你要去接觸的時候,也是在揣摩各種情況。比如說,這位原任校長是抗拒的,那位校長是有壓力的,有的校長則是非常歡迎的。這些都構成各位在做決定時,要不要向他多多請教。在遴選揭曉之後一直到上任之前,到底方不方便接觸?這是一個很有趣的地方。

　　對一個組織來講，有前後任領導者在交替、更迭的這段時間，究竟是怎麼去磨合？是要完全讓自己採取積極主動的作為嗎？還是說，原來的領導者會以某種方式一步一步引導你進入？譬如說剛好他有表示歡迎，剛好你也想先去了解，新舊雙方就聯結在一起了。

　　另一種情形是你一直想要，但是就是進不去，所以說各種情況都有。各種情況都有一些脈絡因素。針對前後任校長交接，影響你的因素有哪些？你想到的，就請提出來分享。

　　剛剛也有校長說，覺得自己會不會太敏感了。其實，天底下每一種狀況都有，反正你就把它想成天底下無奇不有，各種情況都有，各種情況都有一些相關的因素，也就是一些脈絡。

　　比如說，當我們在做質性研究時，我們當然不可能窮盡脈絡的每一個部份。但是我們今天是生存在各種脈絡裡面。重點是，我們到底有多大的敏感度去覺知這個脈絡的細微部分？事實上我們是很多脈絡中的一分子，我們就是順著這個脈絡走。

　　但是因為各位是校長，有些脈絡是可以依照自己的方式去主導、去走出來的。你掌握了脈絡以後，就可以依照自己的方式往前走。就某一種意義而言，我們是在跟脈絡作互動，但是我們不必然是完全被動。從各位剛剛的說法裡面，就可以看得出來，在其中你們一直在做判斷，就好像一方面一直在發射訊息，同時也一直在接收訊息、在做判斷，包括你要在哪個時間點去找原任校長，是最適切的點，最適合你去進行。

　　你跟前一任校長的互動很有趣。也許有很多地方讓你感覺你未必受歡迎。這就是你要面對的。有些地方就算原來學校的人不能接受，也許是因為他們還不了解你，但是他們還是必須要接受你。如果對方在還不了解你的情況下就拒絕你，對各位也是不公平。

　　所以上任之後，這一部份要由你去預先評估，從其中未盡妥善之處

走出來。在這一種略顯尷尬的情境中，要怎麼去走出這條路呢？今天是 8 月 23 日，距離各位就任還不到一個月，但是我相信很多地方各位已經扎扎實實地在走了。有關這部份，請各位繼續發言。

**秦校長：**

其實我跟周校長一樣，在 6 月 19 日校長遴選確定我要到瑞瑞國小擔任校長，家長會長與教師會長當天就熱忱的邀請我參加該校的畢業典禮。不過我服務的學校也是同一天畢業典禮，我就問他們什麼時間，他們說是晚上。我說我服務的學校是早上。

那時我並沒有馬上答應，因為我想原任校長還在，畢業典禮是原任校長主持，加上原任校長就要退休，學校也許安排在畢業典禮上溫馨的歡送他，我去參加該校畢業典禮，親師生可能會把目光聚焦在我身上，這樣會不會導致我搶了原任校長的光芒？所以我就謊稱那天自己服務的學校畢業典禮後有餐會，我沒辦法去參加。

我那時候也是借調教育局。遴選大會結束，我回到自己服務的學校，就去請教師傅校長，這時間我適合去參加瑞瑞國小的畢業典禮嗎？我的師傅校長告訴我，當然不適合！因為我一去就會被大家團團圍住及招呼著，這樣原任校長可能會很落寞，對於他來說，也是很失禮。再怎麼樣，我們要當瑞瑞國小校長的角色，就是要等到八月一日以後。

隔天打電話到教育局邀請我的，不是瑞瑞國小的原任校長，而是瑞瑞國小的主任。所以那個時間點，我就回覆這一位主任，告訴他我沒辦法去。後來隔天我在教育局，就有同事告訴我，瑞瑞國小的原任校長有來電邀請我去參加他們的畢業典禮。後來我有嘗試回電，但是一直聯絡不上他，最後我只好請他們的教務主任轉達說，因為自己服務的學校也是畢業典禮，典禮後又有餐會，不克前往。我非常感謝他的好意。

那一次之後，我一直試著跟瑞瑞國小的校長聯絡，但都沒有聯絡

上，原來事後才知道規模略小型的學校，校長室並沒有工友可以幫忙接電話，並不是原任校長故意不接我電話，也不是說我真的沒有這個誠意找他。還好我有嘗試聯絡別的處室主任，釐清了這個聯絡不順的問題，以免我與前任校長之間產生誤會。

這也是為什麼我會說我一直採取被動的原因，因為我的師傅校長告訴我：「什麼事都不用急也急不得，等到八月一日你到任以後，你要怎麼做就可以怎麼做，因為八月一日以後，才是你可以做決定的時候。七月份讓他們急，如果同仁有事就是找原任校長做決定，原任校長如果跟他們說，這是八月一日新校長到任以後的事，八月一日以後再說，那就只好讓他們去急。」

例如瑞瑞國小有新任教師要招考、三個主任出缺也要招考。但是我都會客氣地跟他們說：「是不是由原任校長來幫我們做個準呢？請原任校長幫忙決定簡章，看看什麼時間招考？只要他訂出時間，我都一定配合。」我覺得這些事都很需要尊重原任校長。因為在他退休之前，他還是有很多權力做決定的。到九月了，原任校長還把他的印章留在文書組，因為他覺得有時候可能他的章蓋的方式不對，發生狀況時需要重蓋，我都可以斟酌使用。很感謝他的寬宏大量呢！

我覺得我們初任校長要非常客氣、非常尊重原任校長。他一定也覺得這樣比較恰當，只是他沒有說出口。我記得八月中他曾回來拿東西，而且第一任校長也回來了，就約了一些瑞瑞國小的老同事在穿堂見面，但是他們並沒有上到二樓校長室來。

我覺得很奇怪，就是會有這種很微妙的感覺讓人不自在。我想他們可能會覺得，校長已經換人了，這裡就不是他們的天地了，所以就不要到校長室。還好有同仁悄悄地告訴我，一些瑞瑞國小歷任校長在樓下，不知道要去哪裡。

　　這位同仁還問我說：「歷任的校長都在樓下，校長你知不知道？」我說我又沒有通天眼，當然不知道啊！但是我現在知道了，我就趕到樓下穿堂，與他們一陣招呼過後，馬上邀約他們一起去貓空吃個便飯。其實他們也一直拿不定主意，不知道要去哪裡，而且還在等最後一個人。後來最後那個人來了，我們才一起敲了個地點。我把所有公務要忙的事情放下，就是陪他們去吃個飯。

　　我覺得跟前幾任校長們有這樣的見面機會很重要。在簡單的餐敘中，前幾任校長們都自然的說出這幾年來學校哪裡有問題、有哪些過失、學校校舍建築有哪些狀況、哪個教師的教學讓他們頭痛過…等等。如果我只有請教前任校長，他也不知道要從哪裡談起。所以我覺得這種見面的機會非常難得，遇上了要把握。

## 主持人：

　　我覺得這是很有趣的。你要去接任，但是你又還沒有名分，等八月一日上任之後你才有名分，但是行政還是必須延續，不能夠說舊的校長說要等新的校長來，因為事情本來都要策劃，然後舊的校長又客氣。雖然舊的校長客氣，但是他還是校長，而新校長因為還沒有就任，還沒有權限可以做決定。

　　由於行政必須要延續，這中間到底要怎麼拿捏？要做的事情如果一直懸在那邊也不是很好。然而事情如果一直懸在那邊，一定是有原因的。這些因素，包括各位新舊任校長的接觸，譬如說是客氣啊！或者是其中一位姿態很高，或者是說賭氣啊！有的則是因為法令因素之類的。

　　其實當我們回過頭去看，從校長遴選結果發佈開始，到八月一日之前的這一段期間，可能你都沒有辦法去接觸，必須要等到八月一日以後，你才開始去認識。但是有些事情，如果等到新校長就任才做決定，已經有點晚了。究竟要如何去拿捏得恰到好處，讓原任校長很樂意跟你

講？有些人會說：「我就去跟原校長請教啊！」

　　不管你是主動向他請教，或是在非常自然、毫無拘束的情況下，請他點點滴滴跟你說明，以便讓所有事情都能夠延續下去，這種既心急、又尷尬的情況非常有趣。這一段期間，有待接軌的事情是如何聯結起來的？如果這一段期間，所有有待處理的事情都是懸空的，懸空的原因究竟是當事者雙方的個性使然呢？還是法律因素呢？還是社區因素呢？這一點我覺得很有趣。

## 邱校長：

　　我非常同意老師講的「懸空」的問題。從 8 月 1 日到現在，每天我大概都是看著夜景回家。這怎麼說呢？因為 8 月 1 日以後，很多事情，從關鍵事情的安排到整個課程的架構，都壓縮在那邊，我必須做，可是它的壓縮會造成整個團隊很大的壓力，但是我又不能給大家太多的壓力。如果不要壓力又不用做事的話，就沒事可做了，所以我覺得七月份的那個空檔很不好受。

　　我一直在想，交接的制度是不是要往前移到七月，因為有些事情真的太累了，包括甄選老師，公告一次要五天，公告兩次就要十天了，就必須在那邊等。而且還沒有找到老師，課要怎麼安排？一大堆問題，大家就在那邊虛耗，實在是很浪費時間，而這個浪費時間的原因就是因為在 8 月 1 日才能交接的這個制度。但是我也重視交接的真正意涵。當然現階段這個制度也很難去改。這只是我自己的一些反思。

　　對於原任校長，我認為跟他的接觸，一切要以最自然為主。我那個時候就問遍我所有的師傅校長。我在候用校長班接受訓練時的班主任很英明。他幫我們安排的師傅校長特別多，不是一位，而是好幾位。我請教這些師傅校長，他們大概都會給一些概念。一個人的概念大概是一個取向，會浮現出一個樣子。

有了一個概念之後，就可以去找出原任校長的好朋友是誰。一定會有一些是校長的圈內很熟悉、很可以談話的人。我開始找，看看哪一個人可以跟我連在一起，因為我們的一些關係一定會有重疊的地方。我去找那個點，然後請他引薦，請他幫我打電話給原任校長，等於是請他推薦我這個小老弟給他。

當然這些對象本來就跟我有點熟，但是我還是不宜直接跟原任校長對話。透過那些好朋友跟他談完之後，他就變成以一個提攜後進的角度在跟我講話，我覺得那個很自然，所以我以後輩的姿態向前輩請教，他就用拉拔小老弟的那種心態，對我指點了很多事情，然後幫我分析全校所有人的特質，以及學校的一些狀態。

經過這樣之後，我對於學校的整個圖像就有了一些了解，這對我幫助很大。往後我要一個一個跟他們晤談的時候，就知道怎麼跟他們對話，就知道他們要什麼，或是他們要的是什麼，但是卻沒有說出口的。我跟他們對話的時候變得比較容易，也比較會有好結果。

經營與原任校長的那種關係，當然要力求經營出一個好結果，讓我能夠從他那裡獲益。但是如果是像前面有的校長遇到的，那種難度很高，我可能也沒辦法。能做到哪個地步就做到那裡，我覺得還是可以嘗試，不過像這樣的情況應該都是個案，應該不會普遍都是這樣。透過一些關係人的聯結，別人可以幫我們導入跟原任校長的關係，也可以幫我們導入跟學校的關係。如果是以這種角度來經營與前任校長的關係，就會比較好一些。

## 曹校長：

我覺得我是最不勤快的。暑假上班都是半天。我一直深信一個原則，就是開會要很有效率。我進到這所學校的第一次行政會報，我在會議最後的時候跟大家說，我們下次會議要在一個小時結束。我告訴他們

一個原則，很多事的協調都是檯面下，檯面下的時間較多。

我們台北市跟台北縣的情況比較不一樣。我們是個別去遴選的。當我們遴選上之後，對那所學校已經有相當的了解。8月1日等於是一個分界點，就像教授說的，行政要有個延續，但是我覺得那個延續一定是操之在我，成之在我。所以我一定要去掌握，絕對不能讓它去空轉。

我覺得如何去介入，跟每所學校的狀況、跟原任校長的個性都有關係。我了解自己的個性，我是一個一股作氣、一擊中的的人。遴選的時候，我只報名這所學校，如果沒有遴選上，我就不要再辛苦遴選其他學校。我不想要浪費很多的時間，因為我覺得做一件事要花很多時間是很辛苦的。

在遴選上之後的這段時間，我很積極的去了解華華國小（化名）。其實在遴選過程中，我已經知道哪些人是我可以用的人，他們會把這所學校裡面的狀況都告訴我，我很重視他們把事情告訴我，等於說校內的事都可以安排好。到了 8 月 1 日之後，其實就是按照那個程序繼續下去，是延續的。

遴選上之後，在就任之前，我一直都沒有出面。以這所學校來說，它的情況跟任何學校都不同。在遴選時，他們就會選擇哪一個人是他們的目標人選。但事實上，我不是他們的目標人選，因為他們不要女校長。他們講得很清楚。教育局說，本來有一位現任的女校長，但是為什麼後來那位女校長放棄，因為他們不要女校長。後來我遴選上了，而我卻是一位女校長。

所以遴選上之後，我面對的第一個壓力就是如何去化解他們不要女性來擔任校長的這個問題。但是這又不是我一個人可以去化解的，所以我就借力使力，讓所有能夠為我講話的人都去塑造女校長也有可能是一位很好的校長。等到他們都來告訴我，校內所有的人都能夠接受我

了，我才來想我的交接典禮，讓我自己的形象能更具體的被他們接受。這是我的如意算盤。

不過，因為我一直沒有出面，有些主任就會忍不住打電話給我。這就好像是所謂的敵暗我明，當然也不是「敵」啦！但有時候從他們的反應，就可以去觀察每一個主任的個性，要怎樣去跟他們相處，我也就成竹在胸。但是有一點是我沒有想到的，就是剛好華華國小的人事主任調到我原服務的學校，他們就藉這個機會一大票人馬趕過來看我，這是我沒有想到的。在這樣的情況之下，我跟他們有了第一類的接觸，這是我覺得比較不好的，因為這一點沒有在我的掌握之下。

每一位校長、每一所學校和每個人的個性都不一樣。我認為一切事情都要掌控在自己的手中，進到那所新學校當校長時，才不會覺得很多事情都擠在一起，否則效益就不太容易彰顯出來。

## 主持人：

這真是很有趣的一件事情。因為影響的因素很多，到底有哪些因素是在你的掌握之中？哪些因素你能夠「順其自然」？「順其自然」是什麼意思？順其自然是說，你完全不了解狀況，反正走到哪裡就看到那裡嗎？還是不管它怎樣發展，你都能掌握？那種情形又是不一樣的意思。

身為一位校長，你是不是應該去掌握更多的因素？除了一些事情真的是太過突然、出乎意料之外，其他的事情，不論是你自己把路鋪出來的，或是不管你怎麼做，就讓它浮現出對你有利的情況，那也是你要去掌握的。

我一直很好奇，像各位要去當校長的，在一開始的時候，你們要去掌握哪些因素？掌握了那些因素之後，事情是不是比較可以按照你的意思來走？當然這也許意謂著所使用的某些策略太過謀略。那種情況可能也不是很好。但是我個人認為，也許各位不太同意，我一直認為，

在我們預計進行 12 次的校務經營策略的探討當中，有一個主題會一直在貫穿，那就是權力的使用，因為本來校長經營學校就會牽涉到運用權力。

權力的運用，究竟是在你身為校長的法職權之內？或者是你的專家權或是基於個人的魅力？不管是哪一類，你就是要能讓人覺得敬佩，講出來的話別人就是願意聽，也願意無形之中照著去做。當然有時候也可能是暗地裡在運用權力。我們給它一種講法，就是校長權力的使用，一切都是為了學校好，是為了讓學校的校務運作順暢。

我們暫且相信校長權力的運用都是為了學校好。有些時候即使是暗地裡怎麼做，也是為了把路鋪得更好一點，讓事情更好做一點。不是運用卑鄙的手段，而是一種對事情的掌握，讓自己做起事來很順手。如果是這樣，當一個校長就會當得很自然。

一個校長若是常常無法掌握情況，常常處於被動挨打的地位，主任們都不明就裡，都不知道校長在想些什麼，在做些什麼，都是等到事情發生了之後，才能有所反應，我會覺得這樣子的校長當得很糟糕，因為他可能太多的因素都沒有掌握到。有什麼事情是校長不能掌握的呢？校長能事先掌握的地方越多，以便能預先妥為處理，這樣才是校長所當為之處。

如果一個校長能夠事先有效掌握各種狀況，而且能夠不動聲色，不管你是用雷達也好，還是用眼線。雖然「眼線」的說法不好聽，但是校長要去接觸，不管是哪一類的接觸都好。

我一直不贊同所謂的「校長辦公室的那個人」 "The man or woman in the principal's office" 這句話只把它當作字面上的解釋。校長當然絕對不是只坐在辦公室裡就可以掌握校內外天下事。基本上，我比較相信「走動式管理」 "Management by walking around"，也就是說，校長得

便時要常常在校園內四處走動，最常見的就是巡堂及巡視校園正在進行的工程，並隨時查看校園的各項設施，一方面可以掌握校內教師教學與學生學習以及校園環境的最新情況，發掘問題並察覺可能的問題，另一方面也可以藉著適時與教職員工及學生互動，強化既有的人際關係或建立新的人際關係，這些舉動對於校長經營學校都會有很大的助益。

即使校長只是身在辦公室而已，也應當要掌握各種情況。當你在校園內到處去走動，就是去接觸人與環境。你可以什麼策略都使用。如何使所有的事情都在你的掌握之中，這是很重要的事。我深信校長一定都是為了學校好，無論是積極主動或是被動知道，校長需要蒐集各種訊息，有效掌控各種訊息，尤其是關鍵訊息，以便及時作出準確的研判。

為了能對事情做出最準確的研判，校長的積極主動性是我很想聽各位校長說來聽聽的，包括新舊任校長的交接，八月一日之後各位就開始有了職位的法職權，一切都應當是在積極主動了解與掌握之中。即使不一定是要增加你的曝光率，但是校長最好能要讓大家知道，校長預備做很多好事，這些事情是好在哪裡呢？

校長會對很多事情關心。要怎樣展現關心呢？常言道：「**愛，就是要說出口。愛，就是要讓對方感受得到。**」同樣的道理，各位在當校長的時候，學校的方方面面你要關心，但是你要關心出來給大家看，而不是好像愛只是愛在心裡，關心只是在心裡關心。不論是愛或是關心，都是要讓大家看得出來、感覺得到的。

當一個校長一定要有作用，這個作用是要校長自己去用心思、用方法、用行動帶出來的。校長不是在那邊等事情來了才做。校長要主動積極、勇於設想問題，並主動做出規劃。英語有一個字"proactive"，大概就是這個意思。校長是要走出去的。走出去就是面對很多事情，校長要採取主動積極的態度，主動去認識、去了解。就像剛才所說的，組織領導的更迭( leadership succession)之際，如果有個地方讓它斷掉了，讓組

織的新領導者必須奮力去摸索才能開始，這是多麼不幸的一種情況。

在領導更迭之際，即將接任的領導者是否能夠預先設想到一些可能需要預為安排的情況，並且把尚未完全掌握的部份，事先預為處理。如果無法事先掌握到，也要在上任之後，盡快把它彌補起來。我相信大家也都盡力去彌補了，其他的就是制度上的。

不論是已經做的，或是碰到了哪些未盡事宜，可否請大家繼續分享，並提出具體建議。面對組織領導者更迭之際所衍生出來的問題，要麻煩各位把它一一挖出來，然後看一看學校行政運作的實際面貌是什麼樣子。對於各位新手上任第一年的初任校長，前後任校長之間的行政磨合之路是怎麼走出來的？不只是因為各位的個性，還包括組織的因素、社區的因素以及整個脈絡的因素。

**孫校長：**

我是比較特別的。遴選結果發布之後，我連學校位置在哪裡都不清楚。台北縣基本上是按照學校的規模大小來排序。台北縣與台北市的校長遴選是不太一樣的。粗略地說，台北市大概是檯面上的，台北縣則是在檯面下。另外就是臺北市各位校長大概是從折射的角度再回來，臺北縣則是輻射，也就是說，射到哪裡都不曉得。

在面對所有遴選委員的時候，台北市各校參與遴選的校長，面對的可能是最多九人擇一。臺北縣的校長遴選，好像是任何學校都有五、六十個人在參與選拔校長的工作。各位臺北市的校長是學校目標明確，我們臺北縣參與遴選的校長則是戰場在哪裡都不清楚。

面對有 45 年歷史的大學校，我一開始真的不知道學校在哪裡，還要看地圖才找到。面對這樣的情形，我就告訴我自己：一切都是急不得的。所以與原任校長的互動，在六、七、八月都有不一樣的進程。不過，我很幸運的遇到原任陳校長，他初到任時跟我到任是完全不一樣的情

況，我稱他是轉型中的校長，我則是既承先也啟後的角色。

　　遴選結果發布，陳校長就邀請我到學校走走。我也有了與所有行政人員首次聚會。接著我跟所有的行政人員說，淡水漁人碼頭是一個詩情畫意的地方，並邀約大家回訪我的根據地~~淡水。

　　這一次的到訪，很慶幸的，校長、行政人員、家長會長、副會長都到齊了，大家在漁人碼頭相見歡。我們採一對一的形式。三重有家長會長，淡水就有家長會長。他們有教務主任，我們就有教務主任。所以雙方建立一個很漂亮、非常好的交流平台。

　　七月的時候，我心中的一個重要考量就是應掌握「安定、安全、安心」三原則，一定要讓整個教師和行政人員安定下來，要讓社區和家長安心，然後學校的設備都要達到安全的情況。學校行政人員徵詢我的意見時，我都會告訴他們：「這個情況感謝知會我，但在七月底之前，整個決定權還是在原校長。」這是我在七月時主要的應對方式。

　　之後，我要面對的是一個大幅度的異動。學校的四處主任都是新任，組長們只有三個留在其位，其他也都是新任，這些都是原任校長調整的。當調整好之後，原任校長說要尊重新校長最後的決定裁量。但是我跟他說，前輩校長如何決定，我就如何接手。這時我的一個運作思維是在循序漸進的情況下，做一個統整的處理。以前如何做都繼續先延續下來，再用時間觀察。

　　另，因為我是從課程標竿一百學校來的新校長，初見他們提的課程計畫，雖然不令人滿意，但我都沒提修正意見。我說：「謝謝你們，辛苦了！」七月、八月期間我到校園到處走，遇到行政人員和教師則說：「謝謝您。辛苦您了！」這段期間，每天我都是最後一個離開學校的人，學校的值勤工友覺得很奇怪，大門都要關了，校長怎麼還沒走。

　　其他像有些行政程序作為，我覺得有調整空間，但是我都會先做再

說，包括校長辦公桌要買新的，因為原來的桌子是校長自己的。當然原校長也留了經費作為購置新辦公桌之用。對於這件事，我也跟原校長說：「校長，你決定就好。你買什麼，我就用什麼。」

在這樣互動的歷程中，有彼此的尊重與徵詢。看到一個好的開始，對我而言，覺得蠻滿意的。

## 江校長：

政權和平轉移很重要。在之前我對悠遊國小（化名）這所學校是很陌生的，連一個人都不認識。大概在三月份遴選要開始之前，我透過一位好朋友找到他們學校的教務主任，初步了解學校的狀況。但是後來我直接去找悠遊國小原任校長，只不過打了很多電話都沒有什麼反應。

後來有一個晚上我跟校長約，找到了人，然後在電話上聊了一下，後來還約了一個時間要碰個面。但是我還在教育局上班，其實每個人的工作都很多。不過，很幸運地，七月份我與原任校長還是見面了兩次，其中有一次是校長安排我去參加他們學校的一個活動。

當遴選結果發佈之後，通常原任校長會有很多事情要新校長決定，但是我就很為難。所幸我遇到一位很好的教務主任，在過渡的過程中扮演了很像宋楚瑜先生當總統與外賓的橋梁角色。因為原任校長很客氣，他認為已經進入看守內閣，所以不做任何決定。

但是很多問題他不能不去做決定，所以我們這位主任就變得很像傳聲筒，在中間幫我們傳達。我覺得很重要的就是那個關鍵人物。在我們學校就是那位教務主任。我多次請他幫我轉達一些事情。

不過我也發現，同樣在主任同儕之間，他們不見得只聽某位主任一個人的。所以後來我也把另外兩個主任拉進來。我會直接請他們三個人幫我聯繫，請他們告訴我狀況，看看有沒有什麼需要我協助的。我覺得

如果我只找某一位主任的話，他可能會變成大家的公敵。所以七月份時，我索性就找三位主任幫我忙，傳達他們的意見。他們之間也會先討論過，這樣就會比較容易溝通。

不過，後來因為有主任臨時退休，大家就在討論，是要開老師缺，還是開主任缺。當時因為我跟教育局有一些默契，所以我堅持要在那個學校保留主任缺。不過教評會的人不想留這個主任缺。

後來沒有辦法，我就請原任校長幫我向教評會轉達，告訴教評會，因為我跟教育局有一些默契，希望能夠保留主任缺，後來才讓教評會通過，將這個缺留下來。整個過程當中，其實家長會也是一個很重要的關鍵。

可是我漏掉了一個部分，就是地方上的人士。悠遊國小原任校長不但不跟地方人士來往，而且關係很惡劣。在交接典禮上，四個里長是不告而別的，最近我正在努力修補這一塊公共關係。當然這錯不在我，但是我知道這些與學校有關係的關鍵人物是必須要掌握的。

## 賴校長：

我學校特殊的是教師流動率非常大。當時原任校長主動打電話恭喜我，我也就藉這個機會問校長，看看什麼時候適合跟大家見個面，是不是可以在學期末安排個時間，對於要離開的老師恭喜他們，留下來的老師謝謝他們。校長說，剛好學期末學生也在，所以也可以跟學生見個面。對於這樣的安排，我非常感謝校長。

接下來因為人事變動很大。主任離開了，組長也都離開了，老師也都調走了。我的心裡有點急，擔心接下來要怎麼辦！文文國小（化名）那邊算是偏遠地區，所以附近幾所學校的校長都非常關心，也都打電話告訴我：「賴校長，你要趕快選人喔！要趕快做決定喔！」

其實，剛開始根本不曉得我能做什麼？而且，要怎樣去接觸是很尷尬的。到底是要主動還是被動，其實我的內心是很掙扎的。

聽了大家的意見之後，其實我自己也拿不定主意，所以我再次打電話給校長，問看看接下來可以怎麼做？因為我們學校開了五個缺出去，也因為今年很特殊，都是派公費生。我那時候很心急，所以自己主動打電話到教育局去，拜託科長，請他無論如何一定要幫我留兩個主任缺。後來科長也了解狀況，他說沒問題。

接下來就是甄選主任，我和原來的校長溝通接觸，他覺得我很急，七月份有事情原校長解決就可以了，我不用做什麼！那是我自己跟校長互動溝通幾次之後我的感覺。

關心的人跟我說：「因為接下來的人事是你要運作的，所以你要去關心，以便思考下一步要怎麼樣做。」所以那個時候我自己的內心是很掙扎的。這件事情在中間來來回回幾次之後，最後我跟校長說：「那麼事情就由校長你全權處理，你怎麼做決定，我都沒有意見。」

後來這一段期間，事情有了變化。因為今年老師甄選很難，所以校長有意思把一個主任缺變成一個老師缺。我覺得這樣怎麼可以？後來我聯絡了一些夥伴，請教大家的意見。他們就告訴我：「你一定要很明確的告訴校長，要兩個主任。」所以直到要甄選的前一天晚上十點多，我打電話給校長，告訴他我還是堅持要兩個主任缺，請他把我的想法轉達給教務主任知道。我是一直到那個時候才主動表達意見，中間過程中的那種焦慮又無奈的感覺，我真不知道要如何描述。

後來主任甄選完之後，我開始擔心傳承的問題。因為經過整個暑假，原來的主任、老師都不見了。主任都請休假，七月份的公文沒人處理，一直到八月一日正式上任後，才處理累積了一疊厚厚的公文。很多已經超過時限，後續要慢慢去處理這些問題。

　　剛剛大家討論新舊校長之間如何有效互動。後來我慢慢發現，其實每個人的人格特質都不同。剛開始我是很積極的，到後來我覺得自己不用太急，什麼事情等八月份之後再說，因為原校長會告訴我說：「不用煩惱。沒事啦！沒事啦！」畢竟八月份之前，所有的事還是原來校長的權責。

　　八月一日正式上任，就開始有很多事情要我處理了，例如課程計畫、職務安排…等。一般學校大概在前一個學期的學期末就已經處理好，我們學校通通都沒辦法做。八月份我們開始趕快排行事曆。八月一日交接典禮後，二日下午就請老師們回來，開始交代同仁怎麼做。我的學校很特別，因為所有的主任都已經離開這所學校了。

　　之前我如果問什麼事情，校長就會說你問主任就好了。我如果問主任，主任也會跟我說，都準備好了，到時候新主任一來就可以交接給他。本來我的想法是不是可以早一點傳承交接，主任又說沒辦法，因為那段時間大家都在休假，所以到七月底才交接。每一所學校的情況都不會一樣。雖然是小型學校，卻有這麼多懸而未決的事情讓人心急。

　　我一開始就抱持著一個想法：第一是人事安定最重要，第二是人和最重要。所以在這段期間就朝著人事與人和這兩個目標努力。不過目前我們人事還沒有安定下來，我們甄選主任和代課老師結束之後，接下來有一個兵缺，當事人會到九月中旬才去當兵，他還不想當兵，而且也沒去問兵役課。我跟他說：「不可以這樣子，因為學校的人事還是要儘快確定才行呀！」

**主持人：**

　　有些事情聽起來很可怕。我想又回到剛剛那個主題，就是當你還沒有權限可以掌握，但是你卻必須要掌握，就像主任缺或者是老師缺，假如你還是按照原任校長的意思，得到的答覆卻又跟自己原來的想法很

不一樣，那個關鍵時刻你必須要表示你的意見。但是各位校長在空窗期，在還沒有身分的時候，要如何表達意見，而且是有效地表達意見，這個關係非常重大。

從組織運作的觀點來看，每一個新人正式進入一個組織的系統之後，大概就一直留在系統裡了，除非是當事人自己要走。如果進入你的組織系統的那個人不是你要的，或者是你要的人進不來系統裡，身為組織領導者，你真是會叫天天不應、叫地地不靈，這太可怕了，這樣一開始就會對你很不利。所以當事情對你關係非常重大時，你就必須要技巧性的表達意見，當然有時候可能會錯失那樣的機會。

我們現在藉著這個座談是在做一個反省、做一個檢討。如果某一個時間點的決策不恰當，我們還是要有後見之明，看看那個未盡理想的決策究竟是在哪一個環節進行得不恰當。今天各位既然是在當校長，每一位校長在位時，就是在書寫學校的歷史。

透過今天這樣的座談，有些重要的體認就可以慢慢浮現出來。在我們現今的制度之下，有什麼樣的人，在這樣的時刻，原來的校長該做決定卻不做任何決定，或者是他做的某種決定對於繼任者來說，可能帶來某種程度的災難，尤其是在領導者更迭之際的這個空窗期，這種災難可能還是要繼任者去概括承受。

## 王校長：

在這部分我實際的經驗是，七月份我雖然還沒有進到學校，但是因為很多公文都可以上網。電子公文每天都會有新的訊息、新的公文出來，所以我那時候很積極上網，因為那個時候整個學校都是處在一個很鬆散的情況下。我每天上網如果看到新的訊息，就會主動跟前任校長、處室主任透過電話表達關心，也會主動傳真。主任也會主動通知我，因為不能只靠校長。

　　我與原任校長之間是很微妙的關係。即使我們原來是老同事，在互動的時候，彼此之間還是保持了一定的距離。但是我還是要主動，以謙虛與真誠的方式打電話給他。我相信跟他互動幾次的過程中，總可以找到可以切入的時間點，因為他畢竟要去接別的學校，轉任別的學校，他可能也會遇到類似的問題。

　　當然我就任之前都會先掌握，不只是校長這一環，也把處室主任及人事主任都掌握到，隨時跟他們聯繫。我打電話問他們，關於某一個案子，學校的作法。譬如之前的公共工程專案，他們都沒有聘請人，我說趕快趕快。學校是否有弱勢家長，或者是孩子家長失業的，請輔導主任趕快找。我這樣一來，他們會覺得校長很有愛心。所以，透過電子公文，我可以主動掌握訊息。

　　跟學校聯繫，也可以對學校主動表達關懷。有很多資訊不能只靠校長而已，最後跟前任校長接觸的時候，他會覺得這樣太慢了。當他答應我可以介入的時候，我就更密集掌握情況，一直主動用電話溝通，一直掌握整個事情發展的動態。基本上我對學校的人、事、物都有相當的掌握。

　　我們學校有很資深的主任。對於很資深的主任，要如何去帶領他，必須要從校長本身做起，就像她就是大姐、你是二姐，雖然她尊重我是校長，但是我還是稱她為大姐。其實她們的心態上是很愉悅的，因此她就會主動積極為我服務。

　　再來就是交接當天，我也是儘量淡化，沒有民意代表參加，只有所有栽培過我的校長，還有教育局的一些長官。我們並沒有去知會民意代表，而是儘量低調，在這一個過程中展現了形象和風範。中午，我們就在學校自己做自立午餐。

　　學校有幾個障礙人士以及兩位年紀大的警衛伯伯。當大家都在用

餐時,我親手裝好飯菜給他們吃。學校的很多老師和同仁看到之後,都很感動,告訴我說:「校長,以後可以不用你來做,我們會做。」當時包括警衛伯伯和身心殘障的同仁都非常高興,覺得校長很疼愛他們。這也奠定了日後我在處理學校廚工這件事的基礎。

當我向原校長請教時,有一些事情他是不方便說的。很多事情都是在我進入到校園以後,才發現事情怎麼會這樣呢?和我之前已經掌握好的部分是有一些出入的,還有真正「大條的代誌」〔編按:閩南語,指非常嚴重或棘手的事情〕在後面。雖然過去的就過去了,但是新校長到了這所學校之後,就是要概括承受,去承擔並解決問題。我們要如何去解決問題而不被排拒,讓大家心甘情願的為校長賣命,這是很細膩的部份,必須在待人處世的點點滴滴努力中去落實。

## 主持人:

我在美國就讀博士班時,臺灣沒有所謂的校長學課程,只有教育博士學位學程。基於對教育領導的高度興趣,我到美國去就讀美國的教育行政博士班。美國這種教育行政博士班學程有兩個軌道,一個是為了讓學校老師取得校長證照而開設的教育領導課程,另一個則是純學術性。因為兩個軌道的課程有一部份重疊,所以我雖然是在學術性這一個軌道,但也修了很多校長證照班要修的課程。

美國教育行政博士班課程,在美國教育行政學術界與學校行政實務界,因為培育校長的制度不是很符合學校行政實務界的需求,老是受到美國國內各界的批評。不過,因為美國的校長證照制度,雖然各州略有不同,但仍然有全國性的規範機構,發展出中小學校長的證照標準,使得各州在設計校長證照課程及頒發校長證照時,有一個遵循與參考的依據。在中小學校長證照方面,美國很多制度的設計與實務的做法,其實有很多地方很值得台灣參考。

在美國教育行政博士班常常會討論到，有哪些事情是你在校長證照班的課堂上，教授絕對不會跟你講的。就像王校長所說的，有些東西原任校長是不會用嘴巴跟你講的，而是你要用你的眼睛自己去發現，這是第一點。

今天是 8 月 23 日，各位已經上任三週，當然事情有做或沒做都已經過去了，你只能掌握現在和未來。不知道各位校長有沒有哪些後見之明，以及各位本來可以怎麼做，現在回想起來赫然發現自己當初為什麼沒有那樣做的。雖然時間已經過去了，但仍可以稍微回想一下當初的點點滴滴。

## 邱校長：

我的一些想法跟大家比較不一樣。我就讀校長培育班時的很多師傅校長都建議我採取比較觀望的態度。不過我的看法是要積極，尤其對於人，就像剛剛老師一直強調權力。校長的權力其實是在於對人與經費的掌握上。我一直覺得，人對了，一切才有可能會對。如果放棄了對於人擺置的權力，後面就會受到很大的影響。

如果把人放錯地方或是放得不是很理想，未來一年的努力就會受到限制，就算你透過很多努力，花了很多力氣，成果都不會很理想。我知道要真正了解一個人是要透過 360 度的視角，例如看看原任校長是怎麼說他自己，主任怎麼說他，家長怎麼說他。這些我都會經過交叉比對。

我為什麼要這樣做？因為剛好有一位主任要離開，所以我就問原任校長需不需要聘請另外一位主任，還是啟用代理的。我一直在思考這個部份。我採取的方式是啟用代理的，因為我剛好動了四個人，只有一個缺。但是學校只有六個班，我動了四個人，幅度是相當大的。我要動這四個人，都是經過思考的。做這項決定是在我了解每一個人之後。

小學校長走過第一年

　　為什麼我要這樣說？老師剛剛提到校園中有沒有惡勢力的問題，我覺得那些問題都是從這裡引發出來的。要解決的話，就必須要在人的方面解決，而解決點就是在交接的時候。如果今年不動，這個惡勢力今年就一直存在在校園內，而且一整年都存在著。

　　我必須解釋所謂的「惡勢力」不見得就是惡，只不過是他沒有舞台，就會在校內搞蛋。他心中會有怨言，如果不去疏解他，這惡勢力就會一直存在，而且勢必到最後還是要給他擺一個位置。如果我今年不這麼做，今年就會只是在收拾那些事情所引發出來的困擾。我覺得那會很浪費生命。

　　我儘量順乎自然，不要讓人家覺得我在干預什麼事，所以我一直去營造前任校長對我的幫忙，包含要怎麼搞定某個主任，他都跟我商量，也在套招，看看如何安撫人事的運作。

　　他扮黑臉，我扮白臉，儘量讓原任校長變成一個協助我的力量。事實上他也願意做檯面的事情，包含他要如何跟那些老師溝通聘任老師的事情。當我把所有的佈局都想好，都底定之後，我就一個一個跟他們談。談的不光是人事問題，也談未來這個團隊大家要怎麼做。

　　我覺得他們每個人換了一個新位置，都帶了一個新的希望去。所以到了晚上七點，我都要去催我那幾位主任離開。他們待在學校都待得比我還晚。其實我並沒有留他們，但是他們就會留下來繼續做，希望把事情做完。

　　因為在進入學校之前，大家都已經有了共識，包含那些年輕人，由組長變成代理主任之後就很積極的想做一些事情，還有其他組長因為換了職位，他們也都高高興興的。我只是給他們換個位置而已，但是那個新的職位對他們產生了新的意義，所以他們會覺得想做些什麼事情。很高興的是他們都還年輕吧！都願意去嘗試新的作為。

　　我覺得對於人，若有可以努力的空間，就不要放棄。前後三個禮拜印證下來，雖然行政同仁們工作的時間很長，但是都工作得很愉快，因為大家都很集中在做某些事情，因此很多事情都一件一件解決了，他們似乎有越做越起勁的感覺。

　　當他們看到自己所做的努力有了一些小小的成果，那個感覺就很好。所以我認為不要放棄對人事擺放的機會，因為那個決定可能就決定了你很多事情未來發展的走向，這是很重要的。雖然要怎麼做是因校各異，但是一切還是以和諧為主，不要去破壞校園和諧的氣氛。當然如果還是有侷限，那就接受吧！

## 主持人：

　　在組織的運作中，人心的經營與組織成員工作意義的經營，是組織領導者要念茲在茲，刻意去努力之所在。我常常說，我們要讓組織成員捕捉到某種美好的感覺，會自發性的熱愛自己本分的工作，會自然而然散發出對工作的熱情。校長要有積極的作為，要在組織成員每日的工作中，把那種熱愛工作、享受工作樂趣的美好感覺帶出來。這就是校長工作意義的經營。

　　校長讓新的人到新的位置，就會對這些同仁造成新的意義，讓每一位在你的手下做事的老師或是在學校學習的學生，都感覺做他本分的事情很高興。學生讀書讀得快樂、老師教學及職工做事也都做得快樂。工友或是廚工，就算是離開，也走得開心。待人有愛心，在學校組織成員工作時，能夠充滿熱情，也能夠體會到工作的意義，這些都是校長在經營學校時要念茲在茲的。

## 蔡校長：

　　由於以前我曾經待過快樂國小，若我不了解學校狀況，別人大概也不會諒解我。我在處理事情的時候，會從這個角度去警惕自己。這所學

校的教師與行政,以前曾經對立過。我記得校長遴選後的兩三天,原任校長就打電話給我,約我找時間談一下校務。拜訪校長當天,從下午兩點鐘談到四點鐘,他把一些工作列出來給我,內容大概不出「找主任」與「職務延聘」這兩個問題。

這一次會談,對問題的敏感度很重要。如果我今天去只是問校長的意見,不聽教師會的意見,教師會可能就會抱怨我。但是如果我只聽教師會的意見,不聽原任校長的意見,原任校長可能會覺得我不尊重他。在這次會談中,校長要我在 6 月 30 日之前找到三位主任,因為原來的三個主任都被認為是校長的人馬,所以校長卸任的時候,他們也想卸任。我很早就得知其中兩位主任想要調校,甚至其中一位還託我幫他介紹學校,我還推薦他到我當時服務的壯壯國小(化名)。

對一位新手校長而言,三位主任出缺是很大的挑戰。在接獲主任即將出缺的訊息時,我的想法是:這所學校的問題不要期待聖主明君就能處理,而是要由這所學校的人來處理,因為這樣才能根據過去學校的發展脈絡,找出解決方案。所以我就拜託我的師專同學與學弟來擔任代理主任(他尚無候用主任資格)。

這一步棋我下得非常險,當然我也知道臺北市可能有一半以上的前輩校長都在看我會如何經營這所學校。我心裡很清楚,先要以學校的和諧為第一要務,日後才能求發展,所以對於敏感問題的敏銳覺察度是我的首要考驗。

在六月底前這短暫的一週期間,我已經把主任找好了,所以學校很多事情都透過他們來跟我討論。原任校長說教師職務延聘的問題由我來處理,但是如果八月一日才公佈職務延聘的結果,會來不及後續行政作業,因為還有選聘學年主任等工作,排課也會無法進行。校長跟我說得很清楚,在八月一日上任之前,可以先進行校內職務延聘作業,所以我就找主任來商量,主任及教師也會主動找我談。

　　第一個就是教師會代表跑到我所服務的壯壯國小來談職務延聘的問題。等到職務延聘到七月底快要定案的時候，我再邀請教師會代表來談，看看他們是否有意見。我都是約他們來我當時服務的壯壯國小附近，我不踏入快樂國小，因為我當時的身分是非常敏感的，但又不得不處理。

　　如果我問原任校長，原任校長又擔心他的意見會影響到我，而且怕引起另一番風波，所以一些比較敏感的問題，他就不方便跟我談。他建議我問我的同學（代理主任），所以我必須透過很多管道去了解。

　　我七月份的角色是很尷尬的。我今年在原任學校做一份工作，到了新學校又要重做一次，當然不能讓別人感覺自己因為要交接了，就不去處理。因此我在原服務學校的休假（強制休假 14 天），除了休四天假之外，其他都忙到沒時間休　。

　　如果我一直忙於新學校，擔心會給現在服務的學校校長很不好的感覺，所以我那個時候就是兩頭忙，以電話聯繫處理的比較多。我比較幸運的是，新主任是自己的師專同學、學弟，還有自己的同事，可以補救這個尷尬的問題。

　　八月一日校長交接，隨後兩天假日我還跑回壯壯國小去處理 1991 年以來需要銷毀的公文，因為去年文書組長大概拿了教務處過去十年的公文給我處理（分類出保存年限或須銷毀）；去年利用暑假有空時大概處理了一半，到了今年我才把它全部處理掉，因為原任學校待我不薄，我覺得需要完成任務。

　　另外，在那段期間，我特別留意公文，擔心即將上任的學校有些問題尚未處理，我需要迅速接手，所以重要公文都會影印留存，方便日後掌控及處理。因為我當時的身分敏感，很多事情還是委由原校辦理，例如：快樂國小需要公開甄選三位正式老師，最後來了五百多位報考。

　　原任校長在我遴選上之後不久，在五月下旬第一次邀我見面時說，六月底前就要決定主任缺額是內聘還是外聘，所以我一直以為內聘三位主任後，那三個缺就是要公開招考的那三位正式老師名額，結果後來那三個主任遺缺變成聘請代課老師的缺。我後來知道原因是因為擔心，若三位原任主任無法順利調校，就必須留在原校，所以不敢貿然開出缺額。最後我們是甄選代課老師補足缺額，只有十幾個人來報名，這跟甄選正式教師時，有五百多個人來報名的情況真有天壤之別。

**曾校長：**

　　在這一次交接的過程，有一件事我是很幸運的。我們台北市教師中心最近辦了一次研習，提醒新任校長就任之後要注意哪些事情是由新任校長處理。很幸運的，雖然我要去接任校長，但是原任校長是一位非常客氣的校長。不過他今天會走，也是因為他太客氣了，客氣到他很多事情都請新任校長來決定。

　　事實上他自己也不太確定，到底哪些事情該由他處理。教師中心找了幾位前輩校長來指引我們，交接過程當中有哪些是新任校長要處理、哪些是原任校長要處理，上任之後的當天是由誰安排什麼，要講清楚。剛好這樣就解決了那段時間的尷尬、不方便解決的問題。原任校長就跟我說，我們就照這樣辦。所以中間很多很尷尬的事情就這樣很順利解決。

（本座談係於 2003 年 8 月 23 日在國立臺北師範學院行政大樓 605 會議室召開，由林文律副教授擔任主席，陳佳榮先生擔任紀錄）

# 第 2 章
# 建立領導威信與組織行政團隊

　　身為組織領導者，校長的教育理念、行政管理哲學（亦即個人信念與領導理念的起源與發展）、校務經營的重點和理由為何？如何定位學校的特色與發展重點？身為新手校長，不論教師、家長、學生、社區或教育局長官，大家都會很想看看新手校長如何表現。

　　身為學校組織的新領導者，校長要如何逐步取得教師、家長及社區人士的認同？要如何展現自信？從哪些方面可看出新任校長是一位做事有重點、有方法、有魄力、有成效，並且能贏得肯定、信賴與尊敬的領導者？要贏得被領導者的認同與尊敬，校長憑藉的是什麼？在領導者與被領導者之間，分寸如何拿捏？對於比自己年長或自認為能力比校長強的人，校長要如何贏得他們的接受與支持？

　　此外，任何校長在接手一所學校之初，首要的課題是如何組織一個堅強的行政團隊。初任校長如果碰到剛好有主任懸缺的話，他必需在最短的時間之內找到合適的人選來組成具有行動力的行政團隊，但初任校長更有可能必須直接接收原來既有的行政團隊。

　　面對學校既有的行政團隊，既要倚重他們，可能也會害怕身陷舊有力量的羈絆。身為一校之長，初任校長初掌舵，究竟要如何自處？要如何讓行政團隊發揮最大效能？此外，教師職務如何分配呢？這些都是本章要探討的重點。

## 討論內容

**姜校長：**

　　我服務的學校處室主任是在八月底才底定的，也就是開學之前才

底定，因為原任的校長把主任都帶走了，其中有一位是代理中，所以他一直都沒辦法帶走。結果，我的學校等到八月二十幾號才進行教師甄選。我就向教育局請示，教育局也給我一些建議和提示，我一點都不擔心，因為我的原則就是從校內晉升，走一個就換一個。到了開學前一天，終於把各處室主任都安排妥當。我的原則就是公平、正義、誠心、善意。方法就是建立充分的溝通管道。

## 秦校長：

如何組織一個堅強的行政團隊，正好是我接手瑞瑞國小之後一個很大的考驗。在七月所接到的訊息就是總務主任要離開，訓導主任是代理中，輔導主任則是退休。我開始焦慮，根本不敢說要做怎樣的調整。尋找主任變成我八月一日還沒上任之前，一件很焦慮的事情。為什麼台北市每次儲訓的人才都很多，但是還是會讓我們有找不到主任的感覺？

在行政團隊的尋覓上，我首先請教原來的校長，他的口氣透露了希望我留任原來的訓導，但是之前的教師會就說這位代理訓導主任在各方面的能力不夠，他們對經過考試、儲訓、甄試過的主任比較能信賴。因為主任非常重要，我只好到每一個我認識的人當中去探聽。所有的人都在等校長決定主任的人選，他們才知道他們要調整到哪裡。

如果一個主任的工作能力與專業背景不夠，所屬的組長就會選擇不當組長而去當級任或科任。這個階段，我體認到主任要有儲訓的經歷，所以我就往這個方面來努力。剛好有幾位主任因為是同學，我比較了解，我就力邀他們從他校轉過來組成一個團隊，他們都是儲訓過而且當過主任。而我現在這所很年輕的學校對於行政是很期待的。

主任若是具備幾年的經驗，對我來說也很重要。另外因為總務主任要離開，加上我自己本身沒有當過總務，在尋覓人才時，我就找到一個

具備總務專長的人。這個行政團隊,從開學以後到現在,做了一些磨合之後,家長會、教師會都覺得校長和主任的團隊,確實是一個很好的行政團隊。

## 王校長:

我接手這所 54 班的學校,四處的主任都很資深。我第一天跟他們接觸時,他們馬上拋訊息給我,說他們想要職務輪動,因為他們的工作已經做了四年了。我告訴他們,一個聰明的校長,剛到一個學校,絕對是不換主任的,這是第一個原則。第二,已經做了四年,四年確實是相當長了,站在組織學習或團隊學習的角度,工作上的輪動確實能促進成員的專業成長。

我提出如果主任要更動,他們就要先做協調,而不是由校長主動去更換哪一位主任。所以他們彼此之間就開始協調,其中有些主任不肯換。我的看法是現在不換也沒有關係,因為我們有三位女主任、一位男主任,包括兩位資深的主任,其中一位預定明年要退休。

我覺得應該還有第二個輪動的空間,所以我就在三個可以輪動的情況下,請其中的教務一定要接總務。她不肯。我告訴她:「**你還沒有總務的經驗,還那麼年輕,又準備要踏上校長之路,接總務在學校又沒有大工程的情況下,應該會有能力去勝任。**」不過她還是不肯,她也透過一些地方人士打電話給我。

我告訴地方人士說,我這樣處理這個人事佈局,有校長的考量,而且主任的任用權是在校長,校長是在尊重他們的情況下去協調。結果那位有力人士聽了我的說明之後,就請她的先生給我一通電話。我再跟他們談談,在談完之後,我更加快決定我的人事布局。

在六月二十幾號決定了以後,我告訴他們,在六月底學生放假之前,一定要找到自己的組長。他們最後也都非常積極的去找組長,在六

月二十九日最後一天，我請我們的行政幹部做一次聚會，把各處室在開學之後即將面臨的困難，在那個會議就先拋給我，使我能夠進入狀況。

基本上，如果站在一位資深主任的立場，校長應該要充分發揮領導能力，讓團隊成為一個學習型組織。也透過處室職務的輪換，讓每一位主任能夠接受不同的考驗，以增加團隊的戰力。

我跟他們說：「校長是不會自私的。校長如果自私的話，就是讓大家都不能動。我並不是這樣的校長。我要帶動全體的行政人員，在職務有輪換的情況下加強作業能力。」

有關人事的部份，去年是三個主任換、一個主任不換，今年是兩個老主任退休，兩個主任不換。我的問題都會擺在心裡醞釀很久。我不輕易開口，但是在心中會一直盤算著這些事要怎樣做會比較好。因為我有一個資深的主任，他是有主任資格的，之前從這所學校出去當別的學校的主任，後來調到教育局，一年後又回到學校，我就是有資格的要先任用擺第一。

我煩惱的地方在於，根據我一年的觀察，這一位資深的主任在很多的觀點與教學上都出現一些狀況，家長也有一些不滿。我就按奈很久，我到底要給哪一位當主任呢？這是一個考驗。我要如何讓全校的老師信服？有幾位年輕的組長不錯，但是我最後還是決定給資深年長的組長，讓他上來當主任。一位是設備組長，他已經歷鍊了幾個處室。一位是註冊組長，讓他去當輔導主任。我那天宣佈了之後，我們的行政團隊都可以各就各位。

## 江校長：

我在就讀博士班時所設定的研究主題是校園組織文化變革和流動。在我探索周圍一切時，我發現，一個變動中的組織，組織內的流動是一件非常重要的事情。我這個認知是一個很重要的關鍵，加上我自己

孩子的學校在去年要更替校長,也有一個主任輪動的機會,這個機會並沒有把握得很好,所以沒有促成這樣的流動。

我接手這所學校,這部份就變成很重大的挑戰。如果能夠把舊的主任留下來,也許校長可以駕輕就熟。可是如果校長想做一些更新,就會遭遇到一些困難,因為這些人會帶著一些舊的思維在工作,校長可能很難跟他們溝通。

很巧的是,在六月底的時候,台北縣突然開放一些名額,讓那些原本等著退休的同仁可以退休,這樣的轉變使學校已經六十歲的總務主任剛好可以退休。這個情況就提供給我一個很好的機會,讓我可以做一些調整。那時候我就請教前任校長,學校裡面有沒有人可以內升,但是他給我一個很含糊的答案。

我原本也沒有很適合的人選,剛好那時候我碩士班的同學原本在三重的某一所國小,後來他不做了,我就把他請過來當我的教務主任。我原來的教務轉訓導、訓導轉總務,正好可以做這樣的調整,不然真的沒有辦法更動。因為教務主任到了一所學校最重要的事情就是九年一貫課程的推動。這位新的教務主任是我原來碩士班的同學,我們在想法上就很一致。

調整之後,主任還是在觀望,看看校長到底要不要做九年一貫課程。這個時候從同儕的觀感就可以發現,其實一所學校的老師與主任都會抱著一種期待,看看校長準備做什麼。所以我就讓這位新的主任在公開場合能有表現,讓大家覺得這位新的主任非常優秀。

我私下也跟他有一個默契,在公開場合我們一定要互相支持,這是絕對重要的。也因為有這樣的一個默契,所以當另外的主任覺得校長是不是可以不要那麼堅持的時候,我的同學就可以站出來做溝通。我發現這樣對於學校的運作非常有助益。

　　第二點，由於我想推動很多事情，展現一些作為，我就要求每次行政會議，大家都要做一些筆記。也許做過就忘記，所以我就請處室的主任在行政會議之前，把各處室要報告的事項先打字，交給一位主任彙整，當作會議的資料。我發現這一招非常好用，因為每個處室要做的工作，白紙黑字寫得很清楚，尤其是對我來說，可以做檢核的動作，看看這些事情的目標到底達成了沒有。在整個目標的管理上，有非常大的幫助。

　　有些事情「貴慎始」，推動第一個活動的時機是很重要的關鍵，尤其是在幾個大活動上，我都特別注意。有時候老師或主任會去挑戰校長的決心。例如我們在整理舊的教室變成會議室的時候，主任就跟我講：「不可以這樣動，因為那裡已經堆了太多東西了。」

　　後來我去看的時候，跟大家講了一句話，我請主任把所有的工友和組長找來，告訴他們，這個空間整理過後我一定要看到地板。我認為一個校長一定要很清楚地讓同仁了解做事的決心。當我三天之後回來看時，這舊教室幾乎已經整理完成了。雖然有些東西還沒有辦法處理好，但是我們就是要去拿捏那個分寸，適度的展現校長的決心。

## 張校長：

　　自從來到美麗國小接任校長，行政職務的安排是我一直放在心上的，我做了很多的思考。上任以前，我跟美麗國小一點關係都沒有，上任之後才開始跟學校有真正的接觸。我自己單槍匹馬來到這所學校，各處室主任都超過十年以上的資歷，學校歷年來各項事務，似乎也都停留在十多年前的模式之中。對於年紀比他們輕、資歷比他們淺，而且不是預期中的的新任校長，這真是一個重大考驗，彼此都需要磨合。

　　最近幾個月的觀察，我發現有些著力點去努力會有一些改善，也可以帶來些許不同。但有一些關鍵點，似乎永遠都跨不過去，總是卡在無

法改變的過去模式，也許主任職務的調整可能是最好的契機點。要如何在安逸的環境下，不著痕跡的扭轉，讓大家皆大歡喜並有效改善，這也考驗我當校長的智慧。

如果要把行政職務做局部的調整，應該先改掉最有問題的部份，這是比較安全的方式。假如一次全部改掉，可能會造成一些斷層或闕漏，於是我只設定少部份職務的調整更新。

我想更換兩個主任的位置，部份工作內容則調整保留，採取循序漸進的方式，期待能經由職務的調整，有新血加入，可以為學校帶來一點改變。教務、訓導、總務和輔導四處室主任，各自在相同的職務上工作了十幾年，四個人輪來輪去輪了十幾年，真是不可思議。所有的運作模式，十多年來都維持不變。每當我提出新的構想時，他們總會告訴我：「校長，我們十多年來的運作模式都是這樣，所以錯的是你，不是我們。」

有一個處室主任，他在 4 月 15 日期限之前提出退休的申請，他目前正在校長培訓班上課。他一邊報考校長，一邊又提退休，讓人搞不懂到底是要退休還是要考校長？沒考上校長就退休？考上校長就不退？他的決定要等候用校長甄試結果，去留目前還不明朗，我一直在等待一個好的時機可以運用。我覺得做人要厚道一點。一位資深的主任，對學校的貢獻不小，沒有功勞也有苦勞。他的去留決定，牽涉到兩個組長是否有機會成為新的主任。

今年有兩個組長通過主任考試，他們希望有機會成為主任，但學校沒有空缺的話新人就進不來，這讓我很為難。他們告訴我：「校長，如果我沒有找到一個比美麗國小更好的學校，我絕對不要出去。」「校長，我想要留在美麗國小。」要找到一個工作與校長契合的主任是不容易的。對這兩個組長來說，我們的學校和樂美好，又來了一個有理想的新校長，一切有了新的希望。

我其實常常在等待扭轉的契機。

## 江校長：

有關行政職務的部份，主任與校長之間的交心很重要。主任能不能為校長奉獻付出，為學校賣命，我覺得心很重要。我們學校有一位資深主任今年要退休了，他是一個比較有自己強烈想法的人，不見得會按照我的方式。我跟他說：「我不在乎你聽不聽我的方法，可是我要求你要達到一定的績效。」

這部份他就跟我跟得比較辛苦，因為年紀比較大，電腦的使用能力比較沒那麼強。還好有一位主任是我一到的時候，從別的學校聘過來，跟我的理念非常接近。在行政推動上，因為有他，所以老師感覺行政有在動。所以我覺得交心很重要。

另外就是主任輪替。我個人主張，主任一定要輪替。我一上任，就跟主任們說：「原則上，主任就是兩年。兩年我一定會讓你們動。」我讓主任們很清楚。所以每位主任就會去規劃。我跟他們說：「做行政要有短期目標與長期目標。」我以此讓他們自己心裡有數。

再來就是人才的培養。我一上任就跟行政團隊們說：「在座各位只要有心，如果你是主任，我會想辦法幫你當成校長。如果你是組長，我也會想辦法讓你當成主任。」我們學校有一位主任有心考校長，我就幫他爭取一些可以表現的機會。有一個組長想當主任，我今年雖然有缺，但是我並不鼓勵他內升。

我說：「你去外面歷練兩年，我一定讓你回來。」所以我就指導他如何參加主任甄試。他的分數很低，可是還是考上了。我就是用這種方式讓行政同仁知道他往上爬升是有希望的。

談到教師職務的部份，其實每一所學校的狀況都不一樣，我們也沒

有哪個人特別喜歡去搶哪一個位置。大家大概都知道一個循環的週期。低、中、高年級會有一個循環。基本上我尊重老師的想法，但是有時候我會跟老師談。比如說，今年有一些組長出缺，希望老師們來做行政工作。或者是有一些低年級，我要求他們配合的，在雙方都受到尊重的情況下，大概都可以按照彼此的想法去達成。

後來我與學校同仁及家長的蜜月期過了，家長會開始對老師教哪一個年級有意見。比如說五年級的老師，家長就有很多意見。後來我跟老師深談，覺得老師的問題不大。即便有，也是小問題，所以我就支持老師。我告訴老師：「你就教你的。家長會我來擋。」

我覺得支持老師很重要。老師們會看到校長站在他們那一邊。我們校園內部本來是很鬆散的，造成家長會介入，要求那個老師不能帶高年級這件事，我支持老師，這一點讓我們校內的老師反而凝聚起來，這是一個意外的收穫。

## 賴校長：

我們學校今年包括我自己還有兩位主任和兩個組長都是新的，學校三分之二的人都換血，所以一開始在甄選主任時，我就決定特別注意有具備主任資格的。甄選完之後，兩位新手主任進到這所學校現場來，另外兩個組長缺，也是在現有的師資中，邀請兩位老師來兼行政。由於都是代課老師，所以自己還是努力把行政團隊先組織起來。

當自己在帶領這個團隊時，因為全部都是新手，我發現自己有一點帶不動的感覺，同仁們也不知道這個時候到底要做些什麼，所以每一個點、每一個地方校長都必須去協助，大家隨時都等著校長去做決定，等著帶領他們去解決問題，這是自己目前一直在做的事情！如何展現一種領導作為？

對於自己什麼時候應該堅持，而且給行政支持時不能有所猶豫，一

直頗費思量。學校內部少數留任的老師很容易去做一個對照。比如說，新的主任並不了解過去的事情是如何處理。他用自己的想法，做自己的決定，這時老師就會站起來說以前是怎麼樣！很明顯感覺留任的老師立場是鮮明的。所以自己當下也要看什麼情況，了解之後做個說明就下決定。

我們學校有一個主題是靜思的活動，因為學校學生家庭背景的關係，很多東西都是學校為他們做準備。新的主任認為，為什麼每樣東西都要學校幫忙做準備？這樣做會不會把學生與家長寵壞了？所以他提出來，是不是可以由學生與家長自己做準備。老師就站起來說，並不是準備或不準備的問題。

學校幫這個忙是小小的忙，但是對於孩子來說，是幫家裡和孩子一個大忙，因為有時候要做什麼事情，學生的父母真不知道要協助孩子做些什麼，而且也沒有時間。譬如說，要買一張紙或者是買些什麼，家長沒有時間，對他們來講也是一件很困難的事。所以當老師提出來的時候，當下校長就決定，如果學校有些大活動，學校是可以協助學生做準備的。我這樣當下就把問題就解決了。

**李校長：**

談到行政團隊，我覺得這會跟我們先前的行政經驗，尤其是在各處室經驗的累積有關，因為我之前十年在擔任主任的時候曾經待過各處室，我覺得人比事更重要。校長如果把人擺對了位置，就算是個生手，還是可以把事情做出校長想要的那個水準。

可是如果這個人的做事理念、人格特質、行事風格等跟校長不投緣，那就很難。當然如果能掌握契機更換也是不錯。以我來講，當我到這所學校時，前任的校長告訴我，這所學校是以課程取勝，課程是很強的。所以他們的行政團隊都非常優秀，四處的主任沒有所謂的「不和」。

我們也知道，有些學校四個主任就是四個派系，對於校長就是一個很大的挑戰。當我接手這所學校時，我大概了解了這四位主任的工作年資，以及在工作上的任務取向，真的是很幸運。其中輔導主任是台北縣第三期校長班培育出來的，目前正在就讀國北師院研究所。其實這四位主任前年就已經輪調過一次，他們的默契非常好。我第一次跟他們見面時，就感覺到他們非常和諧，所以根本沒有更動主任的必要。

主任們是優秀的。我要讓他們知道我想要做些什麼，讓他們可以配合我。由於是新的校長來，他們還是很客氣，所以他們很多事情都會問我的意見，建議我什麼地方要改，也告訴我以前是怎麼做，老師及小朋友的反應如何等等。

此外，他們覺得什麼地方可以做怎樣的修正，我都照他們的意思來做。以我自己的個性來說，我就是溫柔的堅持，如果是我要達到的目標，我會做某種程度的要求，可是我會慢慢看。依江校長的作風，當蛋糕決定之後，刀子該切下去就切了，我大概不會這樣做。

**周校長：**

我接任的學校因為只有六班，原來的兩位主任與兩位組長都已經留任。當我剛過去的時候，我徵詢原任校長的意見，請他實話實說。假如有適合的人選，也可以趁這個機會跟我講，免得我到時候沒有機會換主任或組長。原校長跟我說，應該沒有什麼問題，就先用用看。我去的時候也跟他們稍微聊了一下，感覺整個行政團隊跟 10 年前比較起來，真的是有進步。

但是後來我還是發現，因為一位主任比較資深，另外一位主任是來到這所學校以後，從組長晉升上來。感覺起來，另外這一位主任辦起事來，講好聽一點是比較有建議，講難聽一點則是比較具批判性。當我發現這種現象時，我就在一次會議中跟所有主任說：「畢竟我們是一個團

隊，辦事不是只講求一個人的績效，而應該是一個團隊的績效。」我發出這樣的訊息是想讓另外一位主任知道校長對他的關切，也可以說是給他一種壓力。

在這段期間，我不急著展現自己的領導威信，而是在進行觀念的交換與釐清或是一種觀念的宣導。我自己的個性比較溫和務實。我先只堅持一件事，就是一個守時的觀念而已。有一天辦文教基金會的活動，6：25分鎮長就已經匆匆忙忙趕到。他在會場就講一句話：「我參加過這位新任校長的一次活動。他非常守時。所以這一次特別交代我的司機，6：15分以前就要出發，絕對不能遲到。」從這件小事情，我發現守時這個宣示性的要求，已經有了一些作用。

第二，我個人強調以身作則。這所學校的學生主要是要從學校附近比較大條的路走過來。我一個禮拜大概會有兩天住學校。如果我住在學校，我一定會在早上7：15用走的，走到學生路隊，然後陪導護老師一起帶學生路隊上學，目的是要讓導護老師知道，校長體會他們的辛勞。

我每次都在計時，老師從學校走到路口，然後走回學校要多少時間。我也會在朝會的時候跟師生說明，告訴他們校長每天帶路隊要幾分鐘。我說：「校長能體會你們的辛勞，但是在目前整個大環境還沒有改變的情況下，老師還是要做這個導護的工作。」

我的意思就是要確實推行某些事情，而且這些事情是我很堅持的。另外，老師們覺得很辛苦的事情，我會先自己去體驗。譬如他們覺得路隊很遙遠，學校不准他們開車去、也不准他們騎摩托車去，必須要走路去接學生，而且與學生一起走路回學校。我會學著去體驗他們的辛勞。我大概連續走了七、八次。我個人覺得，一個校長到一所新的學校，不能太急，因為要做的事情很多，因此我就堅持一項一項來。我先從很小的事情建立一個口碑，有成效時，再來做大的改變。

## 陳校長：

對於如何建立自己的行政團隊，我常常說：「觀念影響行動」。我個人覺得影響力是最重要的。團隊的運作其實是來自影響力，而不是權力；來自於夥伴關係，而不是來自於統治。比如，初任校長的這兩個月中，學校辦理校際交流。初期，我的壓力很大，但從活動一路辦理下來，就可以了解整個團隊的重要性。

兩個月下來，我覺得非常好的地方，就是明媚國小（化名）擁有非常好的團隊，在校際交流中，我只要照相、握手就好了。其他的部份，行政團隊彼此分工、合作，校長扮演一個溝通者、經理者和走動者的角色。

最近正好在看一篇文章：「如何創造領導力的十個必修學分」。閱讀後深有同感，因為自己就是這樣子身體力行。文章中提到，首先要建立自己的影響力，依照這個精神去建立一個團隊，把夥伴放在第一位，然後要增進影響力。其次，就是走動管理，也是我們現在一般都會做的。再來就是參加活動，這也是另一種形式的參與管理。同時也要勇於授權，並且在領導上建立有效的溝通。

校長班培訓時的授課內容，和我們實際操作時會有一些差別。在現場實務上，校長要觀察整體環境，然後下定決心與作為。沒有一個學校是一樣的，必須因人、因事、因地而制宜。

在明媚國小任職的這一個月，當然會發現學校可改進的方向，不過由於它本身的團隊就非常好。因為教務主任出缺，所以我就請輔導來接教務，原來的訓導來接訓輔主任，這主任的工作輪動就非常適切。

在教師職務的部份，我覺得自己很幸運，基本上沒有很大的問題，只是我也會思考如何強化資深老師的熱誠，在調整的適當時機，加入一些新血，讓新進教師有機會加入這個團體。因為基本上進到明媚國小的

教師都不想離開。我們的教師從 18 年開始排下來，我們的主任在這裡 18 年，他們對學校的喜愛程度讓人很難想像。

他們在明媚國小的故事，跟明媚国小的校史並存。明媚国小有很多故事就在這當中醞釀與敘說，學校裡的人都可以敘說明媚国小的故事，而每一個在明媚国小的孩子，都可以對來賓敘說明媚里在地的歷史，所以我們說：「一日明媚人，終日明媚情」。這是長久以來歷任校長與所有老師經營出來的成果。

我到明媚国小來，是為了成就學生，也為了成就老師；當然，我也是在其中學習和成長。明媚国小最難得的是，即使是資深教師，仍然非常具有教育熱誠。他們能帶動新進教師認真投入，讓每個進入這個環境的人，都可以變得很有熱誠，很願意犧牲，而不是消極或是想轉換環境。很少小型學校能夠做到這樣。我心中十分感激歷任校長的經營。

## 蔡校長：

我曾經在快樂国小服務過八年，擔任導師及組長。離開五年後，我又回到這所學校擔任校長，年齡是排在全校平均年齡以下，許多同事的年紀都比我還大。我一直在想，今天我回到這所學校服務，要用什麼樣的態度或方式來面對同事。

當我回來這所學校時，過去許多行政人員都被劃成和校長同一派，所以當校長離開的時候，他們也離開了，我覺得有一點難過。我再回來快樂国小服務時，只剩下一位總務主任留任，他原本是打算隔年二月就要退休，後來我把他勸留下來。

當我接手這所學校，任用主任的原則，首先就是任用有主任資格的，其次是資深的組長，但事實上他們都不敢或不願出任，因為他們怕出來會被劃為校長的人馬，所以我很頭痛。

　　我之前在快樂國小擔任組長時，前校長就是我的校長。當我接任校長時，他和我都有一個共同的認知：不要期待校外的聖主明君進來改變這所學校，因為大家的能力都差不多。我認為應該要有一個好的團隊出來協助，單靠校長單打獨鬥是沒有用的。根據學校現況，我首先就是求人和，因此要找的主任最好在過去是很中立的，沒有被分成派系。

　　至於組長，我就直接問主任需要誰出來擔任組長，如果沒有人有意願，就以資深的老師為優先聘請目標。主任需要誰出任組長，若是對方還是無意願，我就幫忙勸說對方出任。選擇行政幹部，基本上就是看家長和老師的需求，我也會考慮到處室內及處室間人員的能力及個性互補性的問題。我希望我找的人都是比較積極、比較樂觀的人，而且能夠和我互補。

　　我曾經當過教務、訓導和總務，雖然不敢講說做得很出色，但至少我還能了解及掌控這三個處室的運作重點。剛到快樂國小，這三個處室如果是較多新手成員，我還比較不會那麼擔心，但是如果輔導室成員是新任的，我就會比較擔心。

　　接著我考慮的就是校務推動的重點要依輕重緩急有所取捨。今天要嚴格落實自己的辦學理念，又要符合大家的需求，這是很痛苦的，而且是衝突的。因此我來到這所學校，第一就是先求人和，像教務主任比較不熟悉課程推動，但是我怕他不願擔任教務主任，我就承諾會協助他。訓導主任是我的師專同學，我再三邀請他才首肯出任。總務主任是我的師專學弟，具有法學素養，做事認真守法。

　　這些人的能力及個性風評都還不錯，所以我就請他們擔任主任。我聘請的這三位新手主任，有兩位是家長主動推薦的，都是優秀的老師出身。過去八年在快樂國小擔任級任老師及組長，我大致熟悉每位老師的脾氣與能力，他們也都知道我的企圖心與做事風格。

　　比較慶幸的是，我在過去幾年與他們共事時擔任組長、導師的任內，我的所作所為應該可以顯示我的企圖心與作為，只是當時我並沒有想到日後我會再回來這所學校擔任校長。過去在快樂國小八年的表現，應該是我就職後辦學理念的最佳宣示。我們沒有蜜月期，彼此也沒必要做作，大家大概也知道我的看法與要求是何種程度或標準。

## 郭校長：

　　關於如何組織一個堅強的行政團隊，我要思考的是學校現在有什麼？應該去做怎樣的改變？要如何去影響這個團隊？我預備接手樂樂國小（化名）時，在我上任之前，就面臨到某些主任想離開，有些組長想跟主任走。不過還好，學校職位的更動大概在六月就能確定，反倒是主任的部分，我聽其言、觀其行、用其才。

　　組織行政團隊，我認為要考慮性別平衡。如果全部都是男生，可能會過於剛性，對於辦學並沒有幫助。如果主任全部都是女生，或者處室的性別都是一樣的時候，也不是好現象。至於如何突破？如果可以的話，四處室主任的性別最好是兩男兩女。當然這是一個理想，如果一時沒有辦法做到也沒關係，可以再等。因為各處室的業務性質不同，必須要考慮更重要的面向。

　　例如教務一定要懂課程，要懂得如何和老師折衝，因此基本上主任的課程素養要很強，所以我就多方去找這種人。如果是學務的話，因為學生要早自習，很早就要到學校照顧學生，所以學務主任住家的遠近就要考慮進來。但是如果是年輕人，而且他又有意願，我就要看要如何把他栽培起來。

　　但是像輔導這部份，有些特色是要呈現出來的。至於總務的部分，有我們需要去堅持的地方，所以我會讓舊的總務離開。我的目標是校內的一位優良老師，就算之前任何校長都請不動他，但是我就能夠請得動

他，這也是我要在校內表現出影響力的地方，我覺得這個部份非常重要。

校長的任期一任只有四年，如果每年都有主任離開，這也沒什麼大不了的。年年異動或許是很正常的，或許也是好現象。我覺得我們就見招拆招，讓一個團隊慢慢穩定。我覺得校長個人一定要走出去，讓所有的民眾與家長都認識你。在信任你、了解你之後，所有的企圖心慢慢就可以展現出來，也可以慢慢改變家長與老師對於行政的觀感。只有行政先動、先用心，其他的部份才能帶動得起來。

**主持人：**

我想請各位進一步說明的是，你換或是不換主任，在不同的時間點，都會有不同的考量。比如說，你認為不換，你在說這句話的時候有什麼了解？如果沒有什麼了解的話，這樣說來就是一種賭注。所以你在每一個時間點做哪一種決定，你說換或不換，一定要有一個依據，比如說是人和因素或是其他的考量。

**曹校長：**

關於如何組織一個堅強的行政團隊，我分兩部份來講。第一，我沒有更換主任，因為他們原本就是一個非常堅強的團隊，而且真的非常優秀，不管是教育局的什麼計畫或工作，他們要申請都申請得到，而且常常得獎，例如志工團的得獎。如果我去管他們的話，這個學校的品質一定會下降，因為他們的表現比我自己期待的還要好。

在一個卓越的團隊裡面，表現卓越的人普遍比較會有一個問題，就是在溝通的部份略遜一籌。他們都是自己跑的腳步非常快，以為別人都可以配合上他，所以常常在兩者之間有些衝突，這時在和諧度方面就是我比較需要去著力的。

　　基本上，我就給他們很多的支持。暑假的時候，他們告訴我很多的活動，我跟他們說：「你們需要校長幫你們做什麼？」他們說只要支持就好。所以我做事的第一個考量就是支持他們、接納他們，讓他們和諧。

　　我看得出來這個行政團隊彼此之間分成兩派，一個是男性那一派，一個是女性那一派，而且這所學校還有分年長與年輕的。年輕的作業能力很強，活力和創意十足；年長的則是在學校以及與社區的關係非常好，他們有人脈與影響力，這兩個部份都是必要的。學校的發展與和諧，資源與人脈都非常重要。對於年輕老師，我很願意讓他們好好表現一下。

　　至於年長的那一部份，我就是尊重。說實話，在還沒有開學時，我就請年長的那一輩吃飯。吃飯的時候我找了很多人陪他們，我也喝了很多酒。我們喝得很開心時，他們就說：「校長，你來我一定挺你挺到底。」在兩次的聚會中，這句話大概說了十次，而且這句話幾乎所有的人都聽到了。這一路下來，他們真的一路挺我，主要的立場上他們都支持我，而且他們也帶動我們學校附近的里長等社區人士挺我。

　　至於年輕人這一部份，其實也很容易。因為他們需要表現，所以我給他們資源，他們要做什麼我都說：「很棒，你們去做。」他們得獎，我就給他們貼紅榜，並且在網路上鼓勵。這一陣子下來，我覺得學校各方面的情況都很好，主要的就是要怎麼樣來帶領他們。不過對於我自己是不是一個很好的領導者，我還在摸索。我發現其實很有用的一點，也是我每天都記在心裡的一句話，就是我每天都不抱怨，我從不責備人。

　　當我看到有不好的地方，我就用正向的角度來看。我們原來的總務主任常常喜歡講一句話。他常說：「這是不可能的事。」如果他碰到困難，他都會說這是不可能的事。有一次機會，我就跟學校所有的家長與老師說：「我們要像拿破崙一樣，字典裡沒有一個「難」字。我們碰到事情的時候，一定都是有可能的。」我沒有直接針對這一位主任講，但

是會把一些問題在很多公開場合中說。後來我發現,這位主任從此沒有再說這句話。因為所有的人都聽到這句話,他也不好意思再說,這就是目前的狀況。

領導者必須要有前瞻性。我常常發現有些校長會找不到主任,有時候就會出狀況,尤其是很重要的職務,人選卻已經被別人捷足先登挖走了,所以我們應該建立口袋裡的名單。如果有比較卓越的主任,就應該與他建立良好的關係,對他有一些期待。

我們華華國小的主任當中,有一位已經準備明年要退休,後年也有一位要退休,所以我現在就要開始想明年的接班人。即將退休的主任自己也已經找到一個接班人,可是我不一定會按照他的規劃。我還是會很尊重他,因為他訓練的那一個人也很不錯,但是我自己也會再找一個可以的人選。

## 薛校長:

擔任校長是一個全新的經驗。當我彎下腰來撿東西,或是走到辦公室門口,馬上就會有人搶著迎過來。從八月開始,每天十一點多就會有人問我:「校長,你要吃什麼?」我很驚訝!當校長會受到這種禮遇,我突然感覺到我好像有很大的權力和責任。

自從有了這種感覺與體悟之後,我就更加小心、更加謹慎。不論做什麼事情、說什麼話、做什麼動作,我都會考慮我可能會宣示出什麼樣的意義。對於每一件事情、每一個動作、每一句話,我都必須是很有意識、很留意。

在團隊的組成方面,因為之前的校長就把學校經營得很好,也很用心幫未來的校長規劃學校的團隊。如果有什麼想法,他都會打電話給我,然後我就以尊重原任校長為原則提供一些想法。因為原任校長很值得信賴,所以我就尊重原任校長的安排。

　　有一位主任退休，原校長認為找一個有資格和經驗的人來擔任比較好。所以我就很認真思考，究竟要用校外的人當主任？還是從原校培養人才？我請校長和準備退休的那位主任提供人選，然後誠懇地跟他談了兩、三個小時，後來他也答應了。

　　這位主任在學校有兩極化的風評，但是我覺得他應該是有能力。以他現在擔任主任的表現，我認為他真是一個人才，而且做了很多事，也幫了我很多的忙。

　　我 8 月 1 日上任，在 7 月 31 日，四位處室主任之中，有一位主任還沒有決定，所以我就請他們三位主任去幫我遊說，在交接的下午跟他談。因為一位主任沒有定案，後面很多的事情都沒有辦法做，所以我要用最快的速度，去建立一個和諧的團隊。

　　我自己有幾個原則，首先就是尊重，其次就是很快建立團隊的默契，激發他們，並培養他們的能力。再來就是告訴他們，什麼是核心問題，以及如何有效解決。第四個就是當校長可能會有一些成見，我會認真思考怎麼樣很快破除成見，並且建立一些新的想法，以帶出新的氣象出來。

**曾校長：**

　　有關組織行政團隊，在遴選的過程中，因為有一些狀況，所以在遴選完之後，隔天我們家長會七、八個家長就押著我去談判，其中一項就是要我把舊的教務主任換掉。在六月與七月當中，一直到七月底還沒有定案之前，他們透過各種公開及私下的場合，不斷要求我把教務主任換掉，並且要求我把輔導主任換去當總務。我就跟他們說：「**校長讓你來當就好了。**」因為當時在遴選的過程當中，這位教務主任在這所學校當了 26 年，目前是 62 歲。

　　當時的行政團隊投票是百分之百支持我到這所學校，所以我在這

所學校，行政團隊的影響力非常大。家長會那邊則是百分之百反對我去。這時我剛好看到一本書叫做《火線領導》，其中有一段是說，要堅持自己的意志。

我決定不換主任。我找兩位主任來，請他們自己選，看看他們要當哪個處室的主任。另外我也很納悶，家長會為什麼堅持要輔導主任來當總務主任呢？

我告訴主任們自己選，選了之後就不准換，除非退休或是離開，至少要跟我共事四年。結果他們還是選了原來的職務。接著兩位主任，原來的校長告訴我，那兩位要讓他們離開，他已經幫他們做了安排。後來我也發現，這兩位主任不得不走，因為跟社區發生狀況，不走的話，他們自己會有麻煩。

這件事教育局都知道。所以我就讓這兩位主任離開。事實上到現在都還有麻煩。之後我就開始選主任，一開始我就設定要找一個讀法律的人進來當總務。因為我知道，有些事情走到最後的地步就是走法律，會有告訴的問題。

大概在一個月後，我覺得我對主任的決定是對的，因為這些主任裡面，有的很會做事，有的很會做人，有的懂法律，另外有一種人是很會擋酒的。其實這所學校就是差了一個個性兇悍一點的，會跟別人互罵的，最後只好校長來當。

之前的校長就是非常客氣，結果就是常常被別人罵，這樣也不見得很好。現在如果家長會長講得不合理，我也會跟他對罵。結果現在他就對我很好，還算很客氣。所以有時候要看狀況。

在校內行政的狀況，其實到後來我也把教師會和家長會當成是我行政的一環，尤其是家長會。就像我剛剛說的，主任裡面有很會做人的，我就會把這樣的人找出來。另外我覺得我們的行政也要包含校外的

行政，所以社區的大老、警政單位還有金主單位都納進來。

有人說：「校長如果有錢，說話就會大聲。」但是因為我沒什麼錢，所以我就要找金主單位。我就跟家長會說：「今年你如果不爽，你就一毛錢都不出，我也不要緊。如果不是你出錢，我就不用聽你的。」

再來就是找學術單位及上級單位。另外這個地方還有特殊的「社團」，因為港片都是這麼稱呼的，這些也都是我的校外行政團體，利用這樣來建構出目前學校的領導模式。並不是我在領導我的行政團體，而是我的各個行政團體都很支持我。

我的主任就是，今天我跟他講了一件事，明天他就會把東西做出來，而且那件事情，他也不是非做不可，但是他就是把事情做出來了。我很感謝我的行政團隊，因為這些主任們做事很有效率，他們會很願意把事情完成。我覺得這也不是校長多麼會領導，而是主任與組長都很支持吧！

**孫校長：**

昨天家長會改選，我與學校家長代表又有更多接觸機會。在座有些夥伴對於接手的學校是相當熟悉的，而我對我的學校是完完全全陌生。但感受得到這所學校的老師以及所有的人員、家長都很希望來一個帶來新氣象的校長，他們對於這方面都有股切期待。

有關行政團隊成員異動，我也面臨很大的挑戰。所有的成員都新任他的工作，包括教務、訓導、總務、輔導等，因為原任校長把全部的主任都做過職務更動。教務主任調總務主任，訓導主任調教務主任，事務組長接輔導室主任，外校調進來的當訓導主任，這是個完完全全新的組合，每個人都接掌新的職務。

行政團隊裡面的主任有剛進來的，也有初任的。面對這樣的組合，

亟待思考的就是看看這個團隊要如何領導以發揮效能。面對這樣的一個團隊，我問我自己：「我能夠做什麼？」此時不是我急著要做什麼，而是我要急著看什麼。因為我不是要做一個月、兩個月，而是一任四年。每天我都很早就到學校，回到家大概都是晚上七、八點。

因為這是一所 45 年的學校，從 40 幾年前建校到現在，有大幅整修的必要。幾十年的校舍一直沒有辦法翻新，教室設備老舊，廁所通風、採風不良等問題都亟待處理，需要付出很大的耐力。在這個全新的行政團隊當中，我必須不讓它失控，我要讓它運作得宜，我每天都得鎮定而且戰戰兢兢。

## 趙校長：

來到目前這所學校，我所了解的情況是，原先的主任與前任校長有些摩擦，幾位主任都想異動。經過探詢後，都沒有繼續擔任主任的意願。他們並不是要調校，而是想擔任級任或科任。但是就整個學校來說，因為大家都很資深，其實並沒有那樣的條件能讓主任異動。另外親師間以及老師與老師之間，都有部分的摩擦，雖是小部份，不是集體，但因為學校小，呈現出來的校園氣氛是比較緊張的。

另外，因為有部份老師與某些家長的小團體的關係非常緊密，這變成他們用來要脅學校的權力來源，並且成為他們自己可以在學校站得住腳的依據。這就是我接手學校時的情況。不過我知道這三位主任其實都非常優秀，而且都很資深，也都有他們的專長。

基本上，在沒有可以異動的條件下，我遴選上校長後，就主動打電話向督學請教。他的想法跟我的想法一樣，就是以現任的主任為優先。

我做的第一件事就是主動邀請。我很誠懇地表達對於三位主任的重視，並且非常希望他們可以幫我忙，希望能夠建立好的夥伴關係。經過一個晚上的溝通之後，大概在七月中旬主任職務就都確定了，至於組

長就由主任去邀請之後確定。在這樣的情況下，我覺得一開始的信任表達與相互之間的依賴，那種可以談事情的感覺已經有了，整個學校的人際關係的來龍去脈也逐漸了解。

藉由全校性的活動，我一步步將小團體之間的緊張氣氛緩和，逐步和大家營造出比較肯定支持，可以互相合作的氣氛。我希望能夠營造出，在相互溝通的互動上是正向的，不要一聽到事情就開始批評的校園氣氛。

在修復學校氣氛方面，為了恢復良好的親師關係，學校就舉辦一些親師活動，比如餐會等，讓所有的家長代表和老師一起來聚會。或是辦理親師可以一起來參加的活動，比如開學迎新和中秋節活動，幾乎全校所有的老師都來參加。家長與學生也都有不少人來參加。校長可能要主動積極去穿針引線，從許多管道來做事情，藉著走動管理來了解情況，以經營出學校正向的組織氣氛。

另外，一定要給主任權責相符，以增加主任與校長之間的信任感。這一兩個月來，我跟主任之間的互動相當不錯，對於原本主任之間的嫌隙，我則以競爭者與合作者之間的機制來帶領。如果主任有好的作為，我一定會公開鼓勵給予回饋。如此，主任彼此之間都能相互合作，展現相輔相成的關係。每個人都把他們想要做的事情做好，並且經常有一些創新的點子出現。

## 邱校長：

每一所學校的情形不太一樣。基本上，如果沒有機會就找機會，如果有機會就不要放棄機會去做一些調整。在經營行政團隊時，一定要找到對的人，後面很多事情的推動才有可能。校長必須把一個對的人擺在對的位置上。

組織的條件設定在目標的需求上。需要什麼樣的目標，組織就要去

因應那樣的需求。基本上就是要認真去看待行政團隊的想法。執行一項任務時，行政團隊的和諧是一個非常重要的原則。我覺得如果適合去調整，我們就應該立即去調整。

我在進入這所學校時，一位現任的主任要調到他校服務，我就面臨到一個狀況，到底繼任的人選要從內部升，還是要到外面求？我後來決定從內部升，因為一個團隊人員的流動是建立士氣的一個很好的契機，所以我就請一位老師來代理，其他的組長全部移位，所以幾乎每一個人都換了一個位置。

安排行政人員，基本上我是思考他的個性，讓每個人都能找到他的舞台。當他找到他的舞台，之後的事情都是在做他想做的事情，我也都會給他們很多的獎勵。

其次，我的學校有一個文化很特別，老師都很喜歡當行政，所以我在安排很多事情時就很方便。基本上，在我的學校，老師都很年輕，但是也都待了好幾年，已經到了他想轉換角色的時候。我剛好在這個時間點接任校長這個位子，也都讓他們能夠找到舞台，帶領他們進入行政，他們也都希望能把每件事做好。一個多月運作下來，我覺得非常順暢。當然也沒有像某位校長那樣，霹靂火一般的劇情，主要是因為我的學校不像一些學校家大業大。

不過我們學校有一點競爭上的危機，因為學校只有六班。一所只有六班的學校更應該追求高的附加價值。同樣一件事情可能要想很多，不然學校的競爭力就會降低。我比較急切設定一些目標，由一些人來推動。如果這所學校沒有辦法在短期內產生一些效益，後面工作的推動就會很困難。

我的腳步很快。一些家長覺得這個團隊有動起來，他們就會有期待。當他們有這樣的期待時，我就再適度加把勁，有些事情就可以一步

一步完成。在一個既定的目標之下，我先找出可以立即做的事情，並且把其中一兩件事情先做好。當把那件事情做出來的時候，就可以讓大家在操作中彼此思考，並且調整腳步，這樣效果會很不錯。

## 主持人：

經過大家討論之後，有一些地方很有趣。比如江校長認為，有機會就要把握，要注入新的文化。有些人認同這種想法，但是有些人卻認為，舊的如果可以不動就不要動。每一種做法的背後一定都有理由。校長如何看準新的還是舊的會最有利於學校的穩定與發展？我們是否可以問，校長認為對自己行政作為上最有利的，是否就一定對學校最有利呢？比如說要求人和啊！要求安定啊！所以儘量不要動啊！

校長心中想的當然是好好做事。做對的事，做值得做的事，同時也要把事情做好。既然有這個機會當校長，當校長當然是一定要有作用的，而且通常不是嘴巴講講就會有作用的。當然每一位校長的作風不會完全一樣。這個背後所隱藏的哲學是我們今天要繼續探討的。

## 江校長：

剛剛主持人講的校長要做對的事，其實光靠校長一個人是做不了什麼事的。校長最大的功能就是在旁邊發號施令，然後拍拍手給大家鼓勵、說謝謝。如果這個團隊不夠強，大概很難去貫徹校長的意志。我在整理一些文獻時，從醫藥學的觀點來講，當他們在做一些基因改變的時候，會從外界植入一段基因。這個好處是，當新的基因進來的時候，會跟原來的基因產生一種變化。

我會先評估校內有沒有人，當然我會問原校長與主任，但他們往往都含糊其詞。後來我才知道，他們原來打算培植一位組長上來，但是都沒有明講。後來我發現從外面移植進來一個新人，最大的好處是，他跟這所學校原來的文化是不同的。新人難免會帶來一種衝擊。這種新的做

事方式是必要的，因為可以讓老師得到一些新的想法。

## 秦校長：

我相信很多新手校長一開始在找主任的時候，都有一樣的困境。大家都一直在問：「你找好主任了沒有？」我剛好有三個困境，因為三個主任不是離職、調校，就是代理中。其實我也想過用校內的人，但是那時候跟教師會談的時候，他們就很明確的說，他們喜歡合格、有證書而且是從他校來的主任。但是校內並不是真的沒有人才，不知為什麼教師會偏好儲訓過的主任。我猜測他們認為儲訓過的主任一定比較專業，因為去年的訓導主任是代理的。

我那時非常掙扎。當我見到教師會的時候，他們一概在我的面前否定他，可是事實上我現在有點後悔，因為那個成見是他們給我，變成我的成見。在我覺得最後用人的時候，我確定不會用他，但是我還是要面對他，還是要跟他談。跟他談過之後，我覺得他還不錯，教師會怎麼會把成見帶給我，讓我就這樣判斷這樣一個人。

等到開學以後，我發現這位代理訓導主任其實經過一年的代理，已經累積了相當的經驗，應該要運用他才是我的智慧。但是畢竟教師會強烈的建議，我還是採納了，並且給了他們承諾。因為那時候他們一再跟我講，那位代理訓導主任怎麼樣怎麼樣。教師會對他有非常多的成見，但是對我來說，我對這個人完全不認識。

不過，既然教師會的期待是這樣，我就跟教師會說三個我都換，但是我找了新的人來，教師會一定要接受。這三個主任都是從不同的學校來，不同學校的人來到這個地方，等於有四種不同的文化，也許可以在學校裡起一點文化的變革。

我發現他們也都適應得很好，尤其是訓導，作風有了很大的差異。至於新的總務主任就比較客氣，因為之前的總務雖然是女的，但是個性

比較剛烈急切，下決定會下得比較快。現在的總務主任比較溫和。由於學校也沒有比較大的工程在進行，所以我覺得很好。輔導主任是多年來校長請都請不動。大家都覺得很驚訝，一個之前每一位校長都請不動的人，我到底是用什麼妙法請動了他。

這所學校的人認為換主任是一個文化，這所學校認為要換，而且要從外面找來，這是他們可以接受的。但是也會有一個擔心，就是校內老師與家長都覺得，從校內拔擢的人才一定要是代理老師，而現在已經有太多代理老師了。可能在這之前，這所學校是一個教師流動率高，而且代理教師太多的地方。所以我覺得文化不同，思考也會有所不同。

## 孫校長：

現在學校必須著力的關鍵議題就是組織文化。組織結構的改變是一個契機。人事有異動，就要用新的方式來處理面對的事情。原校長對我的處境是有點擔心的。每一次的對話，原任校長就會說：「校長，對不起，我把這樣的局面交給你。」我說：「沒關係，我很高興接您的棒。」

我常常在想，全部的主任都換掉，我是否可以撐得住，而且過去主任之間的和諧度就不夠。由於我也不認識他們，是一個開創新局的時機。既然是這樣子，我就有責任去概括承受。我明顯感覺，我與原任校長的領導風格是迥異的。

以前所有行政人員陳核的公文，過去的校長是用鉛筆逐一的改，我都批一個「可」或是「如擬」而已，他們都很訝異。不過大家也都覺察到，我這位新來的校長是很尊重他們的，這也是我要呈現自己的領導風格的方式。在可控制的範圍內，就算有瑕疵，仍然可以被容許，並期待下次有更多進步的空間。

在與行政主管的互動上，我既要帶領已經在任八年經驗老到的主任，也要帶領新上任還在實習的主任，這是一個錯縱複雜的人際網絡。

但我要求大家要有團隊的概念，就像打籃球一樣，要前鋒、中鋒、後衛密切組合，少了後衛有效的控球，你前鋒也上不了籃。老師們一直在觀察我，看看我這個新校長有多少能耐。

學校位處三重，外來的人口居多，家長們還是會很在意要比別人好，很在乎國語、數學是否能夠 100 分。我則是從比較多元發展的角度來看。以我師專音樂組的學習背景，在藝術與人文之涵養，我就會期待有很好的發展。學校有近 120 位教職員工，第一次慶生會時，10 位壽星站出來，他們的名字我都認識，而且還可以做一首詩來稱讚他們。這樣的操作方式老師是有感的，大家會期待下一次的慶生會，校長會用什麼新點子。

第一次教師進修的時間，主任問我講題是什麼？我說你給我什麼題目，我就講什麼題目，結果主任要我談談「老師的一顆心」。接到這種題目，我真開心，我就用鋼琴彈一曲「淡水的暮色」，而秀出來的圖片是淡水漁人碼頭，用意是呈現我柔性的領導風格，也有柔軟老師的一顆心。

過去塵封已久的一顆心可以打開，可以在溫暖、和諧、安全的氛圍中彼此互動。像升旗典禮時，一年級學生上台領獎，要合照的時候，我一定是一個換一個把他抱起來。管樂團演奏時，很希望得到校長的支持，我支持他們最重要的行動就是升旗的時候，由我這個新校長親自上場指揮，用這樣的方式去跟大家互動。

有一次，一位老主任的太太剛好進醫院開刀手術。我連續去探望兩次，讓他感覺到我的誠意。第一次我先去，第二次則是帶領所有的行政主管一起去探望。另外，老師家屬的喪事，如果真的沒有辦法親自去前往弔唁，我還是會寫一封信。有一次剛好遇到一個同事的媽媽要出殯，我因事沒辦法去，所以我就親自到班級向老師致意，這位老師剛好也是學年主任。校長的這個舉動，他回到學年互動時不會講嗎？

　　早上 7：15 到 7：55 是我巡視學校的時間。若看到班級老師還沒來，我會表示關心，當老師到時，學生則會跟老師說：「校長已經來過了。」每天我也會繞校園，去所有的交通崗，跟校門外面所有的志工叔叔、志工伯伯、阿姨問好，這是我每天必經路線，可關心志工、關心家長，也關心老師與學生。

　　從信念出發，從儀式中介入，在學校文化中，介入了這些因子～～「對上以敬、對下以情，對人很真誠。」我用這樣的作為來實現身為校長的經營信念。

## 主持人：

　　有關行政團隊經營，應該不是只求和諧就好，更應該是水乳交融，讓團隊的戰力在校長的帶領之下出得來。校長的作用主要是在哪裡？校長的作用並不只是讓大家工作，解決爭端而已。如果只有這樣，未免太小看校長的作用了。對於如何將行政團隊的戰力拿出來，請問還有哪一位校長要提出來分享？

## 王校長：

　　我的主任是資深的，但是以前他們彼此之間是會有衝突的。經過我調動了以後，我第一個想法，就是校園文化改造，從校長做起。對於這兩位資深的女主任，我都叫她們大姐，以此來尊重她們，事實上這樣對我是相當好的。

　　所有的主任全力支持校長，協助推動校務，包括校外資源的結合。我就是從校園倫理做起，希望每一位老師都能發揮教育愛。我要大家從教育專業發展來著力。在行政工作方面，透過每個周一工作內容的討論，來協調彼此的工作。目前學校的狀態算得上非常和諧。

## 姜校長：

我們是新任校長，可以說蓄勢待發。現在大家都在蜜月期，也都在累積資源與能量。就像剛剛江校長所說的，慎始很重要。譬如說主任是內部來求還是外部來求，重要的是要找到對的人做這些事。我的教務主任原來是總務主任，去年是教務。

所以當我知道原來的邱校長沒有要帶他離開的時候，第二天我馬上打電話給他，請他繼續留任，因為我很怕給他的一個訊息，就是原任校長沒有要帶他走，但是新任校長又不知道，也沒有要留他，到時候全部跑光光了。我把總務主任調成學務主任，因為他之前代理組長的時候有訓導處的經驗，調整之後相當不錯。

另外一位輔導主任雖然是內升的，但是他也知道他在這所學校不見得能服眾。不過由於輔導室是比較柔性的處室，所以他也扮演了很好的角色。我們的總務主任在行政方面很有經驗，也具有碩士的資格。

他原來擔任教學組的工作，也學了很多的理論。在八月底還沒確定拔擢他為主任之前，許多場合他都應用他的課程理論，在課程裡應該怎麼做，每次開會他都會提出來。他當了主任之後，這些事就變成他的事。

校長要把每個人都放在對的位置，否則校長是沒辦法做事的。我想要做的事都是忍耐、忍耐，不輕易講出自己要做的事情。明明要做的事情，我都是先觀察、再觀察，以求了解，最後主任都會提出來要做的事情。因為是他說的，不是我說的，所以就比較能夠執行。等執行過程中遇到了問題，我再適時提供協助。

## 薛校長：

聆聽大家訴說經驗，每一次都覺得非常珍貴。像在座曾校長就算只

是輕輕講幾句話，也都給我很大的震撼。這真是既寶貴、又奇妙的體驗。我到了現在這所學校，一直保持在一個高度敏感的狀態。其實我在心裡已經預期各處室可能遇到的各種問題，希望他們在暑假期間能夠完成。

八月一日交接結束，當天下午看到事務組長一個人在搬花盆，我就問他：「工友呢？」這是我的一個疑問。其次是我去感受學校的氣氛。我發現在這個地方，校長是非常受尊重的。這也引發我思考並自問：「校長應該可以做些什麼事？」於是，我去設定目標，訓導、輔導、教務，一件一件事情來，按照我排定的時間順序去看。

上任第二天，我看了全校每一間教室和校園裡每一個角落之後，我覺得在暑假期間好像應該要完成什麼事。所以在總務處方面的任務，我設定了一些目標。我也跟總務主任說，看看那些堆東西的教室什麼時候可以打開，然後進行清理。

學校有工程在進行，我每天都會去看，一天走個兩三趟，然後拿著圖去比對。我將圖攤在地上，然後蹲在地上看每個地方。我自己會設定某些目標，我也會去問問題，譬如：「那個工友怎麼樣？」得到的結果有些是正面的，有些是負面的。後來我跟總務主任說：「如果工友不太能指揮的話，沒關係。你就跟工友講，這是校長交代的。」

其次，我在開事務會議的時候很明確的講，事務組長跟主任講的話，其實就是校長交代的。我是有意識的去建立主任們自己的權威，也可以讓主任知道，我對於每一項工作都是很有目標的。

學校有 25 個班，841 個學生，總用地是 4,747 平方公尺，空間很小。仔細看了學校，我就想，在暑假結束之前，能不能該清的通通清掉，讓我們的學生、老師以及同仁都能夠擁有小而舒適的空間。我跟大家提示了幾個原則，檢查看看有沒有超過了使用年限、使用效率怎麼樣、老師們借用的情形。所以他們整個暑假就一直清、一直清，不知道清了多

少卡車出去。

因為老師常常跟我說，想要使用圖書館，卻都沒有辦法用，因為英語教室跟圖書館合用，如果上英語課就沒辦法使用圖書館。於是我們就把該運走的、該清理的一起清掉，就清出一間英語教室出來了。

其次是訓導工作，尤其是放學的安全。我跟校警等人員討論路隊的事情。因為訓導主任是新的，可能需要協助。我在開學當天發現放學的時候，路隊非常擁擠，甚至有點亂。我就帶著他們像練兵一樣，還真是從中發現了很多問題。我告訴他們可以怎麼處理。再來就是我把路線分成數組，結果第一天、第二天，大概到了開學的第三天，就有了很大的改善。

我會試著很快解決一個問題，這次整個學校放學的路隊在幾個禮拜就大幅改善，讓訓導主任與組長能夠很快就有了成就感。其實只要努力做一些改變，就會讓很多事情變得輕鬆。

校長要深入去了解問題、探索問題，並且尋找具體的策略，然後去推動，並提供協助的資源，用關心去代替責罵。譬如有關圖書室，我就每天去借書，看到什麼問題就跟圖書室的管理員請教，除了自己讀書外，也看到很多的訊息，可以跟小朋友說故事，發展後續的許多做法。如果希望學校有一些改變，或要求一些具體的行動時，學校的行政團隊都能夠配合。同仁們很尊重校長，而我就跟做事的人不斷地感謝。

意見的溝通都是正面的分享。事實上，家長也看到圖書室的管理員好像跟以前不一樣。由於我要求校務改善，就會有一些訊息出來，比如家長就會跟校長說：「最近上下學的路隊改善很多喔！」或者是說校長哪裡哪裡怎麼改變了等等。在我收到各種正面訊息時感到很欣慰，也戒慎恐懼。我常常自我勉勵，行事風格和與人溝通要非常審慎。

## 主持人：

剛剛薛校長敘述了一個校長如何給學校帶來不同。因為你是校長而給學校帶來不同，我覺得這是非常重要的，也就是英文所說的"Make a difference"。這就牽涉到一個校長的行政領導觀。學校裡面，好的事情會自然而然發生嗎？還是說好的事情的發生是校長用心思去帶出來的，是因為去觀察、去關心、去注意，然後給所有同仁帶來適度的正向壓力。

讓學校同仁知道校長已經注意到了，也許他們也藉這個機會透露一些訊息給校長，校長可以藉這個機會鼓勵他們，或者順勢引導大家一起來試試看。這點點滴滴的作為可能就會在一個月、兩個月慢慢帶出來一些不同。

校長這些點點滴滴的作為未必是立即看得見的，但是耳語會一直傳下去。慢慢的，老師們或家長們會發現有些地方已經開始不一樣了。當然這些不一樣應當是讓學校朝好的方向發展，而不是讓大家變懶了、變鬆懈了。這是校長所帶來的不同。經過薛校長的描述之後，我覺得他給學校帶來一些正向的衝擊。讓學校進步就是校長要去帶出來的。

## 趙校長：

剛剛談到校長的風格與作為帶來了學校的改變。我到這所學校將近兩個月來，還是在被觀察的階段，大家都在看校長的領導風格是怎麼樣。以前這所學校的生態，事情的決定基本上都是用調查的，比較是透過表決的方式來做決定。在我來了之後，在當下目標都很清楚的情況之下，我會找主任來討論。

主任們把問題提出來討論後，校長裁示決定，這使得事情決定的速度變快了，事情所呈現出來的面貌是可以看得到的。大家都很清楚目標在哪裡，方向在哪裡，對於校園的溝通相當有幫助。當學校的目標很清

楚地呈現出來,所有的人都知道行政團隊是在做事情,而不是大家相互在觀望。

校長要有清楚的方向,更須要察覺到組織運作以及事情執行時所存在的負面因素。這些需要校長親自去處理的事情,可能是以前學校比較具有衝突點的部份,也是以前的校長比較不敢去動的地方。校長要處理衝突點,讓大家看出校長的擔當與魄力,讓組織的發展可以朝正面的方向去運作,也讓大家知道校長是真的在做事,而不是只在求做人而已。

當組織可以運作得起來,正義性可以帶得出來,整個團隊就可以逐漸被肯定,逐漸被看到。當行政團隊所作所為不斷被肯定,看到自己的努力對學校有所貢獻時,不只全體同仁看得到,家長也看得到。這時候校長適時加以肯定鼓勵,所有行政同仁自然就會有成就感。

透過校長的肯定和激勵,行政同仁更有自信,並且更有意願在他的團隊把他的角色扮演好。如果組織各處室之間互相合作的氣氛能夠營造出來,團隊的合作顯示學校做事有很清楚的方向,讓大家知道我們是在做事,而不是在觀望,不是因為我跟某個人要好我才做,跟這個人不好,我就不做。當組織成員彼此之間相互的默契建立起來時,大家在看待事情,就會慢慢回歸到教育的面向以及學生學習的面向上。

舉例來說,這次的新生入學典禮,校長的一個構想,一個禮拜的規劃就進行了。我們學校剛好有一個樹屋—松鼠之家,原本評價不一,但我跟大家說,這是件好事,可以凸顯學校的特色,把真實的面貌如實呈現出來,把它融入到新生入學的典禮--新生爬上樹屋的入學儀式。

藉由大家的合作把創新的點子加進去,也請主任發新聞稿。當時自由時報就來採訪,而且以很大的篇幅報導,家長也看到報導了。許多家長覺得學校團隊變得跟以往完全不一樣。過去大家對學校行政團隊的

刻板印象就慢慢瓦解了。

　　剛剛大家提到，主任到底是要外來的，還是要內升的。因為目前有代理主任的制度，內升的話可能會有校內的包袱，但是他對校內比較熟悉。外來的話可能對校內不熟悉，在校內比較沒有人脈關係，但也因此沒有包袱，可能會有新的領導風格帶進來。其實，不管是外來還是內升，都可以貢獻自己，也可以協助校長。

## 主持人：

　　我們剛剛所談到的行政團隊，都只有到主任的層次。每個處室的團隊，在組長那一部份，大家覺得應該讓主任組織小內閣比較好呢？還是校長應該也可以有著力的地方？是由校長自己選擇人選，還是在尊重主任的情況下，由主任自己去發揮，去組織他的小內閣？其實如何讓整個行政團隊充分發揮戰鬥力與行動力是校長很關心的。針對各處室團隊的行動力這方面，最近這一兩個月，各位校長著力了多少？

## 周校長：

　　我的學校只有 6 班，88 個學生，兩個主任，兩個組長，我們的教導處只有一個教導主任和一個組長。因為教導主任比較忙碌，也許是因為他在課程方面比較不熟悉，所以組長在排課的時候，直接跟我面報的機會比較多。我當初的想法是，這樣會不會讓他的主任感覺校長直接跳過去指揮他的組長。

　　經過我跟他討論了一下，在教師晨會的時候，我就說明為什麼校長在課表方面的著墨比較多。我在公開的場合跟老師們講了一些排課、配課的原理原則，我發現這樣反而讓組長更有專業的信心，覺得他排課好像有校長在背書的感覺，老師也不會感覺排課的個人主義很強。其實，主任如果能夠按照排課的原理原則行事，校長就可以不用主導那麼多。

　　經過這次的經驗，有關學校的課表與學生上課的情形，組長有幾次私下到校長室來跟我報告，向我感謝了好幾次。他說校長在幾次晨會上所說的原理原則，讓學校的排課改變很多。像球類，我就不希望老師上躲避球的次數太多，因為躲避球是一種強欺弱、眾暴寡的活動。

　　後來有一位老師來跟我說：「校長，你讓我們學校一顆球能夠打很久的習慣已經沒有了。」另外，科任老師希望禮拜五下午不要排課，希望他的課能夠兩節課連在一起上。我說一切要以學生的受教權為主，有時候也是要考慮專業方面。

## 主持人：

　　就如周校長說的，校長不能只是為老師或行政人員行方便，這也是很重要的。

## 陳校長：

　　學校的行政團隊與學校的人力有關。理論上，學校在每學年的第二學期，就可以知道學校新年度在人力結構上比較欠缺什麼樣的老師。辦理教師甄選時，就應該去做一些適當的調配。我的學校只有六班。在甄選的時候，我就已經知道我們缺了一位組長、一位班級老師。這些都是要事先規劃好，這樣遴選進來的老師，會比較符合學校的需求。

　　在學校行政上，要如何讓戰力出得來？最重要的就是：「找到最關鍵的人物。」要先知道在學校裡，誰是行政人員之中最有影響力的人。如果你能跟他交心，讓他成為你最強的支持者與協調者，後續很多問題都可以迎刃而解。

　　所謂：「水能載舟，亦能覆舟。」有的學校，校內資深的主任，會成為校長領導上的壓力或困擾。但在這所學校，教務主任已服務第18年，是非常資深的主任。要如何與他相處，就成為我十分重要的課題和

學習的所在。我個人以真誠的心和他溝通和交心，並時常向他請益，讓他感受到尊重與被需要。

我常常與主任們分享，我把他們當未來的校長在培養；對組長，就如同在培育將來的主任；對所有的老師，就如同在培育未來的行政團隊。因為大家都會遇到職務更動的時候，我這樣的做法，讓他們覺得每一個人都是校長最重視的人。我希望他們以孩子的受教權做為所有的工作目標最重要的考量。這種領導方式讓他們感受到校長對每個人的重視。

如果是我們重視的事情，我就要求大家要寫下他的一張表單。至於我自己，通常在我巡視過校園後，會寫下了所有我想做的事情，包含教務、訓導、總務、輔導等各面向可做的事情，一一條列出來，再慢慢增加或篩選，然後把優先順序排出來，讓自己有所依據和參考。

站在行政團隊來講，對於工友的領導要很明確，比較屬於直接式的領導。比如，今天至少要完成什麼工作。帶領總務處，我個人習慣下達明確的指令，比如，我希望今天可以看到什麼地方是整理好的。

至於工作追蹤，如果我已經提醒了兩次，卻仍未執行並完成的話，我就會採取緊迫盯人的策略，讓處室在最短期限內達成目標。對於處室的業務，我會先尊重主任及其團隊。業務完成，我會不吝給予讚美。但如果拖延，我會直接交辦。處室業務在執行時，若有困難可直接告知我，我會一起與處室交換意見並想辦法。

在行政會議上，每個處室在本週或下週需要完成的事項，或教育局交辦的事項，個人會事先繕打好，提醒處室盡可能提早一點點完成。以書面提醒和落實執行是有效的。這樣並不會破壞行政團隊之間的關係，反而讓他們覺得校長善盡提醒之責。

學校的領導基本上是比較柔性的。從課程行政的角度，我們每一件

要做的事情，都是為孩子，因為孩子來學校受教，所以課程的整個想法和導向才是行政需要有的作為。行政是支援課程的執行，使教學能夠順利完成。因為自己的專長是課程與教學，比較傾向從課程行政的角度，思考如何帶領學校的行政團隊。

　　至於剛剛主持人提到的，校長重不重視組長的派任，我個人是非常重視，因為這會影響到整個學校的人力結構。如果校長可以引進真正符合學校需要的人力，把對的人放在對的位置，整個團隊的力量就會呈現出來。

（本座談係於 2003 年 9 月 20 日在國立臺北師範學院科學館 407 會議室召開，由林文律副教授擔任主席，陳佳榮先生擔任紀錄。）

小學校長走過第一年

# 第 3 章
# 校長的工作內容與時間管理

國民教育法第九條規定：「國民小學及國民中學各置校長一人，綜理校務」。校長的職責為綜理校務。「綜理校務」何所指？校長的職責及工作內容究竟包含哪些呢？

本章所探討的主題為校長的工作內容與時間管理。就學校的長遠發展以及整體校務的推動而言，校長如何訂定校務工作的重點與策略？有關校長的日常工作內容方面，校長每天忙碌的事情有哪些？除了例行的事項之外，校長每日工作計畫以外的偶發事項還是紛至沓來。校長如何根據事情的輕重緩急，決定事情處理的優先順序？

校長每天忙於綜理校務、督導校務、解決行政上、教學上與學生學習上的問題，並且忙碌於處理校內外各種利益團體之間互相角力，以及親師之間層出不窮的期待落差與溝通協調的問題，雖稱不上是日理萬機，當其做各種決定之際，所做的決定是否隱含著其行政哲學與價值觀？

伴隨著校長工作內容而來的就是校長的時間管理。有關校長的時間管理策略，校長如何在有限的時間內，把預定的工作有效完成，而且達成預期目標？

## 討論內容

**李校長：**

以前我曾經填過一份問卷，是關於校長工作內容的分析。校長要做

的事情，比較大宗的就是開會、會客，然後是在校園裡走動。不管是走來走去或者是巡堂，或是去巡視學校工程，這類事情都會佔掉很多時間。這中間有許多時間都是在談話。

開會的時候，其實就是在談話與討論，包括教師晨會、兒童朝會、行政會議、學年的一些座談，或是課發會的討論，開會的時間佔了很多。加上學校常常會有一些訪客。以我的學校來說，訪客以家長居多，大概一大早家長就會進來校園看看，我就跟他們聊一些事情，即使只是很短暫。除了家長之外，外客事實上並沒有那麼多。

另外，我比較常走動關注的事情大概就是去看看學校目前工作重點的執行情形，比如目前學校有一些小工程。這些工程我每天都會去看一下。除了工程之外，我會看的地方還包括學校的營養午餐。我會去廚房走一走，找廚房的阿姨聊一聊。我會到各處室走動一下，也會巡視校園或巡堂。

除了開會、會客、走動之外，比較重要的事是批公文。批公文其實佔了很多時間，佔了很大量的工作內容。我常常就先累積一些公文再一次把它批完，以避免時間被切割得零零碎碎。當然有時候難免有一些比較緊急的東西要先看，所以佔據我的時間第四多的就是批閱公文。

另外，比較零星的就是自己去看一些自己覺得應該要看的書，譬如一些刊物或是出版品，或者是去研習的一些資料。這些資訊我會用一點點零碎的時間來看。我通常把它當作調劑心情來的。當我忙得有點頭昏或有點心煩的時候，我就會把工作放下，然後看一點點跟教育有關的雜誌或是刊物。

在時間管理方面，由於我的時間常常被切割得相當零碎，沒辦法做一些很完整的規劃，有些事情我會把它當作我的固定行程。譬如每天我一定會分配一些時間到教室去走一走。還好我的學校並不是很大，我可

以慢慢走、慢慢看，大概每天花半小時把全部的地方走一遍。基本上，早上的時間我會先去看校外的部分，譬如導護崗哨，或是和導護家長做一些寒暄與溝通。

因為我剛來到這所學校，對社區還不是很熟悉，所以我就會先到各個崗哨走一走。當然每天導護都是不一樣的人，我就會跟他們聊一些跟社區有關的事，也聊一聊學校小朋友的問題。中午我會先休息二十分鐘。我讓辦公室同仁知道，我中午大概會休息二十分鐘。這段時間如果他們來跑公文，我大概不會去處理，我會先放在那邊，先瞇一下眼睛或是休息一下。

我認為有一些事情一定要先定下來。固定的、想做的事情一定要靜下心來做。大概從九月開始，我下班之前都會寫日誌，寫我自己的日誌。有一些比較重要的事，我會儘量安排在下班之前去完成。

另外就是關於預定的事情。事實上很多事情大概很難按照預定的時間完成，包括開會。我認為事情的安排應該是校長要去掌控的。以我的學校為例，以前他們開會常常都會開到三小時，我覺得太長了，會耽誤到大家的時間，而且這樣組長也很辛苦。

很多事情其實並不是那麼急。我跟組長核對了一下，希望時間能先縮短為兩小時。會議究竟要花多少時間，應當由校長做一些掌控。記得有一次開會一整天，我除了上廁所之外，都一直在開不同的會，早上是行政會議，行政會議結束是家長進來談事情，接著下午是與某個年級安排的「與校長有約」。所以那一天我就覺得有一點悶。時間這樣安排就不是很好。我希望在會議或是在行程的安排上可以再做一些調整，把我想做的事情都做完，這樣會比較有效率。

**賴校長：**

很多事情都有階段性。對於一位新校長來說，從交接完開始，其實

- 81 -

都是在熟悉環境，看看到底要怎樣做才能進入狀況。以我的工作內容來講，進入到一個學校，第一件事情就是要建立公共關係。

公共關係分為內部與外部。外部的部份就是地方仕紳和地方代表，另外就是台北縣教育的每一個區都會有所謂的區域聯盟，可能就要抽一些時間去拜訪同區內這些學校的校長，大家照個面彼此關心、關照一下。再來就是家長，其中包括村長，還有家長委員會，這個部份就花掉了相當多的時間。

至於內部的部份，包含經營學校的行政團隊，以及認識老師與學生。因為學校是小型學校。我印象很深刻，在交接那一天，教育局的長官就給我一項功課。他說學校不大，希望我在一個禮拜之內把所有學生的名字都記住。這件事情事後才發現，其實也沒有那麼容易。到現在我還是沒辦法認識所有的學生，因為事情很多又很雜。

一開始，我每天都會到各班去走動。其實我做得最多的事，就是晨間打掃時間，會去看每一個地方、每一個班級，並關心每個學生掃地的情況。我要求老師指導小朋友一起來做，因為小孩子如果沒有老師陪同指導，他們都會在那邊玩。

所以一開學我大概花了一個月的時間，每天都會陪著小朋友一起做打掃工作，老師看了之後也都會跟進。這些地方都是要花時間的。老師的部份，因為老師要帶班，時間也是很有限，基本上我會利用時間去跟老師聊一聊講講話，這是必做的功課。

在行政團隊的部份，我發現溝通協調要花掉很多時間。例如行政會議我們排在星期一，星期二則是教師的教師早會。所以禮拜一我們行政都會有一個溝通協調的機會，看看這個禮拜有哪些事情要做。如果有什麼問題，就在這時候趕快處理，以便取得共識，到了第二天禮拜二的時候，才有辦法向所有老師進行報告。

　　我發現，行政要推動一些事情之前，如果沒有經過溝通協調，常常會發生一些問題。當然我們是很人性化。如果老師在推動時，發生了什麼問題，隨時都可以提出來。每位老師之間有相當大的差異性。有些老師聽到一件事，如果跟原來的不一樣，他就會馬上提出來。碰到這種情形，我會馬上處理。每個禮拜二有教師早會，每個禮拜五有家長的教學研討會。

　　說到時間管理，校長的時間有時候很難掌控。我一直覺得，我與行政及老師溝通協調的時間真的不夠，因為老師忙著教學，大家聚在一起的時間真的不多。我不知道大部分的小學校是不是都會遇到一種困境，就是每次遇到教師進修或是研討會的時候，就會有這個老師要進修、那個老師要請假。因為老師本來就不多，又遇到這個缺席、那個又缺席，要大家聚在一起真的是很難，所以這部份的溝通協調常常就會發生困難，這時候反而非正式的溝通協調效果會更好。

　　另外，公文的處理都有一定的流程與方式。文書組長都會把公文集結起來一起送進校長室。各處室也會把公文處理完再送過來。基本上，公文我都會一起很快速處理，也就是今日事、今日畢。至於剛剛李校長所說的工作日誌，更是初任校長一項重要的功課，可以當作自己的一個省思。因為學生上課的日子，我大部份都住校，剛開始我覺得好像白天晚上都不分，晚上都要弄到很晚。這個部份自己已經慢慢調整，漸入佳境。

## 孫校長：

　　關於時間管理，學校規模大小則會有嚴重擠壓的現象。接任校長之後，工作表分為例行性和個殊性時間分配兩種。每天有個時間分配，通常都會先從我例行的工作開始處理，早上 7：15 到學校，會先繞校園一圈，接著到各個交通崗哨。回來之後大概已經 7：50。周一和周五有學生朝會。學生朝會約半小時，結束時大概是八點半。周二是教師朝

會，這些都是每周例行性的事項。

　　接下來就是批閱公文。批閱完之後，工友小姐就會立即帶走，送交各處室。這是早上的公文時間處理。再來就是十二點，也是我中午放學的崗哨巡視。下午又有一段批閱公文的時間。下午四點則是全校學生放學，我會在校門口交通崗哨和學生說再見。

　　原則上，我不會在放學之後立即回家。我會在離開辦公室之前，把今天所有的公文都批閱完畢。放學後有課輔班上課，我又會到各班去巡視。每天三次巡視校園的時間就是早上、中午和放學過後。在離開學校之前，又會到校園繞一遍。等到我要離開時，警衛會在校門口等我，把門打開讓我回去，結束一天行程。這是我例行性的工作。

　　至於個殊性工作部份，即是花很多的時間在複雜的人際網絡上。為了要認識所有的老師，我很早就把他們的名字全部都記下來，希望能跟所有的老師都有對話。另外，跟家長的互動以及跟社區、學生互動的部份，都讓我花很多心思及心力。

## 江校長：

　　整個十月，除了開會、批公文要花掉很多時間之外，因為我個人因素，九月份大概有三分之一的時間是會議公出，在外面開會。以前我當主任時，我都會覺得校長為什麼公出之後還要回來學校。後來我自己當了校長之後，發現自己不得不回來，因為出去開會通常會半天以上，常常過了中午，還是都要回學校看看有哪些事情需要處理。

　　另外，當了校長之後，很重要的工作就是跟大家講話。跟家長講話、開會講話、跟廠商在溝通也是在講話。一天裡面，很多的時間都是花在跟人的溝通上。我們學校很特殊，有很多家長是中研院的人員、大學教授，家長都很習慣使用電子郵件。因為我也有公佈自己的帳號，所以他們有什麼訊息或意見，就會用電子郵件直接告訴校長。所以每天早

上巡視完，看完崗哨之後，我一定都會把電腦打開準備回信，做一些簡單的處理。

另外一個我比較花時間的事是閱讀資料。因為我這所學校，扣掉職工，老師的平均年齡是 31.4 歲，可說非常年輕。我希望很多例行性的報告能對老師的成長有一些幫助。所以比較好的文章或資料，我都會跟處室負責的同仁協調，將這些資料彙整，而且我都會先看過，然後在會議時一整份提出來，讓每次開朝會或是重大會議時，都會帶來一些建設性的想法。這是我在整個工作上花比較多時間的地方。

至於時間管理，因為我到學校之前的兩年是以候用校長的身分到教育局服務，其實它的工作性質跟校長的工作性質有點類似，最嚴重的地方就是我的時間不斷的被分割。我可能要接電話、要與人接觸、要跟別人談話，所以我的時間很難很完整的用來處理一件事情。我常常寫文章寫到一半就要停下來，然後要跟誰講話，可能要到下午才能再回到電腦上工作，時間可以說是被切割得很嚴重。譬如說批閱公文。因為公文常常是一下子這一件來、一下子那一件來。所以我索性零碎的時間就用來做零碎的事，其實這也是在教育局被訓練出來的。

當有比較完整的時間時，我就用來做一些比較需要思考、自己比較想要做的事情。這段時間大概都是在下午四點半以後了。因為也不必那麼早回家，反正那麼早回家也是塞車，乾脆六點才回家。放學之後回家之前，中間的這一段大概一個半小時的時間是最安靜的時間，因為所有的人員都離開學校了，我可以自己在學校裡做一些思考，寫一些案子或是閱讀一些資料。這段時間我反而比較能夠有效運用。

## 蔡校長：

從就任校長到現在，我的工作首先就是主動溝通，也就是做好公關。第一個對象是老師及學校的一些關鍵人物，因為他們可能是左右校

務推動成敗的關鍵，所以我必須要先去做一些溝通。第二個對象就是學生，大概是在上學及放學時，我去看看他們，尤其是導護安全，隨時發現問題、解決問題。

第三個對象就是家長，尤其是家長會，我上任不久，網路上討論得很熱烈的事情，都是家長會內部發生的事情，家長會本身或家長之間有其自主意見與看法，有時候學校難以介入，處理上就得戒慎恐懼。

另外就是志工團的問題。基本上，志工團會有一些問題，尤其是多年來組織不斷沿革所產生的一些問題，需要我主動協調和溝通。再來就是網路論壇。以前我是不看網路論壇的。當了校長之後，透過以前同事的告知：「你們學校的事情，我在網路上已經看到了。」從那天開始，我每天都會打開網路，也打開電子信箱，如果有什麼問題就馬上處理。

第二大項就是接待及視導工作。我每天要做的事情就是接待家長、接待訪客。我跟老師講：「教學過程中，如果你真的很生氣，你在通知行政處室後，先把學生放下，到校長室來坐一坐，我會聽你講話。」學生部份，不管是現在的學生，還是過去的學生，還有社區人士、媒體人士都可能會過來找我，對這個部份我是比較被動的。另外就是教學視導，我會去看看老師教學或課後照顧有沒有遇到什麼困難。我會在晨間或午休時，巡視校園安全及做好工程監工。這些都會占掉我許多時間。

第三大項就是公文處理及參加會議。學校行政會議，事前的溝通很有幫助，很多時候都是在私底下溝通，這樣子行政會議開起來就比較順暢。至於校外會議，這部份是沒有辦法掌控的。教職員朝會或兒童早會，也都會花掉一點時間。

此外，準備接受訪視與評鑑也很花時間。譬如上週有一個訪視，十一月又有兩個訪視，這部份就要先開籌備會議，讓整個團隊能夠妥善協調，準備受訪資料，也是很花時間的。

　　另一個需要花費時間的就是我要多去想想，學校的威脅點及發展點在哪裡。有關這個部份，沒有人知道我的腦子裡在想什麼，尤其是學校的威脅點，讓我的心裡一直有一些擔憂與顧忌。

　　至於要怎樣做好時間管理，我習慣做行事曆。很多事情規劃之後，無法在上班時間做完，我的做法就是把它放在下午四點以後，這是我比較能夠規劃與掌控的時間。下午四點以前，我就是一直在忙著處理很多學校的事情。

## 趙校長：

　　學校的工作大概可以分成幾個部份。第一個就是規劃性的，我會審視各處室規劃性的工作大概做到了什麼程度，有哪些是可以再整合創新的。第二個就是各處室反映給我比較難處理的問題，包括處室之間、處室與家長、家長與老師、或是家長與家長之間的爭議。

　　上個禮拜因為兩個家長的爭議，我跟兩位家長溝通了大概一個半小時。雖然那個家長的孩子已經畢業了，但是他的影響力還是很大。事情後來雖然順利解決了，但是處理這樣的個案，在溝通協調的部份，還是會佔去相當多的時間。

　　第三個就是去檢視計畫或活動，到底完成到什麼樣的程度。我也跟不同的行政人員或老師討論，了解例行性工作執行的情況，看看他們有沒有什麼困難。我會花時間去進行了解並提供建議。

　　通常校長都會比較早到學校，比較晚走。我們學校的老師都準時上下班，只要他們達成目標，不管是行政效率或是教學品質，老師在時間上能做這樣的安排，我是樂見其成。

　　校長的時間管理會呈現出大家對校長工作的形象。當學校在推動事情時，老師們也會看校長對事情關注到什麼程度。譬如十月份有個資

訊評鑑。我當時就跟大家說，在九月份就要把所有的網頁全部更新正確。到九月底確實還有一半還沒有完成。隔了一個禮拜後，我就找朝會的時間，請大家一起上網檢視網頁。

當然大家會覺得當時並不是那麼好看，因為有些人做得很完整，有些人卻做得不怎麼樣。我跟大家說，沒有關係，大家一起來努力。當我訂出一個期限，要達成怎樣的目標，都會很清楚告訴大家，要做到怎樣的程度。如果大家還是觀望，過了一段時間後，我會把整個結果請大家都呈現出來。

## 薛校長：

到大明國小（化名）擔任校長已經兩個多月了，我每天早上七點左右到校，下午六點左右離校。但學校裡總是有人比我早到學校，也有人比我晚走。早到的那個同仁是大概早上六點就到了，包括解除設定、開所有教室的門窗。比我晚走的大概是六、七點，有時候到八、九點學校都還有人。同仁都不斷地認真忙著，校長要做的事就是陪伴與激勵，因為學校蠻上軌道的，絕大部份同仁們也都很努力。

對於校長的工作職務內容，我心中有幾個大的架構。一是溝通、規劃與思考學校的方向。凡事豫則立、不豫則廢。如果能事先充分規劃，後面就不用做太多善後的收拾工作。其次是隨時提供有效的策略，三是向負責執行的人提醒工作細節，四是自己要很清楚各項工作的進度。

我有一次跟教務主任提到，我在擔任教務主任大概前前後後十年的時間，對於什麼時候要做什麼事情，或者可能會有什麼事情需要預先處理，其實都了然於心。我會跟同仁說，要把事情做好，但是不要有太大的壓力。第五個就是隨時去評估工作的進程與成效。這些都是在例行性的工作上可以看得到的。

另外，我們例行要做的事情是召開會議或學生活動，譬如晨會、朝

會、行政會議、參與家長的會議。兒童朝會我們是一個禮拜一次。我跟主任說：「我們每次朝會都要準時結束。每次朝會一定要規劃一個議題，教務、訓導、輔導要規劃出全學期的進程，讓每個禮拜的兒童朝會不會浪費時間。」

在大明國小最常參加的就是家長所召開的會議，大概就是家長委員會、常務委員會、家長代表大會。另外因為學校校地很小，正在爭取規劃遷校。遷校委員會大概兩個禮拜開一次會，晚上開會常常開到十點、十一點。

另外就是巡視校園，因為巡視校園有助於建立校長的形象，讓大家感覺校長隨時隨地都在學校，儘量不要讓校長成為大家的壓力來源。巡視的時間大概是早上 7：15—7：30 的交通崗哨巡視，7：30—7：40 的校園巡視。因為學校校地很小，大概 15 分鐘就可以巡完。

其他如校園工程安全的巡視、校園美化綠化和整潔，以及老師課間巡堂等，我會當作是一件重要的工作。我會走到各處室去跟同仁問候一下，這時候處室主任就會自動跟我報告，看起來好像是他們主動在找我，其實是我有機會去現身一下，讓他們有什麼事就跟我報告，這樣他們也會有被關照的感覺。

第三是批閱公文與交代任務。我批閱公文的原則是隨到隨批，因為當我接這所學校時，發現有時候同仁處理公文有的時間拖延得太長，所以我養成只要公文放我在桌上，我就會把它批完的習慣。我自己有這樣的經驗，我自己當承辦人員時，有很多急件，同仁會不好意思跟校長說。現在我自己當校長，我都會隨到隨批，讓處室的同仁可以接著去處理應該要做的事情，因為公文上可能會有任務，可能會反應一些事情，所以公文很快批閱完之後，任務就可以交待下去。

第四是隨時檢閱相關的資料。第五個就是對談，譬如跟家長對談、

跟行政人員對談。對談的內容可能是針對特定任務，譬如說運動會要怎麼辦理，校地要怎麼規劃。有一些可能是行政要留意的，我就會把我的想法講得很清楚，說清楚我為什麼要這麼做，處室就會很快去做一些規劃。這樣我就比較可以預留時間處理一些臨時緊急的事情。

剛到這所學校時，一天接不到兩通電話。我就跟同事說，這大概有兩個意涵，第一個就是老師跟主任們把事情都處理得非常好，所以很多事情都不用到校長這邊來。我在教師晨會這樣報告之後，第二天就有十幾通反映意見的電話，但處理得還算完善。趁處理問題的過程，我可以把處室的人力做一些整合，把危機當作轉機，當作是練兵，當然也是磨練自己的能力。

另外就是做一些拜會，像里長、警察局以及週邊的學校。此外，訪客的接待也花了我一些時間。我也會隨時參加學生的活動。如果有什麼比較好的活動，我會請同仁通知我，有機會我就會去看一看。除了這些瑣碎的事情之外，我都會在我的思考架構上，去檢核所有的工作有沒有達到我想要的目標。我會去很清楚了解校務，也會盡力去掌握原來自己所設想的進程。

我盡可能去了解同仁的工作狀況，去激勵他們、鼓舞他們，讓學校有一個良性的循環。這樣的想法我盡量去做到，也去做一些新的嘗試。到目前為止，效果都還不錯。這樣也讓我的事情越來越少，時間越來越多。有時候我坐在校長室會去想想，我是否可以再找一些事情來做。但是又會想，這樣會不會讓同仁們太累了。

## 曾校長：

我的時間花得最多的就是講話跟聽話。不過我最近發現，如果要講話，就派別人去講。而且我也發現，偶爾出現在不應該出現的地方，以後就不用常常去那裡走，效果也很不錯。第三就是蓋章。不過我也發

現，偶爾先不要蓋章，先退回去，下次他們再送件過來時就會更完整，檢查得更加詳細，所以偶爾不蓋章也不錯。第四件事就是看資料，因為校長自己要多看一些資料。第五件事情就是多花一些心思思考。從十月開始，我就開始去思考這所學校以後要往怎樣的方向發展。

我有時候必須到教育局開會。例假日或晚上的時間，大多是用在婚喪喜慶或與家長開會。最近我在做的一件事情，就是擋掉客人，讓自己的時間比較可以控制。以前當主任的時候，我一定在自己的位置上，不論什麼客人來，我一定接待。

但是九月份發生幾件事情，讓我覺得很奇怪，因為我們學校校門口一進來就是川堂，再過來第一間是人事室，通常人事都不在。第二間就是校長室。從校長室的門口可以直接看到校長坐的位置。有一次就有一個送便當的人走進來，問我便當要送去哪裡。過幾天又有人進來，問我掃帚要送到哪裡。兩次之後，我就覺得怪怪的。我覺得校長室應該改成詢問處，而不是校長室，所以我就請原來校長室的小姐坐回來。

其實校長也不一定要一直講話。我會固定發電子郵件和老師溝通。最近我接到老師回給我的電子郵件，告訴我說：「校長，我最近沒有做什麼事，但是還接到校長您對我的鼓勵，我感到非常愧疚。下次請您再來看一次，我會做得更好。」然後我就慢慢開始找到一些控制自己時間的辦法。

除了擋掉訪客之外，現在我也擋電話，有時候也是故意不接，然後告訴他，校長等一下再回他電話，目的就是要由我自己主控，等我有空時再回電。或者是訪客有事要來找我，我會告訴他要約什麼時間，時間由我來主控。或者是在電話中直接與他對談，這樣會讓自己的時間多一些出來。

## 小學校長走過第一年

**張校長：**

　　自從就任校長以來，我所做的事情大概有下列幾種：

　　第一就是先了解學校，了解學校與社區的關係，了解人際互動的關係，了解過去發生的問題，了解當前迫切需要解決的問題，以及未來可能面對的問題。為了這些目的，我需要與家長、社區或是社會人士多方溝通，增加彼此的相互了解。

　　第二件我想做的事情是：試著由我自己透過真誠待人的行事作風，來帶動並影響學校的校園氣氛。這所學校過去幾年累積形成「我就是我、你就是你、他就是他」的奇怪現象，學校的人員彼此各自獨立，幾乎完全沒有關聯互動。

　　我最想要改變的就是這個部份。我運用了很多的方法，例如對同仁工作及生活上的關懷、參與社區活動、社區家庭居家環境變遷的關懷。同仁婚喪喜慶，除了到場問候、到醫院探視之外，遇到學校同仁家人往生了，無論距離遠近，我一定會前往捻香致意。諸如此類生活上的點點滴滴，我都認為很重要。

　　當學校同仁受了委屈或是家庭有一些狀況，我會親手製作小卡片，寫上幾句簡單的話語，例如：「老師，我很支持你！」學校裡有一個身材很健壯的老師，有一天他紅著眼眶走進來校長室，把我嚇了一大跳。

　　原來，他最近看到校長所做的一些事情，讓他很感動，所以特地來跟我說。他說：「其實大家對校長都帶有一些期待，希望換了一位新校長之後，同仁之間的感情可以好一點。」這正是我期待能重新塑造的校園氣氛啊！

　　剛剛提到，這所學校多年來都是彼此疏離的校園氛圍，整體學校在運作上看似正常，一切行禮如儀。多年來教職員工沒有異動，職務沒

變，連辦公室座位都沒有變動過，有一種不動如山的僵化感。我希望能夠找尋一些契機，運用一些有效的策略來刺激並提升大家的效能。

臺北市為了推動九年一貫課程，把所有的學校分成幾個群組，群組中會有一所學校負責所有課程的推展與整理，本校預定 2004 年要成為主導的學校。面對這個問題，教務主任內心非常害怕，但這個任務是主任會議後承接回來的。他告訴我，希望能以「校長是新來的」為理由，順理成章的把它推辭出去。

對此，我採取溫婉柔和的低姿態，當面請託他大力協助我，把這個重要的工作任務親手交付給他，委託以重責大任，並且公開向同仁宣布。原本他就有老大哥的姿態，愛面子又不服輸，面對現在的工作，精神開始繃緊了。我覺得可以藉這個機會在學校課程做些努力，試試看可以有些什麼發展性。

由於學校位置的特殊性，今年獲得一筆來自中央部門的專案補助工程費用，藉此針對既有的老舊校舍進行大規模的改善，讓學校在外觀上得以大幅更新改變。許多家長也期待在這個大工程之後，學校會有一些嶄新的面貌。這是學校硬體建築可以大幅改善的契機，讓原本比較老舊不起眼的校舍外觀，可以有一番新的面貌展現。

**王校長：**

時間的管理，我大概分為三個部份。一個是計畫性的時間規劃，一個是例行性的時間規劃，第三個就是偶發性的時間處理。計畫性的時間規劃，我是透過工作行事曆來處理，譬如說重點的工作在哪一天，當我收到公文的時候，我會列入我的工作行事曆，這也是工作日誌的部份。對於需要加強的部份，我也會把它列入。

接下來就是例行性的時間。我一天的流程大概是，早上我會到校門口迎接小朋友，接下來我會繞到行政大樓的各處室，繞校園的每個角

落，看看校園安全有沒有顧慮到。接下來我會走訪學校學習的團隊，不管是南管或是節奏、合唱團、球隊等各個方面。我會走到那邊，給他們加油打氣。大概九點多，我會做一次教學巡視，看看有沒有特殊的狀況，之後我就開始處理行政事務上的溝通協調。

午間的時候我會再去巡視一次。因為我們有辦理營養午餐，所以中午的時候，我會過去看看午餐實際實施的情況。中午我並沒有休息，因為我跟老師溝通協調的時間實際上相當有限，所以我都會利用中午的時間，請各個團隊到校長室來做一些溝通協調，包括各個領域都會排定時間，大概是一天一組，例如是合作社的理監事或者是一些比較特別的教學、行政團隊，我會利用中午來處理這些需要溝通協調的事務。

下午我會再巡視一次各處室。到各處室走一走，一方面是關懷他們，另一方面，如果有及時性的問題，我可以馬上做及時性的協助。放學之後還有一些課後班。我們學校的老師非常認真，開了非常多的課後班，有非常多的活動班別，包括電腦、書法、卡拉 OK 班等等，我都會去巡視。

巡視完之後，就是放學之後的時間。這個時間我會處理每天的公文，處理完才會離開。通常放學之後我都會到六點以後才離開。我們的老師們很可愛，我們的小朋友也希望讓我知道他們都練得很認真。

學校社區教室的活動很多。大概是晚上六點半，我會去關心一下，所以我大部份離開學校的時間大概是六點半到七點。從開學到現在，我都很認真在經營學校，很少花時間到外面去拜會任何一個人，幾乎沒有。

我很感動的是，幾乎都是別人到我這邊來拜會我，包括一些廟宇會提供一些清寒午餐補助，一些善心人士也會主動到學校來拜會。晚上如果有正式的會議，包括里民大會，我會去與地方人士互動。必須要去的

場合，我一定會去出席，向大家傳達學校經營的理念。這個部份我也獲得大家的肯定。

另外就是偶發性的部份。從開學到現在，都沒有家長到我這邊來談小孩子的問題。他們似乎都很放心。學校好好經營，可以讓很多家長的心定下來，老師也定下來，小朋友也定下來。

我會親自參與小朋友的活動，親自帶領老師做一些課程相關的活動。行政我也是親自帶領某些部份。我是以參與性的方式，來處理學校的事務。我的主任和組長都非常認真，令我很感動。學校到目前為止，並沒有什麼問題。我平時都是「今日事，今日畢」。假日就是我自己的時間。

## 周校長：

我把校長處理的事情分為四個部份，第一部份是事務性，第二部分我歸類為檢索性，第三個屬於激勵性，第四個屬於專業成長。事務性的部份，我覺得大部份就是看公文、蓋章。

我常常想，為什麼那麼多章都要由校長來蓋？所以最近有一些蓋章的事，我改請處室主任們負責。我對處室主任說：「我相信你們，只要一萬塊以下的憑證就由你們來蓋章。」因為很多都是一兩千元或是幾百元，我拿印章又要去開保險箱，所以我現在保險箱都不關了。

校園巡視、班級巡視、主持會議與參加會議都花了我很多時間。由於我負責教育局交辦的一些業務，我常常要到教育局去開會。另外就是接待訪客與拜訪社區。這些都是屬於事務性的工作。

檢索的部分，我花了很多的時間在看學生的輔導資料。我們學校只有六個班 91 位學生。我經常花時間了解學生的成長背景以及老師給學生的評語。我會看學生的資料卡與學校以前的檔案。這些年來學校舉辦

過哪些活動，我大概都有一些了解。另外我會根據學校的行事曆來查核學校一些計畫執行的情形。有些計畫可能寫得很好，但是不一定有確實執行。在這些方面，我會花時間了解。

第三大項是關於激勵性的部份，主要分成兩方面，第一個就是我花了很多時間看書報和雜誌。如果有比較適合老師或學生看的文章，我就會馬上請負責的同事幫我影印，在裡面寫幾句對於青春國小的啟示。

其次，只要我看到學生輔導資料老師寫得比較多的，或是比較有需要提供資源的學生，我會找老師或學生來談話。我大部分都會利用空堂的時間，經過老師的允許，把學生找到校長室來跟他們聊聊天，這是學生的部份。還有老師的部份，包括初任老師與實習老師，我會跟他們聊聊他們自己的生涯規劃，以及需要校長提供哪些協助。

最後就是屬於專業成長性的工作。我參加了六次校長工作研習坊，對於我的專業成長很有幫助。我很認同剛剛夥伴校長講的，事務性的事情要儘量減低，激勵性和成長性的事情則要儘量加多一些，這樣對於老師與學生都比較有幫助。

## 郭校長：

除了主持會議之外，在參與學生活動這一方面，我花的時間比較多。基本上我比較傾向學生到哪裡，我就跟到那裡。例如最近我們的小朋友參加教育杯桌球比賽，要到台中去。上個禮拜是到花蓮，今天早上是去基隆參加比賽，基本上我都會跟過去。我的時間是沒有禮拜六與禮拜天的。只要有任何活動，老師只要有去，都是老師到哪裡，我就跟到那裡，這是我的基本原則。

另外在我會主動規劃課程並召開主任會報。如果老師們遇到一些困難的話，我會主動寫卡片，並且在措詞上儘量溫馨一點。在接待訪客方面，因為我們學校的情形比較特殊，隔代教養與弱勢族群的學生比較

多，家長單親的比例也偏高，所以常常有一些民間基金會團體來與學校聯繫，我會跟他做一些合作。

提到時間的運用，剛剛有校長提到他重要的事情都是排到四點半以後處理，我幾乎都是把它排到五點半以後。我每天四點半到五點半都是跟同仁打球。我請訓導主任把老師們的興趣都表列出來，包括桌球、羽球等等，這些體育健身活動是在每天四點半到五點半實施，就算只有六、七位也都無所謂。我希望他們都能多多來參與這些活動。

關於曾校長提到的擋電話，我也提出我的經驗來跟大家分享。我有幾個老朋友都是在銀行界。我與各行各業的一些人也都有一些私交。他們常常都會打電話來，但是我又會覺得不好意思不接，所以我就會利用另外一支行動電話自己打電話給自己。我手邊有三支電話可以打，桌上還放一支電話，所以在接電話的時候也會自己在打電話給自己，這樣就可以告訴他們，我現在有急事要處理。我通常會用這種方式來處理一些特殊的好朋友。他們常常會關心我，可是我有時候真的很忙，又沒有辦法找到很好的藉口，我就會用這種方法。這大概就是擋電話的部份。

剛剛王校長談到，假日都是她自己的時間，我要佩服她，能夠把時間管理掌握得很好。我的例假日幾乎都要參與學校的事務，不管在哪裡，甚至是家長或任何一個單位，只要有邀請我，我都會參加。我太太已經習慣我晚上九點以後才回來。我跟她說，因為剛剛進到這個學校，需要很多時間來認識人，請她給我一點時間，讓我慢慢去適應，希望能夠越來越上軌道。

## 曹校長：

大家的工作內容都大同小異。我的工作時間可以分成幾部份來看。第一個就是先了解學校運作的模式。因為我是第一次來到這所學校，還不了解這所學校的文化，不知道怎麼去切入，也沒辦法深入。還好我們

## 小學校長走過第一年

學校有一位老師寫教師反省日誌已經寫了好幾年，我就跟他借了兩大本，裡面包括哪一個老師跟哪一個老師有誹聞都會記載。我覺得先對於人的部份進行了解非常有幫助。有的老師在開會時講得義正嚴詞，我就不知道該鼓勵他還是壓抑他。如果對這個人不了解就批評或鼓勵，有時就會適得其反。因此我可以從教師反省日誌裡了解這些人的表現。

另外就是閱讀過去的檔案。我們學校的檔案做得非常好，一個學期結束，就會把這個學期的活動全部整理出來，裡面有計畫、有過程、有省思，這些都會放在檔案室裡，所以我就把去年的檔案拿出來看。

第三個就是跟老師的協調，比如說哪些老師有哪些看法，他期待未來職位的安排是什麼，或者對於校務有什麼看法，我都可以去跟這些老師談，這也是了解過去最好的方式。

至於例行性工作，在公文方面我有一些調整，對於我的時間管理比較有幫助。公文拿來之後我會先看，如果是急件，就會放在一個夾子，上面寫著急件，另外一個就是非急件。如果是急件或是比較困難的公文，我就會優先處裡。碰到畢業旅行兩三天的行程，不可能每天去看公文，一般的公文就由職務代理人先行處理，比較重要的就等到我回來再看、再處理。我們會依緊急程度放入各種顏色的公文夾中。

此外就是我的行事白板，白板上會寫著我的行程。如果有人要跟我約，只要看上面的行程就可以知道了，這樣就不用去討論時間，因為那是公開的。我希望不要有太多事情是我不能夠控制的。這樣我才比較可以有效管理自己的時間。

因為校長每天都要參與很多的活動，所以對細節及時做出反應是很重要的。例如要頒獎給小朋友時，我發現頒獎沒有托盤。我就問主辦的同仁：「為什麼沒有托盤？」同仁說：「托盤是比較正式的場合才會使用。」我說：「東西是要給人用的，不是買了之後就把它收藏起來。」

關於這些細節，在我跟部屬談話的時候，我就會提醒他們，讓他們改變。

另外，電話與訪客要先過濾。雖然這是小事情，但是對校長來說很有幫助。我跟警衛說，請他遇到不太需要我接見的訪客，就先打電話給我，讓我鑑定一下。這樣對於一些不重要的人，就不要讓他們進到校園裡面來。

在開會時，我絕對不接電話，這是以前一位校長告訴我的。他說開會時不接電話是對開會的人的基本尊重，而且電話裡面，真正重要的事情並不是很多。因此我請工友幫我記下來，主動幫我初步處理，等到我回到校長室再來解決。

我看過一本時間管理的書，裡面提到，我們每天用來處理例行性事務的時間是 30%，另外 70% 應該用在規劃未來與充實自己，如此才會使學校越來越卓越。這一點我現在可能還做不到。但是如何去做一個規劃，其實很重要。我的學校目前需要解決的問題大概有三十幾件。有一些是立即性的，有一些可能需要比較長的時間去處理。

另外就是進修。老師們有組讀書會或研討會，我都會主動參與。比如說，下個星期六下午是我跟老師的讀書會時間。大部份我都會讓老師們先講，我說話的時間大概都只剩幾分鐘。我告訴老師們，如何在幾分鐘之內把要說的事情清楚表達出來。老師有時候講話很長，我告訴他們只要提出重要的兩三點就好。

學校裡面的各種小組，都是一種專業成長，例如教學小組、資訊小組，還有英語小組，這些都是學校的特色。各個小組的團隊在學校的專業成長很重要，我都會給他們支持，讓他們走得比校長還快。這是學校未來的希望，培養學校未來的人才很重要，這些都是我著力的地方。

小學校長走過第一年

## 陳校長：

　　由大家的敘述中，可以看出大、中、小不同規模學校的樣貌真的不一樣。我每天到學校，感覺都像度假一樣，非常愉悅、輕鬆自在。擔任校長的這兩個多月裡，我會問自己在忙些什麼。最高興的是，有很多時間，我都在思考與規劃。我花比較多的時間思考我可以為明媚國小做些什麼，能幫助這所學校找尋什麼樣的資源，如何使這所學校持續發展。

　　我做得比較多的事情是自省與調整。我會花一點時間思考，在待人接物或行政處理上，有沒有什麼地方做得不好，以及應該檢討的地方。我如果覺得有說話不對的地方，第二天我就會跑去向主任們道歉，並向他們說，我昨天好像哪裡講得不太好等等。

　　其實在相處後，主任們已經不會介意這種事，可是我想讓他們知道，校長也不是聖人，沒有人是完人。我告訴主任們，針對校長的意見，他們可以在會議上或私底下反映給我。我告訴他們，我是初任校長，一切都在學習當中。彼此之間，有不同的意見，一定要充分表達，這樣才是對事應有的作法，也才會讓學校有更好的發展。

　　我想要推展的活動，在不會太影響班級的活動之下，我會想要去做。首先是繼承前任校長的想法。因為目前這所學校的孩子語文能力比較弱，所以前任校長會利用課間活動的時間，聽每個孩子朗讀，每次兩個孩子，然後做一些指導。我覺得這一項作法很好，所以我也持續在做。

　　另外，我每天會邀請七位小朋友跟我共進午餐。我會稍微分配一下我在學校的時間，按照班級，由最高年級開始，利用中午的時間跟他們聊天，講講話，大概是一個小時。

　　在例行性的工作方面，我會比較注意報表、經費。例如這個月的經費還有哪些是需要趕快去執行並核銷的。另外就是確認下個月的重要

行事與工作計畫。當然這些例行性的工作包括每日的、每周的、每月的工作，我都會留意計畫與執行的情況。大部份計畫主任們都能如期完成。

我很努力尋找社會資源，並從社區引進志工，讓這所學校很多活動可以順利進行。在參加家長以及社區的活動方面，我比較有選擇性。從一開始我就設定，我只參加某些活動。某些我覺得沒有必要的，我就不會去參加。我不會因為我是初任校長就每個活動都去參加。我有自己的想法，我只參加我想去的，或是我覺得對我與對明媚國小是有意義的。

因為我不愛應酬，所以不喜歡參加不必要的會議，這樣我才有更多時間去做校內人際互動的活動，如對同仁關懷的活動。對校際間的校慶或體育表演會，我都不太去參加，我最常做的就是賀函。但是，有些家長會必要的活動我會去參與。我儘量把假日的時間，留給自己做自我成長。

就時間管理而言，在工作的部分，當天，緊急需要完成的工作，我都會先寫下來，一早到學校就會先處理這些事情。至於例行性事務的規劃，我的習慣是當我開車去學校的時候，就可以閱讀並收聽當天的新聞與時事，包括國家大事與教育相關新聞。我會在校車還沒有來到學校之前，先聽聽新聞，有時候在教師朝會時，我也會與老師們分享。

有關個人專業成長，我經常閱讀雜誌與書本，選擇我想要參加的研習，然後對一些重要的活動進行省思。通常，我不會讓聊天的時間超過十五分鐘，電話絕對不超過五分鐘。我會主動跟對方說，我還有事情要處理。我認為時間的主控權應該操之在自己。如果我自己沒有去控制，就會讓談話漫無目的。有時候我會規定，會議不可以超過兩個小時，超過兩個小時就沒有效率。所以從八月到現在，我們的會議都沒有超過兩個小時。如此，我就有很多時間可以處理很多的事情。

小學校長走過第一年

邱校長：

　　接手一所學校，我會先思考學校未來的方向以及校長的角色與功能，然後才會去訂定所謂的校務經營計畫。我也認為要執行計畫並落實成果很重要。關於校長的工作內容，我重視價值領導、願景領導、行政管理、課程與教學領導、公共關係，以及空間環境的營造。

　　空間領導是我接的學校比較迫切的問題，因為空間會改變人的習慣。有時候用人要帶著他去改變，不如用環境去引導他做改變，因為那個空間會去投射大家對於他的想法。當你要改變一個人的想法，要把空間一起做改變。當我們改變空間，並且跟空間在做對話的時候，大家的想法也比較容易改變。

　　另外，一個校長接任一所學校之初，要充分了解學校的現況。如果不了解，很多時候就不容易把眾多事情對焦。一些比較資深的工友，可能在這個學校已經待了一、二十年了。偶爾他們上完工時，我會請他們進來校長室喝杯茶，聊聊天，請他們說故事給我聽。工友分段說故事，我就分段聽，因為他們的故事會跟主流的故事不太一樣。

　　關於校長的工作內容，我每天第一件事情就是到路口去迎接學童與家長。那段時間是我與家長接觸最重要的時刻。點個頭、聊個天，甚至是短短幾句話，都是很好的互動。甚至如果家長有什麼問題，他就會留下來跟我談。因為我們是階梯式的學校，我就會從最底一直繞上去，一層一層看回去。

　　由於學校位在階梯上，如果要家長專程爬樓梯，經過川堂走到校長室，其實也不是一件很容易的事。如果一個家長在自然的情況之下看到我，然後停下來聊一聊，把握住那樣的機會和那樣的時間點，對於增進我與家長的互動很有幫助。

　　早上迎接過小朋友與家長之後，我會去看看電子信箱與學校網頁

的公告。我到這所學校之後，我要求所有同仁通通用網路處理事情。所有公文都是通過這個管道，讓同仁去處理。我也要求各處室在與老師開會之前，要透過網路先把資料提供給老師，而且不要只是提前一天，以便讓大家有時間去理解並消化訊息。

我希望能夠透過這樣的安排，為教師提供一個對話的管道，順便把議題掛在那個地方。如果有人要作回應，必須在限期內提出。沒有回應就代表同意。開會的時候就是針對這個結論再作一個確認而已。

我儘量把各個會議的時間控制在一小時，甚至是半小時之內結束。如果時間到了沒有講完，那就代表前置作業做得不太好，所以準備得不好，我就請同仁下次準備得充分一點。我們都是用電子郵件討論許多議題。我請所有處室和老師，如果要討論什麼議題，就要發一份給我，讓我去了解。

這就像今日校報一樣，可能一天就有幾十封在哪裡跑，甚至我會去看大家的回應是什麼，這樣就形成了訊息互動區。因此，固定的會議很快就能經過簡單討論之後形成結論，會議進程與時間就很容易掌控。

另外，行事曆也很重要。如果我發現有哪一件事沒有放入行事曆，我就會打電話問業務承辦人員為什麼。業務承辦人員如果沒有把事情掛上行事曆來，代表他的溝通不順，才會在行事曆上看不到這件事。

此外，禮拜一有一個校內的對話時間。有些議題可能就會利用這樣的時間，一次一個主題，大家進行討論。譬如昨天談的主題就是聯絡簿的使用。我們的規矩是每一個人都要說話，所以一些需要比較多對話的事情，就會利用這一段時間來討論。一些比較事務性的工作就用網路訊息互動區來處理。

我比較重視的是期程的控管，預定什麼時間，就要在那個時間完成。我要求大家一定要建立那個權威性。如果一件事情未完成，承辦人

員就要一直摧、一直摧,任何人都不可以打馬虎眼。如果期限內完成事情確實有困難,就要檢討那個期程是否訂定得不合理,否則所有的事情到最後都會很亂。

## 姜校長:

我檢討過去幾個月的行事曆,做了一些整理,發覺大部份是屬於例行性的工作,都是一些支持學校運作的基本工作,這些大概花掉我百分之七十的時間。第二個部份是屬於激勵性的工作,而且是在不影響例行性的工作來進行,用來增加行政工作的效能,例如跟老師座談、跟家長座談、慰勞聚餐、親子聚餐等等,這些大概佔了我百分之二十的時間。

第三個未來性的工作是規劃的部份,包括社區聯誼、家長需求座談、教師需求座談。另外比較特別的就是請教務處安排我到每一班去跟小朋友上課。上課時彼此互相認識,同時我也藉此機會問小朋友兩件事情,第一件事就是到畢業的時候,他們希望具備什麼樣的能力,最後經過大家表決選出三項。

第二個就是在畢業之前希望學校老師或校長可以幫他們做到哪三件事情,這是屬於學校未來性的工作。這部份我也會請老師在旁邊參與,或許未必都是正向,但卻都是實際的狀態。我希望透過這個方式,了解班級經營或老師與學生互動的情形。這部份大概佔了百分之十。

雖然百分之七十都是例行性的工作,這些工作還是非常重要。如果在主任會議、教師會議時,事情都能夠底定的話,校長就比較有時間去做未來性的工作。校長必須做一些比較屬於規劃性的工作,因為這種工作是校長想要做或想要推動的事情。我儘量把我想要做的事情先排下去,否則永遠都是被時間追著跑。

在這三個月中,我發覺每一天的時間都是一樣多的,端看一個人如何來管理和運用。當校長有餘裕的時間,才可能做一些未來性的規劃。

我們可以把八、九、十月這三個月份的行事曆拿出來檢討，如果有些事情沒有做好，就找出問題所在，看看有哪些是腦筋有想到，但卻沒有排進去的。這樣就可以進一步作檢討和改進。

## 主持人：

我有幾個地方要請教各位。例如剛剛各位提到時間的規劃與分配。大家提到了時間用於規劃、用於例行性的事情，以及用於處理突發的事情，關於這三方面，每一位校長分配的時間都不太一樣。有些認為每天好像都是在處理例行性的事情，有些認為每天都在做救火、滅火的工作，突發性的事情好像都要校長出馬，因為主任沒有辦法處理。有些事情一出現就要由校長來解決，這是很奇怪的。其實，有些事情下面的人就應該幫你擋掉或有效解決，而不是一下子就變成校長的事情。

面對每天紛至沓來的事情，校長自己可以掌握的部份有多少？這是要請大家進一步思考的地方。另外，到底哪些是被動、事情臨頭時才做出反應性的作為（being reactive）？亦即哪些是碰到時，被迫要做出回應或解決的事情？有哪些是中性的？哪些是校長可以積極主動、做事具前瞻性、能有效主導變革或主導事情發生的行政作為（being proactive）？哪些是校長覺得應該要做的事情，不管是每天、每周、每個月？不論是從理想或實際的角度來看，校長積極主動、未雨綢繆式的作為有多少？

另外，校長用於思考的時間在哪裡？到底校長的一天有多長？每個人的一天就是二十四小時，晚上一定都要睡覺。就正常學校作息而言，校長每天在學校的時間大概是每天早上七點半到下午四點半。我知道有些校長會在學校或校外待到晚上九點、十點才能回到家休息，例如參加婚喪喜慶或是公關活動等等。校長的一天可以拉到多長，甚至是半夜突發狀況要接電話。

## 小學校長走過第一年

　　順便一提，因為我所指導的研究生中，很多是校長或主任。我常常很天真地跟他們說，他當校長，每天當到四點半就可以了，制式一點，留下一點時間寫自己的論文，不然的話就是一直忙、一直忙，可能四、五年論文都沒有辦法寫出來。

　　我的重點是校長用於思考的時間在哪裡？我相信大家一定會說，他半夜也在掛念著學校的事情，這是很有可能的。不過，掛心學校的事情應該可以提升到系統思考的境界。我覺得校長系統思考是一件很重要的事情，尤其是學期一開始，做整學年的思考，或者是每天總要有一點時間做概念性的思考，尤其是主動性、未雨綢繆式的思考，而非僅僅是反應性的作為而已。

　　所謂系統性思考指的就是把每天層出不窮的事情作一個全盤性綜合性的盤點與思考，找出每件事情彼此之間的脈絡關係，把各個大大小小的事情分出不同的層次，並且把各個事情因果關係的脈絡一一釐清。每一件事情會發生一定是事出有因，一定有前因後果。把事情的關聯性找出來，再評估事情的急迫性與重要性。不同的處理方式會造成何種結局？

　　哪一種處理方式較佳，可能是要看從哪一個角度來看。相關的、即使面對一件已經發生的事情，也可以做系統性的思考。每一件事情或是某一個問題總是有一個源頭，總是有它牽涉到的層面，不同角度的考量就會有不同的解決方式，而非只是把事情擋掉。若只是求得暫時性的解決，或是沒有處理得很周延，可能會引發後續的事情，導致事後還要花更多時間處理同樣的事情。所以說，校長一定要以整體觀以及系統觀來思考事情。比較處於事務性層次的事情則由其他人來做。

　　我想問各位校長：你真正用來做思考重要事情的時間是在什麼時候？或許有些校長幾點到幾點會把時間空出來，暫時不接電話，暫時不讓主任或訪客來請見，而把這一小段時間（比如每一天固定某一個或兩

個小時）專門用來靜心思考學校重大的事情，或是釐清一些相關聯事情的來龍去脈，這樣可行嗎？

　　所以我很想了解校長的時間是怎麼分配的？如何訂出事情的優先順序及輕重緩急？剛剛有好幾位校長提到了校長要看很多資料，例如看學校的檔案、教師教學的資料、學生學習情形與學生輔導相關的資料。有的校長說上班時間還有時間看書，這令我很驚訝。

　　在我的想法裡面，校長在學校閱讀教育專業期刊或許比較可行。如果說利用時間看自己的書，這是一種奢侈，在別人的眼光甚至可能會被罵。或者所謂看資料，是藉著看書來做自我修練，這有可能嗎？還是看一些與學校經營有關的資料？

　　例如美國中小學校長每天要在網路上查看地方學區辦公室（學區內中小學的上級單位，性質有點類似台灣的教育局）來的資料，以及學校的教學與學生學習成效與學習困難診斷的統計資料，或者各種家庭情況與學習情況的學生資料，每天一定要看，一定要做分析。

　　校長要從教育局或學校學生學習與輔導資料中看出來一些重點，甚至一些警訊，並且向上級單位回報學校處理的情形。這些有關教師教學與學生學習或學生輔導的現況，都是校長要有全盤掌握的事情，也是校長日常做決定的基礎，這些事情都會花掉校長非常多的時間。

　　校長將時間花在教育局、學校，或者其他來源的資料的時間到底有多少？有的校長說，他每天一定要收發電子信。當然在電子信當中，校長可以發現學校同仁或家長的一些感受，不論是抱怨或是情緒的抒發，這些感受是很真實的。不論是良好的感受，或者是不好的感受，對於當事人可能都是很重要的。

　　不過，校長是否有一個篩選的機制，讓這些訊息去蕪存菁，只處理重要的事情。一般常態性的訊息就由學校專人來管理，最難處理的或是

迫切或極重要的事情才來到校長這邊，而不是什麼事情都要校長來處理。

**周校長：**

針對思考的時間與項目方面，因為學校只有六班，十幾個老師與九十幾個學生，我會讓他們知道，校長大概是什麼時候會是在思考事情。我大部份都會坐在辦公桌前，這個時間他們都不會來找我，即使公文也不會送進來。但是當校長坐在沙發區的時候，表示校長現在是很輕鬆的心態，所以我會讓他們知道，什麼時候可以隨時進來找校長講講話，什麼時候校長是在安靜思考的時候。

第二個關於閱讀資料的內容，因為我還在就讀研究所，所以在學校的時間大概是上午七點半到下午五點。我堅持這段時間絕不會看研究所或是課外的作業。我要身先士卒。上班時間我會閱讀的資料就是與學校教學有關的、對老師有幫助的教育性資料。

我每天一到學校一定先翻閱國語日報，尤其重大的事件或是很好的文章。我個人對於好的文章的界定，就是對學校的老師或是同仁有幫助的資料。例如上一次報紙報導一個小胖子被搬出門外，送到醫院，我就馬上剪下來。

我從其中得到兩個啟示，一個是家庭教育的重要性。為什麼當初祖母一直縱容他，結果要花多少的社會成本來因應。另一個就是媒體對個人隱私權的侵犯。不管是他入院或是出院，或是到他家裡，當媒體大刺刺對他拍照的時候，究竟有沒有獲得他本人或他家長的同意。我把從其中得到的啟示拿來與大家分享。

**王校長：**

關於時間管理，剛開始我也是有人發帖子我就過去參加活動。後

來，收到帖子，我會先詢問鄰近的校長，校長是不是一定要去。如果不是一定要去，我就不去。如果有替代性的人（比如主任），我就讓主任去。

關於思考問題的部份，通常資料來的時候，我都會看一下。如果是必要的當事人或是廠商來，當他們修理或做完之後，我都會告訴承辦人員，他們必須要做出怎樣的系統分析，請他們根據細項作出對照之後，再拿給校長看，以便我做最後的決定。基本上，細部分析的部份，我都會交由承辦人，教他怎麼做。

但是如果是重要的業務，由於我的總務是新的主任，很多都不懂，所以做資料的時候，幾乎每一個字我都會重新定版，定版以後我再交給他。這時我就會花比較多、比較長的時間，利用幾天將整個資料做一次整理。這樣做過一次之後，我會請他依照我的模式，綜合出一套符合他認知的程序來執行他的工作。

有關電子郵件的部份，我們有一個管理者每天會固定上去看有沒有新的訊息。若有新的訊息需要馬上答覆的時候，他就會知會各處室相關的承辦人員，做適當的答覆。如有必要，再由校長答覆。

**賴校長：**

很多事情都是我自己想做，但是沒有做，例如與學生的午餐約會等，也都還在思考當中，因為我們學校換血換得很多，行政團隊很多事情常常需要校長費心。自己也發覺老師常常會把意見沒有經過主任的層級，就直接反映到我這邊來，所以我就以接力的方式和每個老師談。

老師們告訴我，每次向主任反應，主任好像都還是按照他自己的方式在做，所以校長就要幫他們做一個補強。因為剛開始我本身也比較急，擔心主任、組長都是新的，看到行事曆好像很多事情都還沒有動作，是不是都還不太清楚自己的職責，所以我也都會主動提示他們。

　　我發現，如果我沒有交代組長的話，組長也不知道要做什麼。後來我建議他們，鄰近學校有很多師傅，同樣都是主任、組長的夥伴，可以去請教他們。甚至我也會主動與對方連絡，對方也答應了。我就跟組長說，某個學校的組長挺不錯的，也有很多好意見，你是不是可以主動跟他連絡。這樣就變成我幫他搭好橋樑，讓主任、組長可以去做這樣的事情。

　　我慢慢的也發現，我自己不要急。要慢下來，慢慢的去做，做了再說。我覺得這部份有漸入佳境的感覺。我發現我自己遇到事情通常很急，但是都急不來。很多東西明天就該出來了，但是到了今天好像都還沒有看到，甚至有時候去跟主任、組長提示，會不會讓他們覺得校長給了太大的壓力。

　　由此可見，我與主任與組長之間，默契的建立都還在努力當中。我都會等到下班之後，自己坐在那裡想，還有哪些地方還要努力。我自己也會打電話向同區裡面和我狀況比較相同的初任校長請教，讓自己比較能夠釋懷一點。

## 江校長：

　　在我來講，零碎的時間就去做零碎的事。時間比較長的，就去解決比較重要的問題。這段時間以來，我發現白天是不太可能去做比較重要的事情，或是去做比較思考性的問題，所以我就甘於讓自己在白天去做一些接電話、回覆電子信或是去巡視校園，跑來跑去。

　　我覺得這段時間不太可能去做什麼，而且會沒有效率，所以我就把時間集中到四點到六點。這是一段非常好的時機。不論是看書、寫自己的作業或是準備一些資料，在這個時間都可以很有效率地完成。時間雖短，不過效果倒是很好。

　　關於校長什麼時候思考，當我每天在巡視校園，或是巡視教室時，

很多想法就會不斷浮現。所以我強迫自己，只要有想法一閃過，一定立即把它寫下來。有時候晚上在床上預備睡覺時，腦中突然閃過一個想法，我就會跳起來趕快寫下來。

剛剛提到電子信，我無意中想到，本來覺得 928 教師節應該要送個小東西給老師，後來就想到發個電子信鼓勵大家。寄信之後，有的老師會回信，這樣我就有機會跟老師對談。他們也開始拋出一些想法，也許有些很好，也許有些又不太適合，我就當場鼓勵他。以電子信與年輕的老師互動，似乎很有效，因為他們很習慣這一種溝通方式。

## 孫校長：

我承認，我當校長沒有像很多夥伴那麼輕鬆，我每天都是戰戰兢兢的。可以說假如現在還在唸研究所，確定論文一定寫不出來。還好我的指導教授事先就告訴我，要把論文寫完再去當校長。

在辦公室裡放有三份報紙，中國時報、國語日報和台灣立報。從開學到現在，幾乎沒有一天是輕鬆翻閱報紙的，有時候甚至連動都沒動。

當主任的時候，到學校的時間是 7：40，可以 7：30 才從我家走出去，若開車則更快。但是現在一大早 5：30 就必須要起床，7：15 就要到學校。當主任時，下午 5：00 一定回到家，現在每天回到家，不是晚上 8：00 就是晚上 9：00。當主任時每天一定有跑步時間，每個禮拜四也固定打羽球，現在連羽球都沒得打了。一周也只能在週日跑步一次。當主任與校長兩種角色之間的差別真大。

關於公文處理，原則上都會有人送進、送出，但是如果真的很急，我就會自己拿給承辦人員。我常常告訴老師們：「我們要把事情做得好，但是不要做得很辛勞。」我笑笑的說，但可感受他們覺得壓力很大。大家知道校長是很認真的，在每周行政主管會報，與處室主任充分討論，如果沒有完成，我們就親至現場了解。很多事情的處理方式會在走動管

理之中激盪想法。大家的共識是，會議的結束即是執行的開始。

## 蔡校長：

　　關於時間的管理，我真的沒有辦法有一段很完整的時間可以作思考。一般都是先了解事情究竟是怎麼回事，然後再去想要怎麼做，這是一種必經的過程，尤其是當問題發生時，就會儘量多方詢問，大概比較確定原因之後，我就會跟處室主任商量一下。針對目前學校要做的事情，我大概列了十七項，這些都是很傷腦筋的問題，不是缺錢，就是缺人，所謂缺人就是沒有人要做，碰到這種情形，就要轉個彎、拐個角想辦法進行。

　　譬如學校的課程擬定與執行要由老師來做，如果現在老師都不站出來，事情肯定做不了，所以我必須想出各種方法往前推動。如果真的要找時間來思考的話，我會利用會議或是有空時，找主任來商量、聽聽他人意見，啟發一下自己的思路。我估計處理學校的事情，大概百分之八十的時間都是還停留在想的階段，後面百分之二十的時間才是做處置規劃。

　　關於時間的規劃，我個人是比較悲觀一點。我的習慣是下午四點以前，只要遇到事情，就馬上處理。當然有些事情的問題有多大，我們也不知道，所以要旁敲側擊，搜集很多線索，才會有眉目，這種事情，我就不會急著去把它擺平。下午四點以後，比較沒有親師生的事情要立即處理，我就可以靜下來思考比較計畫性的校務，例如學校大型活動的規劃，我會在這段時間來處理或思考。

## 趙校長：

　　對於學校事務的思考，我歸類為下列三點：規劃性的、例行性的以及臨時碰到的問題。基本上這些都是互動，應該都在校長平時的思考當中。這些問題可能會形成下一次的規劃，所以在執行規劃的歷程中，我

們如何看待事情？該件事與學校及教學的關係為何？該問題與學校有何關聯？

校長每天的時間管理，用在教師教學、學生學習這些事務上的時間有多少？公共關係的建立，究竟是對校長有利？還是真的對於學生有利？兩者之間雖然有關聯，但是還是有區別的。

以昨天為例，昨天召開擴大行政會報，因為之前有個專案的計畫已經出來了，我一定會再檢視計畫，看看承辦人做到什麼程度。有位組長當場就哭了起來，因為她覺得壓力非常大，從開學到現在每天壓力都很大。事實上，我並沒有額外要求她。我覺得既然是已經規劃好的事情，就要看到它執行的品質與成果。如果已經在行事曆裡面排進去，就要對品質做出要求，建立行政團隊的執行形象。

大部份規劃的事情，我會從教學與學校的發展方向來著手。我會與老師、家長之間有一定的溝通和行動。從這個角度看，校長的溝通表達必須非常清楚，有哪些部份可做選擇？在思考上，哪些是必要的？由於每個人看事情的角度可能都會有所不同，認知可能都會有所差異，所以良好的溝通很有必要。

## 姜校長：

我非常珍惜在學校的時間。基本上看書、思考都是下班之後可以在家裡完成的。由於只有上班時間我可以跟學生與老師互動，所以我儘量利用在學校的時間跟他們互動。

當我在校園巡視時，有些老師覺得，校長就是走過去，其實意義不大，所以最近我走過教室的時候，看到老師有些空閒的時間、或是並不急著改作業，我就會徵求他的同意，與他談一談，聊一些近況或是比較需要學校協助的事情。

在管理的部分，我會儘量讓主任有成就感，不輕易的跳過主任那個層級，直接和組長互動，與他溝通或請他執行，因為這樣會給主任壓力。我會藉著主任會議的時候，與主任討論計畫執行的情形。如果主任覺得某個部份執行起來有困難的話，我會在主任會議的時機做出裁定或一些指示。經由校長這樣的說明，主任執行起來可能也會比較方便。所以我上班的時候非常珍惜與同仁互動的機會。

## 曾校長：

八月份開學前，在製作學校行事曆時，我就要求各處室行事曆要做到非常細。提出來的計畫和期程經過增加和篩除，由原來五張 A4 紙變成十張。在這個過程中，我向同仁溝通一個觀念，這學期甚至下學期要做的事，在開學之前就要把它想到很細。每一件活動的過程，在什麼時候要做到什麼進度，都要事先就想好。

比如說運動會，主任們通常都只會寫哪一天是工作表演會。我要求主任們，哪個時候應該準備大會舞、哪個時候該做什麼事，都能出現在行事曆上。經過這樣的過程之後，各處室在運作的時候就很順。所以每個禮拜的行政會議，只要問哪一件事情做得怎樣就可以。

另外，當初在訂定行事曆的時候，我就要求同一週不能有兩個處室在辦大型活動，因為要避開老師時間而做調整。同時，我也要求學生月考的前一兩天也絕對不能辦活動。所以一些例行的事情都是透過行事曆來檢視過程。這樣下來，之後例行性的事情就比較少發生問題。

十月份開始，我就指定一個專人幫我擋客人，就說校長去巡視校園。當然有時候真的是去巡視校園，但有時候可能就是我在校長室想事情，或是看一些資料，或是在思考過去發生的一些事情。這一所學校到現在一直都還有糾紛存在，所以我要花一些時間去了解以前發生事情時的一些脈絡，也要去思考到底要如何解決這樣的事情。

　　就算真的都沒事了，我也還會去想，我還有什麼事情可以做？還有什麼地方沒去走過？哪一個人我今天還沒去跟他講話？事實上，不管是上班或是下班的時間，我都在想著學校的事情。有時候，我也會去想，有一些好的事情是不是也可以在我們學校發生。其實，下班後的時間，我還是會持續思考學校的一些事情。

　　目前我現在這個行政團隊運作得還算不錯。大家在自己的職位上都能各盡自己的力量。我認為，一開始的時候，一個團隊的建立非常重要。該不蓋章的時候，我也不蓋章。如果東西做出來之後會比較好，我就先不蓋章。我相信老師們都很聰明。

　　有的事情，老師、主任、組長跟相關的人很詳細的談，只要談到兩個人都可以接受，這樣就都不會發生讓我不蓋章的事情。這是組長或主任自己應該去管控的部份。這樣事情自然就能夠運作起來，校長的時間也會慢慢的越來越多。

## 薛校長：

　　最近空下來的時間似乎比較多了。我開始覺得自己是否應當再做一些自我檢測。我會去思考，在這兩個多月來，學校的資源與設施是否有了改善？另外，在我進來這所學校服務之後，學校的主任與組長這些幹部的能力、作為與效能有沒有提升？第三，我與老師的相處，處在怎樣的位階？對家長或家長會的成員，我做過什麼樣的事情？我對學生到底有怎樣的影響？

　　自從來到這所學校服務，我感覺主任、組長在行政上的作為應該可以更統整一些。我也看到行事曆的問題，包括行政程序及工作進度掌握的問題，同時也看到同仁工作的時間都很長。我常常在想，要用什麼方式幫他們做個調整。主任與組長是行政的核心團隊，校長要如何帶領才能夠比較有效透過主任與組長推動學校的事務呢？

　　最近我跟教務主任聊天的時候，我直接跟他講，教務主任在學校是非常重要的角色，影響力有時比校長還要大。所以有些事情我就主動跟主任溝通，主任就會告訴我一些事，也會幫我跟老師講。教務主任似乎比校長還要站在第一線。

　　有時候工程拖很久，總務主任要我去看工程，我說我暫時不去看。當我要求主任去盯廠商，主任們比較能幫校長身先士卒，主動掌握很多事情。我也要求兩位新主任要獨當一面。

　　我對主任們有所期待，因為他們是學校家長訊息的反應中心，既要做溝通協調的工作，還要持續有所作為。我對他們有這樣的期待，也很能得到他們的認同。他們常常會站在第一線與家長溝通。

　　總結而言，在思考要如何帶領核心幹部時，校長要教導他們如何做事前規劃。校長對核心幹部有什麼期待，校長都要非常明確地跟他們講。如此一來，主任們都很能夠接受任務指派，也都比較能夠如期完成。校長在這方面的指導與激勵的角色很重要。

## 邱校長：

　　到一所學校，校長比較要用心去做的事，一是建立工作的紀律，二是把事情做好的紀律。談到時間管理，時間就是二十四小時。一件事情如果被延宕或耽誤了，那個時間就丟掉了。與其刪除很多的事，不如讓很多事順著預計的計畫走。如果一個問題產生時，就能夠積極有效處理，就不會讓問題一直來煩你，就不會有愈來愈多的事情要去處理。

　　行事曆就是你一天要做的事的藍圖。這個做事情的規劃如果做得好，就不會有那麼多問題要處理。如果總是有那麼多問題要處理，表示行事曆不完整或不是很可行。所以把行事曆儘量建構得完整可行，一直是我非常重視的。

　　我一直期待能夠充分利用資訊平台的功能。我們的行政都是張貼在網路上，沒有印出來。如果有哪一個活動要移到哪裡，只要一個 email 發出去，公告欄也公告出來，隨時就都可以通知到大家。我要每個老師養成一個習慣，要看電子信件。如果沒看，經過幾次之後，他一定會看。

　　我們學校雖然小，可以使用的人力也少，但卻要花很多時間做事，所以我們儘量把事情透過電腦來處理，讓大家有疑問時就能發出疑問，也能夠得到回答，如此很多事情就一件一件完成了。

　　剛剛老師問到校長是利用什麼時候思考。有些夥伴說，在學校的時間沒辦法思考。其實零碎的時間才要思考，因為很多的思考是一直在走，在行動中思考，沒辦法讓你好好坐下來想一些事情。有時坐下來根本沒有靈感。邊走邊做的時候，靈感一來，答案就隨時跳出來。甚至我在走路時也在想、在看，答案就會跑出來。等到坐下來，就是要把所有答案統整起來。

　　我每天上班開車到學校要花四、五十分鐘。我都是利用那段時間整理思緒，順便讓自己清醒過來。我有一個原則，就是回家之前絕不帶公事回家。從主任到現在，我都是堅持這樣子。如果有很多事，我就忙完了才回家，因為回家還有別的事要做。每天回家之前，我會訂出第二天的行事曆。我會稍微把事情的順序安排一下。隔天來到學校迎接孩子及晨間活動。晨間活動一結束，很多事情就會進來，所以我還要修正一下那一天的事情。基本上，我都是用這樣去管理時間。

　　關於建立工作紀律的問題，因為我剛到任，所以很多事情我要帶著他們一起做。現在這麼忙，我覺得是階段性的現象。我帶著大家這樣做，讓他們知道我們是這樣看學校，是這樣看孩子，是這樣在做事。慢慢地，大家也都會有這樣的概念。我要理解大家的困難在哪裡。

　　但有時候也不能太理想化。有時候，如果把事情想得太美好，常常

會把事情漏掉了。所以剛開始我帶著大家走一遍，時間可能會拉得很長，也許時間管理不太有效率，但是這種階段性的作法還是很重要的，否則我們不會知道大家都在忙些什麼。

（本座談係於 2003 年 10 月 18 日在國立臺北師範學院科學館 407 會議室召開，由林文律副教授擔任主席，陳佳榮先生擔任紀錄。）

# 第 4 章
# 校長教學領導

　　學生與教師是學校的主體。教師教學與學生學習是學校的核心工作。教師最重要的任務就是為學生提供快樂、豐富而有效的學習。此一核心工作是要透過具有專業知識、能力與充滿熱情的教師來執行。

　　校長如何領導一批具有教育與教學專業的教師，透過老師們的努力與適當的方法，把每一個各種資質的小孩子帶上來，包括知識的傳遞與啟迪、科技時代創新能力的培養、班級經營、學生輔導，以及基礎教育最核心的目標：把學生培養成為未來具有生產力的良好公民。

　　本章所探討的是面對具有豐富專業素養的老師，校長要如何引領老師，為老師提供最佳的教學支持系統，讓老師充滿教學熱情，盡心盡力協助學生有效學習，以使教學工作更加有效能，讓所有資質的學生每天都能浸淫在快樂、豐富而有效的學習之中。

## 討論內容

### 江校長：

　　從八月一日以來到目前為止，憑良心講，我並沒有花太多的時間在教學與課程上面，因為學校裡面有一些缺失，沒有做好的部份，我先把它彌補起來。我必須承認我花了大部分的時間在環境的改善與人際關係的建構上，在課程與教學這部份是比較忽略的。我覺得第一年我應該先把環境整理好，第二年的重點才是課程與教學。

　　關於課程與教學，很重要的一個觀念就是老師的教學觀念。很多事情，觀念的轉變重於技術的層面。所以開學之前到十月份，在教師進修

的時段裡，有幾堂教師進修的課都是由我主講。一些想法透過教師進修以及與老師面對面對談，可以直接傳達，這是我著力的地方。

其次，教師朝會的時候，一般各處室報告完之後，我不太想去重述，因為很浪費時間。我會要求老師把筆記做好，但是我每一個禮拜會抓一個主題去跟老師談，譬如說特殊兒童的輔導，或是孩子不寫作業的處理。老師平常遇得到的，或是班級處理會遇到的一些困難，每次我都會設定一個主題，或者是自己寫的文章，我都會挑一段或是摘要去做討論。

關於教學技巧，我很重視老師在教學第一線的技巧。開學時我就曾經跟他們勾勒了有效能老師的圖像。過去這所學校對於教學觀摩並不是很在意。當初我在當教導主任的時候，這個部份我很在意。過去老師的教學觀摩，我都要求老師把教案讓我看過才可以教。今年我把這個工作交給教務主任。我說至少要做一點把關，讓老師呈現出來的教學計畫是比較正向的。我原來的理想是今年要讓每個老師都有教學觀摩的機會，但是因為時間真的不允許，只好讓每個學年每科都安排一個老師。所有的教案都是教務主任審完之後才可以教。以上是我目前著力比較多的地方。

**周校長：**

從八月底當校長到現在，處理行政與庶務性的工作佔了很多的時間。到目前為止，教學領導的部份，花的時間真的比較少。在這一段期間，雖然有一些事情我明明知道自己沒有時間著墨，但是還是會在行事曆上提醒自己，校長應該在這方面花多一點時間，在有限的時間裡把它實行出來。我一直在想，如何在最短的時間把教學理念與老師溝通。在每週教師晨會的時間，各處組的報告完之後，我就會盡可能在教學方面著力。

　　首先，我強調體育課。由於我們是小型學校，缺乏體育方面的師資。我就跟老師說，體育課教學要正常化。以往學生體育課上躲避球的次數非常多，我就把體育課應教的五大領域跟老師做溝通，並達成共識。第一就是躲避球的運動只是球類的一小部分，老師不應該因為學生喜歡，就一直在上躲避球課，忽略其他體育課程的教學項目。學生的受教權是教學的大前提。

　　其次，我引進外面的師資。我請教務主任為學校找到一位在自然科技應用方面非常好的老師，一個月排一次。到目前為止，他已經到學校上了兩次自然課。老師們覺得他所介紹的內容可用性非常高，而且因為他也是國小老師出身，本校老師的共鳴性就比較高。

　　第三，我們學校有幾個孩子是屬於特殊生。我跟老師說，一般的紙筆測驗對他們來說不一定是公平的，或許老師要用問答的方式，因為他們在閱讀方面比較吃力，如果用紙筆的話更是一個挫折。對於一位初任校長，尤其是剛開學，教學領導方面時間可能不是很多，但是還是會想盡辦法。

　　我把教學領導的重點擺在下學期。我已經透露了一個訊息，就是校長要來聽課。如果校長沒有真正進入教學現場，有時候跟老師聊教學時，老師可能會說：「校長你又沒有到教室，你怎麼會知道？」

　　第一學期是理念的溝通、引進外面的人。第二學期就是從實習老師、新進到學校的老師著手，希望讓老師與校長之間在教學方面有一個對談的機會。

## 孫校長：

　　在我進入春天國小前，這所學校的領導者與教師會對立及衝突的情況很嚴重。此時校長展現強勢的、立即的各項領導作為，對大家都是一種傷害，也有可能做不了三天，自己也要跟著離開。所以有關於教學

領導，我傾向於從學校的側面去做了解。

春天國小校齡 45 年，六月確定接掌這所學校時，學校有許多事情需要解決，經常出現「為反對而反對」的情況。反正領導者說什麼，教師們就是持反對及不支持立場，就連鋸一棵樹都可以成為學校的爭議新聞。在這種氛圍之下，我覺得要切入的不是精緻的教學領導，應該從另外一個角度思考。

春天國小整體人事結構穩定，不像偏遠地區學校每年異動頻繁。春天國小今年只有校長是新任，其他都是舊識。因此我應該要先了解大家。我的理念是「質變重於量變」。教學領導不是說教學觀摩辦了幾場，作業看了幾本，課堂巡視了幾遍，如此就可以行得通。當質變之後，量變就產生了。此時，機會點就出現了。

從個人簡介中，老師們知道我過去的經歷在「課程與教學」方面著墨頗深。在我的說明中，老師也清楚校長的企圖。比如說九年一貫課程，老師們討論出來的課程計畫，我從了解、觀察開始。

上個禮拜游乾桂老師的講題是「人生桃花源」，後來他很巧妙地切入班級有效經營，他的演講獲得老師們很大的迴響，老師們的反應熱烈。像這樣的安排不刻意，就教學領導而言，效果甚佳。

論及教學領導時，我會從廣義的角度來界定教學，包括我們理解的身教、境教、言教這些部份。我要讓老師們認識，教學不是單純的技術操弄而已，因為技術層面的操弄是典範的不一，因趨勢與潮流會有更多的典範移轉。

更重要的則是教師心理上的觸動與教育使命感的驅使。至於教學方法與作為，就由老師們去有效的朝專業發揮，其他可強化的像成立教學資源中心，建立學校網頁以擴大更多教學資訊的流通。

我的碩士論文其中一個焦點是知識管理，建構網絡平台的互動，有助於提升整體教學效果。學校的願景是「正義心、正義情，健康、快樂、創新」，好的教學能把這個招牌擦得更亮。

## 李校長：

八月份開始，其實課程都是在校長看完之後才會送審。我覺得老師們設計出來的東西不是很順，可是我沒有說，我還是尊重教務主任。教務主任是新的，在做這些規劃時，我很尊重新主任。

整體行政方面，我很尊重四處主任。我不會硬性規定他們一定要做教學視導。一開始的時候，主任們都會覺得可能應該跟校長先打一下預防針，因為學校有不適任老師。主任會先跟校長說，他哪一方面很好。所以後來我在做教學領導時，我並沒有直接去修正行政的一些做法。

關於教學，首先我認為校內應該更新的教學設備，我請大家重新檢查，因為我一開始走過一遍，覺得東西真的是非常亂。教具室一團混亂，我看了就是很難以接受。第一次行政會議時，我提了很多要教務處去處理的事，包括教具室整理。

我也要求總務處把視聽器材全部做一次整理，看看有哪些東西是老師覺得需要淘汰、設備需要更新的。到十一月我還做了一些多媒體設備的建置以及教室的 CD 播放機等，我都要他們再整修一次。教學設備的部分，我就花了相當多的時間，因為「工欲善其事，必先利其器。」很多老師因為覺得沒有什麼東西，所以什麼事都沒辦法做。所以我做的第一件事就是把教學設備做了統整與更新。

我最近一直在試圖說服教務主任，同時在學年座談的時候，我也一直在做這種試探，看看老師們對於做教學觀摩的看法。早期他們覺得老師在這個部份是專業自主，所以他們覺得這個部份要由老師自己控管。當我這三個月看下來，老師大多數都是認真的，即使是那位不適任老

師，我也覺得還可以，只是語言表達上不行。

老師的教學語言也是校長要去著力的部份，因為有的老師講話太直，這樣不是很好。後來，這種問題出現時，我就拜託教務主任與教學組去找隔壁班的資深老師來接這個班級。我還沒有直接去跟老師談這些事，因為我擔心老師會緊張。校長說的話，老師們還是非常在意的。所以當家長對老師的某一點有意見時，我都不會直接去跟老師說。

其實我還有一點可以知道老師行不行，就是我們還有兒童信箱。兒童信箱非常熱門，投稿踴躍。我前幾次收到的一封信是：「校長，你剛來我想吃漢堡。」當然也會有很多小朋友告狀，譬如說老師的作業太多。我可以從這裡發現教師的教學可能有哪些問題，這些我大部份都會請教務主任先去了解。

在巡堂的部份，我是很勤快的。我們沒有教學觀摩，也沒有作業調閱，所以校長就勤勞一點，多走動走動。走動的時候，我會走得很慢，為的是要了解老師怎麼教。如果現在由我教學，我的教學表現是否會比某些老師強，我並沒有把握。因為太久沒有教學，教學功力會退步，所以巡堂的時候，我會大概注意一下內容的部份。再來就是教室的整個情況。除了我勤於巡堂之外，主任的一些回報，我也會去做一些了解。

觀念很重要。我經常利用學年座談、「和校長有約」等這些機會，跟老師多談一些有關教學與評量的事情。可是，我實在沒有很多時間可以常常跟他們談這些東西，所以遇到週三進修的時機，當講師講完時，我每次都會利用總結的機會，跟老師們灌輸我的觀念。

每個星期晨會時，我都會有一些我想關注的重點，包括小朋友的生活或是教學上的重點等。另外就是讓老師們知道，以後會有一個教學成果發表，不一定是動態，也有靜態的部份，譬如是教學檔案發表。我現在是先從不足的部份做一些加強。

另外學校家長會常常進來，他們都會反映老師的教學狀況。主任如果沒有說，我也會去發掘。談到不適任老師的教學，我覺得很多老師們在現場那麼久了，對於有些東西的知覺是比較差的。譬如說，備課的部份，我一直覺得備課都不是很落實。

有些教材老師們其實還是常用舊的東西。每次巡堂，我聽起來覺得需要進一步了解的地方，我都會記下來，但是我都不會直接去說。這種教學改進的事情，我都告訴自己要緩一緩。上任以來這三個月，我都沒有去做教學領導，只有做一些零零星星的事情。

## 秦校長：

我認為要先訂好一個做法，就是誰關心課程、誰關心教學。課程計畫雖然做得如火如荼，最後根本沒有看。我原來在仁仁國小（化名）服務的時候，家長一開始還要求學校要印課程計畫給他們看，但是那麼厚一本，要印那麼多份真的很浪費。課程計畫總共印給三個家長課程委員兩次。

第一次，他們看得霧煞煞的。第二次送給他們，這幾位家長代表就說你們老師決定就好。因為家長只關心教學，殊不知課程與教學息息相關。我們負責課程計畫的老師很多人都很努力，每次送審前都會先送給教授看。

因為廠商還來不及印，所以大概九月中旬時才送課程計畫，到了十月中來一個建議修正。我有點遺憾，像我在仁仁國小時就做得還不錯，但在瑞瑞國小這邊，老師們卻沒有給我看。

課程發展委員會我都有參加，但因為不可能每一份都看，所以我還來不及看，就已經送出去了。現在，瑞瑞國小是屬於要修正再送審的學校，我覺得有點遺憾。到現在都已經十一月了，要修正也已經來不及了。

至於教學才是家長關心的。很幸運的是，在七月份時，瑞瑞國小的同仁研討教、訓、輔三合一，邀請我到學校跟他們見見面。他們想要讓老師們認識我，所以我在還沒到任之前，就跟他們有了半天的接觸。

接著八月份到瑞瑞國小上任之後，我就發現一個班級導師被家長告，她常常請假，導致學期中換了三次代課老師。既然這樣，為什麼不換掉這一位導師？我覺得需要去了解。所以我就用旁敲側擊的方式慢慢去了解這位老師的教學。

一所學校要去診斷老師們不同的教學模式並不太容易。我的學校有 26 個班級，每一個級任導師全都是女性。所有的行政，包括工友、警衛八個，都是男生，連科任也只有兩個男生，去年公費分發來的都很年輕，但教學基本功夫都很弱。昨天我才跟前任校長請教過。他說這四個公費生都不行，可是他們是公費分發來的，校長又不能拒絕，也不能叫他們走。

經過一年之後，一個離職了，一個被家長舉證教學有問題，一個則是調校，現在只剩下一個，這些師資培育完來到我們學校當老師的人，什麼叫做學校本位課程？什麼叫做建構式？很多專業自己都弄不清楚。他們的專業真的都很弱。既然校長是首席教師，每樣困難樣樣都要去解決，必需要多花一點時間在他們身上。

## 蔡校長：

我來到快樂國小擔任校長之後，教學問題一直讓我很傷腦筋，因為過去幾年行政與老師之間有一些不愉快，所以在課程與教學的溝通上比較不充足。當我再回到這所學校服務時，我發現情況跟我以前在這裡當級任時差不多，屬於傳統班級王國的型態，關著門進行自己的教學，缺乏統整協調合作的機制。這所學校有很多認真、名牌老師，就算沒有行政措施的話，大概都還能夠進行基本的教學運作，只不過他會走入很

傳統的運作，不利於校務推動或創新發展。

論教學專業技術，很多校長可能沒辦法勝過一些老師，但我常常會找時間跟老師們對談，請老師們走出教室，來做經驗分享，讓大家看看一些優良老師是怎麼教學的，如果老師不走出來，教學專業發展大概就都不要談了。

我聽說以前有人倡議要教主題，老師們卻很不以為然。在這種情況下，我覺得先不要講主題教學，換個方式引導：譬如說體育表演會，講工作分配總可以吧？先商量哪一個老師要做什麼，大家講一講、談一談，若能達成共識，就跨出了協調合作模式的第一步。習慣並熟悉溝通協調建立共識的方式，就已經很好了。

有關教學觀摩的部份，不可否認，現行的做法都是欺負資淺者，也就是剛進來的那些新手老師必須擔任教學觀摩任務。不過我也不悲觀，因為年輕人創意與點子十足，可以反向思考來引導一些比較資深的老師。資深老師可能有經驗，但是在創新教法上可能不見得會比別人強，因此我認為由年輕人來做教學觀摩也不錯。我要求教務主任，一定要排教學觀摩，而且要鼓勵老師來參加。

其次，學校一定要辦學習成果發表。以往每學年辦理兩次，第一次辦，找出比較好的作品或節目，然後再邀請各班家長來參觀。我覺得辦一次就好，讓每位老師都有表現的機會，讓老師覺得一次就要把它做成功，而且師生人人有參與的權利與義務。

另外就是有關區域性的九年一貫課程研習。我們學校剛好是中心學校，中心學校很忙，因為經常要辦理跨校參與的研習。其實辦理跨校研習是一個精進教學很好的機會，透過研習可與其他學校進行教學交流。我過去曾在壯壯國小（化名）服務，很清楚壯壯國小的教學強項，所以我就跟他們連絡，帶了老師過去觀摩他們的優勢教學。

　　第四點就是校長要多多關心、提醒並鼓勵同仁。到目前也有接到家長打電話投訴，不是班級經營不當，就是教學有問題，要不然就是老師上課用詞不當，可以說各種問題都有。遇到這些投訴，我會去找當事老師談談，了解原因，給予建議，甚至是擬定與教學相關的行政改進措施。另外一種就是老師主動找我談，這是最好的。

　　再來就是評鑑與訪視也是校長可以發揮影響力的地方。在評鑑、訪視之前，我會先開籌備會，聽取同仁的意見，再將我的理念與作法分享出來，請同仁共同努力。評鑑、訪視檢討會或座談會時，再透過委員講一次，我可以藉很多外力把我自己想要講的話表達出來。有時候委員的一些建議，也是一種推力，趁著這個機會也可以做一些強力要求、提醒或勉勵同仁與時俱進。學校因被評鑑與訪視，是校長一個借力使力的好機會。

## 趙校長：

　　剛剛蔡校長談到利用評鑑的機會，來改善學校的教學環境、老師的教學理念，或是在教學領導借力使力。評鑑訪視的確是體檢學校教學體質的機會。我們學校前兩天才做過資訊評鑑。藉這個機會，老師可以進一步知道整個學校哪裡可以改善，有所不足的地方如何做補強，也可以藉著這個機會把老師平常在用的教學軟體，都能做個整理，也讓其他的人有機會看得到。

　　我一直跟大家談到，我希望建立大家可以互相分享、可以進一步認識自己的環境，希望組織是互相學習、不斷互動的團體。課程與教學的歷程大家都實際走過，相互累積。但我們要如何建立彼此互相對話、互相學習的環境呢？

　　上個禮拜的週三進修，我們談過動兒。我們提出個案來討論，重點放在這個學生在班上有哪些學習特徵，老師如何提出他在教學上的問

題、老師的策略、學生學習的策略。藉著教師進修，老師提供了對話與分享的機會，探討個案，使得整個團隊在觀念上可以重新溝通，並且不斷累積他們的專業。

我們老師平均年齡是四十一、二歲，都是非常認真而且專業。當然其中也有一兩位老師比較特立獨行，不易融入整個教學團隊。我希望能夠把他們帶起來，利用各種機會讓大家能夠發表與分享，隨時給予鼓勵。不一定每個人都表現得很好，表現得不是很好的也要關心。

有一位老師穿高跟鞋上體育課，隔天我去找她。我提醒老師：「校長找你不是為了要挑你的毛病，而是希望你被看到的形象是好的，你在教學上的效能是被肯定的，你所做的努力不要因為一點點的瑕疵而被掩蓋掉。」這樣她就比較能接受校長的建議。

教學領導隨時隨地都在進行。對組織來說，教學上的領導應該不是老師被領導，而是每一位老師都有領導的功能，都能發揮專業上的領導，來激勵彼此的互動。校長要隨時提供回饋，指出老師的優點或缺點，在點與面時時留意並關切教學層面上的問題。

## 王校長：

剛到一所學校，未必要強制老師做教學觀摩。我是透過柔性的情感，以期待、參與與分享來逐步引導老師。最重要的還是要能夠觸發老師既敬業又快樂地進行教學。我所掌握的幾個原則就是期待、參與、領導與分享。在策略方面，我會適時在朝會、兒童早會或各種研究會，讓老師們知道我對他們的期待。

因為我們的老師在教學上都有幾年的經驗，都非常優秀。但他們在學歷等方面是可以再精進的，我也鼓勵他們進行行動研究。我期待的是創意教學，希望老師真正是一個學習促進者，給孩子更多自主學習的機會。這是我的理念。

　　我的第二項策略就是走動觀察。我會隨時主動去了解各班實際教學的狀態。因為學生會拿作品給老師、給校長，這時我就會進一步走到他們的教室，私下跟他們談一下。可能會談到課程的部份，看看有沒有可能再做哪些精進。在教學視導方面，上午處理完公文之後，我會走一趟教室，下午我也會走一趟。

　　若剛好經過的教室只有老師在教室，而沒有學生，我就會跟老師做個別會談。通常在會談時，老師會跟我談到一些教學問題。我會告訴他，怎麼做會更好。就現有的學校條件，我只能提供適當的協助，不敢對他們做太多的要求，但是我會建議他們下一步還可以怎麼做做看。需要支援時，校長再提供支援。

　　接下來就是參與與促動。我會參與各項教學研究會、課程發展委員會以及教學觀摩會。以往我當教務主任六年的期間，我會讓每位參與者輪流分享，講出他們參與的部份。如果每個人都講，就不會卡住。

　　在現在這所學校，我也是一樣。我會請他們先講，因為我覺得校長講太多，會把老師的想法框住了，所以應該讓每位老師分享他的經驗，校長再提供他們沒有講到的地方，點到為止就好了。有時候話講得太多，他們也許會說：「校長，你去做好了。」所以校長要讓老師們說，說了之後，給他們鼓勵。校長只是一個促動者。

　　接下來就是要藉助外力，亦即各種評鑑和訪視。前幾天國北師院有四位教授到我們學校。當天因為我校外有事，並沒有回到學校。依照事先的規劃，四位教授來學校時，與學校老師們有一個很好的互動。我覺得有時候要藉助外力，不要一直都是由校長在那裡強力主導，免得會有反效果。我剛到一所學校，將舞台提供給老師，自己在後面促動就可以了。

**張校長：**

　　雖然大家一直在說，校長要當學校的首席教師，但就一位新任校長來說，我沒辦法在短時間做教學領導，困難度很高。我要從一個校長的角度來看，有哪些事情是應該優先做但卻被忽略的。檢討自己三個多月以來的作為，無法稱得上真正落實教學領導。我近身觀察之前校長初任第一年，也完全沒有教學領導的策略，大概進入第二年後半年開始才有一些作為，真正切入教學應該是擔任校長第三年了。

　　說實在的，在封閉的學校環境中，要由校長對老師進行教學指導，老師們應該是會很緊張的，對校長本身而言，未嘗不是如此。雖然我們認為教學是非常重要的環節，但是要介入教師的授課並不是那麼容易。由於老師會在意校長的言行舉止，所以我們更需要重視自己深具份量的領導作為。

　　到目前為止，我大概還沒有任何主動的策略，而是被動的呼應。我會利用週三進修或是教師集會時間，對教師的教學提出一些肯定或呼應。針對定期作業評量，我會仔細察看每個孩子的作業簿，看看老師批閱的狀況，從中找出可以跟大家分享的精采之處。

　　若發現老師有些地方做得很好，或是讓我很感動的，我會清楚表達出來，並且給老師一些鼓勵。我會提出一點點改善意見，期待可以幫助孩子更有效學習，也會針對作業抽查給老師一些具體回饋。過程中，我發現老師們都能接受這些意見。

　　有關成績評量部分，本校目前還有定期評量的成績單。我第一次看到評量的成績單時，差點沒昏倒，還有老師在做全班排名，從第一名排到最後一名！我覺得這個作法不妥，可是校長要批評或給意見之前必須非常慎重。

　　思索幾天之後，我鼓起勇氣跟全校老師公開談論這個問題。我拋出

這個議題,請全校老師一起來重新思考,除了用全班排名來激勵學生學習之外,有沒有其他方式可以幫助我們的孩子更認真學習?在我提出看法的過程中,我看到那個老師猛點頭,我想他應該是有聽進去的,讓他自己去思考,應該會有一些更慎重的作為。

至於其他個別的老師,除了利用不定時的教學巡堂視導之外,我會用自己過去的教學經驗跟老師分享。向老師們敘說我以往的教學經驗時,我會加上一句:「像我以前都還有這樣做,效果不錯耶!」用這種方式跟老師分享教學心得,到目前為止,老師們大概都還可以接受。

## 曹校長:

當我來到目前這所學校擔任校長時,我覺得這所學校的教學已經非常完善。所以我上任之後就寫了幾篇文章放在網路上,目前已經寫了五篇。第一篇就是「校長姥姥逛大觀園」。我覺得學校裡面繁花似錦,每位老師的教學展現就像玫瑰花或是雛菊,處處盛開、處處美麗,非常值得欣賞。我不希望把我自己太多的觀念注入到老師的身上。在這片園地裡,我如何讓花長得更好,我想要勤於灌溉。

我們的會議也都非常完整。學年會議、領域會議,都會在固定時間召開。我會輪流參加不同的群組。關於我們學校特色的領域,我會特別去關心。跟老師很自然的對話可以讓我了解他們的想法。事實上,老師們都有他們自己的想法。

身為校長,我似乎已經脫離教學很久了。老師有很多教學方面的想法與作法,我都很佩服,所以我都會傾聽他們說話。另外就是有一些好的書,我都會送給他們,但是我不會平白的送,我在很多方面都會培養老師做一個專業的老師。

例如我們有教學輔導的經費,我利用這樣的經費當作是老師的鐘點費,每次都有不同的老師根據他們的專業去做分享。老師們在學期中

也會有成果發表，發表之後我都會送他們書，大概是五、六種書，讓他們閱讀。有時候我也會跟他們分享一下心得。這種非常溫馨的方式就是我灌溉的方式。學校的刊物或網路都是我可以灌溉的地方，我儘量去找出可以著力之處，讓這些已經很美麗的花能長得更好。

另外，行動研究也很重要。我們學校今年得到台北市團體第三名，參與的老師大概有二、三十位。在這樣的基礎之下，我讓老師們發揮他們的專業。他們的課程計畫大概都會按照學校總計畫的課程計畫去做。因為老師那麼多，校長不可能一個一個去了解。

看到他們的教學成果那麼豐碩，我每天在學校都非常快樂。老師們很多的教學成果常常會展示在網路上。幾乎今天做的，隔天就會放在網路上，包括照片、學生心得、作品、實物都會有。校長室的門口就是一個長廊，他們都會把作品放在這裡。

當我特別去強調某件事情，那件事情老師們就會做得更好。如果我沒講，老師們大概就這樣混過去了。校長的領導關注在哪裡，大概從這個地方就可以看得出來。比如說，我們學校去參加潔牙比賽從來沒有得過獎，我就去了解他們在潔牙方面的作法，發現他們遇到了一些困難。

我跟老師們說，我們要給孩子成功的機會，給他們充分的學習，才讓他們去比賽。學生們在練習的時候，我就會去給他們激勵，結果今年我們就得到優勝。這是一小步，當孩子得到鼓勵，老師會覺得這是校長對老師有效教學的一種肯定。我認為，最重要的就是我們要給小孩成功的機會，同時也要給老師成功的機會。付出心血得到成果，他們就會再往前走一步。

**薛校長：**

我很認同剛剛王校長所說的「認同、參與、分享」這樣的觀點，所以我也開始想一想最近的狀況。最近我的校長室很熱鬧，有一年忠班的

## 小學校長走過第一年

小朋友進去玩耍，進去跑來跑去。有三個六年級的小朋友進到校長室，跟校長說他們的老師有怎麼樣的事情。昨天天氣非常好，我坐在校園的某個角落，找一兩個學生坐在我旁邊。我跟他們隨意聊一聊，非常自然。也許哪一天，我可以試試看坐在樓梯口，找幾個小朋友來坐坐聊聊。

為什麼會有這樣的想法與作法？我覺得很多的情境可以自然的融入。小朋友跑進校長室來，是因為他們想跟校長接觸。看到這樣子，我也想主動跟孩子接觸看看。我覺得很多學校的行政措施，或是老師教學的實踐，學校資源的運用情形，其實都可以從孩子的身上看得到。

兩、三個禮拜前，行政會議時，我跟我的主任提到，我很想跟組長、老師、小朋友有對談的機會，因為如果校長一直關在校長室裡面，一個人在想，實在有點閉門造車，所以我就請輔導室幫我規劃學生對談的部份，教務處幫我安排跟老師對談。

我預估在年底之前可以談完。我希望經由這樣的對談，能夠讓大家有一個凝聚共識的機會，讓我了解大家對於學校未來的發展有怎樣的想法。目前正在努力進行，已經進行了兩個班。

在教室裡面，我其實可以明顯感受到兩個班有所不同。一個班非常穩定，在校長有意識的引導之下，可以很快進入探討的主題。在另外一個班，有相當多的孩子是比較難以掌握的。我想可能是因為學校最近體育表演會，讓這個班變得比較浮躁，也可能是班上特別的孩子比較多，讓老師在教學與班級經營時遇到了某些困難。

面對我所觀察到的現象，尤其是從孩子身上觀察到的，我會開始思考。一個校長要常常思考，如何讓學校的每個人都能發揮他最大的能量。因每一個人的能力都不太一樣，如何讓他有一個成功的表現機會，是很重要的事。如何針對每一個人的好表現予以獎勵，如何輕輕的點出

他可能需要加強的地方，就有機會讓每個人有比較佳的表現。

譬如說，八月一日開始實施的課程計畫，因為我在以前所服務的國小對於課程計畫著力很深，如果用那所學校的標準來看我目前學校的課程計畫，其實是有一段落差的。

學校的教育成效不全然都是自然發生的，是要經過有系統的規劃而發生。以資訊評鑑為例。我現在服務的大明國小在 2001 年的時候評鑑是丙等。當我知道這個年度需要再接受評鑑後，我跟教務主任說：

「因為 2001 年度評鑑的成績在後面，所以優等的 360 萬與甲等的 180 萬獎勵，我們都沒有。是不是能夠利用這個機會，訂定一個評鑑計畫，把這個資訊評鑑當作是一個爭取經費的計畫。評鑑如果還不錯，有了獎金就有了可以充實設備的經費，透過爭取經費來改善學校的資源，讓老師真正能夠運用比較多的設施。」

後來，由 10 位老師來做教學觀摩成果發表。學校資訊設備雖然少，老師雖然表現得有點生疏，但是我們還是想辦法讓老師發揮最大的功能，也做得有聲有色。本來教務主任擔心報名只有十幾個人，我們就跟國北師院的一位教授聯絡，告訴他，歡迎國北師院師生來大明國小參觀。結果就有兩個班來參觀，所以場面就變得很大，我們獲得的評價也很高。

資訊評鑑從知道日期到開始，大概三個禮拜不到，我就以過去的經驗跟教務主任與資訊組長討論很多的細節，從網頁如何分工、如何傳達給每一位老師配合的工作，如何讓每位老師都能一起投入這個工作。所以網頁的設計就在一個月內，從過去網頁點選進去找不到資料的狀況，到現在點選進去就有架構，有大量的資料。

校長的參與其實非常重要。當我發現教務主任、資訊組長每天忙到十一點時，我就把簡報拿來自己做，做的過程對於自己也是很有收穫，

可以學習學校的網路如何進去，學習如何製作網頁，重新練習Powerpoint。重新鏈結學校網頁的時候，因為內容都不斷更新，就會有一份新的感動。

在參與的過程中，看到不同的同仁在不同的角落，做完簡報之後，督學就把我的簡報拿去。如何讓參與的人有高度榮譽感與成就感，是我最在意的地方。至於最後的成績如何，就等待評鑑委員會決定了。

在這樣的過程中，校長所做的事情，其實要非常有彈性。該幫老師推一把時，校長就該站出來。運動表演會快到了，我就帶著衛生組長繞校園一圈，看看哪邊做得很好，哪邊還有待改進。我也帶著總務主任去繞一圈。我告訴他能不能在運動會之前，把還可以改善的地方做一些調整。

在跟衛生組長談環境衛生的同時，我也跟他談衛生教育要如何來推動，資源回收與垃圾減量如何變成學校課程的一環。所以我一直在做的就是不斷參與，一方面提醒同仁必須著力的地方，同時也提示同仁，將行政上很多做法與學校課程互相結合。

在大明國小有一點還不錯，就是校長說的話，同仁們通常都會很在意，也很願意配合，所以可以做的事情也算不少。不過有時候我也會有點擔心，同仁們這樣做會不會太累了。所以我儘量讓他們保持愉快的工作心情，讓每個人的功能能夠呈現，儘量消弭負向的情緒。讓同仁們在辛苦工作的同時，也能保持愉快的心情。

## 曾校長：

在我還沒有到任之前，家長會就對學校老師講了很多不滿的話。在這所學校，教師會與家長會是非常對立的。當我和家長會見面的時候，他們就跟我講，教師教學有什麼問題。當我上任真正進行了解之後，我發現家長會有很多都是誤解了。也許我的學校周邊是菜市場，所以會有

菜市場文化，傳言也特別多，所以我在行政方面就做了幾件事情。

在老師授課方面，我儘量考慮老師們的專長。其次就是老師的進修安排，我認真思考要給老師安排怎樣的進修活動。第三，我鼓勵老師主動指導課外活動，比如合唱團的指導，我覺得這個部份也是一種教學。在行政方面我也採取了一些措施，讓老師能夠發揮專長。

此外，我請主任做教學視導。開學時，我問主任有沒有教學視導紀錄，答案是沒有。所以我就請幾位主任都要到教室看看老師的教學現況，還要填寫視導記錄簿，而且視導記錄簿是要直接送校長室，不會經過任何主任。

同時，我也去了解老師們教學上有什麼需求。我們的電腦設備也是很落後，不管是下載之前或是之後，只要是多媒體的部份，都跑得非常慢，大家也都不想去用，所以我們就把台北市公用資訊資料庫全部抓下來，然後每一個都請老師把它做成網頁，然後放在學校的伺服器，這樣各班連接上去都可以使用，所以老師就會去使用這些教材。

另外，老師不太會使用單槍投影機，所以我就請我們的組長備妥光碟機、錄放影機、單槍、筆記型電腦，請老師把車子推到教室。只要延長線一接就可以使用了。老師本來不會想去借的，這樣改善之後就會想去借了。此外，各項教學設備也大量更新。至於學生作業，我請各班送五本到校長室，抽看之後會蓋章。經過抽查之後，我發現有的教師是不改作業的，上面全部都是小朋友改的，一整個月都沒有改過，我就請主任去告訴他。

第一次月考完之後，我根據各班考試的成績做成一些分佈圖，在早會的時候向各班老師解釋這些圖代表的意義。說完之後我就把它掛在網路上，但是老師要有老師的密碼進去才看得到，其中一個就是他的班級各科出來的比較，第二個就是同一科同年級的比較，第三個是同一科

一到六年級的比較。當我說明完之後，老師上去看，就可以看到哪一科他教出來的班級是什麼樣子，也不用我告訴他要做補救教學，他自己看數據就知道。

學校做了這些改進策略之後，就是行銷。首先，我召開家長會，向家長會報告學校做了哪些事情，做了哪些改進，要求家長們實地去看。他們實地去看了之後，也發現有些以前他們告訴我的東西的確是他們誤解。經過這些動作之後，他們也慢慢知道老師有他的特別用意。慢慢地，親師關係也越來越好。我同時也告訴家長老師們評分的標準。由於老師以前都是用班級的平均分數，家長們就會在菜市場說，哪一個班級不好。經過我的說明之後，家長們也慢慢知道以前的認知是錯誤的。

其次，我在一些場合不斷釋放訊息，告訴老師在教學上還要做些什麼。有些是我一直講，他們就覺得校長好像也沒在做什麼事情。事實上，我是一點一點在做。令我高興的一件事情是，我們學校的家長會與教師會原來是比較對立的，對立到教師會會長說，除非家長會會長到教師會辦公室向教師會道歉，否則他不會善罷甘休。

但是今天體育表演會之後，我邀請家長會長與副會長到老師的辦公室，一起開一個會後檢討會。結果他們不只來致意，還跟老師行了一個九十度的鞠躬。我就私下問教師會的人：「這樣可以嗎？」他們說：「校長，謝謝。」無形中，家長會與教師會對立的情形就化解了許多，也讓家長知道老師其實是很認真的。

我們學校不僅是校長與主任都是男的，從家長會長、副會長到委員也都是男的。因為我們的家長都是 1940、1950 年次的，表達方式不是很柔性，我就請他們體諒，因為我們學校教師會的老師大部分都是 1970 年次的。我跟教師會說，要這些老男人很溫柔的跟你們說話是很困難的，今天這樣已經是很大的誠意了。

## 邱校長：

課程與教學是學校經營非常重要的部份。去年八月一日我就任優美國小（化名）校長時，印象很深刻的一件事就是一年級只有七位小朋友，而且這七位小朋友沒有一個是本地人，都是從山下上來的。我那時候有一個很深的危機感：這所學校會不會哪一年就沒有學生了？從山下上來的學生有很多都是外交官的小孩。十二月底就有兩個外交官要外放出去了，他們就帶走了四個孩子。

我跟他們說，學校也不過八十幾個學生，他們一下子就把我帶走四個，大概是二十分之一了。所以招生是我的學校的一個危機，這個危機倒不是因為學校的問題，但是因為山下有芬芳國小（化名）、晶晶國小（化名）。這兩所學校很像南極與北極，一吸就沒有了。不過有一些人還是很喜歡優美國小這個環境。所以有的家長還是老大在芬芳國小就學，老二是來我的學校就學，所以他早上就要這樣分送。

從這裡來看，我就要去了解，當這所學校有危機時，身為校長的我應該怎麼辦？從這裡我就要去檢討，學校的發展目標到底有沒有重新調整的必要？所以一開始我會去跟老師做很多的溝通，如果這樣的現況產生了這樣的結果，我們就必須瞭解裡面有哪些關鍵必須立即調整，否則這樣的現況不會往正向走。

我跟老師取得了一個共識，這個危機是大家的，大家要一起面對、一起處理。所以當我們在談課程與教學，要跟老師談要怎樣去做改變，要有一個願意去改變的動能，否則後面技術性的討論有時候是沒有用的。我要跟老師共同建構優美國小的競爭力，這是第一個要做的部分，其他還有什麼困難，也要去做一些後續的溝通。

再來一點，八月份上任，很多課程都已經定案了。我覺得課程會影響學校一整學期，甚至是一整學年的運作。如果以後再做一些改變，對

於課程困境的改善，難度會增加，所以課程表有不妥的地方，一定還是要翻轉過來。

在調整架構時，我會預留彈性，我一定要調整出一個架構，當我要加入新的元素時，就可以接上去。我把彈性時間調整成社團，因為我一直在想，我要加入一些外面的元素進來。因為很難去改變老師的授課時數，所以我要加入的不會影響老師的授課時數，但是我一定要有一個位置，讓我可以一直加入新的元素。當我要調整課程時，我們就會思考要怎麼做，要怎樣去更新現有的學習狀態。

校長的教學領導，其實自己也不是懂多少。很多東西是在做的過程中去建立起來，比如說學校的靜思活動、資訊器材的更新，都要一點一滴去看這些活動要怎麼規劃。我會問老師：「這個活動的主要主軸是什麼？」以前也許是為活動而辦活動。我就去問這個活動的目的到底是什麼？承辦人有沒有想過？如果沒有，就只是依樣畫葫蘆，一直畫下來，這樣子越弄就越沒有趣味。

所以我會想要把一樣的活動重新做一些檢討，其實我的領導就在其中產生了，包含怎樣開始？設定的目標是什麼？放入什麼內涵？例如靜思活動。我就告訴老師，靜思活動不必由老師來辦，而是由家長來辦。這樣的概念溝通過了之後，家長的改變就很大。我們歲末感恩活動家長就已經開始去做了，他們現在已經討論出一個方案來，準備跟校方討論。上一次成功推出活動，得到了不少鼓勵，外界的評價也很好，大家都覺得很不錯。

要怎樣把一件事情做得有意義，不要白做一趟。只要有意義，雖然很辛苦走完，但是當我們把事情走完，辛苦還是值得的。在這個過程之中，我們會把以前疏忽掉的都補回來，所以我會從很多方面去建構課程。我們很多東西都是在彼此的對話當中建立起來的。

　　另外，我們的資訊評鑑已經在上個禮拜做完了，我們會去引進很多資源，包括北投國軍醫院的精神科醫生來跟我們談一些個案。那次的談話給我們老師很大的震撼，因為很多孩子經過精神科醫生檢驗出來，結果是精神病，有的還有自殺的傾向，很多老師聽了都嚇一跳，覺得怎麼可能？比如給學生畫一張圖，他繪畫的都是黑黑的。醫生會從這裡去說故事，說他為什麼會這樣？很多我們平常都覺得沒事的事情，也許不見得真的是沒事。

　　我也會從外面引進資源進來，包括請一位老師到學校來講個案研究。他的結論是，我們老師的問題出在沒有系統的理論基礎。經過他這樣一講，大家豁然開朗，繼續往前走的動力就會出得來。

## 陳校長：

　　雖然自己是課程與教學研究所畢業，但個人感覺，到一所新學校很難立即去推動教學這個部份，可以先做的就是落實巡堂及調閱作業。因為是小學校，所以執行比較方便，全校學生的作業我一定都可以看過。在平日裡，提供他校優質活動的分享和教育資訊，如《親子天下》等教育年度特刊，我會訂購分送給老師一人一本，讓他們閱讀和吸收、分享好的教育觀念。

　　明媚國小很特別，是台北市幾所田園小學之一。由於學校條件比較好，學生數是九所田園小學之中最多的。學生來源是大學區制，一個年級一班，若班級人數太多，老師們的壓力也會很大。此外，前來參觀的團體很多，有時一周有兩個團體，對行政的負荷也很大。

　　學校每年的大活動之一，就是校際交流。近日，蘭嶼的小朋友會過來參訪。他們爭取到一筆經費，打個電話表達要回訪。還記得，學校辦理蘭嶼校際交流，從頭到尾花了一年的時間規劃。為接待這群蘭嶼的師生，學校只用了一兩個禮拜的時間來籌劃。他們來參訪，全校都十分高

興，但也忙翻了。這些活動對學生而言，其實是很有意義的。

身為校長，我深感壓力的是這是額外增加的工作，多多少少佔掉了老師們一些教學時間，雖然老師們全力配合，但也憂心教學進度無法如期完成，會增加老師的壓力。還好，老師們經驗豐富，彼此合作，讓學生、家長都能支持具有意義的活動。

學校附設幼兒園，和鄰近三所學校的幼兒園，組織草山學園策略聯盟，執行草山學園的行動研究，外聘專家教授協助，這樣既帶動學校教師教學的專業成長，也促進學校之間的合作競爭。

另外，在學校現有的基礎之上，有些活動可以繼續發展，但大家都很忙，常常覺得沒有時間和老師進行深入的對話。其次，老師們的教學檔案尚待建立。老師的教學很不錯，只不過，小型學校一樣有很多事情要忙，沒有辦法把自己的教學檔案建立得更完整。

第三，基本上明媚國小的教師呈現極端化，一部份具有十多年的教學資歷，也有一部份教師是五年內的初任老師。因為年長的老師比較多，他們都未持續進修攻讀碩士，所以對教學歷程的資料保留比較困難。明媚國小雖然非常有名，但學校的行動研究書寫，其實是靠著少數的幾個人。我期望每位老師在自己的教學歷程上，能自我書寫，慢慢留下一些書面資料。

在課程計畫方面，雖然學校今年還是第六群組的優勝，但仍有很多可以改善的空間。明媚國小有一項業務做得不錯，那就是每次的晨會都不是校長主持，而是由主任主持，校長在活動結束前勉勵。這樣的作法我覺得很值得肯定。

另外，我經常要求主任做教學領導，而我則給予全力支持。主任們常常覺得校長很像聖誕老公公，幾乎不會發脾氣，因為輪不到校長發脾氣。所有的問題，處室主任會先開會，尋求共識後，再一起努力去解決。

我覺得自己很幸運接任明媚國小的校長，因為前幾任校長都非常資深，也很有經驗，所以我帶領整個團隊十分順利。

**主持人：**

剛剛有一個共同的發現。大家都覺得三個月而已，也許是還沒準備好去做教學領導，也許是沒有空去做，也許是因為其他因素。這是一個很有趣的現象。大家現在是先在心理上做準備，也許是各位推動事情本來就有優先順序。你新接一所學校，可能教學這一部份是特別敏感的，所以大家覺得寧願敏感的事情多一點時間來了解，先對老師拋出一些訊息之後，讓老師心理上有準備，等到過一陣子以後再開始來進行。

我有兩個問題。第一，才接任校長沒有幾個月，大家是傾向於把教學領導擺在後面嗎？其實，教學牽涉到課程與學生的學習。所有與學生的學習有直接關係的事都是最重要的。

其次，各位似乎覺得真正做教學領導的時機還未到來。那麼，各位覺得什麼時候訊息已經拋夠了，老師大概心理上已經做好準備，這個時間點是在哪裡？校長要使用何種策略，加速老師的心理準備，願意配合校長的引導，在教學改進方面漸漸加強力道？

從時間的角度而言，就校長對老師進行教學領導的時機而言，是要等到一學期完，或者是剛剛有校長提到，要等到第三年才做教學領導？如果真得是那樣子的話，未免就等得太久了。教學領導本來就是校長身為教育領導者的重頭工作。我了解教學領導是需要校長與老師雙方的認知相同，也需要老師的接納。我們是不是針對這個部份繼續探討一下。

另外，有關校長對於校務經營重要事情的主動性。每個人看重的事情是什麼？這是優先順序的問題。對於領導者看重的事情，領導者何時才會採取積極主動的作為？如果你說這種事情要等時機成熟才能進

行，我個人以為，有很多事情，領導者是要積極主動去促成事情發生，這是領導的基本定義，也是領導者要展現領導作用之所在。當初進行校長遴選的階段，也許你對那所學校還未完全熟悉。現在你接手學校已經有三個月了，應該有了一些基本的了解，也找到了著力點。

領導是要發揮作用的。一所學校由你來領導，經過一年、兩年、三年，你可否預期你的學校會變成什麼樣子，而且是更美好的樣子？那個樣子是要你去把它帶出來的，比如說學校兩年或三年之後的遠景（或說願景）在哪裡？那並不是空口說白話的。遠景是要由校長帶領老師共同勾勒出大家對於學校更美好的未來的共同想像，一步一步去修正落實，然後具體實現的。校長是否要讓人看得出來，學校未來可以預見的美好樣子？

有些人喜歡一下子就把學校願景全部勾勒出來。有些人也許認為應該慢慢的去了解學校之後，再去為學校勾勒出一些具體可行的目標。我這裡要強調的就是，遠景要先勾勒出想望求好的具體目標，逐步求取大家的共識，再加上校長積極領導的主動性，以及針對可行目標逐步求改進的具體策略。不論校長是用什麼方式去促成，用什麼方式去帶出結果來，校長都應該扮演一個關鍵性的角色。

身為學校領導者，尤其是教育領導者，校長是要很有作用的。校長的作用就是把各種美好的事情帶出來，尤其是在教師教學與學生學習方面。譬如說，讓學生快樂學習、有效學習、老師教學更認真、教學與學習的氣氛變得更美好。這些都是很好的事情，校長可以讓這類的好事在學校發生，這就是校長可以發揮的正向作用。

**王校長：**

有關促動課程的部份，我一直在思考，應該是已經準備要動工了，因為八月份時的課程，欣欣國小早在六月就已經寫好了，所以我要掌握

的就是十一月到十二月初。我所要掌握的課程研討就是我們下學期體育表演會時，許多原來預期的課程或學習的成果，在課程設計的時候就應該融入教學，這是我非常關注的。

這是為了避免在體育表演活動時，課程與教學受到影響並且產生糾紛，包括課程調配所產生的問題。這部份在十一月底到十二月初時，我會強力主導，避免影響到正式課程。實施了之後，下學期開學之後還會再檢討一次。大概五月份時再來規劃下學期整個年份的課程。那時候我的引導可能就是一整個年度的大方向。

## 邱校長：

我認為課程應該考慮在先，在開學前、中、後都要去考慮這個問題。如果一開始沒有一個好的佈局，後面就會綁手綁腳，很難控制，即使想到也會來不及。往往很多事情都是看到才想到，我則是預留一個空間，讓我想到的時候可以再加進去。因為我們學校面臨危機，所以我要在某些地方做改變，讓大家對於事情的看法慢慢發展出共識，所以我要做的第一件事就是信念的改變。

我會辦理影片介紹等很多活動。我們也會進行對話。上次對話，我們一談就談到快六點，這是個很好的經驗。我事先準備了一些及時性的東西，有些主任可能一忙就漏了，或是準備不是很妥當之處，我就會及時補進去。其實我一直在等待。如果老師所提出的東西有缺漏不足之處，我就把不足之處補上來。老師的心比較柔軟一點，很多事情比較好談，談也談得懂，要不然恐怕講很多卻都像在做白工。

另外，要老師做事情，就要提供資源給他，比如為老師提供專業成長課程。這些專業課程如果沒有走完，我就先耐心等待。有些基礎的東西必須先走完，有些事情則可以邊做邊走。有些東西做了會有困難，我再找老師來談，才有對話的可能。例如我們這一次探討閱讀教育，我請

外面的基金會來談，有些問題就會拋出來，比如有家長提問某些故事是要傳達什麼訊息。

可見一開始講很多並沒有用，必須邊做邊談。所以我給它一個名目，叫做「融入式教學領導」。我們透過很多活動來做教師專業成長，基本上是從改變觀念開始，一套一套進行。有些地方也許有疏漏，但是沒關係，我們每次做完一些活動就會檢討。每次做一些改變就會更加成長。

老師的部份是以兩種方式來進行，一為團體對話，二是個人對話。每隔一段時間我就會找某一位老師來聊一聊，看看他有什麼困難，聽聽他對於學校有什麼意見。私底下談，他才會講一些事情。因為我們學校小，大家對話的機會多。跟每位老師談一談，才會知道學校有哪些問題需要面對，或者老師有哪些困難說不出口，比如說教不完之類的，這樣我才有機會了解。

其實老師是因為這類原因，所以對於某些活動不是很熱心。我要怎麼協助他解決問題呢？例如老師的教學出狀況，我就會請人來協助他。另外，我也常常利用掃地時間，找孩子聊聊天，或是他下課時間跑過來，我就會跟他聊一聊。

課程與教學有時候很難分得很清楚，比如說我們學校沒有游泳池，游泳課就很麻煩，但是小孩子不需要游泳嗎？我們只問孩子需不需要游泳課。如果需要，但學校又沒有游泳池，我就必須到處去借游泳池。當然借游泳池往往需要克服技術上的問題，不過這本來就是行政應該克服的。

所以很多東西當我們思辨的時候，慢慢就會變成一個思考的習慣，然後就會去問其他的問題。一個問題問完，就會去問另外一個問題。慢慢的，大家就會有共同的語言，這樣會比較好談。所以我一直覺得且戰

且走,如果要做的事情太多,我們就把速度放慢,有時也容許有一段是空白的。我覺得我是在學習,整個團隊也都在學習。

## 江校長:

大家大概都同意教學領導的重要性,但是從擔任校長到現在,教學方面的領導,比重似乎少了一點。我認為主要原因在於,第一,在溝通時,行政人員少,比較好溝通。但是如果要直接觸及老師的部份,會牽涉到原有組織文化深層的價值與觀念,不但不容易改變,也會招致反彈。

剛剛大家一路談下來,我認為大家或多或少都有一些策略。比如說,學校原本不做教學觀摩的,現在開始做教學觀摩。不抽查作業的,現在開始作業抽查,可見很多校長或多或少都有做一些小部份的調整。

剛剛孫校長提到,每一所學校狀況不同,所使用的策略與手段也會不一樣,進度的快慢也有所不同。其實我們很多校長都在預作準備。我規劃的重點在第二年。第一年我做了很多點的佈局,先把一些想法做一些鋪排。我相信大家或多或少都有在做這樣的事情。

我想請教曾校長,你剛剛提到考試成績的公佈方式,我覺得很有趣。最重要的就是資料怎麼來?你要請老師鍵入成績,還是要自己去鍵入。能夠做好這一點,事實上是一個很大的突破。

## 曾校長:

這件事情過去老師們平常就有在做,他們有做一百分的幾個、九十分的幾個,只是我在行政上做了一點調整。過去教學評量是由教學組負責,現在我將其交由設備組負責,包括考試的部分。我要設備組把成績鍵入電腦。第一次是我跑統計,第二次我就交給設備組。

在早會時我跟老師說:「如果我們學校是常態編班,那麼你們班上

的學生應該都是這樣。我希望是精熟學習，所以最後你的學生出來應該是這樣。我現在把這個圖放在網路上，你自己去看。你要自行去了解，你的班我交給你時是這樣，為什麼現在會變成這樣？是因為你的考卷出得太難？還是你的教材選擇不當？還是有其他原因？」

「我比較重視的是，當你班上學生的成績出現雙峰的時候，就顯示你這邊有一些學生一定錯在某一些題目上面，所以他的成績就停在這裡過不去，請你回去做補救教學。你不用把所有的單元重新教過，你只要重教那個部份。這部份你在學生的考卷是可以看得出來的。學生在某個部份遇到了學習的瓶頸，你就要把瓶頸找出來，重新做補救教學。只要補那個部份就好了，這樣學生就會往成績高的方向推。」

另外一種情況就是每個成績都有上上下下，這就是老師沒在教，所以學生會的會，不會的還是不會，原來的能力在哪裡就在那裡。這個教學成果要請老師自己去了解，看看學生為什麼會被分成這麼多段，我會去解釋這些狀況。

此外，各班各班的比照，我都會放在網路上，老師進去可以看到自己班跟別班的比較。另外就是自己班的四個科自己比較，因為四個科目是由不同的老師教的，如果出來的曲線很大，我就要問差異很大的老師，他是怎麼教的？為什麼我給你同樣的材料，你教出來的學生成績會差這麼多？

我告訴老師第一次月考的成績會放在網路上面，第二次月考出來之後也會放在網路上面，請老師自己看，但是我不會去告訴老師，你的班怎麼樣，你自己去看你班上的狀況是什麼。我說原來給你的學生可能不是常態分配，只是讓你知道，你的班上有多少學生是需要做補救教學的？你把補救教學的補了之後，看看下次你的學生是不是有進步。至少學生有幾個本來是班級客人，現在拉回來就不再是客人，這樣就對學生有幫助。

　　教學領導各校可能有所不同。我們學校是因為以前家長會有太多的誤解，所以我進來之前，他們就很清楚地告訴我要做教學領導。在校長交接時，家長們就說得很明白：「我們學校的工程修繕已經做得很好了，希望新的校長進來之後不要再做任何有關工程的事情。要多多做教學的事情。」因為家長非常明確把他們的需求告訴我，所以一開始我就投注了相當多的心力在這方面。

## 曹校長：

　　各校的情況不同。如果你的總務主任能力很弱，校長就要花很多時間在總務身上。如果主任的行政能力都很平均的話，校長就可以全方位的去觀照。但是為什麼在教學方面，我們會覺得比較沒有那麼明顯？我認為教學牽涉的層面比較廣，像我一到任，我就發現我們學校沒有合唱團。學校合唱團需要設備、需要學生、需要家長的認同，更需要時間去溝通，這真的牽涉的範圍較多，所以我釋放出這樣的訊息，以便尋找相關的資源。

　　在課程設計方面，我的學校本身已經有了一些發展，這些發展往往是因為有某方面的人才與資源。比如說，學校內的資訊老師很強，資訊方面就會發展得比較好。如果要去做任何扭轉，也不是校長所能做的。又比如說，我們學校的特色是生態。很多家長就認為，生態已經做了好幾年，這方面的師資很健全，他們的授課會受到某些優待，所以校長就不須在這方面多著墨。

　　校長如果要去改變這些老師的授課時數與內容，就會承受到很多的壓力，何苦來哉？所以在一開始的時候，校長與老師及家長可能彼此都在尋找一個良好的互動型態。等到大家對校長比較有所了解，人際關係建立好了，並且彼此之間產生了基本的信賴之後，重要的事情才比較容易推動。

## 小學校長走過第一年

　　教學領導也不是沒有在做，但是事先要有一些佈局。擔任校長之前，我都是教務主任，對於課程與教學涉獵比較深。就我以前的經驗，校長並沒有干預過我教務主任的作為。我們學校的課程明年要做一些改變，從現在開始我跟我的教務主任持續在做一些溝通。我發現校長的一些觀念要執行，還是要靠主任。如果主任沒有辦法接受校長的觀念，校長自己還是要做一些修正，因為我不可能把我的想法強加在主任身上，因為他們還是有他們自己的堅持，除非校長找到一個跟自己理念完全相同的主任，這是我自己目前的一個困境。

　　另外，課程計畫我們寫完之後都要送審。以前我在小型學校，課程計畫都是我自己寫，而且都得到非常好的成績，可是那樣的東西並不是很容易去推行。現在華華國小課程計畫撰寫都是分工，老師的能力都很平均，寫出來的課程計畫都很實在。他們曾經做過一個學校本位的學習目標，做得非常好，印成一本。體育評鑑時，評鑑委員的好評讓老師們嚇了一跳，深覺如獲至寶，因為那是每個領域一個個去討論出來的。

　　其實老師們在討論時就有自己的堅持。他們認為現在國中的目標都可以拿進來，看看我們學校的學生可不可以做到。可是有些教授認為，老師們為什麼越過這個界線，好像沒有緊守這個標準。我們之前送審的時候，教授給我們的評語就是我們為什麼要花時間去做這種東西，可是有些委員就覺得這個做得非常好，可見現在很多教授立場並不相同。碰到像這樣意見的歧異，校長要去推動哪些東西，才能真正被大家所接受，有時候我們校長也不是那麼有把握。

　　剛剛大家都提到觀摩教學。從我當教務主任到現在，我都沒有要求老師要做觀摩教學。我的想法是由資深老師來帶領初任老師，這樣做就已經很好了。有一次我的教務主任跟我說，他們要錄影，但是請我不要來，因為他們會緊張。我覺得老師有他們的成長方式，這樣也是很好。

　　為什麼我沒有要求老師們做觀摩教學？因為有很多老師的教學觀

摩跟他實際的教學是有落差的。實際教學的錄影對他們來說是比較真實的。不知道我的觀念是否正確，還請大家指教。

## 趙校長：

教學領導究竟應該在什麼時機點帶進去呢？以我的經驗來說，在我當校長之前，我就已經在做了。在校長遴選時，遴選委員當場提出英語師資與英語教學的問題。由於兩派家長對於目前英語教學有非常大的歧見，而且很多意見都想要透過教育局來解決，可是一直都沒有解決。

校長交接完成之後，七、八位家長就跟我談到這件事。他們希望英語教學應該朝他們所希望的方向去做。但是衡量整個情況，若要依照他們要求，方向並不正確。

另有一派家長支持另一位老師的教學法，因為老師在英語教學領域已經耕耘很久，得到更多家長的支持。為了解決家長之間的歧見，我就跟家長說，我願意帶大家到英語示範學校去參觀，看看這些學校英語老師的教學是不是都採用這種方式。最後我透過簡報和資料化解大家對於這件事的歧見，但是還是有位家長打電話來，表達強烈的不滿，並且隔一個禮拜就把學生轉走。當然我樂見其成，因為在整個過程中，他是一個不穩定的因子，非常不理性。

就教學領導而言，不只是老師，更應包括家長，因為以學校的經營來講，兩方面的意見都需要溝通，要不斷透過機會讓家長彼此了解，也讓老師了解。教學領導是無時無刻不在進行的，不斷找機會來建立學校對於教學的品質要求，讓大家都知道，教學是校長所看重的。當然，校長也要自我檢視，看看是不是有哪些活動會干擾到教學的進行，影響到老師課程與教學的目標。

最後還是要回歸到我們的目標到底在哪裡？辦這個活動到底要的

是什麼？校長到底要把學校帶到哪裡？學校的願景是什麼？校長的教學領導是不是能跟教學目標互相結合？校長看到老師的教學，如果覺得不好，不好在哪裡？好的點在哪裡？校長要把分析做出來，並且把分析的結果跟大家報告，就事實的、客觀的內容來討論，讓大家有機會進行專業的溝通與討論，共同來看待事情。

溝通是教學領導很重要的內涵，也是大家應該有的態度。如果大家還是帶著過去的態度到目前的現實中，來反應、來發酵，相互之間很多事情如果流於意氣用事，彼此之間就永遠無法相互接納，對學校的發展是不利的。教學除了是學科知識與教學方法外，背後其實包括溝通、參與及相互的接受，甚至包括整個校園氣氛來相互搭配。團隊所說的話都能被聽到、被聽進去。要培養良善的溝通情境，接受不同的意見，或許就是創意，相互激盪的點。從比較寬廣的角度互相欣賞、相互接納，教學領導就能產生更大的意義。

## 薛校長：

我想到一個例子。有一次六年級的幾位老師與訓導處一起討論畢業旅行。討論的過程之中，學年主任就提出畢業旅行可否交給旅行社規劃就好了。那時我說，交給旅行社之前，我們學校的行政措施、教學計畫要先擬出來。既然是校外教學，就要把教學納入規劃。當很明確有這樣的方向的時候，對話就轉變成要跟新竹的一所學校做校際的音樂交流，包括是否將校外教學定位為新竹北埔客家風情之旅。有了這樣的想法之後，接下來的行政措施就有幾個分工的模式。

導師就可以針對新竹的民俗風情去作課程的設計，藝術與人文的老師就可以針對跟他校的音樂交流，我校可以提供什麼樣的表演內容和型態，如何去理解對方樂團的型態。此外也安排一個藝術與人文的教學活動。有了這個初步構想之後，我就與老師決定兩個禮拜之後再作一

個討論。老師也真的在兩週之內把校際音樂交流的計畫具體規劃出來了。

在與老師討論與對話的過程當中，我突然想到校長是否可以具備統整行政及教學來思考的本能。如果我們自身的專業可以透過某一種訓練變成一種本能，面臨某一個場景或某一個契機，也許可以產生某一種作用。

我常常在思考，要如何喚起老師的專業知覺？專業知覺如何形成他工作表現的型態？要透過怎樣的增強機制，讓他的專業表現變成一個習慣，並且在形成習慣之後，變成他的專業本能？如果每一位老師的專業技能都有這樣的發展過程，也許可以完成很多事情。

就教學領導而言，有一些現象值得反思。我看到一兩位老師，學期開始一個月了，教學佈置都有沒動，以往都是這樣，而且都有很多的理由。後來有一位老師終於動了，另外一位老師也稍微動了一點點。我就有感而發跟教務主任說，我們可否提醒老師，幾個基本功夫要修煉，這個修煉其實也是校長應該隨時注意的部份，一個就是對於課程的理解。

每一個教學者應該時時思考自己經常用的教學策略是什麼？自己對於教材的理解程度如何？教學情境也很重要。有的老師真的做得很好。有的老師在這方面就有落差。教務主任應理解他有落差的原因，並且提供適度的支援。

每一個活動的安排可能都有教學的觀念在裡面。有一次我跟訓育組長談到整個升旗典禮怎麼安排。我跟他提到，每個禮拜難得只有一次40 分鐘的升旗典禮。在這裡面我們如何不影響教學進行，又可以進行有意義的活動？我們也可以告訴老師，一個活動要怎樣進行，才可以達

到很好的效果？我認為行政同仁的宣導活動可以成為教學的示範。可見校長可以以各種形式展現教學領導。

（本座談係於 2003 年 11 月 15 日在國立臺北師範學院科學館 407 會議室召開，由林文律副教授擔任主席，陳佳榮先生擔任紀錄。）

# 第 5 章
# 校長課程領導

　　教師的教學與學生的學習是學校的核心工作。課程指的是學校經由精心設計，為學習者所提供，以學科內容為主的學習活動，但也包括一整套學生在學校的各種經驗，包含課外活動、午餐、遊戲、運動以及其他非學業的活動。換言之，課程乃是一套學習設計，是我們要學生去經歷的歷程。

　　課程領導者既要聚焦於學生的學習內容，也要留意這些內容如何讓學生學會，因此課程領導者要同時顧及課程的品質、課程對學生的適切性，以及課程是否有效實施。亦即，課程領導者要嫻熟課程發展及課程實施的整個歷程，並時時檢驗兩者之間的緊密結合度。

　　從教育目標的角度來看，橫向而言，學校為學生安排的各種學習內容與經驗，是否均能達成預期的學習目標？縱向而言，各年級各學科的學習內容與各項非學業活動是否充分配合學童的身心發展而逐步擴展與深化學生的學習經驗？

　　學生的各種學習經驗要如何設計才能發揮最大作用？課程的妥適實施有賴教師的有效教學，因此課程與教學可說相依相存，關係非常密切。校長在這兩方面要如何發揮最大的領導作用？

　　身為課程領導者，校長往往承擔著過量與過於多樣化的行政工作。校長是否真正能有餘力充分關切學生學習內容的品質以及課程的有效實施？換言之，校長要如何做好課程領導？這就是本章要探討的內容。

# 討論內容

**薛校長：**

有關校長課程領導，從過去擔任教務主任到現在擔任校長，我一直在想當教務主任與當校長有什麼差別？在以前的國小當教務主任，我必須非常仔細去了解課程到底是什麼？法令是什麼？學校課程的發展如何運作？教室的教學如何落實？怎樣與老師進行實質的對談？

當校長之後和主任的角色不同，我會重新思考，如何以校長的角色跟老師對談？在老師遇到狀況時，我會請教務主任到校長室來討論一下，告訴他某一個班的課程或教學似乎有狀況，請他了解一下狀況，也希望他能即時回報。擔任校長之後，我必須調整自己，透過校內的幹部，把自己對於課程或教學的想法傳遞給老師們，看看能不能藉由行政幹部對老師進行溝通或輔導。

至於校長對老師有沒有影響？我接任這所學校第四個月，我不敢講我對老師有多大影響力，但是我經常做的就是製造機會。譬如，在某一次的升旗典禮，我跟訓育組長說，能不能每一次給我五分鐘，讓我透過我自己的示範來跟孩子說話，同時也是講給老師聽。再來，一個禮拜只有一次教師晨會。當所有的教師都報告完之後的三、五分鐘，我儘量利用這短短的教師晨會發揮自己的影響力。

行政會報的時間通常必須用來處理很多行政方面的問題，我同時會去注意一些與課程發展有關的細節。我會向主任們提示，我們下學期學校行事曆重要的活動應該在什麼時候舉行，如何透過課程發展委員會的機制，做一些深入的討論。另外，能不能透過領域的會議，把學校的一些課外活動排進去，因為這些是與課程發展比較有關的事情。

我也很注重對課程細節的掌握。我會提示老師，領域教學要去掌握

哪些東西？在組織運作的層次，由於老師兼任行政職的意願普遍不高，導致主任的流動很大。換了一個主任，我就必須重新培訓。很多事情我必須很清楚，包括什麼關鍵點與時間點，我要講什麼事情。這些都是我把握機會發揮影響力的時機。

## 李校長：

純純國小這所學校的課程發展其實做得非常好。當我到任以後，我有一種想要去驗證的心理，去看看到底做到哪裡。因為我在原來的服務學校也曾經做了一些課程發展。

做教務工作的人都會很清楚，以九年一貫來講，因為有很多的配套不足，導致我們在推動時，老師在面對課程的運作上都會比較差一點，尤其是現在當教科書是用選的。我很擔心到學校去，可能很多學校都會出現很多孩子能力不足的問題。

我到了純純國小之後，一直很想自己自編課程。純純國小的綜合活動領域是完全自編，從來不選用課本。從以前九年一貫到現在，都一直沒有用過課本，所以我到任了以後，把整套綜合領域的課程都拿過來，以我這個外地來的人來看。

當我看到純純國小的課程，我發現這個課程其實是緊扣在他們的鄉土，這有他的背景，因為在地的文教基金會當年在做社區總體營造的時候，當時的校長把整個學校國中小的課程推動得非常扎實，所以國小和國中的銜接在這個地方是沒有問題的。只是當我回頭再看這一套綜合領域課程時，我發現有些東西跟鄉土結合得非常好，可是跟其他領域就結合得不太好。

我到了純純國小之後，很希望小朋友基本上要對人與環境有知覺，而且小朋友要很健康，我認為身心要先安頓是最基本的。我也認為純純國小的發展應該要多元。純純國小這個社區有一個很特別的地方，就是

在地性很強，可是與外界卻是脫節的。為什麼脫節呢？因為純純國小本身的地域就很特別，剛好在大漢溪旁邊，行政區雖然屬於樹林市，可是過了溪之後，樹林市好像跟學校沒有什麼關係。因為這個地區國中小加起來只有我一位女校長，所以現在我偶爾出去開會時，常常提醒那些校長，不要忘記純純國小。

我也常常跟老師說，教學時要把純純國小未來的能見度考慮進去，不要讓它脫節。純純國小這麼多年來的發展之下，它自身的部份是不錯的，可是它與外面的聯繫就不夠。這一次要做下學期的課程，學務處計畫辦理很多學生活動，我就給教務處與學務處比較多新的概念。

我告訴這些處室，辦理活動要越豐富、越多元越好，讓小朋友有更多展示潛能的舞台，因為這邊的小孩子感覺好像沒有競爭一樣，所以我非常肯定這裡的老師以前設計了很多活潑的課程。他們以前甚至還會遠到新竹去做多元文化的交流。為了了解新竹泰雅族的文化，他們去住到一個原住民的學校，去體驗他們的生活課程。當時他們非常用心的做，但是非常辛苦。

最近，老師們在學年會議上提出一個問題：「**我們還要做自編的綜合活動課程嗎？**」因為一、二、三、四、五年級都已經做了，剩下的六年級這一套，其實也已經編了一個雛形在，只是還沒有正式實施。他們有一點開始懷疑，認為這樣子的自編課程實在是太累了。

我認為已經做出一點成果的東西，沒有做完很可惜。由於外面的人對這個社區學校的了解，國中多於國小，所以對於下學期要做的事情，學務處是管學生的部份，一定要跟著做，教務處管的是課程，與學務處稍微有一點區隔，但是今年我把學務處也納進來，希望學務處在課程方面也能扮演一個角色。

我們後來安排了很多由教務處設計的學生活動，是有關鄉土語言

飆語言的活動，然後也做了一個大榕樹的街頭秀，因為我們學校裡面有一棵幾十年的大榕樹，每逢週三或兒童朝會的時間，我們在樹下安排一個讓小朋友類似街頭秀的表演。這樣一路下來，小朋友的活動變多元了。

有的是做手語，有的是朗誦詩歌，也有熱舞。在課程上我自己親自下去操盤的機會不多，但是我給主任一個概念，就是我們學校缺什麼、做什麼，一定要與在地作聯結，這是一種回歸到根的概念。

我在鶯歌推陶藝時，老師們都說陶藝很難做。我跟他們說，我們大家住在這個地方，最好的設備就是陶藝。老師所懂的也大多與陶藝有關，所以課程要從這裡開始出發，與周邊結合。純純國小也是一樣。我們最近一直在討論一個問題。因為文教基金會孳生的利息很低，所以活動的經費縮水。

因為基金會希望買一塊地保值，以便為國中小提供服務。為什麼會想到買地？因為這裡是特定農業區，雖然現在耕種的人不多，大部份都是開工廠，但是我們還是希望小朋友對於土地有知覺、有感情，所以基金會想買一塊地。這個建議讓我非常高興，因為有人要給我們東西，讓我們發展，所以我們最近想要做一套親近土地的課程，不過這件事還是要回到綜合課程裏面。

另外還有一點。我們的綜合領域與其他的領域聯結性太低，因為我們綜合活動是自編的，其他教科書是選的。我們學校與其他許多學校一樣，例如國語、數學等的送審的方案根本就是廠商做的，學校只是略作修正而已。

學校老師所有的精力幾乎都在做綜合活動，因此沒有精力在國語、數學等其他領域做課程設計的東西，所以感覺上綜合領域很強，但是其他領域好像沒有什麼東西，因此我希望能從這方面來導正。所以包括課

發會、行政會議或是週三進修，甚至與家長會會談時，我都會隱約跟他們提到一些我想要做的東西。這些地方課程的概念在哪裡，我會把它做出來。

最後一點，課程其實就是學校為學生提供的所有學習內容，所以包括生活教育、環境教育，我最近都盯得有一點緊。我自己都覺得我好累，需要一點放鬆。我認為校長真正要去做的事情真的非常多，不是三言兩語就能夠交代得清楚的。

校長如果在心中有一個概念，知道自己想要把這個學校變成什麼樣子，在帶的時候，就會比較清晰一點，自己會比較有方向，這是我目前做的。但是我還是覺得無法集中焦點，好像什麼都要顧，但是老師與我之間的默契好像還是不太足夠，這是我的感覺。

### 蔡校長：

建構課程與執行課程可以分成幾點來談。第一點是關於課程規劃。我過去待過的學校在執行九年一貫課程計畫的成績都不錯，但是在規劃的時候，大概都會有幾個盲點，第一個就是學校真的是有特色嗎？舉個例子，學校有游泳池，所以提出一個學校本位課程「水中蛟龍」。以蝶式課程項目來說，可能每一所學校的游泳課程都有蝶式教學，這樣算是有特色嗎？

所以我對於這點就會存疑。在規劃課程時，是不是要有與眾不同的地方？譬如說畢業時，要達到在水裡學會換氣游上半個小時，或者是類似這樣的一個標準。學校規劃一個課程，往往是行政用了很多心力，但老師們是否了解這個過程呢？雖然課程提到課發會就通過，但是很多老師還是不了解課程擬定時的內涵。所以在規劃課程時，是不是能符合形塑學校特色的目標，很值得留意。

其次，課程的實施是不是有落實？課程的規劃應該是由下而上，每

個領域和每個學年的老師應該要充分參與。有些東西很重要，就要提出來，然後送課發會審查通過，這樣執行起來，才會比較落實。但是現在因為行政要在規定期限前將計畫送審，限於時間的壓力，所以行政的著力就非常深，很多都是行政一廂情願的想法，但是老師的想法與解讀可能又是不一樣，因此難以真正落實。

第三個是有關課程評鑑。課程評鑑的模式有很多種，但是評鑑執行的過程往往是很難的。如果問家長，我們課程實施得怎麼樣？往往家長都是答不出來的。老師的評鑑內容是否能彰顯重點，其實也是需要斟酌的。老師在教學方面雖然很在行，但是在比較上位的課程的部份，往往比較容易誤解或疏忽，容易把教學跟課程混為一談，所以老師在落實課程評鑑就比較容易出現問題。另外就是評鑑完之後，要怎麼應用，往往被忽略，也較難落實作為下一次課程規劃的參考與檢討的依據。

第四，有關學校願景的部份。學校願景是經過大家討論出來，我們課程的願景要不要與學校的願景配合？還是只是把願景掛在那邊，變成一種形式？很多時候課發會會疏於去思考這個問題。

第五個是有關規劃者的部份。現在我們在臺北市看到很多卓越教學團隊，這是以團隊的方式呈現，所以應該是透過合作，大家一起來努力的。以這一點來說，我們學校還是有很大的進步空間。我們常問：「學校老師有沒有跨出校門？」其實我們可以再仔細問一下：「我們老師有沒有跨出教室的門？」往往一個學年都沒有辦法整合，這樣當然是很難規劃出一個好的課程。所以我必須想辦法讓老師跨出來，大家來討論、研商。只有讓老師走出教室，才能建立彼此溝通的模式。至少同一個學年要達成一個共識，這樣在課程發展上才會有遠景。

最後一點是有關校長的引導。我在引導課程時，剛開始當然可能會引來老師的抱怨，很多老師都不曉得我為什麼要這樣做。舉一個簡單的例子。週五晨間 8：00 到 8：40 要讓老師出來做個進修，因為我們擔

心強制規定了共同進修主題會引發老師反感,所以我們就不拘主題,依各學年實際需求,譬如班級經營,什麼主題都可以,只要大家共同談論,大家熟悉這種互動方式了,以後談什麼東西都會變得比較順利。但是剛開始老師不能體會這一點,往往對行政頗有怨言,不知道行政究竟要老師做這件事有何用。所以關於課程方面,上面這幾點是我們學校在執行方面還要努力的目標。

## 曾校長:

關於課程領導,我剛上任時就先看過了學校的願景。我看到的願景好像跟大家的都差不多,例如健康快樂,但是就時間的安排來看,我覺得是不太健康的,所以我就在全校學生體育課程方面,做了一些改變。一個地方的改變,很多地方也會跟著改變。

雖然過去這所學校體育方面的成效不錯,但是都是集中在一、二十個小朋友身上,所以我就做了幾件事情。第一,因為我上任時老師的課表都還沒有排,包括各領域的節數也都還沒定,所以我就直接參與,訂定領域的節數與老師授課的時數,另外我也直接參與老師的授課編排。

第二,我要求重新調整課表的時間。我要求一定要把課間活動與早晨的時間挪出來。課間活動一定要拿出來作全校的體育活動。

第三,我要求學校的情境佈置一定要改變。我甚至要求在一些角落,譬如樓梯的轉角,以及學校刊物的內容,要作一些改變。

第四,除了要把課間活動挪出來,體育組長在全學期要規劃一些活動。以前是放音樂,各班在自己的教室做健康操,我覺得這樣不夠,也看不到,因為我們校園非常大,雖然只有二十個班,但是有 2.4 公頃的校園,在台北市很奢侈,所以我要求體育組長把整學期要做哪些事情規劃出來。

　　另外，以前沒有開辦課後社團，所以我到任了之後也開辦課後社團，也有各類才藝課程的學習。在晨間活動的安排，我請教務處及輔導室也都要分配任務，否則就只有訓導處在規劃晨間活動。

　　教務處每兩個禮拜要舉辦一個領域的教學成果發表，各學年都要有英語成果發表，鄉土教學要有鄉土教學的成果發表，所以每一週都有各領域的教學成果發表，而且一個月後就開始實施。這些課程以前都在教室裡面，教了什麼大家根本不知道。我重新安排了之後，每個月每個禮拜就可以看到每個學生在每個領域都能有所進步。

　　再來，我在調閱習作的時候，每一班我都會抽閱五本，要看老師教的東西跟原來的課程計畫有沒有相同。我剛到職時，根本沒有時間去看老師寫的課程計畫，計畫就送審而且也通過了。為了看看老師有沒有依照課程計畫在執行，我就會調閱作業來做核對。

　　再來，我也會介入課發會的主持。在課發會當中，我會不斷釋放出訊息，希望做什麼改變。慢慢的，老師就會知道好像應該要做些什麼事情。最近在課發會就發現老師會主動提出來說，我們好像可以做些什麼東西。我覺得訊息釋放的成果好像開始出現。

　　最近愛心家長就主動跟我說：「校長，我們好像需要一點什麼？」我說：「什麼？」他說：「我們好像可以做些什麼？」我說：「我帶妳們去看。」所以我就一車載了八個愛心媽媽，帶她們到別的學校去觀摩，去看看別的學校的愛心媽媽怎麼幫助老師做補救教學，以及圖書館怎麼做一些閱讀方面的事情。

　　其次就是老師研習活動的安排。在開學的時候，我就一直釋放訊息，告訴老師，我們會有怎麼樣的研習活動，這些研習活動的目的是什麼，不是聽完就完了，這些研習活動之後，會要老師未來完成什麼事情。如果覺得安排得還不夠，就請老師再提出來還需要什麼，但是那個

工作要在一年之內完成，而且要有一個成果出來。

## 陳校長：

針對課程領導，在老師寄給我的資料當中，其中有一句話講得很好：「一個領導者先要能領導自己，然後才能領導別人，所以要花一半以上的時間領導自己。」這句話具有深意。能夠把自己領導得好，才能夠領導別人，也才能夠真正活出領導力。領導自己最重要的就是信任。能不能活出領導力，要看能不能得到別人的信任。

來到明媚國小服務，我覺得非常幸福與幸運，因為前任校長是非常資深的校長，他在這所學校經營了七年，奠定了很好的基礎。所以明媚國小雖是一所小校，但很多的活動都做得非常扎實。我最常做的事，就是鼓勵並讚美老師，另外就是每天微笑面對所有的學生、老師與家長。老師們寫出來的整體課程計畫難免有些缺失，但是我覺得只要給他們一些時間，彼此澄清、溝通好之後，就能落實推動。

當我對學校課程發展有些想法時，通常都會先發電子郵件給老師，把我的想法及作法向大家說明。因為教師晨會的時間很短，我儘量把時間留給主任或組長報告，通常我都只講鼓勵的話。對校務推動或課程發展，我想要調整或改變的事情，就只能先透過電子郵件，讓老師與行政人員了解後，再利用週三下午討論或行政會議確認後再推動。

我常常期許大家，明媚國小應該朝向成為台北市田園小學的第一名努力，再來就是全國田園小學的典範，更有甚者，讓其他國家的參訪者，也知道臺灣的臺北市有一所明媚國小。我期望能帶領大家一起努力，達到我們的目標。（後來明媚國小果然成為臺灣百大特色小學，也受教育局推薦，接待許多國外參訪貴賓。）

在整體課程計畫上，原本我預計第一年先依照原先規劃好的課程來實施。但因為聽到老師們提及，做了這麼多年下來，越做越複雜，所

以我就適時的簡化，和既有課程結合，讓老師們可以在有限的時間內完成計畫，老師們就很高興的把課程計畫完成，並能落實執行。

其次，我想分享明媚國小未來要努力的方向，一是資訊的部份，因為人員不多，如何透過資訊整合是很重要的。第二，當實施這麼多年的田園教學後，如何把田園教學的精髓融入其他領域，在領域當中實踐。在大家的努力下，明媚國小組織了一個學習型的團體，讓每個人可以發展自己的專業，也能夠提出對於學校的需求。明媚國小最好的氛圍是在老師身上，看到活力與向上的力量。這是一個十分難得、很有希望的團隊，我相信未來，還有很多事情可以一起努力完成。

## 江校長：

每次談到課程或教學，我都覺得很汗顏，因為我好像還沒開始做那個部份。當然不是完全不碰，只是說我好像還一直停留在很基礎的層面，包括老師觀念的啟發，甚至小到老師生活教育的要求。我在原來的學校裡，不管是九年一貫也好，或是後來的開放教育，老師早就非常自主，也有一套自己的想法。

理想上，面對各種課程或教材，老師們都自己去做自己的東西，包括發展出學校自己的本位課程，以及一套比較可行的鄉土教材。可是到了目前的這所悠遊國小，好像這個目標還非常遙遠，因為連課程計畫都是書商寫的，雖然這也是普遍的現象，但是好像連自己的彈性課程都沒有去碰觸，都是原封不動的照抄，這是我比較難過的地方。

說實在，自從九年一貫以來，我一直很難區分「課程」與「教學」中間的界限在哪裡。我個人的重點一直都放在教學，因為教學技巧是讓課程活化最重要的一個關鍵，所以我放了比較多的心思在老師的教學技巧上面。至於課程怎麼辦呢？我對它的界定是，如果把它當成是一齣戲的話，教學就是那個演員，就是那個表演。幕後的編劇、燈光等等的

安排，就是課程。

　　從這裡出發，我跟大家一樣，來到這所學校之後，課程計畫都已經寫好，而且也都已經送出去了，很難去調整。所以我做了一件事情，就是在今年的家長日，我拜託全校老師：「請各位老師把自己的計畫再重新看一遍，把你確實要做的部份列出來，在學校日的時候印給家長，包括何時評量、進度在哪裡、你的想法在哪裡。所有的印刷由學校提供，你要負責的部份就是讓家長知道你要教這些孩子什麼，你要怎麼教，讓家長可以很完整的了解你的課程計畫，讓你對於自己所寫的課程做第一步的省思。」其實我們也知道，課程計畫很多老師自己都沒有寫，都是廠商寫的，所以我們請老師把確實要做的項目全部列出來。

　　第二，自從九年一貫以來，我們花很多時間去重新編寫國語、數學這些領域的教材。我認為這實在是有點浪費時間。其實那個部份讓老師自己在教學現場轉化就可以了。可是學校本位彈性課程是可以做的，雖然我們還沒開始做，但是我們已經規劃的課程包括校園的生態。

　　例如：我的學校有多鳥類，野鳥協會說我們學校的鳥況不錯，有很多各式各樣的鳥。我認為從這幾方面去建構學校本位課程的地圖，老師可以適時的把他的東西放在教材裡面。這一部分學校本來已經做了一些，但是比較粗糙，所以我準備在這一部份加以強化。

## 孫校長：

　　早上學校正在進行教師甄選工作，這是課程領導的先期準備。老師選得好，學校課程領導就能夠做得順暢。初任校長的課程領導、教學領導沒辦法作強行的區隔，若是我行政領導做不好，如何把教學領導與課程領導帶好，會很令人懷疑。我以為這三種領導作為應是一個整體觀，只有行政領導到位，課程領導或教學領導才能有全面性與穩健的開展。

　　接著，我跟老師提了一些觀念，比如：課程規劃內涵要可觸、可及、

可行。至於教學,校園任何地方就是教學的地方。在學校課程的界定上,不會狹義的只是九年一貫領域課程的理解,而是從廣義的視角切入,讓老師看到比較寬廣的選擇空間。

七月、八月以來,對於行政人員與老師,我一直在致力澄清一個大概念,就是「學校特色課程」到底是擺在哪裡?特色課程要問的是學校的優勢在哪裡?其呈現出學校的亮點即是特色。特色並不是一定要把他校比下去才叫特色。

在學校願景的部份,老師們覺得有點模糊,以為那是為九年一貫課程而產生的應景產物。我到任之後把它弄得很清楚易懂。既然我們的學校願景是「健康、關懷、創新」,要怎樣把這概念說得簡單清楚呢?我的具體說法如下:學生是「一心、二意、三習、四要、五藝」。老師是「一主體、二策略、三敘事、四方法、五修為」。如此大家就可以很清楚了解,怎樣執行就更便捷,讓學校的任何活動都是有教育意義的,而且是與課程充分結合的。

學校下週六就要舉辦運動會。我跟大家說:「不是因為要運動會而運動會。它是學校績效綜合展現的時機和場合。」主任或組長會說:「校長,你是剛來的。為了你,我們要把事情做好。」我說:「真感謝這樣的用心,應該是大家共同努力,去展現平時課程與教學具體成果的時機。」這就是學校課程的一環。如此,整個教學現場才會更具有教育專業的生命力,才是展現教育能量的根據地。

## 邱校長:

課程就像是一個工程,而且是學校最主要的工程。我進到這所學校時,這個工程藍圖都畫好了。我進去看看有沒有辦法從學生學習的需求做一些改變。剛剛很多夥伴提到願景。有時候我們需要再一次去釐清願景,弄清楚我們需要的是什麼,看看設計好的藍圖可以再加入一些什

麼，或者是重新檢視教育現場有什麼地方需要再改變。

比如說，我們加入台北市推得如火如荼的社區有教室，深耕閱讀、以及校際交流。有老師很有心，想要推綠色學校，準備要認證掛牌。所以我們也很努力。目前已經有十二片葉子，一朵花了，也算是有一些成果了。又比如說，我們沒有游泳池，但是我們覺得游泳很重要，所以我們就會把游泳加進課程來，但加進來之後，很多東西就必須要去調整，所以我們就必須把課程工程變更設計。

另外，我們要如何去運用現有的課表？首先，我們去檢視課表，看看作息表上有哪些地方需要調整，看看我們還有哪些需求，包括是否把很多綜合活動弄成像社團時間固定下來。另外，我希望放一點群組對話時間。我要把課程小組對話的時間找出來，因為我想要做一些事情。

再來，我們必須共同努力去維護教學的時間。也許課程藍圖很漂亮，但是做起來常常都會出錯、會透支，這個活動會壓到另外一個活動，所以我說開會的時間一定要控制，幾分鐘就是幾分鐘，該結束就結束。

第二，辦活動需要用到一些時間。比如說，昨天搓湯圓。如果是在上課時間，就會耽誤到大家的上課，所以我就把晨間活動用來搓湯圓，因為八點開始搓湯圓時間似乎太早，於是就跟第一節課對調。我就是要大家以彈性的方式做時間的調整，包括課後活動，我也會去安排一些活動，讓老師把它做得更精緻，做得更好。

再來就是當加入一些東西時，就要做概念上的轉化。比如說，如果要蓋一個木柵，有時候是運用現場的東西，內容是在現場操作，所以必須在現場做轉化。因為課程內的各項學習活動都是有計畫的，我必須要遵照原本計畫的時間。我也必須去擴充一些學習時間，像補救教學就是。

　　我會利用一些社會資源來進行教學的活化，例如創造校際交流的機會。最近就有一次校際交流，大家都覺得做得很好。家長也在詢問何時還會再出去交流。可見這校際交流受到大家的喜愛，所以這一項大概會這樣一直走下去。

　　校長要在現場出現，就是要跟大家一起討論。比如說，學校最近要做的一個工程會碰到樹的問題。當面臨要不要為了工程而砍樹時，有些元素就進來了，校長就要帶大家去做一些思考，做課程領導時，也會碰到這樣的情形。

　　推動一些事情時可能會碰到的問題，我必須思考。譬如說，教師進修需要鐘點費等等，研發課程需要經費，購買圖書也需要經費。又譬如說，若要增加游泳課程，我必須向就近的學校借游泳池。老師想要做英語分級教學，我就必須向教育局爭取師資。這些都是在做課程領導時，一定會遇到的問題，校長要一一去克服。

　　要推動任何事情，我必須努力強化成員之間的溝通。全校對話的時間，禮拜五就有一次，群組分低、中、高年級，也各有一次。各種小組每個月有一次的溝通。另外，我會針對主題辦理讀書會。比如說，上禮拜是到陽明大學與學生喝咖啡，討論班級讀書會怎麼做，以及讀書會的分享。又比如說，這一次我發現天氣很冷，我就跟老師說：「不然，我們來吃雞酒好不好？」

　　另外就是在不同階段，為老師提供不同的專業發展，包括尋找進修經費、找教授來演講談兒童思考。再來就是進行一些教學觀察，看看那個課程好不好。

　　另外，我也去思索課程之間的聯結。比如說，閱讀教學本來是由教務組挑了很多書，但是我發現這位老師所挑選出來的書都是他喜歡的書，可是並沒有考慮到一到六年級的緊密聯結。

我認為各年級不宜各自為政，所以我就要求把書搬回來，由全校老師及家長一起來挑書，把一到六年級必選的書挑選出來，自成一個系統，不要重複。類似這樣的東西都必須要去兼顧一些聯結性。另外就是自編教材。由於我們這一次是以閱讀教學為主，所以我們要編一套閱讀教學的教材，總共要挑出 64 本，大概年底會編出來。這件事大家也分好幾次去討論。

我們要讓家長成為教學協同者，包含閱讀媽媽，我們讓她們實際進到教室去參加教學。我們也有做觀摩以及社區有教室。當然台北縣已經做了很多，但是我今年是先著重概念上的導入，在概念上做一些初步的鬆動，希望能夠把一些好的資源和人引進來，架構大概明天會出來。

當然一些活動的執行，家長會是主角之一。比如說，靜思活動就全部都是由家長規劃的，老師不用傷腦筋。下禮拜我們要辦的活動也是由家長來辦。家長比我們還要積極。這禮拜我們去康橋小學比賽，還得了一個優勝，家長也很投入。我覺得老師與家長一起來做的感覺很不錯。

最後，我用工程的概念來談一談。從概念轉化到現場，必須時時依照藍圖，但要隨時去轉化，也必須去控管一些資源。因為有些東西會超出原先設計時的設定，包括經費不夠或時間沒有控管好，最終的目的就是要如期完成原先的計畫。從這些方面來講，我感覺初任校長所能做的，大概就是在一些細節落實上打轉。

## 王校長：

我的學校有 54 班。在實施開放教育時，以及在九年一貫課程示範階段，當時有沒有啟動，會關係到現在到一所學校的課程領導能不能順暢，這是一個很重要的關鍵點。我們學校的教學組長非常賣力，所以我們在教學發展上已經先有了一些基礎。

我認為課程領導很重要的一個目的就是在促進一所學校教學與學

習品質的提升。在學校課程規劃、設計、安裝、實施與評鑑的過程中、校長所表現的信念、言行、作為、組織機制的運作以及統合資源,這些都是課程領導的範疇。到了這所學校,我不主動出擊,而是順勢而為。因為主動出擊,校長往往會遭遇到很大的挫折感。

我首先透過領導行政團隊來強化這個作用,其次是讓課發會正常運作,再來是適時提供專業知識,第四是藉助外界的專業團隊,或是校際交流來促發學校老師的教學省思,第五則是統籌資源。

有關於課程規劃,我分為正式課程與課餘課程。我們學校的願景目標也是健康成長、快樂學習、多元發展、潛能開發。除了正式課程之外,我們提供了很多課餘課程來強化行政團隊課程領導的能力。

課發會的運作在以前只有教務處參與,這學期在課程發展委員會,我要求四處主任一定要一起參加,主要的任務在於先確定學校本位課程主體的架構,尤其是有關環保議題、社團活動課程、家政課程,以及多元教學視聽課程。

在輔導課程方面,包括兩性教育、生命教育,以及教學組所負責的資訊教育。關於新興課程的統整,如果我們的行政團隊沒有先建立課程領導的觀念,很難在學校每週的行事以及每月的行事給老師很明確的課程統整概念。

有關課發會的運作,課發會每次的討論都有主題,譬如前幾天我們是做課程評鑑,這個議題不管我們進行到哪一個階段,都會讓所有老師自己做所有指標的課程評鑑,然後一一製作出統計數據,接著透過課程發展委員會,針對這個數據評定為「優」或「良」。

我們接著依照實際的狀況進行檢討。對於老師被評定為比較弱的部分,雖然還是屬於「良」,但是由於評審者有一些意見,我們會在現場把評審意見提出來討論,以便在務實中做一些檢討。這個過程的目的

是要展現專業的一部份，以及提供專業資訊，不管是在教學觀摩或是教師早會或是教師進修過程之中，主講者或是教授講完了，大家在互動時可以對於課程提供一些建議。

另外外部邀聘來的專業團隊，包括輔導專業團隊，我們就讓老師在交流的過程中拋出一些議題。這些議題雖然校長已經事先知悉，但卻由我們老師自己提出來，接著也讓其他學校的老師表達意見，說完之後，接著大家再就這個部分討論以後要怎麼做。基本上我的做法就是順勢而為，而不是由上而下。所以說，藉助外力很有用。

另外包括時間、經費、人力分配，教學設備等資源，校長如何適當調配，也能充分展現校長課程領導的能力。我到這所學校來，運作大致上還算順暢，各種表現出來的成績都很不錯，包括兒童樂團、兒童合唱團、閩南語歌謠以及舞蹈，都有相當亮眼的成績。

這個禮拜我們要展現童軍活動與跆拳活動的成果，都要利用晚上來做成果的分享，這些都是老師們提出來的。老師們認為這幾方面的成績都很好，應該和家長分享。學校同時也邀請地方代表來看看小朋友優秀的表現。從以上可以看出，校長的課程領導可以在學校點點滴滴的教學與學習成果之中展現出來。

**張校長：**

我們學校雖然小小的，但很多地方都已經建立很好的基礎。剛剛大家提到課程計畫，今年度我們學校是這個群組裡面被教授評為優良的學校，也是一個受到推薦的學校。我到任之前，學校課程計畫就已經成型了，當然要歸功於教務處。教務主任非常資深，教務處陸續提出幾個非常好的想法，正好跟我不謀而合。

我們有一個活動課程化，把學校各處室活動先列出來，與老師的教學課程做結合，把它統整出來，屬於學校特色課程的規劃。剛剛大家提

到學校願景如何與課程結合，我的學校的做法是由教務處設計出針對各年級和願景結合的檢核表，用來檢視學校的願景如何融入課程裡。當老師進行課程時，必須確知結合了學校願景。

在我觀察並參與學校運作四個多月後，感覺這所學校過去一直處在比較封閉的狀態，家長和社區不太容易看得到學校的績效。針對這種現象，我認真思考如何讓大家看到學校的亮點，所以我打算在學期中，配合節慶或學校重點活動的時機，形塑一個比較大規模的整體性活動出來。

現在學校正在進行配合聖誕節的活動，我們把它變成系列性的活動，從整個校園植栽的改變、教室的佈置、課程教學的改變到聖誕老公公的票選，以及 12 月 24 日晚上的聖誕狂歡 PARTY，整個系列活動進行下來，可以看到個別老師在進行課程教學時的精彩展現，同時也呈現出整個學校的內聚力與行動力，這些績效成果慢慢被激發塑造出來。

在這個做法之下，我覺得可以讓相對比較弱勢的孩子，藉著活動的進行，在讀書之餘，獲得比較多展現平常學習成果的機會。孩子在課後社團所學習的樂器，課餘所學習的才藝性技能，甚至是親子之間的藝能活動，都可以適時展現出來。孩子的這些優秀表現，可以變成一種學習遷移，在這個領域上有一些成就感，相對在課業學習方面也可以激發學習，增強自信心，這一個目標可以透過學校大型展演活動來形塑。

同時，老師們也會有相同的需要，但我們往往很容易忽視老師的需求。不管是老師平時所累積的教學經驗，或是他平常所做的一些特別的事，都需要一個時機讓他的成效或績效可以清楚呈現出來。這樣的大規模系列性活動，老師的專業會清楚呈現出來，同時也讓老師在家長面前展現他的教師專業。

當孩子們獲得一些展現的舞台，老師們也可以感覺到自己辛苦的

付出有代價，同時老師也可以有機會檢討自己所欠缺的，並且思考如何改善並提昇自己的教學專業。這時候校長就要給予老師與學生大力的支持與肯定。校長可以藉此加強學校的運作，把教學活動與學校課程一步一步累積起來，讓學校整體運作呈現出欣欣向榮的面貌。

這段時間以來，學校運作大致上還算平順。我感覺自己好像沒有做什麼特別的事。我認為校長就是要不斷動腦筋，想辦法對老師提出一些新的構想。老師們只要能做出一點不一樣的小東西，接下來就順水推舟，然後自然期待達到水到渠成的效果。當一個體制已經完備了，自然就會人人有事做、事事有人做。校長只要站在旁邊關心，最後點頭微笑拍手，這樣就好了。

## 趙校長：

我在學校課程領導上的思維是：目標在哪裡？這個目標是學生的、老師的、還是整個社區的？我通常覺得我是扮演篩子的角色，不斷的看學校的活動到底目標在哪裡？是當代的意義？未來的意義？是為了學生？還是只是要辦這個活動？通常我會必較傾向議題式的思考，先決定要辦的活動的重要性在哪裡，來決定要不要辦。

再來就是思考要用什麼樣的形式與內容。如果說課程是設計、是組織編排的話，就會牽涉到形式與內容的結合，如何讓知識可以讓學生學習到，如何讓課程更容易被體會，這是老師必須在課程上思考的。我們要把活動與學生的學習意義建立關係，跟老師建立關係，跟社區的發展建立關係，我們必須從這幾個角度來看。

八月份課程計畫要送審。我記得我曾經跟教務主任說，特色課程是非常重要的。我們必須要知道特色課程應如何來呈現，寧靜國小（化名）已經有幾個活動做了幾年做出來，並且被大家看到，但還沒有以課程結構的形式呈現。如何藉由活動課程化的形式，來呈現學校既有的活

動，這是一個值得思考的課題。自然探索是寧靜國小非常好的傳統，我們要如何把以前所進行的活動，在活動的執行上，以及呈現成效時，看得到課程的呈現。

比如說，唐詩新唱已經進行了好幾年。當我們在敘寫課程計畫時，會有什麼樣的意義？藉由課程的整合，把學校既有的活動整合，讓整個課程計畫就在課程發展委員會去看，去檢視，去評鑑。

當寧靜國小從有課程計畫評審以來第一次得到優等，我認為這是大家集體貢獻智慧的結果。領導是集體智慧的累積，並且在經驗上的分享，成為大家對教育現場的體會。我希望團隊是不斷互動的歷程，能不斷提出自己的專長與想法。老師個人的專長是學校的特色、社區的特色及學生的學習發展。學校有願景能帶領老師朝團隊成長的方向前進。

校長應該是不斷的去建立這樣的機制，讓這樣的關係不斷發生，讓有意義的內容不斷的在進行。在這樣的概念思考下，我們向客家事務委員會申請客家文化的體認活動。在討論當中，我們發現新竹北埔是一個很好的參照學習的點，當地飲食的古蹟的介紹，對於本校所處的社區很具有參考價值與意義。

來到了北埔社區，由於我們想從社區發展的角度來看文化學習，看他的傳統與再生的整個活動，所以原本北埔幫我們安排的行程完全被我們打破，以分站的方式，架構我們這一次整個北埔客家文化之旅的活動。

從傳統與再生這個角度來看，我們發現不應該只去參觀既有的古蹟。我們應該進一步去看現有的擂茶店的老店空間，如何裝潢成為現在的文化活動商店，這些都非常值得我們去探討。非常巧合，我們看到北埔文史工作室在整個議題的呈現，和我們的概念構想完全一致。針對古蹟再生利用，他們現在的文化產業，活潑地呈現在我們小朋友的面前。

　　從這樣的課程與教學過程中，我們發現，如果我們可以再從目標性的思考，來檢視我們的課程內容設計，整個內容就會很不一樣。課程是可以不斷被利用、被活化，不斷去發現的。如此的話，課程的意義性會更強，而不只是知識性的學習而已。比方說，上次跟我們一起去參訪的家長發現，他們過去拆掉的老房子非常可惜。其實，傳統的既有的老東西，也可以成為當地的特色，作為經濟很重要的一環。

　　另外值得一提的是寧靜國小的新生開學典禮。開學典禮通常都有個活動儀式，我們就將「記憶」這個主題帶進去，把開學典禮賦予一個比較概念性、有價值的意義在其中。另外又比如大家都在談閱讀，但是如果我們從更上層來看，有哪些是這個故事或是繪本裡面，想要傳達的重要知識。我們訂的「記憶」這個主題，就是要讓小朋友留下深刻的記憶。

　　我們找的繪本是「威威找記憶」，所描述的是一個小男生幫他隔壁的老人院老奶奶找回記憶的故事。這個找回記憶的過程告訴小朋友，記憶內容可能是一個雞蛋、或是一個球，或是一個毽子，這些記憶內容都可以讓小朋友不斷去聯想活動，想一想這些東西與他在學校生活的關係。我們以前所進行的教師節活動，也是以同樣的主題「記憶」來設計，所呈現出來的是老師帶給學生發展、帶給學生禮物，以結合故事繪本「獾的禮物」，來當作教師節慶典活動的主題。

　　故事講述獾這隻動物死去，可是有非常多的動物懷念他。有的動物懷念他，因為他教他溜冰，教他打領帶，這些都是生活上非常實用的能力。經由這樣的活動，我們請小朋友發表平常有哪些東西是老師教給他，並且是印象很深刻的，每個學生都可以說出一兩項。所以說，把活動納入重要主題，納入重要的價值，就能讓活動的意義深化，讓形式結合內容，也讓整個課程的實施能夠更有深度。

　　老師在看待教學活動時，如果能夠更廣泛的去思考他用到的教材，

就可以把課程後面的概念抓出來,把重要的議題抓出來。從這樣的角度來思考,以架構的方式來整合教學內容,教學不僅能夠從內容上提煉出概念,提煉出議題,也能讓整個活動不只是知識層面的學習,更能在概念上獲得更深刻的學習。

## 曹校長:

校長的課程領導,不只要領導還要管理。領導的部分,因為我們學校有些領域比較強,比較強的領域我希望老師們有三個想法,第一個是他們自己往前衝之外,也能夠樹立一個楷模,等那些比較弱的領域,把他們帶上來,這是一種協助的作用。任何課程的設計,我也希望老師們能夠有這樣的一種統整的觀念,比如說我們的資訊比較強,老師們要排文書處理的時候,希望他們能夠結合廁所文學,因為我們的廁所打掃是比較弱的一環,所以就是把廁所文學加進去,希望能夠做環境的一個改善。

比如說我們學校的英語有做一個動畫的製作,像這樣資訊的成果就必須要結合英語,把英語教學放進去,當然也會把其他領域的教學放進去,我希望老師們是強的帶弱的,讓每個領域都能互相提升。比如說數學領域的教材比較少,所以在分配資源的時候,我們希望這個部份能夠給多一點,讓參與的老師也能多一點。我是用這樣的平衡的方式來做領導。

管理的部份,我把它定義為理性領導的一部份。事實上在學校裡面,如果管理的制度建立起來,校長就會比較輕鬆。舉例來說,我們學校建立畢業的系列活動,每一年都有這樣的延續。我們昨天才開這樣的會議,在畢業聯展,老師就必須要提出他的計畫,並結合他的課程計畫。

我到任的時候發現華華國小的校史室鐵門是拉下來的,我一去就把鐵門打開,我希望老師能夠把校史室裡面塵封已久的東西做成多媒

體的方式，壓縮成光碟，包括文字、獎狀、獎盃都放進去，藉此產生校史的價值。

　　我就是用這樣的方式來帶領老師們做整個課程的設計。比如說我們有才藝發表會，各領域的老師為了配合才藝發表會，能夠將內容結合他的課程，老師的部分在期末有一個教學心得分享，把這樣的制度建立起來之後，我想校長的帶領就可以比較全方位，也比較不會那麼忙碌。

　　還有一個是環境部分，我覺得網路平台知識管理非常重要，我希望老師們的研究成果或教學心得或會議的結論，能夠在網路上分享，這樣的分享就會讓大家的教學歷程與成果比較透明化，而且可以截長補短。

　　第二個就是作為課程領導者，校長不要什麼東西都自己一肩挑。校長其實並不是無所不能，校長的能力其實還是很有限，所以一個團隊非常重要，譬如我們學校有一個資訊小組、英語有英語小組，各個小組互相分享、互相作腦力激盪。還有一個教學輔導教師的制度，對於課程領導和教學有非常大的幫助。

　　再來，其實在學校的時間很有限，要實施的課程非常的多，老師要發展自己的課程其實非常有限，尤其每個學校和社區之間並沒有分得很清楚。我們學校的特色是資訊、英語和環境教育，這三個也是我們的社區非常期待的，所以我們把這些都結合起來，不只資源多、家長認同，而且老師做起來很有成就感，再來就是小朋友的學習成就比較明顯。

　　不過，初任這所學校時我會這樣思考：行政如果太強勢去主導，老師的空間越來越小，老師的能力會不會萎縮？事實上我發現並不會這樣，因為這是力量的集中，大家有一致的目標，就會有很多共同的資源，力量也會更大。老師所做的東西會被大家看到，班級裡面的空間事實上很小，因為學校的組織管理已經夠鬆散了，所以我希望老師們能夠以學年為單位去策劃活動，比如說綜合領域是學校比較弱的，大家不知道怎

麼去做，可是他的彈性又很大，所以大家也都是用共同的時間去進行。

**主持人：**

　　從大家剛剛的報告，多多少少可以發現，大家在當校長，一個很大的關鍵作用就是你們怎麼去看到聯結的部份。哪個東西和哪個東西可以串聯起來，當然也是一種發射的角色。有些東西就擺在那邊，不過由於每一所學校的文化不一樣，每一所學校的人心又不一樣，學校的老師願意做到什麼地步，在課程與教學方面展現出來的成熟度就會不一樣。

　　各位在主持校務，可以覺知整個學校的成熟度，以及整個社區的成熟度達到什麼地步。各位校長都是一直在做選擇，在什麼時刻以某一方法把看似不相關的兩種或三種東西互相做聯結，這就是課程的一種表現方式。

　　在學校裡，課程與教學都很重要。就課程多樣化的展現以及課程的實施而言，可能每一所學校都有其困難度，但也有發展的契機。就課程領導與課程發展而言，初任校長的確有很多可以著力的地方。

**薛校長：**

　　最近一直都到班上去與孩子對談，對談的方式是找低、中、高年級，找不同的書，然後用對談的方式去找書中的意義，然後再跟孩子簡單的談一些事情。因為新年快到了，所以我就帶著一包聰明豆，舉手回答的小朋友我就給他們一包一包的聰明豆，後來就是給他們小小的巧克力。因為學校才 24 班，800 多個小朋友，其實花費並不高。所以 12 月份我就用 24 節課的時間，一班一班的走完。其實當我進去與小朋友互動時，小朋友也都非常高興。

　　我會有這樣的想法，其實是結合課程發展的想法。校長也要有課程的覺知。至於要在哪裡覺知，要看學習的現場，看看小朋友學習的樣

貌，看看教學上有什麼問題，去覺察課程領導要有什麼樣的任務。在做這一件事情時，我就直接到教室去問問學生，對於最近在學校裡面的事情有什麼想法。後來我進去一兩班之後，發現這樣的題目太大，所以我就調整為更明確的事情。

此外，因為我很重視圖書館的圖書教育，從以前到現在，我們的圖書館都是與英語教室共用，後來學校就把現有的空間整修成英語教室，讓原來的圖書館能夠好好的使用。新任設備組長非常用心，又是語文專長，對閱讀活動有使命感，所以規劃出一系列的課程，帶著全校師生做閱讀活動。

原先學校號稱禮拜四早上都有晨光閱讀，我很好奇地想看看老師們晨光閱讀的指導狀況。當實際了解狀況後，就想到有一些策略可以試著做做看。依我的認知，課程的覺知來自於對於孩子、老師以及行政人員對課程的想法，所以我可以知道到底要做些什麼。既然這些是我喜歡做的事情，我就來做個示範。示範之後，不只孩子回應不錯，老師也都會好奇，包括教學組長也會過來問我。

另外，自己也當教練的角色，既引導行政同仁，也要教老師。當我到教室去之後，發現每一班的孩子都非常乖。我就跟小朋友說，老師在上課時，可不可以跟校長上課時一樣乖。其實每一班的差別很大，這又是一個非常有趣的議題。

我到教室之後，發現一些教室裡面很多很有趣的事情，比如教室佈置、教室課桌椅的規劃，以及不同老師不同的帶班風格。校長入班是做一個引導。如果校長是首席教師，校長本身的教學也可以是一種示範。老師和行政同仁同樣有這樣的覺知之後，接下來就是要如何去落實。課程的實踐需要老師。如果學校老師能在自己的專業有所提升，不停滯在某一個境界，學校的課程發展就會變得不一樣。

最近有一件事情很有趣。因為耶誕節快到了，我問同仁：「過去耶誕節曾經辦過怎麼樣的活動？」他說：「從來沒有辦過。」我問他們：「有沒有做過什麼情境佈置？」他說：「沒有。」我說：「我們是不是可以做些什麼樣的事情，儘量簡單？但是就是今年先佈局，然後明年再看看要怎麼做，先開始有一些想法，然後慢慢有一些東西出來。」後來，我到大賣場去看看最近聖誕節有沒在賣些什麼？我就買了一個很高很大的雪人和耶誕樹帶回去學校做耶誕節節慶布置，這樣的布置馬上喚起全校親師生的關注，這樣要做一點綜合領域的活化課程就有了開始。

有關課程，我的想法，首先，活動要課程化。我們要思考，活動要帶給孩子的意義是什麼？耶誕節的活動意義應該是迎新祈福，感恩惜福。因此我們要在活動上賦予意義，從課程與教學的理念上去規劃活動。所以我就跟行政人員討論要怎麼做。第二個是活動要怎麼安排，第三個是要花多少時間，把老師統合起來，透過討論形成共識和決定，這些都是賦予活動課程、教學和學習的意義的方式。活動不一定要辦得很大。辦過以後，如果老師、學生、家長都覺得有趣、好玩，之後就可以辦得更盛大一些。

當大家看到雪人時，老師很高興，問我到哪裡買的？孩子則會在雪人底下鑽來鑽去，還會去掀雪人的裙子，看看底下有沒有什麼東西？看到那個場景我覺得很有趣，這讓我感覺當校長是可以做一些有趣的事情，為學校營造出一種歡愉的氣氛。

每一個班級總有需要特別關照的孩子。如果學校的課程是活潑、創意、溫馨、細緻的，學校的活動所營造出來的安全溫馨氛圍，就會變成一種很好的保護膜，可以保護那些需要關注的孩子。

記得曾經聽過一句話：「當你遇見一件好事時，你要去跟其他的人分享，這樣好事才會在人群中散播開來。」這也是我最近到五、六年級教室，都會唸給小朋友聽的一句話。

## 秦校長：

我是最近才學會開車的。最近天氣冷，發動新車還是很快，但是不是每一個人都是那麼幸運，都可以發動新車。我們可能是要去發動一部引擎老舊的車。當然瑞瑞國小並不是多老舊的車，因為發動一部新車跟一部老車一定是截然不同的。

兩年前在校長班時，有一位師傅校長講過一段話，讓我感同身受，而且非常佩服，就是以前待過的學校，若有好的課程計畫，或許可以移植到新的學校。但是這一位師傅校長卻又說她是不會這麼做啦。那時我並沒有深刻感受，因為我那時候在仁仁國小。其實仁仁國小的課程計畫討論起來沒有任何問題。我知道有的學校課程做不起來，也知道課程有審查過與不過的問題。

那時候我沒有當主任。去年回任訓導主任時，我也比較覺得事不關己，等於有三年沒當教務主任，與教學較無相關。今年初任校長，瑞瑞國小在課程計畫這方面就審查沒過。我現在就能深刻體會那一位師傅校長所說的話。其實我是很願意去期待的，不是我不願意去做。我認為校長可以直接做課程領導。課程計畫很多部分可以去大修大改，讓它過。但是身為校長，我還是期待課程計畫是教務處與老師們透過討論與共識所凝聚出來的產物。

那一天我跟教務主任說，我請他擔任教務主任，因為他是我主任班的同學。我本來很相信他的能力。擔任教務主任的一項重大任務就是要讓課程計畫通過。審查沒過真的很難看。因為督學來視察時說：「秦校長，本區只有瑞瑞國小與高興國小（化名）沒有過，對我來說真的是很丟臉耶！」我也覺得奇怪，高興國小校長也是課程領導一把罩，課程計畫審查沒過，簡直是不可能的事。

由於我去年我曾去高興國小實習，所以我就問督學我去年曾去高

興國小實習，高興國小為什麼沒通過？他說學校老師常常有他們的堅持，校長也會有一些堅持，互相衝突就產生問題。但是我的瑞瑞國小不是。校內課程發展委員會審查的那一天，有委員說要審查一些內容，我在場啊！例如綜合活動領域老師堅持不買教科書，他們有很多都是去年一上的時候自編，但是一下就說編不下去了，二上現在又編了，但是內容又編得少少的，提不出支持的論點……。

我曾經擔任民間版教科書的編輯，從頭到尾都有參與編輯，所以我知道編輯教科書的辛苦歷程。但是因為課程不能因為校長想要如何如何就推翻老師們的想法或作法，所以我還是想聽聽老師們的說明，只給一點點意見就好。

我聽完老師們的報告並且給了意見之後，老師們就說要修一修再給教務主任，後來沒想到老師們又說編不下去了，還是買廠商版吧！至少這個領域是這樣。到教務那邊之後，教務處完全沒有給我再看過彙整版，就把課程計畫送出去了。後來看到審查教授回覆的意見【未通過】，我就生氣去追問怎麼回事？

因為課程計畫沒有通過審查，我感覺很不舒服。這對我這個新任校長又是民間版教科書的編輯來說，簡直就是一個標籤在那裡，是課程領導能力有問題的標籤耶！所以我體會得出來，初任校長要很仔細去了解學校的課程計畫，以免老師與教務主任含糊帶過。我回顧了過去在仁仁國小的第一本課程計畫審查通過之前所經歷的過程，雖然那時候我只是一個科任老師，大家一起開了很多次的會，卻能完成厚厚的一本才送出去。

那個結果也是經過我這個儼然是地下教務主任的人彙整與大修才搞定的。那樣的結果真的是需要一個很會統整課程計畫的人才能完成。可是現在到瑞瑞國小，我真的很難過。我已經當校長了，竟然還需要出手去做這種事。我的確懷疑，畢竟瑞瑞國小校齡才 17 年，不是舊引擎，

應該還算是新引擎，但是為什麼在發動的時候，卻必須要做這麼多加熱的過程，這是我要努力去找答案的。

**江校長：**

這個真的是於我心有戚戚焉，剛才秦校長所說的真的是非常契合我的想法。有時候在同儕之間提到我們學校表現得多好，我都覺得有點不好意思，因為我不敢講，可是有時候我又覺得可能是時候還未到，我們還在溫機，還在暖車。可是我們已經從很多不同的方面和角度去暖這個車，讓老師有這個覺知，因為最重要的關鍵點還是在老師。因為如果是行政來，到時候就會是主筆那個人很清楚，他變得很厲害，可是其他人還是不行，這是最關鍵的一個點。

**孫校長：**

我來自九年一貫課程標竿一百學校，課程發展推動經驗很豐富。我是 1993 年版課程標準道德與健康科目的修訂委員，很長的時間參與板橋教師研習會的實驗本教科書的編寫工作，1999 年教育部還沒進行九年一貫課程試辦時，我已在學校自發性推動課程發展。

當我到這所學校時，很訝異的，此時政策已經全面實施，而不是試辦階段，但是看到學校目前的進程，可能比試辦階段還不到位，大家認為課程計畫是檢查用的。教育主管機關政策不斷的吶喊，但是教育現場大家依舊冰冷回應。回想過去我在當教務主任時，大家認為課程計畫乃是教務主任職責所在，執行者必須要去激盪老師的思維，要老師必須符應教育現場的要求。

當時的試辦階段，有將近三百所學校伙伴參觀大大國小（化名）的課程發展經驗。大大國小勇於變革求新，因應時局對教育現場的衝擊。試辦階段不是只看成功的案例。能否找到失敗處尋求改進的方法更屬必要。

　　此時,有關課程的精義本校是模糊的。什麼是統整?什麼是協同?他們覺得這個太複雜了。校長思索的是如何啟動?從何動起?因為動就是改變的契機。

## 周校長:

　　呼應大家的觀點,對於課程領導,最重要的就是喚醒教師的課程意識,因為傳統上教師都習慣使用部編本的教科書,在以前受教育的過程中,老師們對於課程一般都比較薄弱。所以我們當校長看到此現象,雖然急歸急,但是有一次我聽過一次演講,演講者是用老師的身分講的。她說老師有時候不是一直需要評鑑,老師有時候需要支持,所以我一開始才會講「三支」哲學,我支持你專業的成長,我支援你提供教學的設備。而且只要不侵犯隱私權,教師的生活私事,校長也願意提供協助。因為我們學校有位老師最近想要買房子,我就與她在校長室聊房子要怎麼買,她就很高興。她說:「校長,原來你會跟我們講這些。」我說:「這也是校長的一種職責,因為校長曾買過房子,跟你沒有買過房子的構想不一樣。」

　　像我自己就把今年定義成提供資訊和溝通的一年。當老師在思想和觀念上有所轉變時,我們繼續跟他談後續的東西,才會比較契合。如果我們一開始就指導他應該怎樣做,或是他可以怎樣做,距離就會比較遙遠一點。例如我跟老師聊要買房子的事情,以後我跟她聊課程、聊教學的東西,感覺會比較貼切。如果沒有分享買房子那方面的共同經驗,她跟你在校長室談任何事,總是覺得談不出來。

　　所以我把自己定位為心理上的溝通師,事後我們想要加諸校長的理念或教學上的某些變化,教師比較不會有那麼大的警戒心。對於老師,真的不要跟他講太多評鑑,要適度的給老師一些支援,像我就常常印一些文章,介紹書籍或是網站,邀請跟老師們有相同背景的外校老師來學校演講。我就對我們的老師說:「我希望我們青春國小三年之後,

也能有產出型的教師，能到外面去演講。」我不斷給老師們這種訊息，這樣我跟他們的關係就會變得比較好，談起話來也會比較親切一點，要不然他們會覺得校長又要要求什麼。

## 陳校長：

在學校課程領導方面，適當的等待有時也是必要的。不過，在課程領導上，有時候回歸到最本質的想法，就是隨時在日常生活當中進行。在行政上，找到對的人做對的事情，就能事半功倍。找到對的人，把他的潛能發揮出來，就能發揮最大效益。行政上，要積極費心的去找到對的人。

明媚國小一直都有很好的傳統，學校願景也很適切，在前任校長的領導下，老師們的專業發展也有一定的成效。當然，小校的老師由於在學校這個環境裡待習慣了，所以主任推動教師進修比較辛苦，因為老師們覺得時間有限，自己的能力也足以應付現有的教學，不一定要再去進修。因此，鼓勵教師進入學院進修成為我努力的方向，因為讓老師進入學院進行系統性的學習，對個人有言，會比零散的學習更具有意義與效益。

至於校內的進修，我採用策略聯盟的方式，利用策略聯盟和其他學校合作，辦理研習，分享學校的自編教材，如：藝術與人文，健康與體育或自然領域教材。學校內的藝文教師、體育教師，都是自編教材；另自然領域教師，也會採用自編教材實施教學。可以說，這所學校從九年一貫課程實施前，部份領域教學就一直是採用自編教材，而學校的特色課程也一直是存在的。

小型學校有一特色，是對特殊學生的包容和愛。許多個殊性強的孩子，在山下的學校，狀況可能滿嚴重的，但一旦來到明媚國小，或許因為山上環境比較自然，孩子有較大的紓解空間，反而讓孩子的問題行為

都減少了。

我的課程領導，除了順勢而為外，另外就是在既有課程中做適當的改變，比如在傳統的活動中，加入新的創意和作法，既不會引起教師的反感，反而增加新意並活化課程。

舉例來說：學校的歲末感恩活動，會讓學生洗手做羹湯，邀請老師們用餐。我提出此活動可以轉化為綜合活動課程之一，從每年十二月份初就開始實施，進行「小天使、小主人」的活動。從學生到老師都參與，連校長也參與。我會每天送個小禮物和寫信鼓勵小天使，也會收到我的小天使送給我的祝福。因為是小型學校，全校師生都參與此項活動課程，老師和家長都能感覺學校充滿溫暖和關愛。這樣的活動，在中、大型學校就只能在班級中實施，很難全校推動。

我以前也在大型學校服務過，所以我能感受在小型學校當校長是幸福的，當可以選擇的時候，我就決定在小型學校擔任校長。因為校長的自信和人際互動，在小型學校是很好的學習和成長。如果良好的人際互動沒有建立好，一下子就到大型學校擔任校長，個人覺得對一位初任校長而言，其實壓力會比較大，因為大型學校要依靠制度運作，很難去經營人心。但我覺得在經營學校時，人心的經營是十分重要的。

若每一個老師、每一個孩子、每一個家長的心都是喜歡學校的，那麼學校一定會慢慢成長茁壯。個人在經歷過大、中、小型學校和籌備處之後，能在小型學校擔任校長，真的是非常幸福。

在學校的互動中，只要覺得教育是有希望的，那種希望很重要，就像我們對學生有時會失望，但不可以絕望；我們對教育有時會感到失望，但不可以絕望，對於教育的未來才會有信心。我在目前這樣的學校裡，感覺教育是有希望的，而且我相信我們的下一代會比我們更好，我也相信他們的未來會比我們更好。

## 小學校長走過第一年

### 張校長：

　　我現在的處室主任包括人事、會計，年紀都比我大很多，甚至有人學歷遠高過我，他們在學校服務的時間很久，跟老師及社區的感情很深厚，遴選時我並不是他們的首選。當我進入學校，在這樣不利於我的環境中，有幾個信念在我心中，支持我勇敢堅強地走下去。

　　首先，我至誠相信人都有能力去做該做的事。其次，我非常尊重曾經付出努力的所有人。這兩個核心信念給我很大的力量，不管是課程或其他領域，我都會用正面的角度來看。我看到主任都非常堅強、能力都非常好。他們對原任校長抱持敵對態度，假設我用強勢的主導，恐怕後果不堪設想。

　　我對待幾位一級主管的方式完全不同，為什麼呢？每個人的人格特質不一樣，要推動各處室不同工作時所採用的策略不同，我可以直接跟某位主任輕鬆交辦事情，但對另一個處室就絕對不能了。帶著這樣的信念，感覺一切真的都在轉變中。

　　以學校日活動為例，學校行政人員都是老面孔，家長早就認識他們了，我帶著大家一一到各班教室去，向班級家長隆重介紹每一個主任，包括學經歷背景、個人專長、對學校的貢獻、處室年度工作和未來方向。我是告訴家長一個遠景目標，藉此表揚肯定和激勵主任。校長的作為讓他們倍感意外，新人應該是校長，怎麼變成是老資格的自己？

　　學校過去比較封閉，我對人絕對相信並且絕對尊重，用這些方法逐步提升主任的自我價值，慢慢脫離過去的窠臼，各個突破。這個處室改變一點，那個處室改變一點，也許他們並不清楚校長想要做什麼，但最後全部加起來就會變成很大的改變了。

　　我不會以校長的權威姿態出現，只是每一次改一點、改一點，各處室不會覺得我一下子給他們太多東西，反而覺得是自己的進步，一種自

我成長，這種感覺慢慢變成一種校園氣氛。好的氣氛一出來，推動各項工作就比較順利。那個氣氛已經不是校長個人的而已，而是全校性的，包括老師、職員工和家長，大家都會覺得現在比過去更好，其實事情都是大家在做，校長真的只是一個舵手，主導學校的走向。

## 王校長：

我們學校的主任是比較資深的。主任年資比我長的大概有三位，年紀比我長的有兩位。事實上校園文化營造是很重要的，我們怎麼樣用校園文化營造整個組織的良好氣氛很重要。教務主任今年就要退休了。她最喜歡聽好聽的話。她說校長天天都誇獎她、她好棒、她是教育的菁英，要退休了還這麼認真。我在所有的場合都是這樣誇讚她。因為我的主導性很強。我來這所學校時，三位主任都換了位置，都是我強力的換。這個教務主任剩下一年就要退休了。她沒有當過教務主任，所以我圓她的夢。

雖然是一年，可是我還是很大膽的讓她做。我敢這樣做是因為我做了六年的教務主任，我覺得教務在課程方面的弱點可以由我來補，但是她的社會資源與人脈是非常豐厚的。她做事充滿熱誠，做得非常賣力。我的輔導主任也是一位資深主任，但是我沒有動她，她最近正好生病，我也一樣非常尊敬她，喊她大姐。在學校的公開場合我都稱我的主任們大姐，但是她們都非常尊敬的稱我校長。

我的訓導主任原來是總務主任，所以這學期比較辛苦的，是我帶著總務，一步一步的成長，但是我們學校整個文化營造起來以後，整個專業團隊再一次洗牌，重新凝聚，重新確定她們戰鬥的位置，並扮演應該扮演的角色。課程領導不是只有校長領導。我們的所有的行政幹部包括老師都要做課程領導，大家一起來。

在這個過程中，我非常注重重要的談話，經常對老師鼓勵。兒童早

會時，我也會用唱歌來鼓勵我們的小朋友，培養他們成為有學習能力的孩子。同時我也經常利用兒童早會的時間提供小朋友表現的機會，同時也是以此來展現老師教學的成果。

（本座談係於 2003 年 12 月 20 日在國立臺北師範學院科學館 407 會議室召開，由林文律副教授擔任主席，陳佳榮先生擔任紀錄。）

# 第6章
# 校長如何形塑哲學觀知識與能力

　　初任校長就任半年以來，相較於就任校長之前長期擔任主任，身為校長，在心態上、行為上、想法上，以及心智模式上是否有一些改變？擔任校長的滋味究竟如何？是否感覺責任很重？工作量很重？很辛苦、很忙碌，但還算喜歡？從初接任校長，經過了半年，是否有倒吃甘蔗的感覺？

　　不論當校長的滋味是酸、是甜、是苦、是辣，最大的影響因素為何？是學校文化有利或不利嗎？是教育制度使然？個性使然？或是校長角色使然？在校長職位上體驗了半年，各位是否能夠具體說出校長所需要的知識、能力與哲學觀是什麼？這些知識、能力與哲學觀，主要源自何處？是自從擔任老師、組長、主任，一路歷練出來的嗎？或是源自其他方面？

　　此外，校長的權力與辦學空間究竟有多大？影響力可達到什麼地步？這半年來，在個人的知識、能力與修為方面，最大的進步在哪裡？如果重新來過，在校長養成方面，最應加強的是哪一方面？最不需要，但卻花了太多時間的是什麼？以上各點，均是本次座談要觸及的部份。

## 討論內容

### 主持人：

　　我當過校長中心主任。我很好奇，身為校長，各位各方面的知識、能力與哲學觀是怎麼來的？這個綜合性的東西也許說得出來，也許說不出來，我希望各位回頭去找，從你的腦子去找，找看看那個東西是怎

麼來的。這是我最感興趣的。

## 薛校長：

當校長到現在已經半年，剛好可以稍稍評估自己是什麼樣的校長。在校長培育班時的課程其實是很多樣化的，從理論到實務都有。在一年的培訓當中，思考當校長什麼是最重要的？什麼是最不重要的？其實當初我最期待的是去發現自己是什麼樣的人？適不適合擔任校長的角色？然後去分析自己能力的優勢與劣勢，培養專業的敏感度等等，這些都是當時我覺得最重要的部份。

我希望在團體裡有比較深入對談的機會，因為擔任校長就是要成為有自知之明、有影響力的人。培訓階段，理論部份的課程是比較多了一點，尤其是作業量或是功課量多到讓我們思考的時間減少很多。其實校長最重要的就是學會如何去思考，如何發揮自己的影響力，如何去自覺，如何去敏感到別人的需要，這些都非常重要。校長是領導者，認識自己是怎麼樣的人的確是很重要的一件事。

說實在話，到大明國小來擔任校長，我自己覺得還是很輕鬆的。感覺輕鬆，或許是因為過去太累了，從教書開始就是一直加班，白天教書，晚上加班改作業。當組長時，就是白天教書，晚上規劃活動，徹夜不眠。

當主任時，除了自己進修之外，就是在學校教學和處理行政事務。當校長之後，好像想到什麼事情可以做，就要去想辦法請別人做，所以在體力的付出方面，相對的就少了很多，思考的時間也變多了。過去自己是處在一種緊迫的情況下來準備當校長，現在心境上，似乎變得比較輕鬆。

其實大明國小這所學校是一所很正常運作的學校。但看到學校的過去和現在，我覺得還有很多地方需要改進。為什麼我會這麼說呢？我

一直在想，有沒有危機在裡面？是不是自己沒有敏感到些什麼？或是自己沒有發現些什麼？或是這所學校正處在一個停滯狀態，需要有某種突破？

到底自己有什麼樣的知識與能力？自己的信念是什麼？哲學觀又是什麼？就自己的特質來講，我自己有沒有像第五級領導中所講的謙沖為懷？第五級領導中所講的個人的謙沖為懷與專業的堅持，需要不斷的修為，這方面我還有一段路要去努力。

另外，自己的經驗究竟是來自哪裡？我認為不同階段的經驗都非常可貴。舉圖書館利用教育為例。禮拜五早上我去看圖書館。有一個窗廉在圖書館裡已經放了兩三天。我就跟圖書館管理員說：「這個東西可以找一個地方收起來了！」當天他就跟設備組哭訴。因為我對圖書館最在意。我三不五時就會到那裡借書，我要把圖書館做改善，這使他感覺累積了很長久的壓力。

一個大男人居然會因為這樣的小事情覺得受到委屈，令我很感慨。我就利用這樣的機會請教務、設備、圖書館管理員過來，告訴他們我對圖書館的期望。對於圖書館館員的工作方式、應該有的工作內容，我用一個多小時跟他談。

在處理館員服務態度的過程中，我發現原來校長是可以有一些影響力的。同仁們會非常在意校長的某些小動作或無心的一句話。其實我並沒有批判的意思。當我真正去了解時，我發現一件事情的背後還有很多相關的事情，比如說圖書館管理員個人的工作方式、他與其他人協調的方式，處室之間協調的問題等等。

另外，輔導室是整個特教回歸的系統。特教孩子應該受到特別照顧，照顧進行了一個小段落之後，應該有一套回歸的機制。我會去關注這樣的問題，而且因為我擔任過教務主任，我會去思考，孩子能力提升

與否應該要有檢視的機制，去檢視孩子學習的成效。有新的孩子進來，同樣也要有一個回歸的機制。資源班就是要去注意這樣的問題。

我一直在想，校長的影響力究竟有多大？老師對待一個孩子的方式可以影響 35 個家庭。老師如果責罵一個孩子，或是功課出到讓孩子寫不完，這會讓父母親與孩子在家裡變成一個戰場。同樣的，校長也會影響到非常多的人。在一個有 200 個老師的學校，當校長的可能會影響到 200 個老師的家庭。

有一天我在雜誌上看到一句話。一個領導人需要特別留意，要讓同仁高高興興地來上班，回家不要有太大的壓力，這是身為領導人的人對員工可能會造成的影響。我一直把這樣的想法放在心上。我期待自己有一些比較積極正面的影響力，讓學校整個組織的同仁在適當的環境之中工作，以便讓學校運作得更順利。

## 姜校長：

從我當老師、當組長、當主任，到校長培育班及儲訓班，一直都在做知識與能力這樣的專題研討，我覺得收穫非常多。這個禮拜我聽了之後就拿這個標準來省思我所做的部份，這個部份就是一直做這樣的累積，我特別去區分知識、能力與哲學觀。我認為知識與能力，比較多是從培養而來的，特別是擔任主任時，經常在做全盤的規劃。

以我的經驗來講，各處室主任的歷練都非常重要。目前我擔任校長，我發現，某一個處室的主任在規劃某一個部份時，可能哪一部份沒有想到，我就適時作一些提醒與宣導，以幫助他推動方案。

以我為例，我在擔任教務主任的期間，覺得課程與教學非常重要。最後一年我擔任輔導主任時，我也去了解到輔導工作並不如我原來所想像的那麼簡單。我當了輔導主任才真正了解輔導工作的精隨。我能夠從學生的立場與家長的立場出發，這個經驗很重要。

校長培育班一年的過程當中，收穫非常多。收穫最多的部份就是看到很多校長的風範。師傅校長不論是在專題也好，或是我長時間在校園裡跟在師傅校長旁邊學習也好，師傅校長都讓我有機會拿他的風範來跟自己作一個省思、觀察、學習與自我對話，這個部份是我收穫最多的。

有關課堂內容的部份，還是要回歸到我印象最深刻的部份。培育班主任林文律老師對於品質與學生自我能力的要求是很高的。這部份讓我們受益非常大。專題講座吳明清老師對於系統思考的部份，也讓我學到在推動一件事情的時候，要從系統思考的觀點來著手。

關於哲學觀的部份，我認為這部份比較屬於天生的個性。在我們人生的過程當中，遇到的一些比較重大的挫折，再加上一些自我的覺察，這部份的影響力也是非常大。在校長儲訓班有一節課是請很多教授來講他們自己的生命故事，讓我省思我自己對人的態度、對教育的態度，以及在人生歷程當中所發生的一些事情。我認為教育理念的培養可能有一些是天生的個性使然，但也不必完全否定後天歷練的部份。

## 張校長：

我不是校長培訓班出身的。擔任校長半年來，工作上所具備的能力，是過去擔任老師或行政工作中所累積的經驗，包括擔任導師、科任、各處室主任或組長。我服務過的學校數及學校規模類型比較多，讓我對於許多事情的做法保有較大的彈性，其中我有兩年比較特別的經驗。

當我具備候用校長資格之後，轉換到了一個新學校。我校長班的同學，她的學校缺總務主任，我接受邀請擔任總務主任。過去對擔任總務工作我一直非常排斥，我不喜歡那樣的工作性質，這次的因緣巧合，我就跟著我的同學一起到一所新學校，擔任了兩年的總務主任，這兩年的經驗對我有相當大的幫助。本來我對總務工作是相當陌生的，兩年的寶貴經驗，讓我對學校的硬體設施與設備或經費運用各方面，都能夠快速

掌握到重點。

由於我的身分特殊，跟校長的私交關係既特別又親密，可以用一種親近但卻又不會太直接的方式，跟著校長一起經營這所學校。當然，因為我是主任的職務，可以看到或感覺到同仁的角度；有時候又可以轉換身分，從校長的角度看事情。

這樣的特別因緣，讓我在那兩年工作當中，不斷思考著，未來有機會擔任學校首長時，可以採用怎樣的方式來經營學校。我與我的校長一起學習成長，我看到校長從初任第一天開始，整整兩年的成長過程，對我來說，這個經驗是很寶貴的，對於我日後擔任校長非常有幫助。

## 郭校長：

在校長培育班之前，影響我最大的就是我參加了一個讀書會。這個讀書會所有的夥伴現在都考上校長，研究所也都畢業了。會參加這個讀書會，是因為有一些對於教育抱持高度熱誠的前輩校長不斷提攜。

他們都已經將近六十歲了，從來沒有放棄提攜後進。將近有五年的時間，我幾乎每個禮拜都要參與那個讀書會，不管是擔任主任期間所有教、訓、總、輔的業務，以及教師會的事務，我們幾乎都要拿出來討論。甚至於筆試、口試都要練習。

磨練將近五年下來，後來就讀培育班時，基本上對於很多問題的解決，危機處理的做法，自有一套模式。加上以前將近十年教、訓、總、輔四個處室主任的歷練，自己逐漸發展出宏觀的角度來看事情。

後來很幸運的，又有一個機會借調到台北市教育局。不同的歷練讓我在處理教育行政的業務時，面對非常巨細靡遺的事情都得好好處理。教育行政的要求非常多，我看到了局長或主秘在主持所有會議時，所考量的事情，或者是在做要求時，所謂的精緻與創新，都是不斷的在教育

局工作時有所體會。

借調到教育局，雖然已經取得候用校長這個資格，在接觸業務當中，必須非常注重工作的品質。在局裡，要在業務上提出任何報告，我都要非常清楚下一步要做什麼。我一定要馬上知道整個事情的來龍去脈，以及後面要怎樣去接續。到最後我的膽識大概也在那個時候激發出來。面對各種挑戰與嘗試的機會，我自己都不曾放棄過。

當我回過頭來看看自己所共事過的校長，我發現每一位校長的風格都不一樣。有些校長鐵漢柔情，卻非常灑脫。有些校長，一個人可以身兼數職，體能令人佩服。有些校長思慮非常嚴謹周密。有的女性校長具有非常柔性的領導方式。當我把所有人的優點慢慢分析，並且將這些觀察到的思考與行為模式應用在自己的行政時，就是提升績效的一種做法。

## 江校長：

首先，就校長經歷而言，這半年來當校長與當主任最大的不同點可以從三個方面來談，也是代表三種能力。第一個是校長的創新能力與創新意圖。對於同樣是一個很平凡的工作，譬如每一所學校都有五項競賽，這是一個很平凡的工作，也是例行性的工作，可是一位校長是否願意在這上面做一些創新與突破？

比如現在吳局長所說的附加價值是否可以把它放進去？這需要一點能力，以及一位校長有沒有這樣的意圖。固然，做事不想往增加附加價值的方向思考也是一樣可以過日子。不過，工作若要創新，而且要成功，校長本身要有系統思考的能力，有能力做一個策略性的安排。這是第一點。

這半年來，我最大的感受是校長很多的時間都是用於營造公共關係，包含對內、對外、對社區以及對長官。這裡面有兩種特質需要特別

強調，一個是身為校長的人願不願意很主動積極跟他人交往。對於任何人，校長都要敞開胸懷直接跟他談。這樣就變成校長是一個多話的人，是一個願意與人親近的人。他需要有溝通的技巧，並且要化解他人一些不必要的誤會。

另外，當一位校長需要有敏銳的觀察力與判斷力，要能夠判斷事情可能發展的走向，以便預先去作一些防範。這些能力是當一個校長最重要的。

有關校長的權力有多大，舉一個例子來說。在十一月份的時候，我遇到一個不假外出的老師，那個情況其實已經不是第一次，我已經觀察過很多次。事實上，我私下也勸過他很多次，這一次又碰上了。這時候我面臨一個抉擇，我要不要處理，後來我覺得一定要處理，因為我已經不可再姑息不假外出。我決定要開考核委員會，雖然大家都很猶豫要不要處理這一件事。

依照大家的心態，放人家一馬，得饒人處且饒人。我告訴所有考核委員一句話：「今天我們如果不做處理的話，對所有認真的老師都不公平。」大家聽完這句話之後，就接受校長的建議，把這件事做成會議記錄。當然我們有讓這位老師在現場申訴的機會，說明他為什麼要這樣？對他來講，這個處置的確是一個很大的震撼，讓他壓力非常大，因為所有的委員都坐在那裡，等他說明為什麼不假外出。

之後他就跟我說：「校長，我很怕你。我怕你哪一天又把我點名了。」所以我說，權力要適度運用，以使不當的情況得到改善。權力要看校長要不要適度運用。今天學校有這麼多的問題，很多情況是校長要不要很明確果斷的去處理？有時候有些人或事若不能閃避，就必須面對。

再來，我要談談別人是怎樣看校長。任何一所學校要更換校長時，所有的成員，包括家長與老師都在等，都在觀察與判斷，新來的人會是

一個怎樣的校長。以我的學校來講，這裡的老師一直都希望校長處事很公平。在事情處理的過程當中，可能會顯現一些制度上的不完整，或是一些不公平的對待，讓一些受影響的人心存怨恨。

因此學校的人會期待校長是不是要建立一個好的制度，讓遊戲規則很清楚。舉例來說，前兩天為了職員之間的考核有過爭執。再過兩天，學校要做工友考核。我想各校都有這個情況。學校已經為了這件事情攪翻天了。其實從八月份開始我就講，遊戲規則就是這樣，就是很清楚。在考慮士氣的原則之下，績效的部份一定要處理，這是同仁對我的期待。

校長的權力在無形當中會慢慢的擴散。例如遇到有同仁受傷或生產，校長的一個安慰、一個祝福、送一個花、親自去看他，雖然我們覺得那不過是一個小動作，不過只是撥個半個小時去見他，對他來講都是一個很大的肯定、很大的感動。

再來，我覺得校長一方面可以散發愛，一方面也是在散發壓力，因為當家長向校長反映，或是校長自己看到一些不當的情況時，校長要不要親自去跟老師提示。

其實，我一直在學習等待，不要自己去處理，而是把這樣的工作交給主任去處理。因為有老師跟我講過，如果校長去跟他講什麼事情，他會覺得好像犯了天條，會讓他感受到非常大的壓力。所以我一直在等待這種情況能有所緩解。從以上這幾個角度來看，這半年多來，對我自己而言是一個非常大的成長。

## 邱校長：

提到校長與主任最大的不同，我感受到兩者很不一樣的地方是在績效責任上，無論是對內或對外，校長必須承擔所有的責任。對內校長要照顧整個團隊。如果是把學校所有成員當作是一個家庭的話，一家人

的擔子都落在校長身上。

　　一個主任可能會說，這件事跟我的處室沒有關係。但是學校所發生的任何一件事情都跟校長有關。而且校長壓力的大或小，可能被外界解讀為校長能力的強與弱。這是校長與主任第一個最大的差異。

　　面對強大壓力的情況，擔任校長跟主任最大的不一樣就是校長要怎樣去面對這個壓力，因為校長後面已經沒有靠山了，校長本身就是最後一道防線。以前當主任時還可以回頭問問校長的意見，反正天塌下來都還有一個人頂著。但是校長就不一樣了。所以在看待整件事情上，校長比較會積極去看待每一個環節，避免哪一個環節因為自己沒有掌控好，而沒有展現出應有的效能。所以校長整個投入與看待事情的方式會跟主任完全不一樣。

　　再來，擔任校長需要哪些知識、能力與哲學觀？經過半年來，我有下列幾個體會。首先要有不斷創新突破的一顆心與熱誠、正確的教育願景，其次要對課程與教學有正確的認知與理解，並且要具備很熟練的專業管理能力、第五級領導能力及危機處理能力。

　　至於這些能力從哪裡來？可能每一個校長都不一樣，最主要的來源可能是自己生命的成長歷程，從其中所形成的一些基本性格與信念。一個人原生家庭的背景，成長與求學背景以及工作歷練，可能成就一個綜合的自己。

　　第二個是專業能力，比如說研究所、培訓班等，我覺得這個很重要。可能理論可以在這個學習過程中再做一些澄清。第三個部份是實務的累積，包含行政、領導的經歷，以及各種職務的歷練。比較可貴的是，在各種職務歷練的過程中，與不同的人相處和學習，可能是更重要的。

　　我們現在常說，要深耕閱讀，要大量閱讀。我常認為，每一個人就像是一本書。跟不同的人相處與學習，就好比在閱讀不同的書。如果你

讀得不夠多，成長是會受限的，尤其是貼近現場的學習。

在我歷練的過程中，我曾經跟過三位校長。第一位是女校長，她的性格是屬於比較傳統的。第二位是男校長，他的草根性很強。第三位校長就是在新校長導入的部分。很多學習是累積在一些細微部份的學習。三位校長讓我看到三個不同的面貌，我覺得很可貴。再來是綜合的學習。我很難區分是那一個部份提供的。

這樣校長的學習帶給我的最大改變是什麼？這半年來，我最大的改變是可以去釐清過去所學的一些理念。因為自己以前沒有擔任過校長，對於校長的那一個角色，都只是一些想像。有一些事情別人說不行，自己又不太相信，或者是自己覺得有一些可行之處，可是自己去體驗之後，又可以做一些澄清。這樣的澄清歷程對於自己要建構一個整體的思想體系是很有價值的。

最後談到校長的權力究竟有多大？我舉幾個例子來說明。第一個是資源的最終提供者，第二個是決定的裁奪者，第三個是權力的授與者，這些都可以影響校務經營的方向與內涵，也會影響學生的學習成果與家長的滿意度，也可以展現學校進一步的整體發展。

前幾天，12 月 26 日，我們舉辦了一個感恩活動和一個學習成果的活動。以前在這個學校這項活動的作法是由學生家長提供一家一道菜的感恩活動，大家吃吃飯，聚一聚。因為學期末要辦理一個學期成果展，我剛好要帶學生去畢業旅行。對於感恩活動，由於家長會有很多意見，對於舉辦的內涵有不同的想法，可是學校的處室也有既定的想法，本來整個活動就已經要上路，但究竟要往哪個方向去辦，要辦些什麼，大家莫衷一是，一直在那邊空轉。

等我帶學生畢業旅行回來之後，校長的角色就馬上要出來。我一定要去整合，要去定位。首先：我問大家：「我們為什麼要辦這個活動？」

我說:「大家花那麼多精神,活動到底是要辦給誰看?對象是誰?」老師說:「那一天是要給家長看。」我接著問第二個問題:「如果是要給家長看,那麼哪一次的活動家長來得最多?」老師們說:「晚上那次來得最多。」我們老師都不大喜歡晚上的活動。白天的學習成果展,家長就來得比較少。

我說,既然我們忙得這麼辛苦,就是要給家長看,可是大家卻要選一個家長來得最少的時間來展出,如此,花這麼多心血為的是什麼?雖然我們也要站在老師的立場來思考,辦兩次活動那麼累人,怎麼辦?我的想法很簡單,就把兩次變為一次,大家集中所有心力來辦好這一次。我先與老師溝通,把這件事情定調以後,我們再全力以赴來追求品質。我覺得要做就把事情做好。從此可見,校長的權力就在這時候產生影響。

再來就是調度所有的資源,包含人力、物力的動員,校長可以做為資源的最後提供者,這時校長的權力就能有所展現。我準備了一些燈光音響,到整個節目品質的提升,最後我運用了很多次的晨間活動來預演。我知道這一切老師們都看在眼裡,這是一種榜樣的學習,我不用說得太多。我儘量強調一些好的部分。有缺點的地方,其實老師們自己都看得到,所以到最後老師們自行要求第二次預演。

從這裡可以看出,老師們那種求好的心被激發出來了,一直到最後的演出更是用心。演出那一天,我們感覺好像是大家族一起回來團圓,包含家長、校友、老師和學生一起來,所有參加活動的人都在校園院子裡面跑,既有晚會,也有烤肉,大家一起歡樂的感覺真是好極了。在那個活動中,我們贏得家長們的感動與支持。有一個校友就說了:「我們在這裡讀了六年,怎麼從來都沒有這樣的活動?」

這件事情改變了以前的想法與習慣。雖然還不是很完美,但是至少顯示,做事不一定要照舊,而是可以做一些改變。這次相當成功的經驗

可以做為引發另一次成功的基礎。

**蔡校長：**

過去我們在擔任級任老師、組長、主任時，都是比較屬於實務面的操作，往往做事情是知其然，不知其所以然，甚至會去懷疑以前在師專所學的教育理論似乎派不上用場。以開會為例：一般而言，在開會的時候，往往流於沒有效率，當你開會時遵循《會議規範》的時候，也許看來是很有績效，但是老師不見得能搭上那個腳步，反而會顯得曲高和寡，若要跟老師講解會議的規範，要老師達到會議規範的要求並不容易。所以我們在擔任老師或組長時，摸索是一個很必然而且很無奈的階段，這是一段很青澀的成長過程。

整個校長培育班的階段是透過很多人的啟發，包括很多很有經驗的主任或校長的經驗分享。我們回頭去想以前的事情，才恍然大悟原來就是這麼一回事，然後我們會去回想當初執行的方式是不是對的，有沒有什麼方式會更好，這有點是後知後覺者在覺知以前的一些事情。

在就讀校長培育班時，我覺得教授的個人風範可能會比課程本身的價值來得高。譬如我們會看到一些教授做人的言行舉止或是做事認真的態度，或是看到分享經驗的典範校長對於教育的用心與熱誠，那種影響力以及對我們的啟發，可能會比學科的內容來得更深遠。又，類似今天初任校長校務經營的焦點團體座談，我每次來都會學到很多東西。當然在整個學習過程當中，打從我們考上校長培育班，我們就已經一直在旁觀與揣摩、不斷學習，也從中看一些前輩校長是怎麼辦學而學習到的。

去年在校長培育班進修整整一年，讓我學會在學校每一次做決策時，都會站在全校的角度來看事情，而不會只從處室來看事情，由此體會出系統思考更重要。所以當時還在培育班進修時，我跟服務學校的校

長表示：「我的職務隨便你排，我都會接受。」我覺得，已經到這個階段，若還去挑職務，未免太侷限在自己的小範圍裏面，反而應當去培養自己比較開闊的眼界。

這半年來，我認為校長首重人際關係，當然每一所學校的環境都不一樣，我現在這所學校讓我感覺到人際關係特別重要。現在我感覺問題最大的不是在校內，而是校外家長會組織，譬如當家長會顧問跟我說：「過去我在當家長委員的時候，學校舉辦重要活動時，校長都會寄兩張賀卡給我們夫妻，還親自打電話到我家邀請。以前家長會在辦活動的時候，校長都是全家出動參與。」

我聽了頭都昏了，我自己的小孩子才不到 2 歲，而且當了校長之後，每周兩天的假期裡面大概都有一天是有公事的，如果再這樣應付下去，我大概會疲於奔命，但如果不這麼做的話，又會得罪別人。

在整個校長遴選過程中，因為快樂國小是我服務過八年的學校。遴選過程中我從來沒有打電話請家長委員特別幫我，反而都是老師主動幫我這個忙，由老師拜託家長、再由家長去拜託其他家長。當我進到這所學校時，我發現事情有點麻煩，因為誰拜託了誰，我根本不是那麼清楚，過年過節若沒有去感謝他們，對方會覺得我很不夠意思。

我為了這樣的事情覺得很頭痛，因為我若要處理這些事情，大概要跑好幾趟都還解決不了。如果以後校長遴選的壓力還是這樣，大概我會主動退場。我覺得我的個性很不適合做這類幾近繁文縟節的事情。我可以每天工作到非常晚，但是要我去做這些交際應酬，我覺得很痛苦。所以我跟我們學校現任的家長會會長說，時間要花在學生上，一些不必要做的，能免的就免了。

我覺得校長的影響力還是很大。我們大概都可以認知，校長每講的一句話，聽的人大部份都會很在意，但聽的人也有可能會解讀錯誤，而

招致不必要的風風雨雨，引來很多無謂的問題。

這學期有一個例子。有一個家長委員的至親病逝，生死大事我都很重視，由於擔心處理不夠慎重，所以我就帶了三個主任去參加公祭，學校只由一個主任留守。因為一大早就出發，八點兒童朝會頒獎的時候，由於聯繫不當，結果留守的主任沒有出來頒獎，而是由訓育組長頒獎。我回來學校時，老師馬上向我反映：「校長你要在學校，學生很希望你親自來頒獎。」

譬如體育表演會，我覺得節目準備得不是很好，預演後我講評了兩個年級需要精進之處，這些年級的老師回去就覺得很痛苦，其實我只是給建議而已，這樣老師們就已經覺得非常的沉重，然後一直想找我談，但是又沒有勇氣。當我知道此事後，我就主動去找他們談，也一直給予鼓勵。

又譬如說冬至煮湯圓請老師們吃，他們就覺得這是很重要的事情，因為校長有想到老師。很多事情我講了，或許後面有人不以為然而在抱怨，但是畢竟老師還是會把校長的話當一回事，所以我覺得校長在一個學校的影響力還是非常大。

在學生的眼中，他們也是覺得校長非常重要。上次我被學生拱到NEWS 98 電臺去接受訪問。電臺承辦人打電話給我，邀我去電臺接受訪問，談談學校的教學與特色，我回覆：「我才初任不適合去。」她說：「可是學生要你來啊！」原來學生主動打電話去電臺推薦我去接受訪問，所以我就答應了。

受訪當天電臺主持人問我一個問題：「校長，聖誕節當天為什麼你沒有當聖誕老公公？」我的想法是：「工友或一些行政人員，他們在學校都做了很多事情，但是學生都不太認得他們，應由他們之中挑選一個人來擔任聖誕老公公，讓學生藉此認識他們。幾乎每個學生都認得校

長，為什麼要由校長來當聖誕老公公呢？」

我覺得學生真的很重視校長的一言一行、一舉一動。所以下學期我大概就會舉辦「與校長有約」，到每一個班級與學生聚會。

## 王校長：

有關校長的成長歷程，我認為一個校長的哲學觀、知識與能力是一種從以前到現在的統合。我在師專五年級時到竹師附小去實習。實習指導老師就一直推薦我當實習校長。我說：「不行，我是女生。男生去就好了。」她說：「不行，我就是要你去。」後來我就被推上去了，所以在實習的時候，我就當實習校長。後來從師專畢業，一開始也被校長指名要我出來擔任行政工作。即使轉調到別的學校服務，還是被校長邀請來做行政工作。

我可能有行政人員的特質吧！每位校長在工作中都給我最大的發揮空間，我覺得這是他們給我歷練的機會啊！我在另一所國小時也擔任過代理校長半年，可以說我提前歷練了以整體觀來帶領學校。

代理完半年之後，學校的一些資深老師都給我非常大的肯定，也讓我建立了很大的信心。取得候用校長資格之後，我有機會到教育局去歷練兩年。在這兩年的歷練中，我必須要面對很多突發的狀況，負責規劃台北縣全縣新的方案，必須提出非常周延的計畫，這部份對我的幫助很大。也因此，到現在為止，在學校擔任校長半年，可以算是得心應手。

我非常注重與老師及孩子的互動。每個禮拜一和禮拜二分別是全校朝會與教師晨會的時間，我都儘量不要錯失這樣與師生互動的機會，以便給老師和孩子最大的肯定。每次我對大家說話，他們都是豎起耳朵聽我講話。我覺得給他們適時的肯定與鼓勵很重要。

當我看到老師和孩子歡愉的心情，以及喜歡校長的樣子，我都很有

成就感。上禮拜我們得到了神腦基金的獎勵，學生設計是金牌獎，老師部份是銀牌獎。我們在舞蹈得了特優與優等，每個禮拜都會有頒不完的獎品。我覺得老師的潛力無窮。重要的是我是不是能與他們有親密的互動，並且給他們適時的鼓勵，所以在語言的技巧與態度的引導都很重要。

雖然我的學校是一所大型的學校，在學校我感覺很勝任愉快，家長會也給我很大的支持。在上個月 26 日晚上，因應學生和家長的要求，學校把這一段時間以來學生表現的成果，利用晚上的時間，安排了一次發表會。那天雖然天氣非常寒冷，家長都來出席，這給了我們很大的肯定。

以我來講，我很少走出去去拜訪家長與地方仕紳，都是他們走進校園來給我支持與鼓勵，令我深感欣慰。

## 孫校長：

台北縣我們這一期的校長儲訓制度與台北市大大不同。對於怎麼能當上校長，我用輕鬆的口吻說「是緣與命，也是命與運」。說一個笑話。以前有個國王選女婿，利用一個鱷魚潭廣招勇士，看誰比較勇敢，敢跳下去就當他的女婿，結果一個人不小心被擠下鱷魚潭的，就當了國王的女婿。

師專音樂組的我在校園拿著樂譜到處走。班上八個同學中，有六女兩男，我是寶貝的其中之一。師專養成教育在藝術與人文的涵養較為鞏固，但行政領導特質則尚未發掘。

我以為擔任校長的能耐，很多是來自「學歷和經歷」給的滋養。我二十三年的服務歷程，兩年當兵，有六年是老師兼組長，其餘的時段都是當主任。我很慶幸，主任甄試一次考上，當年號稱是台北縣最年輕的主任。之後，我期許自己要在十年內考上校長。主任任內我自我要求，

要勇於接受挑戰、勇於創新。也期許自己，扮演任何一個角色，我都要發光、發熱。

在學歷與能力儲備方面，「做中學」是我的工作信念，必需在工作中學習，在學習中成長。師專的音樂學習背景讓我在工作中更稱職，也更適應學校生態。在這樣的舞臺上，可以盡情揮灑。我的太太是學校同事，岳母是學校主任，有人在旁邊關照，所以要更努力表現得好。

師專畢業後，進修部唸的是中文系與衛教系。當時衛教系的主任是名主播李四端的父親，他說：「你們必須要找到自己的舞台，在工作上才能有專長發展。」這一句話深深影響了我，讓我體認到，要把一項工作做好，需要有舞台。接著我就讀初教系輔導組、輔研所以及國教所，繼續強化學習內涵，不斷進修與精進，讓自己在工作上能有理論與實務相輔相成。

我擔任過淡水區主任聯誼會會長，也有一群行政子弟兵。既然要當人家的師傅，就要成為別人的榜樣。基於這樣的體認，我只有更努力。就讀台北市師的國民教育研究所是我慎重的選擇，因為過去接觸的都是台北縣的工作夥伴，而台北市立師院的國民教育研究所同學，大部分都是台北市的校長。

有這樣的機會跟台北市的校長一起學習，進行經驗的交流，看看不一樣縣市、不一樣的學校經營策略，給自己製造很多互動的機會，這些都是很寶貴的學習來源。所以說我的經歷與學歷，對於我後續校長的角色扮演，帶來很重要的影響。

我認為學校行政主管必須「以身作則、真誠以待、歸零思考」。我要求老師做的，我自己一定要做得到。我可以是學校樂團指揮，也可以是運動場上很好的田徑教練。

在主任儲訓班時，主任剛好是台北市吳清基局長。吳局長總是用真

誠、真心的態度對待這一群主任。他期待這群主任回到學校之後，也都會用同樣的方式，對待學校所有的老師。這樣的觀念一直深植我的心中。目前我擔任校長，我化為具體行動，也是用很真誠的心，對待我所有的教職員工。我希望老師也都是以校長善待他們的方式去善待學生。過去我生命當中遇到很多貴人，我期許自己也能成為別人生命當中的貴人。

## 趙校長：

今天在這個場合談校長如何形塑哲學觀、知識與能力，感觸特別深。一年半前我們在候用校長培育班高談闊論。一年半後的今天，我們的身分角色已不同。

今天談的第一個主題是校長與主任最大的不同在哪裡。我覺得我好像白頭宮女在訴說著以前某些事情一樣。以這樣的感覺去回憶，過去在這邊上課和現在在這邊談這個問題，最大的差異在哪裡？我到底有什麼樣的成長？我到底帶給學校什麼樣的東西？學校因為我的進入而改變進步了多少？我希望學校到底能夠發展到哪裡？

最近晚上臨睡前，我太太常常會跟我說：「不要想太多，快點睡覺。」我心中卻一直在想，我要把學校帶到哪裡？今天做的這個決定到底對不對？我會一直問自己在學校的所作所為。某些情境我處理的方式是不是適當？所以回到剛剛的第一個問題，有關校長與主任究竟有什麼不同？

基本上校長所做的決定，對於學校的現在與未來的發展都會有很大的影響。甚至學校未來會走到哪裡，校長現在所走的每一步，都會有關鍵性的影響。校長今天願意把學校的人力與物力資源花在刀口上，去做很有價值的事情，對學校的發展是可以看得到的。所以校長的影響力非常大，也非常深遠。

校長不僅對學校、社區，甚至對整個世界都可能會帶來影響。我記得看過一本書，當中提到，你培養的學生，有可能是明天諾貝爾的人才。如果用這樣的願景與視野來期許自己擔任校長，校長與主任的不同就確定了。

藉著宏觀的視野，校長的影響力可以帶給學校前瞻性與創新性的發展，也可以厚植實力、培養力量。學校的成員因為校長的帶領，相互之間會培養出更多的能力，所以校長的影響力是非常全面的，也是很深遠的。

校長的權力究竟有多大？校長所擁有的權力與校長所具備的知識與能力有相關。校長如果具備了足夠的知識、能力與條件，他所能發揮的影響力就會相對提升。以我目前服務的學校為例，因為以前學校老師之間的衝突與親師之間的衝突，以及行政與家長之間的衝突，使得這所學校的校園氣氛並不是那麼樂觀，也不和諧。

我上任之後，第一個月目標的設定就是如何改善親師之間、行政與老師之間，甚至是老師與老師之間的衝突。我很高興的是，在一段時間後，整個情況有了改善，文康活動大家都願意參加了。他們說，已經有四、五年的時間，大家沒有一起參加文康活動了。今天大家都願意一起參加，就是一個很好的開始。

第二個就是整個辦公處所空間的整體運用的改變。因為學校小，所以必須把學校的空間回歸到人來使用，最有價值的空間由人來使用，不只是老師、學生，還有行政人員。我們把原本不重要，或是重要但不常使用的物品，挪到不常被使用的空間。比如說，教職員單身宿舍已經很久沒有人在用，經過一番整理，把它開闢成檔案室，把原來檔案室所占的儲藏室的空間挪給行政同仁來使用，而不是三個人擠在一個小空間。

這樣的整體的空間調配，以前有些同仁也有這樣的想法，但是他覺

得人微言輕，都不敢提。主任也不敢提，因為他覺得會衝擊到其他人的想法，而且大家都已經習慣了。再來就是他也沒有資源來改變這樣的現況。有些東西大家不敢去碰，大家就覺得保持現況就好，因為一碰，就代表你比較關心，後面就會有人提出要你去負責與完成。

但是我的想法是希望學校進步。如果大家往更有利的方向去努力，一件改變就非常值得去嘗試。改變過程中，牽涉到一位服務已經二十年的老師原本使用的空間會受到牽動。經過幾次溝通後，大家都願意一起來努力。這是校長才有的影響力。校長主動提出規畫，讓學校空間運用的效能得到顯著提升，從而帶來正面的發展和組織力量。

## 曾校長：

上次我聽到張校長在講她學校的狀況。事實上我曾在那所學校服務過。那所學校現在的主任是我當時服務時的主任。從我師專畢業到現在，四個都沒換。上次張校長在談她的學校時，我發現有很多事情，她遇到時都會往好的方面去想，我非常認同。校長就是要想得開，當然那所學校最近還是改變很大。

最近有一件事我要跟大家分享一下。前幾天跨年，我是被強迫留在議會跨年，而且元旦還在議會廣場升旗。這個經驗我想台北市初任校長今年還沒有人有，因為當時台北市只有兩所學校的校長在議會現場。我問教育局的科長，他說他在教育局十五年也沒有遇過。局長也說，他當局長那麼久也沒有遇過。

我們的預算在一讀的時候是通過的，但是到二讀的時候，第一輪就被一個議員擱置。這個議員與我們學校沒有過關係，學校與他一點過節都沒有。後來才發現一個人可以託別的議員去擱置你的預算。實際上擱置你的預算的，並不是名字上的那一個議員，而是背後還有別的議員。所以那一天我打了很多的電話去找府會聯絡人，我甚至找了那個黨團

的總召。後來我才知道他們黨的某某議員為什麼要擱置我們的預算。這也是給大家一種經驗。以後遇到這種事情，就直接找府會聯絡人。

要求某議員擱置我預算的議員是擋錯學校了。我被擱置的原因，跟我一點關係都沒有，跟學校也一點關係都沒有。起因是我學校的前一任校長跟我們里長結怨。那個里長去找一個議員，希望那個議員去擋我的前任校長要去的學校。結果他講錯學校，不巧議員就把我學校的預算擱置了。所以我也要到議會去溝通協調。我們那一次為了預算的事情，總共連續跑了十五天的議會。每天都去等議員，等到他們開會。預算沒有審查到，就第二天再來。每天都這樣苦等，其中有幾個經驗很好玩。

第一個經驗是，因為當天只有五所學校，而且有許多局處的首長都在那邊跨年。我們看隔天的報紙，說所有的議員都在開會。其實議員開會開到六點半就休息了。這是因為跨年，樁腳的晚宴要去。我們被告知八點半要開會，不能走。我們等到八點半，可是也沒開會。可是每兩個小時就被從二樓叫到十樓，進行黨團協商。

真的有議員在協商。每過兩個鐘頭再去一次，又換了一批人。從八點半等到十一點就看到議員跟局處首長都在馬英九的背後，可是我們還在議會等他們開會。很多學校的事情會搞到那樣，都是自己的人去爆內幕給議員。所以我覺得最要防範的是校內的人。

第二，如果出了事情，不要找議員向其他議員關說。不管議員怎麼答應，說要幫你做選民服務，拍胸脯保證，甚至有議員主動跳出來，說你們學校是什麼狀況要幫你處理，都說是選民服務。議員之間彼此是同仁，所以所有的事情都是由校長負責。從這裡就可以體認到校長的權力可以是非常大的，因為所有的責任都是校長要去扛。

我回到學校，我很高興我們的教師會會長一月二日一大早就問我，有沒有事。他前一天聯絡東森新聞台和市教師會，準備預算如果沒過的

話就要來聲援。我告訴他們不用把事情搞大，因為最後負責的還是校長。我告訴他們，權力最大的是校長，因為出了事情，沒有人有權力跟校長一起站在議會大廳，因為頂多是局長站在那裡，最多是把科長叫上去。

另外，很多小小的事情就會激起議員很激烈的反應，然後就把一個學校的預算擱置。其實前兩天就已經協商好了。我們在那邊等。府會聯絡人會告訴校長，如果點名到某某人不在的話，他的學校的預算就會被擱置。我們為什麼會等那麼久？因為審教育局預算的時候，局長被叫到十樓去黨團協商。

二樓大會議室的議員也要詢問局長，因為找不到局長，就把教育部門的預算全部擱置。一擱置就是五、六個小時之後。所以校長就要再來一輪，一直等。提醒各位校長，如果以後預算一讀通過時，不要太高興，因為實質的審查在二讀。議員如果要修理校長，也會在二讀的時候，因為那是要到大廳去。一讀都是在教育委員會，二讀都是變成實質的議會質詢。

也因為這樣，我給校內同仁與家長一個觀念：「你們要做什麼事，都要尊重校長。你們不能說，學校不能做，就由家長來幫你做，因為最後負責任的還是校長。」也因為這樣，權力最大的還是校長，因為都是校長要去做決定、去揹這個責任。

在校長養成的過程中，我們找老校長來做經驗分享，我覺得次數太少。也許不一定找資深的。也許應該找經歷過比較多種奇奇怪怪事情的校長，因為很多校長當到退休都風平浪靜。你當時如果問你的師傅校長，他不會知道要怎麼辦。像我剛剛講的要直接找府會聯絡人，很多人都不知道。在邀請校長回來經驗分享時，最好找有一些有特別經驗的。因為有一些學校，有的事情有的校長真的是一輩子都不會遇到。

再來就是學校有一些危機是好的。學校不一定要風平浪靜,有時候如果能適度引進一個危機,藉著危機製造衝突,可以對一些既有的作法進行改變就是契機。當然校長自己要能掌握得住,這會變成學校進步的動力,也可以讓家長會與教師會有共同的目標,讓學校變得更和諧。

## 李校長:

其實各校真的有不一樣的體質,所以會遇到不一樣的問題。談到這半年來的感覺,最近這幾天我接到很多賀卡。我看到很多學校的校長都會收到家長會或是家長的賀卡。這種敦親睦鄰的工作也讓我學習到一些事情,因為我原來也不知道可以用家長會長的名義,向所有學校的校長請個安,讓大家可以互相認識。

其實我學校的家長會真的是很認真,可是那種認真就是土法煉鋼式,但層次上卻不是我想要的。我今年跟我們家長會長站在一起時,我就很想去換衣服,因為他都嚼檳榔,嚼得滿嘴都紅紅的。大家會發現,我這個校長穿得很端莊,站在會長的旁邊可說非常突兀,也非常尷尬,因為我沒辦法配合會長的動作與腳步。

我們學校這邊,地方色彩比較草根,讓我覺得我在這個地方是不是要做一點修正?這可能就不是校長歷練一路走來會用到的。我很同意,一個人當到校長這個位置,真的是需要有一些能力與知識,以免坐在那個位置上會搖來晃去。我認為學院派的訓練一定有其功能。一個人來上學分班或研究所,對於學校行政理念的提升一定會有所增長。

一個擔任校長的人認為校長究竟是什麼,必須要界定得很清楚。一個人在當校長未必會很清楚校長究竟是什麼,所以學院的訓練有必要。我認為平時在學校擔任老師、組長,所獲得的行政歷練多多少少是有一點感覺。不過,從主任儲訓班上課回來,我覺得好像功力大增,至少看事情的角度會做修正。校長儲訓雖然為時很短,但由於是密集的訓練,

讓我有能力去反芻，對我的效果很大。我覺得這種校長培育與儲訓過程是有必要的。

另外一個成就校長身分的是在於校長本身工作時的投入有多少。我認為一個校長所看到的前輩校長是自己很好的典範，不管是正面還是負面。一個人實際的經驗其實是可以修正他原本的專長的。我原來學的是特教，不是學校行政。原來的特教背景讓我一開始沒有辦法很認同一些行政的思維。後來在學校行政上的一些歷練讓我的心態有些改變。

至於談到校長與主任的不同，我認為兩種角色看待事情的層次不太一樣。校長在思考的時候，全校各處室都必須考慮到，而不是讓所做的決定只單獨對一個處室有用，或是當別人拋出問題的時候，你是不是可以在那當下做出一個適切的處理，不一定是一個決定。那種敏銳的知覺力是你要在長期的鍛鍊裡面培養出來的。

在看過最近一期的《天下雜誌》之後，我贊成林百里的想法。他認為當一個 CEO 最重要的是眼力、毅力和魄力，我覺得校長也是這樣。所謂眼力可能是有能力看透一個學校的體質，看出學校的優點與缺點，看到別人看不到的地方。這是校長的眼力，和林百里在看待科技業的眼力不完全一樣。

另外林百里所說的魄力是指一個企業要衝得比別人快，才有辦法在激烈的國際競爭中生存和獲利。對校長來說，魄力指的是一個校長對於學校事務與計畫的決斷。尤其是在做困難決定時，做決定者當下的魄力很重要。

當我們在討論一個校長的影響力在哪裡時，其實老師的每一個眼睛都在看校長對於某一件事怎麼處理，這就是考驗校長所擁有的關鍵訊息是否足夠，以便用來做出正確的處理和判斷。

談到毅力，我認為堅持是有必要的，因為有些事情本來就是我們學

校之前做過的。我個人並沒有募過款。來到這所學校之後，十二月時我在文教基金會的年會上幫我們的管樂隊募了 21 萬。其實這個文教基金會也沒有什麼經費，但維持一個管樂隊真的需要高昂的成本。既然要讓這個管樂隊存續下去，校長就一定要去站台賣面子。以前，我從來沒有做過募款這種事。

為了這件事，我還特地寫了一篇文情並茂的文章，請大家來聽音樂，目的當然是請人家從口袋裡面掏錢出來。我們的會長就用他的檳榔當外交。由於我又不會這種事，真的是很尷尬，不過為了學校的發展與管樂隊的延續，後來我覺得放下身段也沒有什麼不行，只是我會把層次拉到不一樣。我可能比較感性，但是本著毅力，我必須堅持把一件事情做完。

又比如我希望大力推動綠色校園的永續，可是這所學校在這部份已經懶散很久。在其他部份，這所學校的同仁都很努力，但是這一部份大家就很冷淡。我現在必須花很多的時間把比較弱的這一部份平衡回來。

期末的校務會議，我考慮要寫一篇東西給老師看，讓大家知道我們下學期準備要好好推動的一些校務工作的重點。我有時想想，一個校長的能力還真的要很多元。文章要會寫、嘴巴要會說。這些能力可能都不是一下子可以達成的。不過，既然一個校長的工作就有一些必要的職責，還是要點點滴滴累積必要的能力。

另外，擔任校長以來，我最大的改變就是，我以前不是一個很愛講話的人，多數的時候都是聽別人說話。因為我先生說：「你說太多，就是很嘮叨。」他覺得女校長很容易很嘮叨。我很注意這一點。但是我現在必須要講很多話。

以前我常聽老師們講什麼，聽老師、小朋友講什麼，但是我現在必

須被強迫講很多話，連參加個婚宴都要講話，我都會覺得自己消化不良。隨便一個場合走訪一下，或者我剛好去拜訪一個社區人士，他們看到校長來了，就開始鼓掌要我講話。所以這個部份是我自己覺得跟以前不太一樣的地方。現在回家我就很少講話，家裡的人就覺得奇怪，到底我最近怎麼了。其實是因為我上班時間內必須面對很多人、講很多話，使我回到家就不想再說話了。

**陳校長：**

擔任校長與主任最大的不同，個人認為是角色的不同。擔任主任時，心裡會想還有校長可以為我做最後的把關；但是現在是校長，就會覺得所有的決策，雖然經由主任或行政團隊討論，但自己還是要做最後的決定。我感受到的不同點，有下列幾項：

（一） 角色及其職權之不同（身為教職員工的上司，有其一定的法職權）。

（二） 社區、家長等公關對象：每天難免接待不同的人，為學校做一定的公關。

（三） 責任與義務的不同：校長是學校的校務發展與課程領導的規劃師，隨時都在思考與省思。

其次，擔任校長需要哪些知識、能力與哲學觀？我的看法是校長既然是綜理校務，當然其所需具備的知識與能力也是多元而非單一的。校長需要具備的知識、能力與哲學觀如下：

就哲學觀方面來講，思想導引性格，性格導引行為。校長在哲學上應具備下列哲學觀：

1. 人生哲學觀：一個人的人生哲學觀是悲觀或樂觀，會影響他看待事物及他人的基本態度。樂觀者面對事物的挑戰與挫敗時，總能朝向

「危機就是轉機」來思考。悲觀者則會「我就是這麼倒楣」、「他就是故意與我作對」等方向來思考。不同的思維，處理事情的表現就會有極大的差異。

2. 教育哲學觀：對教育的觀點是「人性本善」、「人性本惡」或「不善不惡」會影響校長經營學校或面對教師、學生和家長等立場，會採用人本主義、自然主義或實用主義等思維來經營及管理校園裡的人、事、物，或結合其中的優缺點而加以發揮。

3. 課程教學哲學觀：對學校課程及教師教學的哲學觀，會影響自己領導課程發展與教師教學專業發展時的態度。

4. 領導哲學觀：X、Y、Z領導理論或第五級領導等哲學觀的不同，會影響校長的個人作為與風格，更會表現校長的領導行為。

　　我自己常常會省思，自己究竟是屬於何種風格與思維的校長？通常一個人在接觸多種理論與思維後，在行為的表現上，可能是融合與多面向的，但仍有一個中心的主軸思維。

　　就能力方面來講，校長至少需具備下列能力：

1. 溝通表達的能力：校長既然要實現教育理想，就必須要有適當的溝通及表達能力，以便引發跟隨者的熱情、投入與參與，共同成就教育的事業，否則一人孤掌難鳴，也無法發揮教育的效能。

2. 分析與決策的能力：有關各項校務的推動，各處室及相關人員，基於各自的立場會有不同的想法及意見。校長要能從不同的立場及想法中，分析其中的利害關係及其核心想法，從其中找到當下最佳的方向來做決策，讓校園和諧，人員各安其位，盡己之力，以發揮教育的效能。

3. 整合執行的能力：教育政策多元而廣泛，來自各單位的許多活動會

嚴重影響校務及學校課程與教學的實施，因此校長要能整合這些教育政策，並依學校的願景及教育目標，提供整合的執行方案供各處室參考並執行。

就知識面來看，我的看法是：由前二項的哲學與能力來看，即可知曉校長應具備的知識其實是多元的，不僅是教育面向的知識，人際與企業等領域的知識也都應該要具備。一位教育行政者平時就應廣泛閱讀，並吸收不同領域的知識，以做為領導學校時的參考依據。

至於談到以上這些所需的知識、能力與哲學觀，主要來自何處？是與生俱來的嗎？是在校長培育班學來的嗎？是在校長儲訓班學來的嗎？是自當老師、組長或主任時學來的嗎？現在具備的知識、能力與哲學觀是否在不同時期，源自不同之處？

我個人認為「活到老，學到老」，所以一個人一生應該都一直在學習，只是學習的對象及喜好不同。對我而言，想朝向行政之路的想法在師專時即已萌芽，但真正決定走向行政之路，則是在成為組長之後，覺得這一條教育路，必然會以行政為依歸。至於如何成為一位校長？因為一個校長需具備的知能是多元的，所以應該說：「我之所以成為一位校長，是因為累積了多年的經驗與思維後才形塑而成的。」

為了當校長，學習的管道也是多元的。比較可以確定的是校長培育班一年的培育期間是思考最多、學習最多的時期吧！因為整個人都浸潤在「成為一位好校長」的氛圍中，所以，所思、所行、所言及學習的成效當然就是最大的。

但對於待人處事上的許多性格與作為，我覺得那和我的原生家庭及我與人的相處感受有很大的關聯，也就是那是一段更長、更久的累積所形成的行為方式。至於陽明山校長儲訓班，因為時間僅有兩週，所以感受上較少，但可以感受到師院與教育行政單位在培訓校長的思維上

是不同的。

談到自從擔任校長以來，在心態上、行為上以及想法上最大的改變，我的感覺如下：在心態上，變得更謙恭，更注意公平、正義，讓每位同仁都受到溫暖的對待。因為在學校，大家以「校長」為馬首，自己也不再只是自己，而是代表學校的人。因此，在心理上會有很強的責任感與情感，希望這所學校不僅要維持原有的優勢，更希望創造其他的特色，也要愈來愈好！

其次，在行為上，變得更加「謹言慎行」。因為每一個動作與說話，都可能被賦予不同的解讀，有可能造成誤會，所以會更小心。同時，我會注意個人穿著與舉止，因為不是代表自己，也代表學校與校長的形象。自從擔任校長之後，我最大的改變就是穿長褲的時間變少了。

再來，在想法上，我念茲在茲的都是學校。我時時想著、念著校務的發展與活動的推動。看到好的活動與策略，就會思考其適用性與可行性。在個人部份，我會自我要求成為術德兼備的專業校長，會思考如何繼續充實自己，讓自己成為一位好校長，一位教育者。

至於有關校長的權力究竟有多大？或者說校長的影響力可達到哪裡？我的看法是，校長是有其權力，其權力範圍也不一定只限於學校之內，而是可以及於社區、教育局及社會相關單位及資源，因此校長更需要謹慎使用其權力。

比如說，為學校爭取相關經費及資源時，由校長出面和由主任出面，代表性及意義就不同。比如，身為校長，我為學校另外爭取到了陽明山國家公園管理處的相關經費，為學校增添需要的設施。再者，如校長至社區拜訪，總是受到社區里長及相關單位，如警局、派出所等等的重視，可見校長具有影響力。對登山來訪者，也可以與其結交為好友，使其願意成為明媚國小的志工，為學校找尋更多資源。

　　談到擔任校長的滋味與感受，我深深覺得擔任校長，如人飲水，冷暖自知。但確實是任重而道遠。工作有時忙碌，有時也可以稍為悠閒，比如當巡視校園，享受美好的校園景色，看著孩子們燦爛的笑容，孩子們擁抱我，或我與他們談話時，我都能感受到溫暖。

　　這半年來的註腳：「穩定中發展」。能有好的開始，主要的原因有下列：（一）找對的人，做對的事，讓每個人各安其位，各盡其職，各享其工作成就，並能專業分工，團隊合作，達成團隊目標與共享榮譽。（二）學校較小，溫馨的經營，容易達到成果。（三）學校文化本質優良，前任校長用心經營，基礎良好，因此學校老師與家長在遴選校長時，願意接納一位初任校長。再者學校教師的專業知識夠，願意成長，接納新思維。（四）我個人也不斷調整自己的修為及態度，讓全校同仁感受到我的熱情與真誠的心，願意依教育的脈動做調整，也讓家長及社區人士或陌生人願意為學校付出。

　　談到未來半年或三年內，我最想努力的目標是什麼？我有以下目標：

（一）　學校建築及設備上：逐步改善老舊建築及水泥地面，以生態循環及生態工法及綠建築的思維，讓學校與周遭環境融合，呈現明媚國小整體建築的新風貌。

（二）　課程與教學上：強化本位課程的系統規劃與實施，並朝向與學術界建立合作研究的研究型學校發展。在教學上，推展教師專業能力的發展，使教師不僅是一位教學者，也能成為一位研究者。目前教師（含校長）共計 17 位，研究所學歷者有 5 位，未來三年內希望能增加為至少二分之一的教師具研究所學歷，或能成為具跨領域專長的教師。

（三）　收回被合法占用二十年的眷屬宿舍，取消宿舍，讓校產完整，

並重新檢討並規劃學校的校舍配置，增加教學空間，以供教學使用。

若論及這半年來，我最大的進步在哪裡？說實在，我最大的進步就是不發脾氣，總能以和善的態度對待他人，做一個「笑長」，每天以微笑迎接每一位進入學校的人，給予溫暖的問候及關心，讓每個人都很愉快的在這個環境裡生活及學習。

這種進步一來是學習，二來是環境影響吧！因為這兒的環境讓人不必生氣，不會有噪音，每天聽到的都是愉悅的聲音，感覺心情很好。當然對教育也更具信心，相信教育可以變化氣質，相信教育會更好！

至於擔任校長，一直都讓我很心煩的事，就是無法積極安排運動的時間，以致免疫系統不好，過敏的問題一直無法完全去除。時間總是不夠用，想做的事很多，想學的事也很多，但不休息又不行，真是煩惱。

最後一點，如果重新來過，對校長的養成，我有下列看法。感覺在校長養成的過程中，花了很多時間做個人成長檔案，現在回想，當然還是有收穫，但如何適量與適當，可能是要再思考的問題。

至於該加強的也很多，但時間總是有限，課程也不一定能放得下。不過校長的自我輔導與溝通課程，可能也是很重要的，因為校長真的要花很多時間說話，所以，如何說得既得體又適當，並具影響力，就要靠不斷的練習與省思才能達到。不過，最核心的仍是「校長的心」，所以如何培養一位「仁心有為」的好校長，是校長養成過程中最大的挑戰！

## 主持人：

我當過校長中心的主任。當各位校長以學習者的身分來諮詢其他校長時，不一定只找資深的校長來作為請教的對象。我這樣講可能對有些校長不太禮貌，而且資深校長聽了可能甚不同意。但是如果我是一個

要學習當校長的人，我要找的就是有很不尋常經驗，甚至有很多挫敗經驗的校長。

在座各位初任校長不要僅僅找那種一帆風順的校長來請教。他什麼事情都一帆風順。他可能會覺得每件事情只要按照一定的模式來處理就好了。但是每一位校長所經營的學校都不太一樣。所以受諮詢的校長，校務經營的經驗愈多元，經歷過愈多不尋常的事情，甚至在校長的路途上經歷過重大挫敗的校長，思考的角度、深度與廣度就可能愈多元，對於請教者也就愈有利。

對於教育理念與辦學理念清晰、認真有為、辦學很有方法也很有績效的校長，我總是心存一份敬佩與崇敬之心。雖然在我們的文化之中，從一而終追隨著同一位師傅校長學習，對他經常懷抱著感恩與忠誠之心，不敢逾越他的教導，往往被認為是一種美德，不過我仍然認為師傅校長不嫌多。只要我們懷抱著一顆謙卑的心，讓我們請益的對象願意接受我們請益，師傅校長是愈多愈好。

## 薛校長：

其實在校長培育班的過程當中，我個人最大的體會就是阿律老師溫柔的堅持。

談到未來三年半我最想努力的目標，剛剛提到，我的學校非常平穩，經營得似乎很順遂。但是這種現象到底是學校發展停滯呢？還是已經達到一個高的效能？由於我自己已經待過很多學校，我發現這所學校是有一些不錯的地方，但是也有一些可以繼續往前邁進的地方。我想到了幾點。

大明國小是一所五十幾年、還不算是很老的學校。老師平均年資也不是很長，但是我總覺得似乎保守了一點。我一直在想，要怎樣從保守之中帶出一個創新的作為？再來，跟以前我所服務的幾所學校比較起

來，這所學校是似乎是被動了一點。當然一所學校一定會有主動積極的老師，也一定會有一些被動的老師。

如何引導老師在思考習慣與行動上從被動變成主動？如何讓學校老師的思想與行動從封閉守舊變成開放、彈性與接納？封閉是否一定代表老師有不求進步的心態與價值觀？要引導老師追求進步與創新，需要校長說服老師改變既有的思考習慣，並且營造出有利於改變與創新的環境與氣氛。

再來，在台北市服務的老師很多都來自外地，對學校周邊社區的文化是陌生的，是沒有深入體會的，因此對社區的認同感可能不足。如何讓他從外地人變成在地人，認同在地的價值觀並且融入在地的文化，也是我在學校非常在意的部份。這些點點滴滴都是我未來三年半要努力的目標。

## 姜校長：

雖然我們今天討論的主題是校長的哲學觀、知識與能力，我遇到的一件事不免讓我懷疑，我自己擔任校長的竅門是否仍有待加強。擔任校長，我有一個煩惱要跟大家分享。在還沒有發生這件事情之前，我覺得自己很快樂，但是歷經了這件親師溝通的事情之後，好幾個晚上我都睡不著覺，雖然也因為事件的付出而有所成長。

事情是這樣子的。有一個英文老師，大概從四月份開始，我還沒有到任之前，因為有一個學生程度很好，都是班上第一名，上英文課時就長期影響到別人，所以老師就在教室最後面特別為他安排一個座位。過了一個暑假，沒想到這個學期這位英文老師依然安排特別座位給他，這是一個很讓我傷腦筋的地方。

（本座談係於 2004 年 1 月 3 日在國立臺北師範學院行政大樓 605 會議室召開，由林文律副教授擔任主席，陳佳榮先生擔任紀錄。）

# 第 7 章
# 校長如何形塑學校文化並使學校進步

　　眾所周知，學校文化乃是學校的各種傳統、價值、信仰以及各項既有的做事方式。從許多學校日常事務、各項例行性活動，或特殊場合的典禮或活動，是否可以看出哪些是學校所注重或是不注重的？學校日常的事情或是做事的方式，有哪些是好的？哪些是不好的？學校的人員是否有共同的信念或價值觀？有何值得傳頌的傳統、故事或人物、事蹟嗎？這些如何成為學校文化的一部份？

　　此外，學校所有的人員，不分職務性質，彼此之間所採取的互動方式為何？學校慣常處理事情的方法為何？對於學校既有的各項做事的方法，或是組織成員互動的方式，從表層到深層，校長有何了解？

　　接手一所學校，校長平常會花時間傾聽老師、學生、家長或其他人的心聲嗎？校長有否可能聽到真心話？對於組織成員的價值觀、信念以及校長自己的領導取向與風格，校長是否曾經做過深入的剖析？是否從其中歸結出某種領悟，以作為形塑學校文化或更新學校文化的參考？

　　尤其重要的，校長最大的作用就是在於引領學校進步，不只是顯而易見或硬體方面的進步，更重要的是在教育更核心的部分，亦即課程、教學與教師及學生學習的思維方法與模式是否能與時俱進，追求創新。而且校長也要思考如何真正關照到不分資質的所有學生的有效學習。

　　透過校長的卓越領導，透過老師的努力，營造出所有的學生豐富的學習、快樂的學習以及有效的學習，不就是每一位校長念茲在茲的嗎？就這個最重大的教育目標而言，校長具體做了哪些努力？以上這些都是校長如何形塑學校文化並使學校進步的一些重點方向，也是本次座談的重點。

# 討論內容

**主持人：**

　　今天座談的主題是塑造學校文化以及如何使學校進步。請各位校長談談如何為學校帶來些什麼正向的改變，以及如何使學校進步。

**姜校長：**

　　塑造學校文化是校長最應該重視的事。我八月四日進行交接，五、六、七日進行校內教、訓、輔三合一研習。研習的部份我覺得很不錯，現在我要與大家分享。教授在桌面上準備了許多不同的材質，請每一個人用這些材質做一個東西代表自己，譬如說海鷗。我就用塑膠袋剪了一個透明的人，還有一顆熱情的心。

　　老師就在隔壁的空地，放了一個悠悠國小（化名）的簡圖，請每個人把剪好的東西放在一個地方，然後要報告為什麼要放在這個地方。然後每個人都放了，每個人都說了。教授就站在旁邊問：「你認為這樣的圖代表的意義是什麼呢？」

　　後來老師們討論出來，認為這是一個心的城堡，有如多采多姿的樂園。有的老師說，這是一個充滿生命與愛的地方。有的老師說，這裡是一個小型社會，每一個人都有屬於自己的工作，在各個範圍內各司其職。當大家都說完了之後，教授就要大家排成一個人的形狀，看看你決定要站在哪裡。有老師決定站在心的地方，因為他有一顆熱誠的心。有老師說，因為他有勤勞的雙手，所以他要站在手的地方。

　　我覺得這樣的研習與其他的研習不太一樣，這是一個比較溫和的方式，而且慢慢引導。所以我就把老師的各個想法寫成一封信，與老師共勉，與老師重新開始，重新出發，一起來創造悠悠國小的新文化。接

下來大概兩個禮拜的時間，我就分別跟各學年及各處室座談。因為我對於泡咖啡很有興趣，所以每一位老師都被我強迫喝我泡的咖啡。

我們在校長儲訓班的時候，也學到了有關如何尋求共識的技巧。譬如說，老師的部份，我會跟老師討論，看看我們可以為學生做什麼，提出三點最重要的；家長可以怎麼做，提出三點；對於自己可以怎麼做，提出三點。

提出來之後，我就來詮釋。譬如我們是優質的二年級團隊，我們期望對學生或是對同儕怎麼樣？對家長怎麼樣？對學生怎麼樣？當我詮釋完了之後，彼此臉上都顯露著一種很了不起的感覺。所以當老師們覺得自己很優秀時，我就請他們簽名，包括我在內，每一個人都簽名。這樣的一個過程，可說達到了充分溝通的目的。我發覺這樣做時，每一個處室或學年都非常積極做這樣的開學活動。

在教務會議時，我向老師報告，悠悠國小就好像一塊土壤一樣，老師、家長和學生就像是在土壤上所開的花朵，我們學校的土壤就是一個溫馨、安全、互助、合作的學校組織文化。由於老師的合作才能夠展現老師的專業。老師與行政的合作，才能夠表現出整體的力量。老師跟家長的合作才能展現出相輔相成的效果。因為悠悠國小是班群空間的設計，三個到四個班是一個群，這樣的方式有利於合作文化的產生。

不過問題也來了。由於原來有部份社區家長和老師關係不好，所以我想出了一個點子：在中秋節來一個不一樣的烤肉活動。因為中秋節是禮拜四，所以週三的晚上我就將學校開放給所有的家長、老師、學生，在學校裡面烤肉，這個部份我就邀請家長會來主辦。家長會聽到就很高興，而且小朋友聽到要烤肉也都很高興。全校大概 400 多位學生，那一天家長與小朋友大概來了五、六百位，訓導處也辦得很高興。

但是有一個問題就是老師會有壓力，因為是下班時間。如果來學校

的話，會覺得對不起自己，不來的話又會對不起校長。說對不起是講好聽的，當然我也有收到這樣的訊息，所以我在晨會時就很明確地告訴老師，如果老師有事情就不要來，連請假都不用，一定依照他們的意願參與。我們學校有 18 個班，因為家長會是主人，家長會說，你們老師為什麼沒有來？老師們會覺得這是一種壓力，所以我就拜託學務處的同仁幫我問問看。最後我們 18 個班，有 12 位老師來，這個比例是非常高的。

那一天所有的家長以及所有的學生都圍著老師，請他吃月餅啊！請他吃柚子啊！所以那天晚上大家都玩得非常高興。愈是這樣的活動，活動的核心就愈不能是校長，也就是把所有的榮譽都給主辦的家長會長。我們校內的承辦單位是學務處，主人是學生與老師。這樣的活動營造出來了校內溫馨、安全、合作、互助的組織氛圍，對老師和行政都是很好的。

## 周校長：

我一直覺得學校的文化很重要。文化無形之中會塑造老師的觀念、想法和作為。在學校裡，我常跟老師分享一些想法。畢竟我是初任校長，全校目前只有一位老師變動而已，其他的都還留在這邊。我自己在這半年，甚至在未來的幾年，先選定學校文化改變的著力點，就是要有新的思維才會有新的作為。

我一直在想，要怎樣塑造學校的優質文化？在塑造學校優質文化之前，要先檢視這所學校既有的文化有哪些？哪些是值得保存的？那些應該剔除？哪些需要引進？

青春國小已經有 92 年的歷史。就硬體而言，這所學校的校園真是非常漂亮。我每次對外簡介都是十二個字「**古樹參天，綠草如茵，落葉繽紛**」。優質的硬體部份應該保存。不過我覺得還可以再加上一些，所

以在今年 3 月 12 日植樹節，我花了很多時間，用口號向學校同仁說，我們要讓青春國小開花結果。

所謂開花結果就是我們比較缺乏會開花的校園植物。在學校看到的就是綠油油的一片樹木。所以趁著植樹節，大家一起來種會開花的植物吧！

今年我們總務處很認真，花了將近一個月的時間，向農業局申請花類的植物。在 3 月 12 日時，學校就按照春夏秋冬植栽花類植物，希望從春天到冬天都有會開花的植物。所以我們種了阿勃勒、水黃皮、海式鳳凰與油桐花。

在優質文化的硬體部分，雖然既存的已經很好，還是可以繼續去開發，把新的生命加上去。軟體的部分，我很感謝前任校長。他定了一個很好的學校教育願景，就是一個「愛」。

我很喜歡一句教育名言，應該是福祿貝爾的名言：「教育無他，唯愛與榜樣而已。」到了這所學校以後，我發現愛的文化在我們學校是一個很優質的文化，但是我還是加上一句「榜樣」。所以每次在開會時，無形當中，我就會跟老師講，我們學校的願景「愛」當中，其實可以再細分為三個：「愛自己、愛社會、愛自然」。如果每位老師都能做一個榜樣的話，就更好了。我覺得學校文化的建立，除了原有的傳統之外，可以適度予以增加或強化。

## 孫校長：

從就任校長至今，在學校的領導作為幾乎都是緊扣著「形塑學校文化」的議題走。由於我與這所學校毫無淵源，當知道要接任春天國小（化名）之後，整個六月、七月、八月的時間，我都很認真地在閱讀春天國小，從人、事、時、地、物等面向全面關照。從這兒出發，開學後即能立即有著力的部份，那就是落實並發揚這所學校的願景。

這所學校的願景就是「正義心、快樂情，健康、關懷、創新」。我把這個願景區分成五大向度，分別為「好學在正義、快樂在正義、健康美正義、關懷與正義、創新到正義」。用這樣的方向，可以把整個行政、教學、教務、總務等比較抽象、比較模糊的工作概念，化為有方向性，可以具體地勾勒出來的努力目標。

開學的第一個月，我仔細觀察了所有行政人員的做事方式，十月我進一步看他們的工作內容，清楚聚焦的檢視各處室、各組最主要的工作項目，如此就可釐清這一學期工作目標擺在哪方面。

過去這所學校各級會議並不是很頻繁，組長以上與學年主任開會只是期初一次，期末一次。我來了之後，提出修正的部份，就是增加開會的次數，請組長以上一個月要聚會一次，也就是每一個月有一次的擴大行政會議。校長的工作指示用一張 A4 紙表達，並且把每個月擴大行政報告掛在校長室的網頁。

第二學期期初，再針對上學期工作績效提出看法，並勾勒新學期行政與教學的倡導方向。我希望塑造一個正義的新文化、新氣象。到目前為止，老師們的反應都是很正面的。

## 趙校長：

我一直把學校文化定位在我們的行為、觀念，以及學校能做出或創造出怎樣的事情，所以從行為、觀念及目的物三個觀念來看，一進到學校，就一直在感受學校的文化，從空間到課程與教學，或是從儀式到每天師生的互動打招呼，從這些都可以檢視學校所呈現出來的文化內容與品質。

從幾個角度來看。第一，我們首先是去整理學校既有的東西，看看有哪些出版品，空間是怎麼規劃，有哪些可以再去多元運用的？學校日常的儀式與互動關係，有哪些是可以再去調整或加強的？在老師彼此

之間的關係與合作方面，有哪些是我們可以更加著力讓它變得更好的？

　　檢視這些行為、內容與品質都很重要。教與學若要有好的品質，一定牽涉到老師與行政的組織文化，包含團隊運作或學生學習是否值得肯定，大家是否有榮譽感與責任心，家長是不是很關心學校的發展。

　　其次，有關團隊的責任與榮譽，全體教職員工對學校是否有強大的向心力？是不是能夠去關心孩子？老師內在好的特質是否可以透過校長的領導逐漸帶出來？在這方面，我做了幾件事情。首先，我在校刊上寫的第一篇文章，就把學校既有的出版品做一個總整理，把這裡面的東西利用校內行動研究發表的機會，讓團隊每個人在作品上呈現出學校的特色來。

　　經過這樣的整理或發表，讓團隊的作品和教師的努力能夠被看見、被欣賞、鼓勵。我特地從文章中強調同仁們對學校的貢獻、教師個人的專長特色以及整個團隊的優勢，更進一步呈現團隊的優勢有助於我們看見未來要怎麼走。

　　第三，有關學校空間的運用，我朝三個角度來開發。第一就是校內既有的空間，不應該只存在既有樣貌的意義。我們是否可以重新定義既有空間的意義？比如說，我們有個地下花園。這是一個小型表演舞台，也有台階，但是一直很少利用。我就試著開始在那裡進行一些活動，比如舉辦慶生會，或是進行接待外賓的茶敘，或進行太鼓的表演活動。

　　這些作法都重新活化了地下花園，讓大家看到它存在的意義，並且藉由地下花園的情境與教學活動的結合，進一步創造出空間的多元意義與價值。我希望學校有創新的文化，可以把空間與課程與教學互相結合。

　　再來，學生跟老師打招呼一定是互動的，不可能學生向老師敬禮，老師卻沒有回答。我剛到這所學校時，覺得很奇怪，學生向老師敬禮，

老師卻不見得會答禮。所以我自己就率先大聲地向學生問好。慢慢地，學校的老師與小孩子之間就開始出現熱絡的問候與答禮，老師與學生都大聲地喊出來。如此一來，整個校園就顯得非常有朝氣、有活力。以這樣的方式跟孩子互動，可以很清楚地給孩子傳遞重要的訊息，很清楚地為孩子建立榜樣。

此外，我會去撿垃圾，會在活動加入我創新的想法，會不斷的去關心孩子，不斷去跟孩子溝通，會談到孩子們的優勢，談到他們有哪些很好的表現，有哪些可以改進的地方。我會非常誠懇地跟老師們談對學校、學生有幫助的事情。藉著這樣不斷的互動，讓大家共同關心努力、共同開發新的想法與作法，讓好的品質可以讓所有的老師與學生感受到，也讓家長與社區看到學校呈現了另一番正面互動的文化面貌。

**秦校長：**

我們學校不像周校長的學校已經有 90 幾年的歷史。我的學校校齡今年才第 17 年，校齡年輕的學校校園文化很難形塑。我服務的學校瑞瑞國小雖然非常美、非常綠，但實際環境也真的是比較簡約、比較小。在開始時，我曾經參加臺北市的一個綠色改造學校校園的研討會。聽完之後，我覺得我不需要去要任何經費，因為我總覺得這所學校的自然環境天成，並不需要多找經費。學校的椰子樹種在四周圍，椰子樹有優點也有缺點。它的落葉不太需要打掃，只不過會打到路人。

除了環境具有青春氣息之外，學校老師也偏年輕，可以說是非常年輕。以往的流動率很高，不過現在比較穩定了。家長會長曾經告訴我：「學校老師雖然年輕，住在這學區裡的也愈來愈多，可是對於學校的付出顯然不如其他的學校，不像其他學校的老師願意留下來，願意為這些孩子付出。」我剛開始聽不懂，後來來到學校才發現，原來老師都不願意擔任課後活動的指導老師，本校的課後活動是由彭婉如基金會來營運辦理，而且已經多年，可見家長們所指的是，老師對於學校的任何事

情，不願意付出額外的時間。

這個假日，學校的社區有政大世界嘉年華。里長已經當了 23 年的里長，他認為學校應該配合他做任何的事情，加上他今年又是家長會長。他認為老師們應該有社區意識，因為社區也是學校文化的一環，可是他發現老師們興趣缺缺。家長們是住在這個社區裡面，校長本身任期到了就會離開。雖然校長可以帶動老師，但是我發現這一點有困難，畢竟我現在才來半年。

不過，有很多事情校長還是可以有作為，例如童軍活動，我本身包括家人都已經投入了。兩個禮拜舉行一次的童軍活動，我都親自跟著先生和孩子帶活動，到目前為止還算不錯，學校的訓育組長剛受過童軍訓練回來，他馬上跳進來帶活動，這是一個開始。我覺得學校文化的形塑當然要由校長帶頭來做。

我這所學校以前就已經定下了一個願景：「鄉土心、萬興情、國際觀。」以前在學校願景形塑的部份，我個人是沒有參與到的。我來到這所學校之後，一直試著想去了解學校為什麼會定「鄉土心」，我去閱讀了很多學校的背景資料。原來這裡有小坑溪、指南宮、木柵觀光茶園、貓空，還有木柵動物園。這些部份老師的創意發想非常多，但是說實在的，稍微凌亂。雖然都有扣在願景上面，但是他們都扣在「鄉土心」。

至於「萬興情」，我發現學校實在沒有多少植物，都被椰子樹佔滿了。椰子樹都鄰近圍牆，樹的下面根本種不出多少低矮的植物，中間又是美麗的操場，土質又不太好，所以從校園綠色景觀的角度看來，這所學校似乎是乏善可陳。

不過說實在，這所學校「鄉土心」的部份倒是非常多元，可惜不同年級之間都沒有縱向的連貫。有關這部份，在課程上我也爭取到一個 2688 專案。因為我們學校不是中心學校，不可能增加人力。所以有關

課程的部份，我是親自帶著大家在做，才把這個課程扣上了學校的願景。

其實學校文化的形塑，校長當然扮演了很重要的角色，但是不是一定要校長主動，非要把大家拉得緊緊的，老師才會有動力呢？老師們在這所學校待得比校長久，為什麼他們動不起來？雖然自從我來了之後，我已經做了非常多的努力，但是我還是在自我懷疑，究竟是我比較重要呢？還是老師們比較重要？雖然我還是住在這個社區，畢竟四年或八年我還是會離開。

## 王校長：

關於學校文化，我剛到這所學校時，雖然各處室都非常認真，但處室彼此之間的合作是不夠的。我接手這所學校之際，就從倡導校園倫理開始。雖然我原任訓導，今年新接教務的主任明年就要退休，但是我還是以倡導校園倫理的觀點，尊重他。既然他有當教務主任的意願，我就圓他的夢，讓他當教務主任。

這部份就是要從塑造和諧的行政文化開始，讓整個學校感受到我們的行政團隊是和諧的，可以給老師好榜樣。這所學校的老師是比較年輕的。經過這樣的調動以後，我們在這部份的著力可以說比以前還要好。

此外，我強調教師要建立專業文化。學校老師，老、中、青都有。既然有老、中、青的文化，我更需要強調校園倫理，尤其現在的年輕老師在資訊能力是比較強的，但是他的專業精神是不夠的。比較年長的師範或是師專出身的老師，專業投入是很好的楷模。很多老師都是犧牲假日或是把晚上奉獻給社區，推動社區教育。學校也是新店社教站，今年度學校被評為優等。老、中、青彼此之間是要相互影響的。怎樣融合老、中、青之間的互動，是有關教師專業文化方面我要去著力的。

此外，我強調精緻學習的文化，鼓勵老師展現創意教學。我們的教學組非常賣力，一直帶動許多創意的教學方式。比如說，3 月 29 日是兒童節表揚大會，我們請家長一起到學校來為孩子披上彩帶，並為他們照相留念。

從 29 日開始，我們陸續在各個年級舉辦強化兒童體能發展的活動。我們強調不一樣的兒童節，強調兒童要健康成長，所以每個年級都有不同的民俗體育活動的表演。二年級是呼拉圈，三年級是踢毽子，四年級是跳繩。每個年級都有不同的活動，在晨間活動，各個年級都有不同形式的體能展現。

另外我們有「米食文化大進擊」這樣的活動。學校邀請了義工與社區人士進入校園，做客家米食、閩南米食或原住民米食，這是我們綜合活動的課程。

有關小朋友學習的部份，我們主要透過英文、資訊與數學檢測，讓老師留意教學的成效。教學評鑑已經陸續進到校園裡。我們強調這個部份是希望老師們能夠合作分工，精進小朋友的學習。有關小朋友閱讀的部分，我們尋求外面的資源，上學期有十萬元，這學期也有十萬元，都用來擴充圖書學習資源。

有關追求學校進步，我們有幾項原則。第一是從穩定中求發展，發展中求進步、進步中求上進。以人性為基礎，專業為導入，精緻為目標。策略的部份要明確目標、激發願力，充分善用資源。再來就是要借力使力，落實團隊分工。我留意到，在推動各項教學相關活動時，有些老師很辛苦，卻也有些老師可能認為跟他無關。

就像英文檢測，因為現在六年級要英文檢測，這部份我認為不是六年級教十個班的這個老師要負這個責任，應該是六年級的全體老師來分工。我請各年級的英文老師過來，分析英文檢測指標與題庫，討論出

哪些是某一個年級要學會的部份,哪些是各年級都要學會的。而且也不是只有六年級要做檢測,應該讓每個年級都做學習成果的檢測,讓大家的勞逸分工,而不是到最後將整個總帳算到某個人頭上。

另外,我要在學校的願景與目標上凝聚共識。為了擴大層面凝聚共識,不只是校內的老師與學生而已,家長也很重要。所以我給家長寫了一封信,敘說我的學校經營理念。這一封信是讓孩子帶回去,所以孩子能看得到,家長也能看得到。事實上這部份也得到了很大的迴響,包括家長的肯定。這是很直接的回饋。

再來,學校建立制度很重要。在教師進修方面,有些老師認為,他們以前自己自願要參加就參加。不參加的話,在學校就可以了。但是我提出一個觀點,學校每個月舉辦的進修活動是大家都一定要參加的。如果學年臨時有要事要討論,可以提出書面聲明,經校長核准之後,就可以不參加。

但是不可以要求這樣也要拿研習時數。因為以前他們不參加進修活動卻仍要拿研習時數,這部份是不行的。至於所謂教學研究會,我要求老師們都明訂主題,透過工作坊的方式,產出最後的教學計畫,就是要這樣建立制度。

學校建立採購制度也很重要。關於採購,我認為要站在法源的基礎上來建立採購的程序,讓老師很明確了解,不超過多少費用要如何辦事,多少費用以上又要怎麼辦事。

有關善用資源方面,我給家長的一封信帶來了很大的迴響,也透過這樣凝聚了很多老師的共識。在照顧沒有午餐的小朋友的部份,我們透過老師與家長的捐款。本來我想只要 8 萬元就很高興了,沒想到會那麼迅速,最後不到十天就集資了 14 萬了。一個禮拜之後又已經到 20 幾萬了,我內心非常感動。不僅如此,我們的老師也透過他們的關係,引

進台北市的資源。光敏寺協會非常關心我們，邀請我們參加他們的理事會議，當天晚上讓我帶回了一張 26 萬元的支票，令我非常感動。

　　另外，我們常委在三重地區有熟識的人。有一天他到我們學校來，也答應要幫我們建立學童營養午餐後援的團隊。如此一來，資源觸角已經跨越整個台北縣，包括中和市、三重市。在這個過程裡，我們的辦學理念讓老師、小朋友與家長都非常清楚。小朋友是最佳的公關，他們會回家告訴爸爸買報紙，訂一份報紙，學校就得到百分之十的利潤，連小朋友都替學校籌募資源。

## 邱校長：

　　關於如何塑造學校的優質文化，基本上我用三個態度去做：「用愛賞識，用情共勉、用榜樣帶領。」我一直都是用這三個主軸在走。一個多學期以來，我覺得方向上都還好，只是在技術上需要再增進就是了。目前我帶著學校在走的大概是綠色學校的方向。

　　學習型的學校則是我們未來要走的。綠色學校是學校價值的實現，透過這個取向來統整其他的東西，因為環境是孩子最直接接觸的東西，如何去塑造，我們有幾個做法。第一個是信念的改變。人是最重要的起點，任何事想做，人還是最先要去改變。「把對的人擺在對的位置去做對的事」，永遠是金科玉律。就像選舉，選總統或是選什麼，不同人當總統，就帶動不同的價值，塑造不同的文化。

　　比如說，文律老師對於我們而言，他就是典範。無形當中，他就在告訴我們一些語言，有些事可以做，有些事不可以做。他看起來好像沒有說，但是他其實已經說了。今天換了另外一個老師坐在這裡就不一樣。學校文化的起點就是人，這個影響是一個不言可喻的影響，是一種身教也好，也有一種群聚的效應，會有一些人靠過來。這樣就會良性帶動一些價值，促成一些人的合作。有關帶動人這件事情，我們應該要花

很多精神去思考。有了人之後，我們應該給他一些比較足夠的支持。

第二個我比較關心的是如何讓師生成為行動的發動者。學校有任何活動時，要讓老師或學生覺得學校跟他有關聯。如此一來，事情就會比較好處理。老師剛剛引述美國人開會或做事的習慣，解釋英文字「開始」（begin 或 start）一字的涵義，提醒我們說：「做一件事情或辦一個活動，開始了就是開始了，就表示不等了。我們不能一邊說開始，一邊又說還在等人。」我則是採取邊做邊等。有些事情還是要等。我們要等待一些人跟上來。我覺得環境的氣氛與語言需要慢慢改變，就像剛剛趙校長講的，空間的改變很重要，因為可以馬上產生一些不同的意義。

比如說一些障礙的去除，一些人文空間的營造，可以漸漸改變一些生活方式。例如我在校園某個角落弄了一個木製的平台，放置一些桌椅，小朋友自然就會發現那邊有一些東西可以用，會去那裡活動或是打牌。或者就像三年級小朋友挑一天在那裡午餐，或在那裡做一些班級討論，這樣就會帶來一些改變。

另外，跟師生的對話也會對環境帶來一些改變。比如說我們的大樟樹。以前在樹下有一個水泥的椅子，但是它整個都被樹根環扣起來了，PU 跑道的水都滲下去，但是大樟樹根本不理這些東西，繼續生長。那顆樟樹已經 100 多年，把水泥都拱起來了。

我們採取的策略是稍微做一些改變。我們跟孩子對話，我們問孩子：「你們覺得這個問題怎麼辦？」小孩子也是有覺察力的，他們也有一些想法。慢慢的，我們統整一些想法之後，就形成一些意見。就這樣，我們讓小孩子成為行動的發動者，讓小孩子覺得環境的改變與他的生活是有關聯的，這樣這個改變對他們就產生了意義。

另外，我比較強調計畫本位。活動計畫怎麼定就怎麼做，做不到的就不要定。再來，透過一些評鑑，比如禮拜四接受綠色學校評鑑，整個

學校環境都檢視了一遍，當然輔導團也給我們一些建議，讓我們馬上對這個環境給予更深一層的思考。

再來就是重新檢視願景。因為以前願景就是幾句話，並不是那麼清楚。我認為願景是要有發展性的，願景要能勾勒出未來努力的方向。另外就是任何事情都要建立一些習慣與儀式，因為如果沒有落實到每天的活動中，再好的計畫都是空的，所以需要透過一些儀式，不停的去做。比如說，我們的老師彼此之間都是直接稱呼名字，我們稱呼小孩也是直接講名字，沒有說姓的。那種感覺基本上就比較貼近人心一點。人與人之間一拉近距離，很多事情就變得比較有可能。

組織成員的凝聚力與榮譽感可以從日常的活動來建立，比如說週一到週五我們一定會升旗，也會降旗，這是現在的學校比較少見的。我們還有唱國歌，還唱國旗歌，學生們唱國旗歌唱得很開心，因為覺得很好聽。禮拜一固定是頒獎日，我們會依照一些主題來評選，得到表揚的班級可以升他們的班旗，唱他們的班歌，以此方式來給他們一些鼓勵。

小朋友平常嘻嘻哈哈，可是看到他們的班旗升起來，榮譽感上身，因為在國旗旁邊還有他們的班旗，飄揚一整天，全校跟著他們一起唱耶！禮拜二我們推閱讀，就是全校一起進入共讀的情境，什麼事都不做，從校長到職工，通通到班級去閱讀，每一個人愛看什麼書就看什麼書，此時全校靜悄悄的，沉浸在樂於閱讀的情境中，那是一種很美妙的感覺。再來就是全校路跑，越野賽跑山路。中、高年級跑 2,000 公尺，低年級跑 1,000 公尺，我也是跟著跑，有些老師還跑不動。我覺得這些事情一再反覆地做就會產生特別的意義。

我們每週只有一次晨會。晨會時間，家長就進入班級去教學。家長們自己規劃一套課程，由家長來參與。

禮拜五我們有藝文活動，加上體育競賽，每一周都有固定的活動。

我希望把它運轉成一個習慣。另外，我們還有環境的認養，整個環境每個地方都由小朋友來認養，我們會定期去評選。優勝的，我們會給認養的人優勝的牌子，以此鼓勵他，讓他們慢慢去感覺一些事情的意義。我們的小朋友很可愛，他們會慢慢的去照顧這個環境。六年級的女生就會去貼「我愛你」之類的標示，由此可以看出環境開始對小朋友產生意義。

最後一個就是課程本位的要求。做任何事情還是要回到課程本身的架構裡，不能有臨時拼湊的東西。比如說，這學期有校慶。我說校慶要納入課程裡。上學期期末我們就討論出來一些教學與學習的內容，放到這學期的教學計畫中。我們的校慶活動並沒有另外排時間來練習。校慶活動是在教學領域就把它完成，包含利用什麼共同時間去預演，都已經規劃出來，一切按照計畫完成。

所有的活動都是從學校的願景出發，從願景裡面分析出來如何去完成願景。把一些概念挑出來之後，再去看看每一個概念需要哪些活動去完成。大家透過腦力激盪，用心智圖的方式去討論，把它定出來，並規劃哪一個活動放到哪一個時程、哪一個領域完成，這學期我們就是這樣做。透過這樣來討論，先弄出一個課程的概念，然後決定要怎樣去走。在這裡面，校長可說是最重要的典範建立者。

另外就是誠信、公正與成長的具體實踐。最鮮明的例子就是以前學校的老師們到四點放學就全部走光光…，但是現在四點一到，留下來加班的人多了。我不是鼓勵加班，也不是彰顯加班的價值。也許是老師改變了想法。其實如果學校到了四點，他們通通下班，我覺得那就是老師們做事很有效率，那才是真的厲害。但是我們不太厲害，所以變得時間要拉長。

不過，至少老師們開始注意到，把事情做好是重要的，慢慢變成如何把事情做好是他們關心的話題。至於如何有效率地把事情做好，可能是另外一個努力的目標。學校整個團隊逐漸形成，大家互相打氣、互相

依賴的那種現象，是一種很美好的感覺。

**主持人：**

　　到目前為止，聽起來都很不錯。就像剛剛邱校長所說的，表面上願景好像是每一所學校都一樣。不過我覺得，雖然外表上看起來都一樣，但是學校的人在做一件事情時，有什麼樣的感覺，用多少的心力與熱情來應對一件事情，能夠有怎樣的產出，那才重要。很多東西也許每一所學校都是一樣，但是同樣的東西在某一所學校到底有沒有發展出什麼意義，產生了什麼作用才是重要。比如說如果我們到一所學校去，校長要談一些他自己在學校所做、很引以為傲的事情，雖然可能都是很平凡的事情，但是平凡的事情由不同校長在不同學校做出來，讓學校的人感覺到的可能就是不一樣。

　　理想的想望是，在各位校長的帶領之下，學校愈來愈多的事情都對學校裡面的人產生了意義。校長可以讓老師體會出，把學生帶好、教好是一件很值得去做的事情，而且每個老師若能讓每個學生都勤於學習、樂於學習，並且每次的學習都有收穫，不就是一件很值得期待的事情嗎？對校長而言，學校領導，除了是人心的經營之外，不就是工作意義的經營嗎？就看每一個領導者怎麼做，所能帶出來的意義可能就不一樣。

　　為什麼有時候學校的人要吵翻天？或是找不到工作的熱情？因為很可能他感受不到工作的意義，或者是他原本所感受到的意義被否定了。這是多麼可怕的事情。所以校長就是要把那些好的東西帶出來。身為校長如果能把工作的意義經營好，我相信任何人到了各位的學校，都一定會看到令人眼睛發亮的事情。

**薛校長：**

　　就我對大明國小的觀察，以老師來說，大明國小的老師非常重視孩

子的課業，重視到考試前的中午都會幫孩子複習。同一個學年在學業上有小小競爭的現象，一種既合作又競爭的關係，不過基本上還不錯，老師們願意克盡本分與職守來陪伴學生。

學校強調和諧的同儕關係，很多老師願意反省自己工作的樣貌，很多人願意為孩子付出。像今天就是由老師們帶孩子去參加師生杯的桌球賽，很幸運的得到第三名，超乎想像。本來早上還以為在進入前四強之前就會被淘汰掉，結果居然贏了。家長的部份，有很多家長願意到學校來服務或參與，雖然資源有限，但是會在有限的資源之下來支援學校。

我從幾個方面來評估大明國小這所學校有什麼地方需要再發展、再進步。首先，老師在重視學生課業的同時，好像缺少了什麼。在專業發展方面，到底他的教學方法有沒有比較活潑、有創意？我正在思考在這部份老師可以怎麼做。另外，教學方式可能落於黑板與粉筆的限制，缺少與學生在教室的互動，這可能就跟專業發展有關。

前兩天我跟我們人事說，我在大明國小怎麼過得這麼平靜，一天接不到一兩通電話，真的非常少。縱使接到電話，也不是家長要反應什麼問題，或是希望我主動去做一些什麼。我跟我的同仁說：「我在這裡有些不習慣，因為我過去待過的學校，老師常常會主動提出一些想法，或是反映一些現象。」

我說：「大概是因為我們平常行政服務已經做得很好，所以老師沒有什麼意見。或者是有什麼樣的狀況，老師卻不願意主動去表達。也有可能是現在我的行政同仁服務得還不錯。」但是以校長的角度來看，其實可以更好些。

在服務與創新的部份，老師們很重視課業，盡本分，強調和諧。但是以 52 年歷史的學校，或是比起我以前服務過的很多其他學校，仍然

還有發展的空間。

另外，有關學校整體的效能與彈性，我也覺得還有進步的空間。老師對一件事情的認知是很重要的。認知可以形成價值，價值產生行為。行為形成習慣之後會慢慢變成一個學校的傳統文化。我就用這樣的思維的點、線、面，來看一些問題。

從實務的角度來看，我會從生活教育的點，看看學校什麼地方可以加強，從校護的工作、傷病的醫護、衛生教育的宣導，我就在看校護的功能有沒有發揮。當我看到一個孩子的腳一跛一跛走出校園，我就主動問他：「腳怎麼了？」他說在樓梯口扭傷了。我說：「老師知道不知道？」他說：「知道。」我說：「有沒有送到保健中心？」我心裡想：「怎麼會這樣？」我就回頭去思考我對校護工作的觀察。看見她工作的時候，窗戶是關閉著的，她擠在一個小空間裡，其實整個空間是封閉的。

有一次我進去保健室看，才發現她的東西真的很多，這可能跟她個人的工作習慣與特質有關。保健中心是學生衛生保健的重要空間，乾淨、清爽和溫暖是必要的，因此，我覺得這個地方應該好好清一清。所以我就從這一個點，看到了一些需要立即處理並解決的問題。

在導護會議的時候，我跟導護老師講，也跟生教組長討論，到底我們的校護在學生遇有受傷與病痛的問題時，應該做怎樣的處理。我會去思考，校護應該提供怎樣的服務？但目前似乎還沒有達到一定的水準。我跟她討論，也跟訓導主任討論。看問題必然會牽扯到人，但要一點一點去發現，才能解決根深蒂結的問題。

再來，要從哪些線去找，去好好經營？我覺得不外乎人、事、物、空間與儀式。人這條線要怎麼經營？當然就從我自己開始。我自己是抱著怎樣的心態與態度？我要怎樣來帶領同仁？校長要怎樣付出？是不是願意分享？

## 小學校長走過第一年

讚賞是很重要的。我會思考自己是不是願意給同仁讚賞，鼓勵同仁追求榮耀？我常常跟主任們講，要多多對話、要鼓勵合作，一起把工作統整。我也試著跟組長個人接觸，常常會跟他們對話，希望他們能夠用比較高的位階來看一些問題。同樣的事情我可能會跟主任講，但是私底下我會跟組長聊一聊，也跟老師做一些接觸。此外，還有職工，偶爾我會親自去做一些要求。

對事情，校長要常常提出一些想法，去做試探。這樣做，多多少少可以讓同仁們預作準備。我覺得可以做些什麼事情時，就去試探。有一次調閱作業時，我發現怎麼四年級上學期的作文沒有幾篇，嚇了一跳！這學期學校的教學組長很熱心，請四、五、六年級的代表參加一項作文檢定。

各班派來的學生代表應該都是很優秀的。檢定結果出來，五、六年級都在平均數以上，四年級則在平均數以下。有了檢定結果，就比較能夠確定老師可能在教學生寫作能力的培養方面沒有去著力，沒有去培養學生寫作的基本能力，甚至沒有去命題作文。

因為發現了這樣的問題，作業調閱就有了它應有的價值。作業調閱有兩個情況，老師曾要求是否可以不要調閱作業，行政人員也覺得尊重老師的教學，希望能少做這一件事情。但是我認為就是要調閱作業，這樣才能確認學生的學習結果，並且發現老師在教學上面臨的問題。

當然，還有一些物與空間的事情。昨天我跟建築師討論了有關學校遷校的事。我會去想未來四年到七年，學校空間的經營與規劃。於是我就想了十件未來學校可以做的事情，而這些事也正好可以呈現在校務發展的中長程計畫中。

此外，學校有一些很好的制度，譬如榮譽制度。我們的訓育組長很辛苦，一學期大概要發一、兩千張榮譽卡和獎狀。榮譽卡制度落實到班

上，小朋友只要有好的表現，學校就會發榮譽卡給他們，累積二十張就可以由校長頒發獎狀，一個月大概都發兩、三百張。我看訓育組長很認真，碰到要頒發榮譽卡，前兩三天他都要加班到六、七點。

當然這個制度真的很好，但是我還是跟他說，有沒有更簡單的方式。這是一個小提醒，當然也是關懷，我希望能提供他一些協助。其實大明國小的孩子很乖，整體上，是我待過的幾所學校之中比較單純的。

接下來是給組長與主任一些觀念，不管是對學生或是老師，要做一件事情時，一定要設定一個議題，把議題聚焦，然後透過說明與宣導，把一些行為與準則作一個說明，然後請老師們持續配合。對學生就是要求，看看設定了生活指導的議題後，如何看到學生的表現和執行的成效。

從這樣的「點」、「線」到「面」去經營，學校就會有一些比較全面性的調整與改變。當然校長個人的力量非常有限，能直接處理的事情不多，必須帶著團隊共同經營校務。如果主任們能夠協助，組長們能夠多付出，老師多陪伴孩子，孩子自然會有一些更好的學習表現與成就。

## 賴校長：

文文國小是一所偏遠小學，學校很漂亮、很天然。我和周校長一樣，也是覺得學校需要多一些色彩。有關文化，我到了文文國小，跟地方慢慢接觸，發現我們村長很熱心。我向村長與家長會長反映，我說學校如果有一些顏色會更好。

由於當初也沒有想那麼多，以前種了很多扁柏，都沒有考慮扁柏會長那麼大。種的地方，花台都崩裂。既然注意到這種現象，我們就把所有的扁柏都移到比較有空間的地方，原來的花台就種一些有顏色的四季花卉。

　　其次，教室就是一排，上、下兩層，可以說完全沒有文化櫥窗。由於學校這邊，風很大，老師就反映常常前一天佈置了，隔天早上起來就全部被風吹掉了。所以文化櫥窗的部份，我就跟廠商溝通，大概花幾萬元就完成了。學校如果有一點點佈置，不但可以妝點校園，感覺一些角落或走廊也會變得有色彩與溫馨，這是硬體的部份。

　　軟體的部份，因為學校的願景是「**感恩、真誠、赤子之心**」，我就從人的部份來看我們的老師、孩子和家長。我們鄉下的孩子很純樸，但是因為家長工作忙，指導孩子這部份比較欠缺，所以孩子生活教育比較需要加強。老師的部份因為流動頻繁，在這邊能留下來、能夠生根的比較少。對孩子來說，他們常常需要去面對不同的老師。

　　其實我們的孩子大概也很認命。我發現他們好像都很習慣老師一直更換。家長因為忙於生計，比較少參加學校的活動。面對學校很多活動很少來參加，他可能覺得家裡的事情比較重要，或是他要在家裡照顧小孩或是小小孩。所有地方的人文關懷是我們還要努力去做的。

　　另外，我們的老師去年整個大換血，整個行政團隊也都是新的。我的兩個主任都是忙於工作，幾乎很少去跟老師互動。有時我會向他們建議，有時候可以走動走動，去跟老師聊一聊。他們就跟我說：「校長，**如果我們能夠把自己的事情做完，這樣已經很不錯了。**」可見行政與老師之間的互動真的很欠缺。

　　這個團隊真的很新。因為兩個組長都是剛退伍的年輕教師，有真性情又很可愛。訓導組因為上個學期的共同朝會有兩次，他們都不熟，整個朝會都需要我這個校長去帶動，因為他不曉得要做什麼，都還沒有進入狀況。這個剛退伍的年輕人，我跟他講什麼，他就照做。

　　另外，我們的校護很令人感動。因為老師都很年輕也很資淺，經驗上比較不足。我發現我們的孩子喜歡到健康中心，因為護士阿姨會跟孩

子們聊天，會去關心孩子。其實在學生輔導的部份，這位護士阿姨扮演了很重要的角色。

另外，我們的老師有一些住在台北的，或是每天要回家而不住在學校，偶爾難免會有一些遲到之類的情況，護士阿姨就常常會扮演補位的角色。我這個校長也補進去了。有老師遲到或臨時有事，打電話來，因為學校小，我就臨時補位，這是小型學校的人情味！

剛剛講到學校文化，學校的家長覺得把孩子交給老師，他就放心了。所以我已經好久沒有接到家長的電話了。學校一直很平靜，家長也不會過來跟學校理論什麼。

我的學校有一個很好的傳統。因為是小學校，我們希望能夠為小孩提供多元的學習。我們有田徑隊、直笛隊、節奏樂隊與打擊樂隊。今年這些團隊剛好都有老師願意帶。令我很感動的是帶田徑隊與直笛隊的老師，她一個人帶兩個團隊。她只是一名代課老師，一直都沒有機會考上正式老師。但是她有非常熱忱的教育心，她本身是音樂老師。她私底下也跟我聊，到我們學校之後，她也覺得我們要延續這樣的團隊。這些團隊能夠滿足學生各種學習的需求，也是學校的命脈。

有關社會資源，我們盡力爭取核一與核二廠的敦親睦鄰經費。像直笛隊的衣服或團服，我們在上個學期都完成學生這樣的心願。我的學校是一所環境很天然的學校。外地人來到我們學校也都很珍惜，但是我們的小朋友對於自己所處的自然環境卻沒有什麼感覺。因為孩子的生活習慣真的不好，東西都是隨吃隨丟。我就有一個口號給孩子：「**垃圾不落地，校園最美麗。**」上個學期我勉勵了一個學期，總算看到了成效。

我們學校有一個很好的傳統。幾乎沒有學校有幫孩子準備早餐，但我們有早餐與午餐。上個學期我發現，有一天早餐是吃飯團，結果一整個學校都是垃圾袋，因為每一個孩子都包一個塑膠袋。所以後來我就向

廚房的阿姨建議，是不是可以改變一下。後來她就不做飯團。基本上我們都是講究環保、倡導環保的。

　　因為我住校，所以每天一大早起來，我就去檢垃圾，然後利用兒童朝會時向小朋友宣導，告訴他們，這些垃圾都是哪裡來的。後來第二天在跑步的時候，小朋友就跑過來跟我說：「校長，你今天撿到多少垃圾？」可見小朋友其實是把我的話聽進去了。我從這些小地方慢慢的在做，只因為「教育無他，惟愛與榜樣而已」。

　　其實老師本身很重要。剛剛講到禮貌，我們也在等待。教師早會的時候，我跟老師宣導，我們一定要先主動跟小朋友打招呼。不能小朋友跟我們打招呼，才跟他回應。老師先跟小朋友打招呼變成習慣，自然師生的互動就會比較直接。我們以身作則，其實也是給孩子一個很好的身教，這部份我是從校長開始做起。我覺得老師都很年輕，都不覺得這主動的觀念很重要，也會帶動學生，跟我們以前擔任老師時真的有一些差別。

　　至於給家長的部分，家長一直沒辦法參與。我們每個月有「在地情」的月刊。學校的行事，剛開始是校長寫，慢慢的我請每個主任或組長寫，讓他們知道，增進家長對學校的了解，大家也都有一份責任在。有些家長看不懂寫的是什麼，我們就去做一些補強。例如我就找時間直接走入這個社區，到小朋友的家裡去拜訪、去關心。當然努力下來之後，我們也在行政會議或鄉民代表會議上給老師幾個重點。這是一種觀念的宣導，是倡導，也是一個目標。

　　我向所有老師說，我們要讓校園亮起來，好好做一個整理。我請鄉公所派人來幫忙，把學校的一些大樹，該修的修，該砍的砍。我們從上個學期到現在做了兩三次，整個花圃都特別修剪，正好政府派來兩位擴大就業的人員，這份人力就派上用場，讓我們整個校舍之前跟之後真的很不一樣，真的亮麗了起來。以前牆壁上都是東貼一塊、西貼一塊的，

貼了很多。經過大大洗刷清理完了之後，整個校園就變美麗了，校園環境及校舍也都顯得很乾淨。

另外，我也讓學生動起來了。我們兒童朝會以前的傳統就是找小朋友當司儀喊口令，我發現我們的孩子很沉，喊口令很沉，很沒精神。我就找小朋友過來聊了幾次。我就學他喊口令，他自己就在那邊笑。這孩子滿有情緒的，常常在教室裡面一生氣起來，就會把桌子踢翻，令老師很困擾。

但是我私下跟這孩子聊了幾次之後，我發現他改變了，因為我從他的身上看到的，我再回饋給他，跟他互動過幾次，我跟他勉勵：「**全校的小朋友就看你的，如果你自己沒精神、沉沉的好像快死掉了，大家就不會有精神。**」跟他做一些建議，他就慢慢地進步，喊起口令來也比較有精神，可見只要是適度指導與提示，我們的孩子其實是教得來的。

可是有些地方就是動不起來。我們學校離市區街上有一大段的距離，小孩子沒有地方去，所以下課後都會留在校園內活動。有幾次我也留下來帶他們玩團康或一起打籃球之類的。有幾個孩子比較調皮的，打球的時候會丟紙屑，我跟他們一起玩，看到以後我就告訴他們，這不好的習慣要改過來，這時適時的機會教育很重要。

那天也是很巧合。他們打籃球的時候，就問我：「**校長，你要玩什麼的？**」我聽不懂，我就跟他們說：「**你們教我。**」結果最後是我第一名。我也表演了幾招動作。他們就很訝異，校長怎麼也會。其實就是用這樣的方式，跟小朋友融合在一起。我就是利用這個方式去拉近跟孩子之間的距離。

每天中午我跟小孩子有午餐約會。不管是早餐或午餐，我都會到教室裡面去看。我將來也打算慢慢找機會到教室去跟他們共餐，或是約他們到校長室來。或者等下個學期再慢慢約小朋友到校長室來看書。有一

些事情真的是要慢慢去帶的。這些點點滴滴就是這個學校的文化。老師的部份，因為都是新手，我們希望他們教學正常、對孩子有愛心，在班級經營方面加把勁。我們慢慢建立這些觀念與做法，也讓老師有努力的方向。

再來，就是如何讓老師笑起來。這是我自己後來慢慢跟老師所做的一個宣導。由於上個學期老師有一些批評，行政人員就有些挫折。行政與老師之間有些裂痕。我們有幾個老師就是不笑，有時他們擺著一副臭臉。要改善這種情況，當然是校長要帶頭，校長如果笑不出來，老師也笑不出來，所以營造校園愉快怡人的氣氛也是我需要努力倡導的。

最後，如何讓家長動起來是我們的困境，也是我們要努力的地方。這些就是整個學校目前的情況。我必須在這一些小地方慢慢讓學校進步。

## 曾校長：

對於學校文化，我最近有一個感覺就是，人在一個環境太久，很多習慣往往會形成。習慣形成了之後，就無法發現問題在哪裡。這是一件很可怕的事情。從這個角度去想，我發現，每當我提出一個意見，那些比我早到這個學校的主任或老師們就會說：「校長，你何必這樣。」一開始我認為這樣不好，但我待不到一年，就已經開始在適應。甚至於我一開始覺得很不習慣的事情，到後來根本也不覺得有什麼不習慣的。

學校如果都很和諧安定，當然也是好事。但是和諧安定太久了，就不會進步，好像也不是什麼好事。當我到這所學校的時候，覺得這所學校的文化，以老師的部份來看就是很和諧，很注重老師與老師之間和諧的關係。老師和行政之間的關係好得不得了。但是老師與行政，如果遇上了家長，見了面簡直就要像要殺了家長一樣，這就是我剛接任這所學校時普遍的氣氛與文化。

有關學校文化,當校長進去一所學校的時候,要去取捨哪一些是好的要保留下來。不論是怎樣的情形,校長需要多聽聽、多察看。比如說,我來到這所學校,發現老師彼此之間表面上看起來很不錯,可是老師與家長彼此之間互相對撞的情形卻很嚴重。我到了這所學校,學校有兩個主任資格很老。老主任會把學校很好的傳統留下來。比如說,老師開早會的時候,全體老師起立互相敬禮、鼓掌。

第二,我們的督學說,他到一些視導的學校去開教師早會,坐對面的都在說話,都沒有人聽報告。可是我到這所學校,並沒有發現這種情形。老師開教師晨會很安靜,很認真聽行政處室在報告的事情。行政報告什麼事情,老師就去做了,也不會有人站起來反對或是做什麼。

可是在臺北市有些學校已經不是這樣了。以前我所服務的國小,那邊的學校都不是這個樣子。開教師早會會拉白布條,會搶麥克風、摔麥克風。我覺得這所學校倒是有很好的傳統。比較做得不夠的是他們沒有創新。他們有很多事都做得很好,可是都不會去宣傳。為什麼我接任這所學校的時候,家長會會對學校有那麼大的反彈,其實就是因為他們不知道學校在做什麼。他們認為學校什麼事都沒在做。事實上學校已經做了很多事情了。

到目前的這所學校沒有多久,我就試圖改變老師一個觀念,就是:**「你做幾分就要告訴人家幾分,不要多做卻少說。」**你做了八分,你就要告訴人家你做了八分,可是以前老師們做了十分,可能只告訴別人兩分,這一點有待改進。

我一到這所學校,就先去改變學校的刊物,其次就是改變學校的網頁,第三個就是改變所有行政要發出訊息的方式。總之,通通都要做一些改變。另外,剛開始的時候,我也告訴家長,要發言必須對自己的發言負責任,不要在留言板上隨便放一些話,讓學校不安,而且要留言就要留自己的真實名字。

　　後來我乾脆把學校網頁的留言板取消，而改用信箱取代留言板。由於任何人上網之後，可以很容易找到每一個人的信箱，所以我的信箱常會接到家長的信，不過最近都沒有了。任何人寫信過來，我一定會回信。不過，還好我們的家長不會上教育局的留言板。

　　剛剛提到，我們做很多的事情，但是也要去宣傳，因為家長最關心的是，孩子到底學習到了什麼。所以在老師的教學成效方面，我要求老師們，每次學生考完試之後，要對家長說明他的小孩在這個月的學習是什麼狀況。再來，我在靠近學校校門口的校園內側設置了一個榮譽榜。學生在一個學期當中，不論在校內或校外，不管任何大大小小的比賽，只要有得獎的，大概兩天內就會貼上去。

　　以前我們都是貼紅榜，紅榜貼完，拿掉之後大家就看不到了，後來我們就把榮譽榜改為將榮譽一直累積上去。從開學到現在，就累積了上百條的校內校外比賽的得獎事蹟。當家長來學校接小孩，沒事就會到榮譽榜看一看，看看學校最近有什麼比賽，又有某某人的小孩得了獎。這樣子小孩若有優良事蹟，口碑就會傳出去了。

　　另外，就像臺北市的教育局長所倡導的：「品質是價值與尊嚴的起點。」所以我向我們的老師呼籲：「學校的辦學及老師的教學要有品質，而這個品質或是口碑已經透過家長傳到整個社區了。」我就是這樣子不斷提醒老師。

　　另外，校園裡有一項惡質文化，就是家長或是一些人，也許因為不了解，對於有關學校的事情，會惡意的說三道四。比如說，有一次開家長委員會議的時候，有一個家長說：「這所學校什麼活動都不會辦，這所學校什麼都不會動。」

　　我就問他：「沒有辦什麼？」他說：「沒有辦球類活動，沒有辦藝文比賽、沒有辦國語文競賽。」我就問他：「你最近有沒有上學校的網站？」

他說他沒空。我說:「你可不可以回去看看學校網站?你剛剛講的每一項比賽我們都有辦,而且辦得比你所說的還要多。」可見學校就是會有這樣不明就裡而誤會學校的家長。

我們常常聽到「見縫插針」這種說法。一般人講到「見縫插針」這句話時,所指的常常是事情做不好或是有什麼不當的地方,讓他人覺得有機可趁,伺機修理一番。但是當一個團體裡面有一些人不好,我覺得見縫插針也是不錯。

有一次有一個人跟我談事情,我順便告訴他,你應該告訴家長會長或是告訴某某人:「學校辦教育應該是這樣這樣,他要怎麼做怎麼做是不對的。」果然他就會去說,也因而在家長委員會議上產生了效果。

在開家長委員會議的時候,他就幫學校說話。我發現由他來說,會比由學校來說更有效,因為他一樣是委員。但是他也會跟我說:「校長,我不能夠當面跟我們會長吐槽,這是我們的共識。」我說:「沒關係,你不用當面跟會長說,你可以私底下跟他說他說得不對,這樣就可以了。」

現在雖然還不到一年,我覺得家長會平靜了,也有點太好了。其實我覺得家長會一直督促學校,也是讓我可以去督促學校同仁進步的一個動力。其實學校不用把家長的意見當成是阻力。我認為學校一方面要追求和諧,但是也要適度給予一些緊張度,這樣才會進步得更快。

**姜校長:**

悠悠國小已經有 23 年的歷史。它比較特殊。原本是海砂屋,所以拆除重建。重建的時候,學校就搬到舊的美國學校。2002 年,因為納莉颱風淹水,悠悠國小都是一樓,所以把所有軟體的資料以及校史資料都淹水了。2002 年 8 月蓋好了又搬到新校舍。因為硬體都是新的,就好像是一所新的學校。前任校長非常辛苦,這個部份比蓋一所全新的學

校更為艱難，因為原來舊的校舍、原來的學生與老師都需要照顧。

我接手這所學校之後，第一件要做的事就是審慎了解學校的文化與傳統。其實，我到了這所學校之後才知道，在全國家長會網站上，有關於這所學校家長與老師互相批評與攻擊的事情，經常都有新的新聞。這所學校的老師異動率很大。我在七月中旬與家長做面對面的溝通，他們表達了對學校很多的新期望，提供給我三十幾項學校經營努力的方向。

七月中旬我也跟老師做了這樣的見面。我向老師們表達我願意與老師溝通的誠意。另外，我也希望從書面資料對這個學校有進一步的認識，但是因為淹水的關係，學校舊的資料其實很少。

有關塑造學校文化，有一點很重要的就是創造學校良好的溝通氣氛。我從八月份上任開始，就分別與各學年老師、各科任老師以及各實習老師聯繫，邀請他們到校長室來喝下午茶、喝咖啡。在我寫給老師的信裡，我向老師表達：「我將我的心倒入每一杯咖啡之中，我將我的情融入你我的接觸當中。」

我也分別就下面幾個向度，與各學年、各處室討論。第一是對學生服務的部份；第二是對同儕期望的部份；第三是對學校的看法與建議的部份；第四是家長的配合方面；第五是我的自我期許方面。我從這幾個向度來擬定各個學年以及各處室的共識。

有關家長的部份，因為學期初有學校日，所以我在學期初就擬妥了一份有關學校各方面的問卷，希望家長能夠提供給學校一些學校經營方面的建議。上學期我也到每一班跟小朋友上課。我讓小朋友表達對學校的期望，或是對學校活動的一些期望。

有關塑造學校文化，我提出來我想要營造溫馨、和諧、安全、互助的悠悠國小新文化。就像剛剛曾校長提到的，校園和諧也是我非常看重

的部份。我在學期初的確提出了溫馨、和諧、安全、互助的校園文化理念。我也不斷在校務會議、期初會議、期初座談、每個禮拜的晨會重申這個理念。

每個月我會寫信給家長與老師，闡明我的想法與做法。往後如果老師有做到溫馨和諧互助文化的部分，我就給他回饋。原來預期有一年的時間來做這樣的事情，目前這個學期學校在互動的氣氛上面，有比較善意的改進。

譬如我們到了二月份情人節的時候，男老師就會自掏腰包，對全校女老師表示情意。三月份白色情人節，女老師也回饋給全校的男老師一份溫馨的神祕小禮物。營造溫馨、和諧、互助、合作的校園文化，這就是初步檢驗的成果。在這個學期初，我擬定了一個新的目標，就是邁向自主、專業、多元、精緻的未來。這個目標可能需要更具體、更落實、更系統化方式來做為下一階段努力的方向。

其次，我也致力於辦理成功的共同教育經驗模式的討論會。我認為失敗的經驗可以作為改進與努力的借鏡，但是成功的經驗可以成為挑戰更高遠目標的動力。所以我經常辦理這樣的活動，希望成功的經驗能夠提升全校持續努力的動力。上學期我們學校辦理了全校親師生中秋節的烤肉活動，所有的家長、小朋友與老師來了三分之二以上，場面非常溫馨。

在學校辦體育表演會，因為學校操場很小，只有七十五公尺，缺乏圓形的跑道，但是我們加強了學校環境的佈置以及活動節目的安排，讓來賓與家長覺得，這樣小小的場地也可以做出很不一樣的體育表演會活動，令所有參與的人印象非常深刻。

另外，我們也辦理教職員文康活動，到龜山島賞鯨。雖然學校的規模很小，只有十八班，但參加的人數創新高，所以雇用了兩部遊覽車。

寒假期間，我們也到我們的姐妹國小南投的親愛國小去舉辦行政研討會。老師們覺得，能夠離開學校去訪問姊妹校，與姊妹校有良好的互動，對於學校的行政工作士氣也很有幫助。

下個學期初，我們預備到陽明山開校務會議，在山上喝茶，在櫻花樹下開會，如此不尋常的經驗，肯定會讓同仁們對學校更有向心力，會更願意為團體貢獻自己的心力。總之，增加學校師生及家長更美好的經驗是我努力的目標。

## 曹校長：

剛剛聽大家的報告我實在很佩服，可是我腦袋只想著一句話，就是「什麼都不會的人去當校長」。我看大家好像什麼都會，可是「什麼都不會的人當校長」這句話好像比較適合我。因為我真的希望能夠培養專業老師，可是老師又覺得校長自己都沒有去進修，可見老師比校長還厲害啊！雖然我什麼都不會，但是我還是要去領導，因為我本身的個性比較慵懶，而且因為我不喜歡自己做事，所以我就越來越不會。

有時我常常在想，我要怎麼去領導一個學校呢？像我下禮拜一要開行政會報，昨天我就寫了十幾項我在行政會報要做的事情。每次寫出來，我就在想，每一件事有誰可以做？沒有一件事是我要去做，而且我也沒有時間去做，因為我還有很多事情要處理。我只要有一件事沒有人可以去做，我就會想辦法去找人，要不然就是暫緩。我自己的行事風格大概就是這樣。

其實我每天看公文、接待訪客或是處理很多公共關係，占用了我很多時間，已經很忙碌了。我希望多花一點時間去培養自己的敏感度，讓我對於學校的任何一件事情都能夠了解。而且我也常常要去檢驗，我在某一方面是否做得還不夠？

校長什麼事都不會沒有關係，但是校長要懂得用人與激勵人。一般

而言,學校的人員都很在乎校長對他們的鼓勵。有一次因為我們要辦理體育表演會,我就請體育組長向我報告我們要怎麼做。可是他所構思的整個流程,我覺得並不是很好。不過,體育組長有自己的作風,如果我介入他原來的思考,他就會不知道要怎麼做。我如果要介入很多,好像我也沒有那樣的心力,所以我就笑一笑,沒有表示意見。

後來運動會結束以後,我們開了一個檢討會。體育組長就說:「我跟校長報告時,校長只是對我笑一笑,沒有給我稱讚,我就知道校長不滿意,所以我就去做了一些改變。」我覺得老師有這樣的自覺很好。只要校長對他笑一笑,他就會去做得更好。所以校長雖然看起來什麼都不會,卻還是可以發揮他的作用。

另外,校內還有兩件事情。我覺得校內運作真的很好的部份,就是很好。如果有問題,我們就是要去解決。有一次,學生受傷,學務處處理得不好。那一天剛好我參加外面一個餐會不在學校,卻發生了這件事情。我對這件事情整個並不了解,我是兩天以後在朝會上才知道。我覺得這是一件很可怕的事情。校長竟然不知道校內發生了一些事情,所以我就與學校同仁做了一些檢討,遇到這種事情,處理上有哪些流程要注意。

行政檢討過了之後,看來大家都了解了,結果不到兩個禮拜又發生了同樣的事情,老師的處理就完全按照我們討論過的模式,所得到的整個反應跟上一次完全不同。這一次家長的態度是非常感謝。雖然同樣都是學生受傷的事情,一定要讓所有的老師都知道校長期待他們怎麼做。如果他們覺得有能力不足的地方,我就儘量對老師賦權增能,這是很重要的。

剛剛提到,學校發生危機時,校長若不知道,當然很不妥當。另一方面,我希望學校老師或學生有好的表現時,校長要第一個知道。上次羽毛球比賽,本校得到台北市第三名。那時候我正好在陽明山上研習。

我知道那天有羽球比賽，可是沒有人告訴我比賽的情形。

第二天我主動打電話問他們。他們說因為校長在研習，不敢打擾。我說任何事情為什麼網頁已經公佈了，校長卻還不知道？我強烈的表達不可以這樣子。後來他們知道要馬上打電話給我，說比賽結束，他們得到亞軍。我知道他們會馬上做改進。我要求大家，學校整個情況都必須在我的掌控之中。

第五級領導告訴我們：「處於順境的時候，要看向窗外，一切都歸功於別人，歸功於運氣。」你覺得不順的時候，因為學校每個情況都不一樣，有好的、有不好的。身為領導者，我們要概括承受。在逆境的時候，領導者尤其要攬鏡自照，反求諸己。

我的學校與其他學校一樣，有優勢也有包袱。我分析過，一個校長要花比較多的時間去思考每一個老師的狀況是怎麼樣，並解決問題。我剛剛提到的那三個例子，就是我在學校碰到我覺得不滿意可是須改進的，其他的我都覺得很合乎我的理想。這所學校的特色是比較保守、認真，是一個很有紀律的團隊。每個老師很專業，也很愛孩子。

我舉個例子。早上我去參加一個資優班的營隊。我們學校的資優班生態營隊已經行之有年，而且資優班做得很有口碑。他們的活動都是利用寒暑假與星期六來進行。從此可以看出，我們的老師不太會計較為孩子付出，反而會以孩子為中心。

我的學校有一個特色就是大家很重視人情，因此校園普遍很和諧。但是這學校也有其劣勢。雖然學校保守文化本身可能還好，但卻缺少創新，可是這個社會卻需要積極創新與開放。比如說，我們學校的環境教育做得很好，可是因為學校有一個比較有紀律與保守的環境思維，所以為了保護生態與小朋友的安全，學校生態區是用圍籬圍起來的。

又比如說，學校最近想改運動服，其實有一些家長一直反對，但是

學校都沒有去面對這種反對的聲音，所以我就請家長組織一個運動服討論小組來規劃。另外，我們校史室閒置很久了，我想要讓校史活起來，所以我就組織一個校史規劃小組，運用團隊去思考，因為剛剛姜校長提到我們學校周邊有美麗華購物中心與內湖科學園區，這是一個新興商業區，有很多的環境改變與人口會進來。

我們很積極爭取辦理雙語班，所以我就請英語老師與資訊小組組織一個雙語班推動小組。我覺得老師們都很專業，他們所想的點子會比校長好，我只要在那裡拍拍手，他們幾乎都會做得比我還要好，這樣就可以讓他們發揮積極創新的精神。

一種傳統文化雖然需要更新，但是也不能全部拋棄。我發現，當我一直積極追求創新時，那些傳統的穩定力量就會被漠視。怎樣從中間取得平衡，就需要校長敏銳的覺察度。所以我經常在做這種平衡的工作，讓每個老師都有舞台。

剛剛有一位校長提到和諧也是一種墮落。和諧有可能是墮落的開始，所以怎樣去拿捏分寸是我們當校長的常常需要去思考的。我在校內強調的不只是和諧，還要有家的感覺。家人其實也會衝突，但是家人會子為父、父為子，家醜不外揚，會想要光耀門楣。這樣的感覺，既有和諧，也有情感在，也會有互相提攜與扶持。我是用這樣的方式來鼓勵學校同仁。

## 蔡校長：

因為快樂國小以前行政與教師會之間的互動不佳，造成學校氛圍有點問題。剛遴選上校長的那個暑假，我就接到了幾通電話，都是警告我有些人準備要看我的笑話。我那時候想，如果一個初任校長到任就灰頭土臉，會是怎樣的情況？剛剛有一位校長說她當校長好比是在天堂，與她對比，我現在感覺我好比是在地獄。

## 小學校長走過第一年

　　快樂國小這個學校，很多人可能並不清楚過去教師會與行政常會發生一些不愉快的原因，我現在提出一些自身的觀察與體會。首先是老師之間合作的問題。老師與老師之間表現出不同的樣貌，過去當行政跟老師之間不和諧的時候，並不是所有老師都反對行政，還是有一些老師是站在行政那一邊。一個團體不可能意見一致，但是當一個團體大部份的人都不講話的時候，那個團體就很恐怖了。在學校最怕一種人：通常他都只會講，但是都不會去做。

　　第二種人就是他會說：「組長為什麼不去做？」或是認為行政做得不夠，但是如果你請他去當組長，他卻不願意。如果問他所提出的意見是為了學生還是為了誰？他也講不出來。不過我倒是覺得，老師如果勇於表示自己正面的意見，這個團體才有救。如果大多數老師永遠不講話，這個團體是沒有救的。

　　我們常說學校要跨出大門，讓外界知道學校在做什麼，可是就目前快樂國小的情況而言，學校連老師跨出教室的門，到學年去發表對學校的看法或進行專業分享，通常都是不願意的，這很令人困惑。

　　我聽同仁說，在我來快樂國小擔任校長的前兩年，學校連會議都很少開，因為只要一開會就吵架，因此索性就減少開會，但卻因此表達意見的那個管道就減少了。所以我到快樂國小思考的一件事就是如何讓優秀、正向的老師出來講話。

　　其次就是親師之間的問題。我曾經在這所學校擔任過級任老師。那時，當家長跟我說，以前他們子弟的老師改作業不認真，錯字都沒有抓出來。或是說，以前老師是怎樣，現在是怎樣。聽到這樣的話時，我會告訴我自己，以後我把班級交給別人，別人可能也會在後面講同樣的話。

　　其實，學校很多老師所作所為，家長都會知道，為什麼？那絕對是

老師自己傳出去的，所以老師與家長之間的關係是很微妙的。我期望老師講出一件事時，不要只求講出去的當下心裡非常爽快，卻沒顧及背後可能牽扯到學校整體的形象問題。

第三個就是家長之間的問題。家長只要有任何不愉快，就會在教育局的網站留言板上發表意見。當我初到這所學校時，發現家長所發表的意見都是家長彼此之間的問題，很不解為什麼學校的風氣會變成這樣。其實家長彼此之間也沒有什麼深仇大恨，可能因為當初行政與老師開會時，家長也在現場，家長看到行政與老師之間爭執的壞榜樣，造成家長彼此之間爭執時也是有樣學樣。

對於網站的問題，我告訴家長一件事，現在快樂國小參加臺北市教育局的教師聯合甄選，如果甄試第一名的人看到快樂國小是這種校園氛圍，請問他願不願意到快樂國小服務？到最後吃虧的絕對是家長的子弟。我當校長四年或八年就會離開這所學校，但是現在快樂國小正邁入退休期，老師一直在更替，在這個節骨眼上，優秀的老師可能不敢到本校服務。一個老師進來學校服務可能是十年、二十年，影響非常長遠，我提醒家長要重視。

最近有一個晚上，我剛好在校外參加集中研習，家長會長告訴我，他準備要去回應網路上的一件事情。我勸他不要去回應，因為回應一篇，保證會引來十篇以上的再回應，如此豈不是要把快樂國小弄得惡名昭彰？其實家長之間的問題也是令我非常頭痛的。

再來就是行政與老師之間的問題。其實行政與老師存在著一種唇亡齒寒的關係。我在前一所學校壯壯國小看到一個問題：以前是行政大家搶著做，可能體衛組長做二十幾年直到退休，但是當這批任勞任怨的老師一退休，就可能會面臨整個文化斷層的問題，以前好的學校文化沒有傳承下來，但是新進老師講求自我權利，所以會出現新進老師不會當總導護，總導護老師是要行政去拜託他人來擔任的問題。

　　以前行政人員常常是一做就直到退休，根本就沒有機會訓練新的人才，所以資深人員一退休，接任者一上陣就容易出狀況，以後老師就視擔任行政為畏途，兼任行政工作就變成冷門職務。老師還可以抱怨說：計畫怎麼這樣、不可行、造成老師的困擾，但是兼任行政的老師卻可能逃無可逃（服務積分低的教師只能接受別人挑剩的職務），學校教育也就難以開展，更無法創新。

　　現在我初到這所學校時我就觀察到，有人想要當行政，但是現在的行政工作沒有出缺，想要做也沒有缺可以占。今天如果開放行政工作讓有意願者擔任，也會擔心一上任之後發覺不是如他所想那麼一回事，而造成行政輪動大換血，那會累死主任，也可能由大家都願意擔任行政工作，變成大家都不願意做。擔任過行政工作的老師覺得當行政很辛苦，沒當過行政的人也可能沒辦法體會箇中滋味。

　　我曾告訴過自己，沒必要跟老師講太多行政的感受，這就像與夏蟲語冰是沒辦法體會的。所擔任的工作累不累，老師是用上課節數多寡的標準來衡量，甚至是以行政主管加給 4,840 元除以幾節這樣去衡量，但是你很難跟老師講這樣的衡量標準是有問題的。

　　教師、行政人員與家長之間，對學生是不是真正的關懷？我常常想，當家長在網站留言板上寫那些東西的時候，到底是真的為學生權益寫那些東西，還是新舊勢力團體彼此不爽快的對抗。擔任志工是出於熱忱，又不分國界種族，照理說沒有什麼利害關係好吵的，但事實上連志工之間都會出問題。當然我了解本校的癥結點在什麼地方，很多問題需要長期間來克服。

　　最後我要說的是，昨天我送一位教授離開學校時，有一位老師告訴我一件事情：「校長，你有沒有看到我們今年校內的羊蹄甲開得滿滿的？」我說我看到了，他說已經多年來沒有這樣的現象了。他說：「校長，你來了之後，帶給我們學校很多和諧，所以花開得很漂亮。」其實，

今天花開得很漂亮我看到了。杜鵑花開得很漂亮，我也看到了。甚至這時候我們學校種植的台灣欒樹與大葉欖仁正在冒芽，一邊是新芽，一邊是繁花怒放，幾乎都紅成一片。

因為這樣的有感而發，我就列印了一張卡片給我們一位得到肝癌的老師。我寫給他說，現在學校正繁花怒放，充滿生機，我希望他的病情也能變好，快快再回來學校。當那個老師跟我講得很高興時，他不曉得我的內心充滿憂慮。

昨天下午我又因為減課的問題跟同仁開會，其實我的內心有點在滴血。當外面的人問我在快樂國小怎樣時，我大概都會說還好還不錯，因為剛剛曹校長說的：「當你處逆境時，應該要攬鏡自照。」所以我一直覺得，從事行政工作，自我調適的力量要非常強。

像我剛剛說，碰到老同事他都說我很好，都笑容滿面，其實校長不笑行嗎？所以整個來說，老師告訴我，校長你來了之後我們多和諧。我很想告訴老師：「老師，你沒有看到全貌，你只看到你看到的部份，原來的很多問題還沒有完全解決掉。」

我告訴自己，今天校園內當有個老師把臉撕破的時候，他下次再度撕破臉是非常快的。所以我覺得在快樂國小需要先營造學校和諧的氛圍，才能有理性的溝通，雖然可能有人會認為和諧是墮落的開始，但是以現實所處的環境，若不先如此作為，我們可能連墮落的機會都沒有。

## 主持人：

謝謝各位校長把你們經營學校的苦楚說出來。但是我覺得，這可能也是一個可以焠鍊自己的機會。雖然辛苦，也許可以藉著這樣的過程，看出自己可以發揮的地方在哪裡。在擔任校長的過程當中，蔡校長的成長可能比其他人有更多痛苦，但是他的成長也能讓他更有深度。

## 小學校長走過第一年

### 孫校長：

　　先回應幾位校長。首先歡迎曹校長，她是我們春天國小的校友，我用現任校長的身分歡迎傑出的校友回娘家。回想小孩子扮玩「家家酒」遊戲如何角色扮演。有愛心的就當護士，會彈鋼琴的就當老師，很勇敢的就當爸爸，很細心的就當媽媽，很有力氣的就當農夫，什麼都不會的就當校長。哈哈！我們可能就是那一個。

　　第二個就是要回應另一位校長，在貴學校只要瞪個眼，老師們就知道你在生氣。在我們學校，「發脾氣」都是要經過設計的，設計一下要怎樣生氣。你拍桌子，下次人家跟你掀桌子。

　　初任校長遴派到這所學校，實在是很勇敢，因為我單槍匹馬赴會。對三重本來有刻板化印象，學校在天台廣場附近，它號稱台北縣西門町。我身高 160 幾公分，體重 50 幾公斤，這樣的身材，我有自知之明，不夠帥，體重不夠重，身高不夠高，不能夠自我膨脹。

　　我要努力的工作向度滿多的，因為我對地方完全不熟，與地方毫無淵源，這通通都有待我用心投入，所以用現在角度看過去，我真的覺得自己那時候夠勇敢。我要抓住「安定、安全和安心」三原則，強調「因地制宜」，然後「多聽」可能是我最好的策略。

　　藉著暑假時各項接觸和互動，大家漸漸地了解這學期來了一個不一樣的校長。暑假裡每天早出晚歸，家長與社區都知道，校長的車很早就會停在那邊，所有的老師也知道我最早到，回到家也都是晚上八、九點了。

　　在領導規範上，我的指示不多，關心較多，就是兩個字，一切「正常」。我對「正常」的詮釋是各司其職，各盡本分。當校長的當好校長，主任就當個好主任，組長就當個好組長，學生就當個好學生。

　　進行會議時我提三個規準：第一個是準時開始準時結束，第二個是準時開始，提早結束，第三個是不準時開始，準時結束。國歌要唱就唱好，以前有唱跟沒唱一樣，音樂組的我，實在無法容許這樣的唱法。我會去示範，上學期結業式我上去指揮，稍微改變一下技巧，整個效果就差很多。

　　剛剛幾位校長提到所謂的「前朝遺臣」，剛上任就說前校長的不是，很快就有不佳反應。校長是一棒接一棒，依循序漸進原則，沒有前人的努力就沒有今天，後面的接續更不可怠忽職責。提升整體團隊的工作士氣，大家努力朝共同目標與方向前進。從環境設備向度著力，是可以發揮的地方。春天國小是一所 45 年的老舊學校，讓校園變乾淨，不用花大錢卻可以見到很好的效果。

　　另外，像兒童朝會的儀式，我的主任認為每週兒童朝會兩次，次數太多，太陽又那麼大，建議改成一次。這話聽起來好像很有道理，好像替學生與老師著想，但是我沒有立即採納修改，因為兩次作用不同。禮拜一是我講話的時間，禮拜五是自治會。在這樣的情況下，老師跟學生都會很清楚，校長什麼時候會講話，導護老師什麼時候會講話，這樣更有規範。另，升旗時間老師想法不一。升旗那天 7：45 到學校，不升旗則可 8：00 才會進來，此時何必再滋生爭議問題。

　　此外教師朝會也是過去校長與老師不愉快的原因。過去的校長規定 7：50 沒到會議室，後門就關起來，後門關起來，則一定要從前門進入，全校都知道誰遲到，這樣老師一定會很生氣。

　　我則轉個彎，換個方式來做。7：50 到 8：00 我請輔導室精心設計很精美、具聲光效果、動聽音樂的簡報檔，譬如配合生命教育的繪本或是其他主題，有宣講效果，又可淨化心靈。大家心平氣和的欣賞十分鐘，8：00 一到，老師都已經坐好，而且很安靜地等待開會，開會時也不會心浮氣躁。轉個彎的處置就可以達到開會的理性對話目的。

　　學校過去也規定教師會不可以在朝會報告，我認為沒有必要設限。教師會也是學校老師，有意見傳達很合理。以前教師會是要搶麥克風講話，現在也不太想講了，提出的訴求就比較不會對立與強烈。

　　我們要做得好，但是不要很辛勞。我們不只要把事情做對，也要做對的事情。在這樣的學校當校長，我每天都要笑。微笑是人與人之間的最佳潤滑劑，但是我是真誠的內心中，有著戰戰兢兢的笑容。

## 姜校長：

　　以學校來講，這是一所 18 班的小型學校，在士林區，是屬於社區型的學校，所有家長會的成員都是志工，所以這部份跟社區型的學校不太一樣。我分四個部份來講，第一個是我覺得奠定學校同仁良好專業成長的環境，是讓學校進步的一個非常重要因素。學校的環境就好像土壤一樣。有良好的土壤才能開出美麗的花朵，不只是學校的學生要學習，學校員工、教師或是家長都需要學習。

　　比如我們幼稚園的廚工一直沒有丙級執照，所以我們也希望她能通過丙級檢定，所以在她的努力之下，上學期末好不容易考過丙級檢定，筆試成績很高，九十幾分通過，所以她含著淚水到校長室告訴我這個好消息。這是對校長的感激，也是對自己的肯定，所以這樣的成長環境是必需的。

　　另外，像上禮拜教學觀摩，因為悠悠國小是採用班群，所以教學觀摩一定是採用班群觀摩的方式，讓全校同仁觀摩，同學也會討論，同一個教學組群也會討論。討論完之後再跟行政討論，最後利用週三下午進行檢討。我覺得這樣的成長環境，可以讓大家有機會對話做專業成長。

　　第二個就是多鼓勵、多支持，多給老師成功的經驗。我們當校長，或許是因為教學資歷或行政資歷比較多，所以很容易表達意見，或是很容易做一件事情比老師或組長做得好，但是因為我們親自出手，老師或

行政同仁可能就喪失表現與學習的機會。

　　或許在不緊急時，校長需要一些忍耐或等待，讓同仁產生成功的經驗，讓自己產生這樣的能力。譬如以這學期的資訊評鑑而言，雖然在事前大家準備不是很充分，但是我還是給予支持與鼓勵，並對老師協助，給教務處成功的經驗。在經過評鑑之後，老師們也覺得有這樣團隊的組成，並得到這樣的成功經驗非常重要。

　　第三，經過一個學期，我覺得收穫最多的就是校長。每一所學校的情況不同。在我這所學校，經過一個學期之後，我覺得誠心付出非常重要。我在給老師的信中說：「唯有誠心才能溫暖彼此，唯有付出才能成就你我。」

　　在處理很多衝突事件時，我就是抱持這樣的想法，秉持誠心付出的態度，很多事情都會迎刃而解，我們處理這些事情都希望彼此互相協助、追求共同成長。所以我的第三個做法就是誠心付出、多方多贏，以培養進一步的能力。

　　第四個就是共同描繪學校未來共同的願景，建立一個溝通的平台，讓老師與老師之間、老師與家長、老師與行政、教師與學生之間。有一個溝通對話的平台，為大家提供資源，解決困難，邁向成功。有一段話是陳怡安博士所說的：「共同願景、共同勾繪、共同支援、共同分享、共同困難、共同解決、共同成果、共同慶賀。」最重要的部份就是「共同」。

　　這部份是大家一起來做，但是校長還是要有一些堅持，也就是品質的把關。學校老師私底下給我的評語就是這位校長很會「嚕」（編按：閩南語，指鍥而不捨地懇求對方）。老師做不到的，校長會再三拜託老師，一定要達到。校長雖然態度不必很嚴厲，但是堅持還是必要的。

## 小學校長走過第一年

## 主持人：

我們常常聽到一句話，也是吳清基部長以前在板橋擔任教師研習會主任時常講的一句話：「凡走過必留下痕跡。」想一想，不論做或不做任何事情，或是用什麼心力與心態去面對一件事情，我們走過之後，留下了什麼樣的痕跡？留下的是哪一種痕跡？留下的是對學校師生每個人怎樣深遠的影響？

為了使老師的教學與學生的學習持續在進步，校長心中所懷抱的各種想法，要真正落實到老師與學生身上，可能需要一點耐心。但是究竟要用什樣方法，讓想法落實？校長是學校的領導者，從純粹的想法到成為事實，要運用哪些策略？到底需要多久時間才能逐漸顯現成效？有的可能是一年或兩年之後才能看得出來，有的甚至是到校長任內結束才慢慢看得出來。而且從想法到成為事實，中間的過程與成果也可以分為許多不同的層次。

為了使學校進步，為了在教學過程與學生學習上帶好每一位老師，校長究竟是如何對老師發揮影響力與說服力，促使老師把每一個學生帶上來？其實，校長這一個盡心盡力致力於提升教師教學與學生學習成效的過程，往往是酸、甜、苦、辣，百味雜陳。

無論是哪一種滋味，既然自己是在當校長，總是要力求在自己任內，為學校的進步以及為學生的學習成效加入一些好東西，這是可以去合理期待的。論到校長經營學校的成效，不論是從家長或老師聽來，或是自己在什麼情境之下攬鏡自照，回首一看，校長可以拿得出手多少自己引以為傲的豐碩成果？總之，對於校長的作用，我永遠都很很奇。

（本座談係於 2004 年 3 月 20 日在國立臺北師範學院行政大樓 605 會議室召開，由林文律副教授擔任主席，陳佳榮先生擔任紀錄。）

# 第 8 章
# 校長如何協助教師專業成長

學校是為了學生的學習而存在。學生是學校的主體人物。但學生的學習必須透過具有教育與教學專業素養的老師來執行。教師由於其專業身分，對於教學與學生的學習，往往有相當的自信，也有其獨到的看法，而且許多教師往往深信其教學方式與成果是有效的。

由於教師有其不可忽略的教學自主性，校長必須展現一番能讓老師信服的領導方式，時時引領老師在教學方面精進其所能，並強化其有待提升之處。就校長而言，這件引領教師專業成長的工作，有時會有相當程度的挑戰性，而且不易立竿見影。

本章所探討的是校長如何領導教師進行專業成長？如何督導教師提升教學成效？此外，對於教學不力或表現較弱的老師，校長要如何展現有效的教學輔導策略？這些在本章均有所討論。

## 討論內容

### 江校長：

我所服務的悠遊國小比較保守。講得更白一點，就是幾乎沒有什麼作為，包括九年一貫推行了三年，我們學校幾乎還在起步的階段。雖然教育改革風風雨雨，但是在我們學校好像沒有太大的波瀾。

舉例來講，我到任時就很訝異，為什麼教評會教師的代表不得少於二分之一，但是在這個學校卻都沒有形成共識。我剛到任時，教評會幾乎都是行政人員，我覺得很奇怪。很多地方都沒有起步。所以我到任之

後，一直希望把老師的這部份提升上來。悠遊國小老師的特質是年紀輕、畢業兩三年的老師居多，整個經驗相當不足。

教學十年以上的資深老師，以及稍微有經驗又有衝勁的老師，在學校裡只有一兩位。老師之間的教學年資落差很大，要帶領老師非常不容易。其實這些老師本質上很好，可是就是沒有人帶。所以我到任之後，就一直思考如何幫助老師提升教學能力。

其實主任與校長的功能很重要，有關老師的很多事情都要主任與校長來帶領。這部份如果帶不起來，很難期望老師自發性的去做一些突破。我到任之後，很多大的方向幾乎都是由主任與校長來發動。這邊的老師有一個好處是，當校長與主任要推一件事情時，老師願意把那些細部的作業規劃出來。所以我的心得是，即使學校的老師沒有專業成長的習慣，只要主任與校長帶頭，先把活動的架構確認出來，細部的部份由老師去規劃是可以做得到的。

兩個禮拜前，我們學校去探訪學校的分校，亦即學校原來的老家。那一次很明顯的就是我們確定全校要去那個地方探訪之後，我就帶了幾位主任一起去探勘，後來又帶領老師去探勘一次，一起把這中間可以設計的幾個點抓出來之後，我們開始討論，哪些東西可以當作課程的一部份，請老師去規劃。後來我看到他們回饋回來的課程設計就很不錯。如果當初只期望老師自動自發，結果很可能會令人失望。

在教師輔導的部份，由於我們學校新的老師很多，有七、八位是剛畢業一年，尚未考上正式教師，先以代課老師的身分到本校服務。這些新的老師經驗好像很缺乏，比起我們以前師專畢業時的經驗還要有所不足。我必須幫助他們克服很多困難，包括學生輔導方面。另外就是對家長的掌控與溝通能力不足，不能夠有效掌握這些家長。家長常常會有對老師教學不滿意的聲音出來。針對此種情況，我就主動去跟老師聊天。

不過由於大家對校長的印象還是很傳統，認為校長往往都是很嚴肅，必需很正經八百面對。如果我有意跟他們聊正題，大概沒有人會理我，所以我只能利用這些年輕女老師私下聚在一起聊天時，湊過去跟他們隨意聊一聊，藉機慢慢把我看到的問題告訴他們。

其實我只是告訴他們我看到的問題，讓他們去思考。我也沒告訴他們答案。透過這種跟老師聊天的機會，老師們比較容易打開心房，談一談班級上的問題以及對家長的抱怨，談一談他們對孩子的不滿或無力感。我傾聽他們的傾訴，至少他們願意把問題丟出來，讓我能夠了解，這是一個很好的開始。

## 周校長：

擔任了八個多月的校長，我有個心得：要改變一個人的行為，要先從他的思維做起。這八個多月以來，我一直跟老師分享，只要找出關鍵的時刻，有些議題也許能刺激我們進一步思考。由於我有大量閱讀的習慣，教師節時我就影印一篇 1980 年代世界日報有關老師對於一個孩子的重要性，提供老師閱讀。即使提供老師閱讀文章的成效可能比較慢，但我覺得老師的思維有一點點在改變。

前一陣子我跟他們分享一本很好的書叫做《更好》，下星期週三進修我就安排老師閱讀心得分享。通常我會先拋問題給他們。我要跟他們分享的是從事教育工作是一種有意義、有價值的事。這次趁著富邦金控與台北銀行及國泰與世華金控合併案，我就跟老師提到一個例子。我有一個朋友轉業了。他本來在金融業服務，叫做金飯碗，突然慢慢變成了鐵飯碗。可見社會上也一樣，有些事情會一直在變化。

談到專業成長，我常常會拋問題給老師們：專業的定義在哪裡？專業最重要的特色就是要持續進修。我常常跟老師們講：「把事情做對，不如做對的事情。」今天的教學工作，假如你把孩子當作自己很好的家

人，每天給孩子一點點收穫，這樣子就是對得起身為教師的良知。以前我經過教室時，有時候還會發現老師的臉色不好，還會因為學生的行為而對學生開罵。

最近在巡堂的過程中，我發現起碼老師每天來上班，雖然不一定很快樂，但是師生之間言語上的衝突已經明顯降低了。或許老師思維的改變，正慢慢反映在老師的行為上。

## 姜校長：

我所服務的悠悠國小雖然有 23 年的歷史，但是因為海砂屋的關係，必須改建。搬遷至今已有一年多。學校老師平均年齡都很年輕，大概三十幾歲，服務在這所學校不滿五年的佔了百分之七、八十。所以這所學校算是一所新學校，跟剛剛江校長所說的情況是差不多的，老師偏向年輕，前任校長把老師帶得相當好，大家都很按部就班，比較混亂的情形是不會有的，這是很好的基礎。

為了引導討論的氣氛，我把目標設定為「溫馨、和諧、安全、互助」來帶動教師專業互動與研討。經過了一個學期，老師們也有某種程度的成長。其次，我為同仁帶入了組織學習的觀念，引導老師把比較隱藏的知識或資訊，轉化為老師與學生的核心能力或核心競爭力。上個禮拜的週三進修，由我先開始跟老師討論資訊、知識、組織學習、核心能力與核心競爭力。

再來就是排定專業研討的時間。這學期一年級到六年級，每一年級都有一個教學觀摩。我們學校很小，只有 18 個班，所以每次教學觀摩就是安排全校的老師一起來觀摩，譬如說我是排禮拜三的早上來進行觀摩，下午則是研討進修。觀摩與討論都是全校一起來。

因為悠悠國小是一所以班群概念蓋成的學校，所以教學觀摩就是以團體班級呈現的方式。這樣的安排並不是誰剛好抽到籤，碰到了比較

倒楣，而是藉著團體的呈現與互動，促進團體的討論。上禮拜三，有一個老師任教 17 年以來第一次完整的參與教學觀摩與教學研討，他就說他的收穫非常多。

最後就是塑造更高遠的共同目標。因為學校很小，主任也比較年輕，我期望主任，除了行政領導之外，也要做課程領導與教學領導，在教材或教學上進行領導。上禮拜不知道大家怎麼岔開話題之後，就掌聲鼓勵，要教務主任下學期第一個做教學觀摩。教務主任就說：「校長沒有先做，教務主任怎麼敢做？」所以下學期校長與教務主任就先做教學觀摩給大家看。

## 趙校長：

姜校長說他下學期要做教學觀摩，我上個禮拜就做了兩次教學觀摩，不過不是在我們學校，而是在別的學校做兩節藝術與人文課的教學觀摩。從教師進修的角度來看，由校長進行教學具有很大、也很正面的示範作用，因為校長可以藉此告訴所有老師，教學觀摩是常態的事情。

第二，校長親自做教學觀摩可以宣示校長非常關注教學，並且把教學專業能力展現出來，藉此創造良好的互動。第三，如果校長做這樣的示範，會讓很多老師，不論資深或資淺，更容易接受教學觀摩這樣的事情。如此一來，教學觀摩通常由資淺老師來示範的作法就會被打破。

從這樣的角度回歸到校長如何帶領老師專業成長。不論是教學或行政，由於每次的活動都會有計畫、執行與考核，我會要求團隊在規劃執行計畫前，先思考一下價值性。亦即，是基於什麼樣的概念或理念來做這件事情？有沒有必要做這件事情？這件事情的目標在哪裡？做這件事是要給學生帶來什麼？當把概念理念做澄清後，再來推動活動就會產生意義。這是我帶教師團隊專業成長的方法與思維。

昨天我帶領老師到石門國小，與該校老師做「山與海對話」的交流

就很有意義。客家文化我們去過,原住民文化去過。我們覺得,海洋文化是現階段學生有必要接觸的,所以我們才會來石門國小進行山與海對話的師生交流,藉由交流讓學生體會不同的生活環境與學習。

我們審慎選擇反思所推出來的教學活動,它的價值性在哪裡?希望帶給學生什麼?為什麼要在既有的課程與教學活動裡,安排這樣的東西進來搭配我們平常進行的課程?在這一個思辨的過程裡,希望老師進一步自我澄清。這樣的自我澄清,對教師來講就是非常好的自我成長與自我管理的機制。

教師進修目前比較常見的就是週三進修,可能是延聘講座來演講,可能是基於各領域的教學需要,所安排的共同備課或教學問題討論,或是由老師共同參加他校辦理的進修活動。這些活動我都會鼓勵老師參加。在校內教師進修部份,我們會聘請校外專家來擔任講座,也會邀請校內表現優異的老師擔任教師進修的講座,也鼓勵校內具有專業、表現優異的老師到外校擔任講座,以培養他的實力。

另外,我們也做自主週三進修。我們學校有個特性就是,很多資深老師通常有他長期關注的領域作為他的專長與特色。我們會讓老師進一步擴充他的專長,並將之與課程與教學整合。提出研究計畫,從社區的環境取材,轉化成為課程與教學的內容帶給學生,並將課程與教學的過程與結果集結起來,成為學校集體的研究專輯並加以出版。我們會安排每學期進行行動研究的發表,有點像是半學術的發表方式,有發表人、討論人,然後針對報告的內容進行討論。

昨天我也與石門國小的鄭校長討論,我們有沒有可能進行跨校性的進修活動,由我們的老師來發表,由石門國小的老師來評論,在專業經驗上進行分享、對話與省思,以此形式鼓勵老師進修成長。

談到教師考核,我大概會從教學視導或學生學習、教師平常教學紀

錄、家長的反應、老師同儕之間的反應，或是老師與學生的互動情形，來看老師在教學、班級經營、學生輔導等方面所呈現出來的情況，對老師提供必要的肯定或輔導。

前兩個禮拜我們也對一位老師進行輔導。這位老師因為我們進班觀察，覺得受到很大的傷害。但從上學期到現在，這位老師教學的某些部份，我們覺得很不適當，包括老師在教室裡的言語，或是師生之間的互動出現比較粗魯的言語，比較衝突性的情況，家長跟老師之間的溝通並不是那麼有效，導致我們覺得有必要進一步進班觀察。

我們平常的教學視導是由主任與校長來進行。不過，這樣的進班觀察我們就要請教師會會長來共同參與，並且請這位老師一起來討論。討論的重點包括我們為什麼要進班觀察？進班觀察的重點在哪裡？觀察之後，經過討論如果已有改善，我們就不會再進班觀察。如果沒有改善，可能就要再繼續。

這位老師一開始不願意接受，因為他覺得他也有必要藉這個討論的機會來澄清一些事情。可是後來他主動改善，也願意溝通。他願意溝通問題，願意向家長、學生及關鍵人物作一些澄清。

有部份同仁認為我們採取進班觀察的措施，似乎對這位老師產生了一些傷害。雖然老師被進班觀察會不舒服，但是就班級的經營發展與團隊組織運作，對學生、家長與老師都是有益的。這樣兩面的呈現，必須在各種會議不斷的去做澄清與討論，才能得到比較完整的了解。

## 蔡校長：

學校裡面臥龍藏虎。昨天晚上七點我碰到教務主任回到學校，他現在在主任培訓班受訓。他跟我說：「培訓班的人真是太厲害了！這一期 40 個學員裡面，有兩個是博士，而且大部分都具有碩士學位。」我告訴他：「其實我們校內也是臥虎藏龍，只不過我們學校沒有一個機制可

以把這種人推上檯面。」

　　我們學校有很多很資深、很優秀、也很有研究能力的老師，他們默默在做自己的事，但很怕被認為是「好為人師」，所以請他們出來分享，他們不見得願意出來，尤其是當學校氣氛不是很好時，更不願意出來，擔心一出來就會像出頭鳥一樣，受到不利的對待。所以我到這所學校之後，就是要讓他們願意站出來，不要連教室的門都踏不出來。

　　我上學期就開始運作，利用禮拜五早上 8：00 到 8：40，請愛心媽媽或爸爸到班級進行晨光活動，然後老師在這段時間全部參加學年課程發展小組研討會，以學年分組、科任併入學年的方式，每一次探討一個主題，大家輪流出來擔任主題分享者。

　　剛開始愛心志工人數招募不夠，但這學期人數已經招募足夠了，所以第一次就由行政人員及校長到各組去參與。第一次報告完，順便把以後的研討主題及負責分享的人員都排出來。這個做法以前在壯壯國小曾經做過，老師會有所抱怨，但是老師抱怨歸抱怨，至少會有幾個好處：教師之間不會互相對立，慢慢有默契之後，很多老師會知道別的老師的問題或優勢在哪裡，比如說班級經營、課程、輔導，甚至進修、閱讀心得等方面，都可以作為分享及討論的主題。

　　如果要分享的主題沒有達成共識也沒關係，看看個人的專長在哪裡，哪怕你是橋牌高手都可以拿出來談。我敢這樣做的原因是老師不可能每天都在聊外面的事情，講到最後還是會回到教育的本質上面來。

　　這學期實施的結果，到目前為止還沒有太多反對的聲音。我希望藉由這個過程，能夠讓同仁慢慢知道別人也是有很多很好的經驗可以當做我們的借鏡，尤其是在班級經營或課程與教學方面，多看看別人是怎麼做的，對自己也會有幫助。

　　第二個我希望的就是落實校本課程與教學。我們學校的課程雖然

都得優等，但是我覺得課程並不是很落實。老師認為部定課程都上不完了，為何還要上校本課程？剛好這禮拜三下午進修的講座缺席，就由我擔任講座，跟全校同仁談這個問題。

我跟老師們提一個觀念。我們的課程或許擬得沒有比他校好，但是在擬定課程的過程中，會聯想到很多的教材與教法的問題，老師不會擬一個自己沒辦法去執行的課程，所以老師擬定課程時一定會先考量執行面。

當然，就編擬課程而言，這有點逆向操作，我們在擬定校本課程時，可能會先定出主題或目標，再編能力指標。照理說，應該是先把要達到的能力指標定出來，再編課程來達成學童該有的能力。根據以前我擔任教務主任的經驗，看到老師在擬定校本主題課程時，他們從反對備課，到自己願意備課，最後只規定備課三天，學年老師卻自主備課一個禮拜，備得不亦樂乎呢！

我發現老師們在備課過程中很有使命感與成就感，而且他們自己也發現，他們到了開學以後就會過得很輕鬆，因為課程、教材、學習單都已經一氣呵成，執行起來較無懸念。過程中，他們也會從別的老師身上，看到別人是怎麼樣帶班、怎樣教學，所以我們與其要資深老師來分享他們的教學經驗，不如讓他們在運作的過程中，一起發現課程專業、一起成長，以免擔心遭受「好為人師」的批判。

推行九年一貫課程這幾年，學校有關課程的會議很多。本校教務主任以前擔任級任老師，當初敦聘他來擔任教務主任時，他說他不懂課程，因為過去較少開會，所以他對課程比較生疏。最近來了一份有關優質學校指標的公文，我隔天馬上要了電子檔，然後跟老師講解優質學校的指標，這是建立共識的一個方法。

我發現很多事情只是行政人員一直急，行政催得很緊，但是老師們

卻不能體會用意。譬如說我們在做英語能力的檢測，英語老師反彈；作資訊檢測，老師也反彈。我告訴老師：「國家投入這麼多經費在推動英語教學，臺北市低年級就開始實施，民意代表一定會關心推動是否有績效，教育局也會承受很大的壓力。」

　　推動特殊教育政策也是一樣，最近為什麼要特教評鑑？國家一年投了百分之五的教育經費在特教，納稅人也會想知道經費是否花在刀口上？行政人員是不是要有所交代呢？所以進行評鑑是很自然，也是很有必要的。因此我們要努力，要持續學習來提升自己的專業，才能回應社會的期盼。

　　當周校長提到金飯碗、鐵飯碗、還有免洗碗的譬喻時，我知道曾經有校長跟老師提這樣的話，老師卻頗不以為然。所以我不直接講這些，我還是會適時表達事實真相，我曾跟老師說：「如果你是比我還年輕的人，我勸各位要去進修，去學習很多事情。各種科目你都要能教學，不要音樂老師只會上音樂、英文老師只會上英文。哪一天如果沒有這些科目的節數怎麼辦？後面還有很長的路要走。」

　　我也跟老師說：「國小是包班制，教師應該多方去學習與嘗試，寧可年輕時多累一點，不要等到資深時再去調適就更累。」類似這樣的觀念可以慢慢的利用機會偶爾帶上一句來跟老師們勉勵。我現在對於提升教師專業的策略是，資深老師不願意公開分享，但是我希望他能指導實習老師。所以我鼓勵實習老師到我們學校來實習，只要有實習老師願意到我們學校，我都很歡迎。

　　首先，我請實習老師辦理觀摩教學。資深老師不願意辦理觀摩教學，只好請實習老師辦理，開檢討會時，資深老師自然會講評，把他的教學經驗講出來。第二個就是請實習老師做行動研究，這可以一魚兩吃。教育當局規定老師要做行動研究，可是又沒有人有意願寫，請實習老師做行動研究，至少實習輔導老師可以指導他們。

實習輔導老師沒有直接去做行動研究，但是至少有間接指導行動研究，老師也能藉此機會知覺到目前的教育思潮。我們希望資淺的老師在創新研究與行動研究方面能多所著力，我們鼓勵他們將作品送件參賽，並且把研究教育實務問題變成是一種習慣。未來就讀研究所之後，也比較能夠適應常常寫報告，我想這也是不錯的專業成長方式。

## 薛校長：

今天我來座談會之前，有針對協助教師專業成長這個議題思考。看來學校有很多事情要做，於是我就開始把三月份的校務評鑑資料拿出來看，看看學校針對評鑑指標曾經做過了什麼。也從這次設定的議題，去思考造成什麼樣的影響，而這個影響是比較正向的，還是有需要努力或是著墨的地方。

我第一個想到的是教師進修與專業發展。我們學校裡面老師教學的理念與信念是什麼？透過什麼方式讓他們有比較正向的教育信念？第二個是如何提升教師的專業知識？第三個是如何引導教師用什麼形式去表現出教學的技巧？我一再思考如何把教育信念、專業知能、教學實踐變成老師專業的本能。

在這樣的前提下，我認為校長的一個領導作為就是要經常鼓舞老師、激勵老師，希望老師們能夠不斷進步。我們可以和老師對教學相關議題與問題進行探討，有機會就公開讚揚並表揚老師，以建立教師專業信任的氣氛與互相支持的學校情境，避免讓校長自己成為爭議的焦點。

第二個是發展學校的專業發展機制。這部份會讓老師就教學去做反思與成長。目前大明國小設定以課程發展為重點，並導向落實教學層次。在課程發展運作方面，在我到校之前，學校的課程計畫幾乎是教學組長一手撰寫，老師的資料是電子檔，教學組長就要去想學校願景，把課程的結構做出來。課程計畫雖然得到優等，但是實際上在執行層面有

很大的問題。

當然，上學期剛到學校時，我不方便改得太多，下學期，我開始與教務主任與教學組長商量。我跟他們說：「教學計畫本來就是老師要做的，不是由行政幫他做。教務處應該有一個統一的表件和資料，讓老師能夠充分的理解並運用。」

但這樣的理解過程，應該透過什麼樣的程序完成？於是我就跟教務處同仁提醒，要召開課程發展委員會，開會前一定要把運作的表格和資料列得非常清楚，在寒假備課的時間請老師配合完成。我跟處室討論之後，教務處覺得可行，就提課程發展委員會討論後，把我們課程計畫需要調整的部份，通通改過來。

讓學年主任去主導學年的課程，領域的召集人去整理領域的課程，這樣做出來之後，課程就變成是大家分工在做，而不是其他的老師把所有的資料交給教學組長與兩個實習老師就完成了。老師們在真正做這樣的事情之後，才發現原來課程計畫的撰寫其實是有一些難度的，而這樣運作之後，老師們對學校課程也有了更深入的了解。

第二，因為學校有一個自行發展的特色課程，綜合活動和藝術與人文領域是學校發展的特色。在課程發展委員會討論時，就針對綜合活動的模式和議題去做整體規劃，這部份基本上還是由老師去討論。上學期是行政先把議題確認，下學期則是老師們在課程架構下設計教學內容，於是就發展出以「大手牽小手」為主題，高年級孩子帶低年級孩子的跨班協同教學模式，進行仙跡岩的探索體驗課程。

因為這樣的綜合活動規劃，老師們就有機會做跨班協同教學，有機會做這些議題的討論，然後針對綜合活動的內容多了一層體驗與探索，去分享這樣的活動歷程，同時活動內容也比較清楚，因為這個部份也是一個專案，有經費，有指導教授，也有老師願意主動配合，進行一些課

程的調整。就這樣，學校就能發展出在地的探索體驗課程，也讓老師們能進行跨年段的協同合作，帶著孩子做體驗探究的學習。

教師進修的形式與進修的內容有很大的關係，所以除了做專案研究之外，週三進修的安排也非常重要。上學期教務處就安排了幾個向度的進修，一是學校課程的對話，課程對話的內容應該包含學校整體課程和領域課程。二是學校課程發展的重點。這方面我們所設定的加強閱讀指導就成為專案進修的重點。

三是教師同儕分享的機制，因為老師在體育課的專業知能需要再加強，學校正好有四位老師在這個部份著力比較深，於是就由輔導主任與級任老師及另外一位老師，共同發展學校課程的特色。像是分享民俗體育跳繩，就是藉由老師同儕的分享，補足教學的不足，再去做活動的推廣。

最近我自己也常常站在二樓的走廊，觀察老師的體育教學有什麼改變。我發現不曉得是以前就這樣，還是最近比較特別，我們學校的體育教學非常正常，並沒有發現穿皮鞋在上體育課的老師，這就是一個進步。

我還發現女老師非常認真，甚至上得比男老師還要好。同時我也發現某些班級在體育教學方面比較弱。經過我的分析，是一、二、三、五、六年級比較強，四年級似乎比較弱。四年級在各方面似乎都比較弱。不過，我還發現體育老師上體育課當天，就會準備兩套服裝，可以感受到老師對教學的投入與改變。

我們的老師也非常願意接受一些專案或是接受教授的指導。有部份老師也非常願意與教授進行合作，發表教學研究。第三部份就是教學觀摩。姜校長剛剛提到的教學觀摩非常值得學習。我以前當教務主任是這樣做，當了校長之後不好意思要求得太快，所以還停留在觀察階段。

後來我才了解，原來有些學校的教學觀摩、評量表有些資料已經建立檔案了。的確，有些老師也會把教學觀摩建檔，但是我認為教學觀摩最好的進行方式就是全校共同討論或年段或學年共同討論，這個機制非常重要，這可能是這所學校以後需要進一步著力的地方。

老師們也會成立自主學習團體，由學校提供經費和資源，由老師自己擔任講座，學校提供鐘點費，讓老師去針對他們想要的議題討論。這是有關於教學進修專業成長的部份。

另外就是學校如何去了解老師的教學內容。除了校長去了解之外，主任和其他行政同仁都是我們的眼睛。我會從幾個細節去看，一是校長平時的巡堂。巡堂以前被講成是白色恐怖，老師會擔心，某些學校老師甚至會要求校長不可以巡堂。課堂教學是教師的專業自主。反正我就是走走，大家習慣就好了。

有時候我在辦公室坐不住，一天之內會到教室外面逛個兩三次，每一次看的重點會不太一樣。巡堂可以看到教師在教學現場的樣貌，當下更可以體會學生家長為何會選老師的原因。另外，調閱學生的作業，馬上可以看出老師對孩子學習的重視與否，尤其是批閱的細節。

在老師平常使用的教學資料方面，我發現老師會印製很多的資料，其實不諱言，大明國小的老師們很強調孩子的功課，從印製練習卷的多寡和形式，就可以推斷老師教學的樣貌，了解老師是用什麼方式來進行教學？是黑板、粉筆、講述、練習卷，分數？還是他影印一些不錯的資料讓孩子閱讀探討？

再來就是老師研討的記錄，教學觀摩的樣態，以及主任、家長與孩子可能反應的意見。以前有四個六年級女生常常跑來跟我說班上發生了什麼事，她為什麼被罰，罰的方式是什麼。從這裡我也可以了解老師教學與班級輔導的狀況。

另外就是老師的必攜簿。我從以前當老師、當教務主任就開始調閱教師必攜簿，所以我就請教務處幫忙把教師的必攜簿收回來，保存一段時間，在假日時，可以慢慢看，有時候可以在裡面發現許多有趣的事情。此外，學生的成績或評量表也可以發現一些東西。

平常與老師聊天時，從他習慣說話的模式，可猜測出他平常教學時師生對話或親師溝通的慣用模式。透過很多的細節可以知道老師平常的語言、作業指導方式、資料收集的方法以及對待孩子的方式等等。

我儘量用一些比較自然的方式與老師接觸，或定期約談老師。有時候課堂巡視時若發現教室沒有學生，老師在批改作業，我就會進去與老師閒聊幾句。如果他想多談一些，我就陪他多聊一聊。

此外，主任這個角色真的非常重要。主任是不是願意把學校的一些問題反應給校長，讓校長看見問題的癥結，對校長很有影響，因為校長一個人要面面俱到真的很難。目前我是請兼行政的組長兩個、兩個一起談，一方面了解他們工作的現況與困境，也請他們提供意見。

另外，以英語教學評量為例，台北市最近要做英語教學評量，聽說產生了很大的爭議。我看來非常簡單，於是我找了兩位英語教學的老師，我私底下先跟她們聊一下，看看有沒有什麼問題。

在了解問題之後，我問她們：「學校的英語教學所教出來的孩子，到底有沒有高於教育局所要求的指標？」她們說：「沒有。」我說：「那簡單，我們定期評量之前可以把教育局要求的，我們出一個部份，叫做教育局的通過標準，因為定期評量你一定要結合教學的內容，你針對你的教學的內容也出一部份，這樣考試的內容就會有兩個部份，這樣資料出去之後，就會很清楚知道，教育局的通過率、我們學校的通過率有多少。」

我讓老師自己的教學內容與教學評量做結合，老師就可以很客觀

的看到教學的成效。到目前為止，老師還很能夠接受。不過，我總覺得自己應該省思是否少做了什麼？或忽略了什麼？這也是我自己要再努力精進的地方。

## 郭校長：

校長的角色是首席教師與教學領導者。我的理念是讓學校走出去，把整個學校帶出去，把家長引進來。學校要走出去就要先求好。一個孩子到處被他人誇讚，這個孩子以後出去一定不會做壞事。這是一個比較上位的概念，也就是一個孩子好，全員都好。

把這些家長引進來，就會有不同的人才和資源進來協助學校。從衝突理論來看，同一時間把相對角色的人引進來做一些磨合，會有一種無形的力量互相影響。比如說，家長可以讓老師感覺自己不能怠惰。學校在適當時機把家長引進來，看到老師的努力也會感激。

剛剛蔡校長提到了優質文化，我認為優質文化可以從幾個層面分析。就教師教學層面而言，若要做到創新教學、有效教學，專業成長是不能等待的。因此我們學校的老師與主任組織了一個讀書會，後來也納入了職員，剛開始人雖少沒關係。

教學觀摩一直都有在做，不過都是實習老師在做，不太能夠去要求一個資深老師做教學觀摩。這個環節跟老師關係最密切，如果沒有辦法守住或有效處理，接下來的問題可能會更大。

經驗分享我們一直都有在做，不論是晨間或週三下午。星期五我們會請專家學者，或在課程教學方面有非常豐富經驗的人士，到學校來做一些分享。至於老師進修，不論是校內或校外，或有學位的進修，我都很鼓勵，但是不要多，否則會影響校內的行政工作。比如教務處四個組長，兩個去就讀白天的研究所，就去掉兩個半天。當事者當然很高興，可是工作就會卡住，動彈不得。

　　如果老師不夠敬業，或者是他以進修方式把七分力氣用來壯大自己，三分安外，也就是大部份的時間都花在進修，可是行政工作都沒做，那時候我就必須適時介入，讓他做一些比較大的轉變。基本上我只有對行政人員，尤其是組長，可以做這方面的要求。調整了行政工作，力量就能施展出來，否則會受到太大影響。

　　談到城鄉交流，上學期我們跟台東一所原住民學校締結為姐妹校，下個月要去姊妹校交流。為什麼我要把老師、學生、家長都帶出去？主要是因為當別人知道我們的學校好的時候，老師就會好好去表現。在這種力量之下，老師就會有一種向心力與凝聚力，努力把最好的部份展現出來。

　　很多活動結束之後，我們就編輯成冊，甚至製作成光碟或出版刊物，一方面讓老師的專業得以發揮，另一方面也方便學校用這些努力的成果對外尋求資源，這是我們認真在做的地方。

　　有關校長如何了解老師們的教學成效，我曾問過一位主任：「我為什麼都沒有看過巡堂的紀錄簿？」主任告訴我，他們過去要巡堂，都要走走廊的邊邊，因為如果靠近窗戶，老師會誤以為主任、校長在查什麼？

　　了解老師有這種防備心態之後，我每次跟老師寒喧聊天，建立彼此之間的互信之後，再一次問老師：「有時候我走到你們教室附近，看看你們的教學好不好？」我問前後任教師會會長，或是學年主任。他們都說：「校長，我們都很喜歡你來看我們的教學。」這時候就不是主任找理由，沒有寫巡堂記錄簿，就說老師不喜歡主任去巡堂。

　　因此，後來我就跟主任說：「老師很喜歡你們去看他的教學。你走過去可以看看燈是不是有壞掉，走廊是不是有漏水，這些部份你都可以處理。」事實上，老師都很喜歡我們關心他們，絕對不是片面覺得你在

查什麼。建立互信的基礎就在於我們的動機是如何。

## 李校長：

我先回應一下巡堂這件事情。說來很有趣，我們學校的小朋友其實比較喜歡校長或主任去巡堂，因為可以當作不專心的理由。他們在教室裡就可以跟你喊：「校長好！」如果是主任，也會跟主任打招呼，他們根本不管老師正在上課。

我以前建議主任去巡堂。不同處室主任可以有不同的重點，譬如教務處可以看看課程教材教法，輔導室可以看那幾個你關心的特殊兒童或個案，看看那個學生上課如何。總務主任可以看看教室的設備如何？水電有沒有問題？每一個處室可以有不同的重點，所以我鼓勵他們去巡堂。可是我跟郭校長一樣，從沒看過巡堂記錄簿。

另外，我從教師輔導這個點去切入，包括教學觀摩、作業調閱、教室佈置，甚至成績單，這些都是老師教學成果的一種呈現。上學期期末我翻了一下小朋友的成績單，按照九年一貫，評分標準好像是「甲、乙、丙、丁、戊」，我看到我們學校六年級的英文有一大堆「戊」，而且成績單是校內自己套印，是用電腦列表，註冊組有一套是自己設計的。我發現顏色很奇怪，「戊」偏偏是個大紅字，其他都是黑的。這表示註冊組設計時，把那個等第自動設計成紅色，非常明顯。

為什麼會給到這麼多「戊」？我自己想想，我們的英語老師一直是我們學校表現比較弱的那種老師，可能對學生的標準很高，期待很高，或者是說他跟學生的互動並不是很好。其實家長也曾經反應，教務處也做了輔導，但是很難一下子改變他。

成績單上除了這種情形被我發現之外，另外就是老師的評語。我一直希望老師的評語是一種敘述而沒有評斷，沒有批判。其實，有一個老師平常的語言是怎麼樣，他在寫評語的時候，就是那個樣子，你真的沒

有辦法叫他改。你叫他正面表列都很困難。可見老師的教學風格或個人特質都可以在成績單上呈現出來。

談到教學觀摩，看起來實習老師都做先鋒。以前這所學校從來沒有教學觀摩，上學期我看到我們沒有教學觀摩，下學期我請教務主任把教學觀摩排出來。教務主任以前也做了一些協調，但是老師還是不願意做。我告訴主任，學校老師不願意也沒有關係。畢竟多年來都沒有教學觀摩，一下子要他們上場，也是很大的挑戰。

以前這所學校從來沒有實習老師，今年總算來了兩位，所以就由實習老師來做教學觀摩。實習老師是新新人類，他剛畢業有新花招、新樣式，也許他會用的跟我們不一樣，這樣也很好，我們的老師就先看看現在年輕人的教學是以怎樣的方式呈現，舊老師就可以學到新的觀點。

新老師可以從教學觀摩檢討會學習，而有經驗的老師就會給新老師一些具體建議，譬如說如何跟學生互動、教室布置之類的，這樣的安排其實也是很好。實習老師就像是丟進一潭死水的石頭，總會產生一點作用的，所以讓他們多多表現也是不錯的安排方式。

回到教師進修與教師專業成長，我覺得每一所學校的體質不一樣。我們學校體質就很好，進修的風氣很盛，唸研究所的人很多，目前有 17 位老師在就讀研究所，這有一種風氣帶動，有同事去唸，大家就會去試試看，這種有學位的進修有風氣的引領。

我們學校是有點偏僻又是鄉下，要出去研習或參加什麼活動真的很遠，所以老師通常都會希望校內安排，要他去外面是很難的。既然老師這邊沒辦法動，就由校長這邊發動，由學校帶老師們出去。

我為老師安排了很多校外觀摩，包括校際交流，也邀請別人到我們學校來，包括教育類與非教育類，比如邀請我們周邊的中國砂輪公司。有時候要讓老師知道社會的脈動，企業如何運作他的公司，或是他們在

分工管理上的一些作為。

　　中國砂輪的董事長是我在原來的學校認識的，所以我就拜託他讓我們去參觀。其實企業也非常喜歡老師來看他們的公司工廠，因為教育對他們的影響很大，所以我們老師就參加了砂輪、磁磚、陶瓷等企業。

　　這學期我們預備去參觀十三行博物館，也預備到深坑國小看綠色學校。我告訴老師，我們是一個老校，需要一個新生的動力。所以在取得老師的共識之下，我就安排多樣性的活動，包括生涯規劃方面，以增進老師的新知。

　　我們有老師表示想學中國結，我認為這類東西應由老師自行安排，不適合由學校安排。學校為教師所安排的成長活動，基本上都扣緊教育問題與議題，或與老師的教學及學生的學習，或教育方面的新知介紹，以帶動教師專業成長。

　　另外就是學位進修，我們學校有很多老師在進修，基本上他們都把界線劃分得很清楚，不至於把進修當成他的本業，他們的進修大部份都是在教育系所，有些是數學或自然科學。在教育方面的進修，發展的空間很大。

　　我現在有一個組長目前在就讀國北師院自然科學研究所。他對昆蟲與植物都很有興趣，後來經過我鼓勵，他自己在學校做了一個蜜園植物區，那個地方在操場的一個角落，雖然我每次去看都覺得一團亂，但他把它規劃成一個蜜園區，可以看出他的投入。

　　我常鼓勵他，既然你做昆蟲需要植物，那就順便把我們學校的植物步道也弄一弄。我只提過一次，但其實我對他的秘密花園給予很多的關注。他需要土，我就努力進一堆肥土給他，結果他自動做出了校園植物步道，已經快完工了，讓我很感動。

　　對於教學不力或表現較弱的老師，校長如果直接下去看這個不適任或是教學很弱的老師的教學，其實他們會很緊張，會感受到很大的壓力。這類老師我們現在有兩位，一個是年紀很大了，另外一個是英語老師。大多數時間，我很少去跟他談不行的那方面，而是跟他談他很行的那一方面，給他一些關懷。

　　譬如我們的英語老師一直被詬病是因為他是中度肢障，由於現在國小英語教學講究趣味活潑，他沒辦法在教室裡靈活移動，因此英語教學對他來講很辛苦。我去關心他就是去告訴他，教室桌椅要如何安排，讓他行動比較方便。

　　說實在，現在的講台不適合他走動。他從講台上下來，其實非常困難。這一部份我也請總務處儘量想辦法，研究一下是否能改成無障礙空間以方便他教學，我就在這方面給他鼓舞。

　　其實他的發音非常好，上學期我請他在兒童朝會以每周一句英語來教小朋友，他也欣然答應了。這學期他那種動力就自動出來了。所以有些東西校長不必馬上去扮黑臉，因為黑臉一扮下去從此就非常黑，以後要跟他交心就非常難。

　　同時我會請學年主任或有經驗的老師給這位老師指導與輔導，並找輔導老師經常去留意他。其實賦予學年主任或資深老師這個責任，他會覺得校長是在肯定他，而且可以協助別人，他會願意。

　　另外家長是學校很大的支持力量，學校的教師進修從來不擔心沒錢。我要帶領老師參觀學校，家長會二話不說，只要是合理的，要多少就給。這一點給了我很大的空間。

　　老師真的不行時，會長會說：「校長，你要我怎麼做，我就幫你做。」這一點我覺得很好。有人幫我扮黑臉，三不五時去看一下。這部份可能每個學校的先天體質不一樣，我就有不一樣的空間可以揮灑，不論是教

師進修或教師輔導，我目前做起來可說都很順手。

## 孫校長：

我認為行政領導、課程領導、教學領導，應該是系統的整體觀照，各個概念分明，但相互不可切割。教學領導做得好，教師專業成長就可以帶上來。行政領導有效，在老師進修、專業成長則能做更有效的促進。

剛剛各位表達的部份，我做得不多，但跟各位一樣，我目標遠大，只是動作不大。過去的經驗告訴我，要統整課程要先統整人，要協同教學要先協同心，要課程銜接要先銜接手，要發展特色要先發展腦。

細說從頭。這所學校位處三重市中心，越區就讀人數很多，但是畢竟那個時代已經過去。三重一些名人很多是從我們春天國小畢業。這所學校 45 年都沒有大幅改建及整修，因一些土地產權都未釐清，因爭議還在，學校整體的改建與整修就會有問題。

另外，前一任校長與教師會互動不良，行政運作與老師期待有待磨合。加上原校長已經把行政人員大幅調整，在這個情況下，把焦點放在「**教師專業成長**」，我認為會是爭端的延續。比較妥善的做法是先等待，跟老師交朋友，建立夥伴關係。我花很多的時間在說寓言、講故事，柔性表達我要傳達的教育旨意。我感覺長期下來影響甚大。

我相信各位也支持這樣的說法，故事不是笑一笑而已，故事的意涵才是重點。我是以符應社會的需求或是對老師近況的觀察，然後去構思講話內容。比如，看到老師的體罰或是對學生不友善的標記，我就會談談比馬龍效應，老師把學生當做龍就是龍，當做馬就是馬，當做豬就是豬。從很多的故事中就可以去傳達我的意念，對學生、老師或是行政人員，說故事、講寓言是我很常用的表達方式。

「以身作則」是我工作的基本信念，不管是教學工作或是學生輔導，我比較從宗教家的情懷出發，快樂可從身邊找，不要只在學校找衝突點，以為有抗爭才能獲得權力。我們是同舟要共濟，「你好、我好、大家好。」在這樣的信念之下，未來倡導則可以更為順暢。

以春天國小這麼多班級來講，沒辦法做到極精微的處置。方向性掌握得好就非常重要，第一年就是讓老師的表現是正常的，所謂「正常」就是開會要正常，教師進修就是不要請假。這些講起來輕鬆，做起來很困難。

說一個現況。下禮拜五學校就要接受課程評鑑。三重地區要確實落實推動課程發展，有一點騙人。悠遊國小都是這樣，何況是三重？但我還是老神在在，期待它來。學校過去做的是知其然，不知其所以然，也就是人家這樣說，我們就想著這樣做。

每次我參加課發會，我想所有的校長都有這樣的智慧，就是不先講，聽完之後再做後續溝通。我的想法就是讓大家的思考空間延伸，還不急著規劃全校的課程建構。

回想第一次還有課程發展委員跟我說：「願景跟我們討論這個有什麼關係？」我真嚇一跳。但現在我跟各位報告，他們可清楚論述「正義心、快樂情、健康、關懷、創新」的這些概念。健康希望是陽光的，關懷是人文的，創新是前瞻的。

我希望教師聚會就是專業成長的機會，教師在一起就會激盪一些專業成長的火花。我做一個整體性、全面性的掌握，釐清老師自己知道自己該做什麼，選擇一條比較長的路在走，讓老師知道專業成長來自自我的要求與自覺，而非只是外在加諸於自身的壓力。

小學校長走過第一年

# 曹校長：

常言道：「寧為雞首，不為牛後。」可是我覺得我寧為牛後，不為雞首。唯有這樣，在一個團體裡面才會過得很快樂，這也是我一直以來的生活態度。在學校我非常快樂，因為學校臥虎藏龍，老師們常常給我一些驚喜，我感覺學校裡面大團隊有許多小團隊。

其他的校長似乎都很勇敢，敢自己去做教學觀摩，可是我都不敢。我們學校有一個教學輔導專案，每個月的一個中午，輔導老師會做專題演講。這學期一學期以後，假如是我評論的，他們會覺得校長好像還滿有東西的，希望下學期聽校長做一次教學演講。我說可以啊！其實心裡很忐忑，我真的很沒有信心。

結果那個學期計畫出來之後，教務主任非常體貼，他幫我排的是主持而已。他說：「校長，你看著辦，你覺得可以講多少時間，就講多少時間。」我自己不敢做觀摩教學，他也沒有給我題目。其實老師的潛力是無窮的，他們可以做得比我更好，因此我不敢自己去做教學觀摩或對同仁演講。

第二個就是自己也學無專長。一個團隊裡面，有很多老師是具有專業能力的，如何讓他們站出來比較重要。剛剛孫校長也提到，一個老師要有自覺，有了自覺以後，能量就非常強。

我舉個例子，剛剛李校長提到深坑國小是綠色學校。我們自己也是綠色學校，我們希望爭取永續校園的經費，可是很趕，我的夥伴也準備好要去爭取。如果我們能夠得到的話，就會有兩百萬的經費。這麼多經費對學校也不無小補，可是時間很趕，競爭又很激烈。

全台灣只有四十五所，我們如何能完成計畫，憑我的能力一定不可能。從這裡我們發現，我們非常倚賴校內的自然領域教師，還有其他老師的協助。我本來找了一位建築師，那個老師認為有更好的建築師。後

來他找的建築師真的不會比我找的差，我都不自限校長的想法一定會最好。我覺得老師們常常會有比我更好的想法。

為了申請經費，要提的資料非常多，所以要有團隊出來。老師們完成計畫提案之後我會看，但我從不自己去動手，因為我真的沒有時間。昨天我跟教務主任去開永續校園的會議，回來馬上要做一大堆的計畫，主任禮拜六就到學校去拼，可是要我禮拜六去學校加班寫計畫，我好像做不到。過程中他們也會忐忑，需要我的時候，我就跟他們講到哪裡找資源，從中去學習。

一個學校要有管理，也要有領導。管理就是建立一個正常的運作模式，才有更多的力氣去做領導，所以我會檢視哪個地方我們有漏洞，以便把多出來的時間用於領導。

我跟孫校長一樣，常用故事來做譬喻或說明。溝通非常重要，說話要說別人要聽的，不是說自己想說的。有時候我自己想說話時我會反省，學校的老師能聽懂多少，比如說最近假恐嚇真詐財案子很多，我就提醒大家，學校的危機處理系統是否有疏失的地方，我們目前的處理方法為何。可是老師並沒有徹底執行，所以我跟老師說說明了辦法，然後去做一個檢討。結果就有級任老師反映，為什麼這些事情都落在級任老師身上，科任老師卻都沒有。

我就跟老師們講天堂與地獄的故事，我儘量不要企圖用說教的方式去說服老師。老師聽了之後就能夠體會到，不會再去計較，因為教育工作很難去切得每個人份量都一樣多，只要能夠以學生的學習利益為主要考量就不要太計較。

另外，爭取資源很重要。我們已經爭取到了永續校園，最近教育局也核定我們學校成立雙語班，可以提昇英語教學。我們去年申請到了教育部 2003 藝術行腳，結合臺北市的駐校藝術家，提昇我們老師在藝術

與人文方面的專業素養。

教學輔導的制度非常好。學校很用心在班級經營等方面去帶領老師，而且是由老師帶領其他老師。我們常說：「沒有戰力的組織用自己，有戰力的組織用團隊。」因為我這個人很多東西都不記得，我常在想的是怎麼樣去溝通，這非常重要。

最近我們學校要辦園遊會。在籌備會時，輔導主任提出為什麼每一年都是她當司儀，這不公平。司儀大概一整天都要在學校，而賣園遊券的人半天就可以離開了。我心裡想，一個行政人員愛計較工作的負擔是不對的，這是我不要的價值。

我是一個從來不說重話的校長，可是那天我的臉色就很難看，因為她是輔導主任，擔任行政工作的人不應該講這樣計較的話。假如是老師這樣講，我還可以體諒。所以我說，這個我們會後再談。

可是這位主任又繼續講。我說：「校長已經說會後再談，請你不要再談。」那天我的臉色就不是很好看。我想那時候就是要告訴她及在場的人，什麼是工作的價值。當行政的人不要去計較工作的分量，這個部份要一直強化。

剛剛提到價值。其實我一直都在做價值領導，比如說我們做一個觀摩教學，觀摩教學做完之後，有一個檢討會，這位實習老師的電腦能力非常強，從頭到尾都利用電腦進行教學，教學中大家都覺得非常精采，檢討會時大家也都說他教得很好。

可是我跟大家強調一個觀念，老師在教學的時候，其實不應該太依賴電腦，應該去檢視你的教學目標，其實這一部份我在教師晨會的時候已經講過了，但是講的時候只是理論，教學研討會的時候校長要再三去強調。在教學後的檢討會，我通常都會扮黑臉。

很多老師喜歡只講好聽的話，這樣教學者就無法進步。在教學領導上如果有不好的部份，我一定會一直去強調，就像這一次的教學，教學者為什要那麼強調電腦資訊？看起來就好像老師只是在做電腦教學而已。這樣的觀念如果不去澄清，就會一直偏頗下去。我會時時刻刻留意價值是否有偏差，並且要及時導正回來。

另外我們要成立雙語班，所以除了英語老師以外，其他老師的能力一定也要跟著提昇，所以我們安排要去參觀美國學校，希望日後學校日的時候，能夠用 powerpoint 或用魅力四射等，讓教師報告時增加對家長的吸引力。

因為這樣，我們在資訊研習時，就進行教師「魅力四射」的研習。因為要做一個結合，所以我們就馬上進行一個比賽，比賽完之後就頒獎，這樣落實教師進修，教師的能力隨時都可以落實在教學上。

另外，我們培養的專家教師有很多層次，從領域到基本，到剛剛提到的教學輔導專門講座。如果可以，我就讓老師到他校擔任分享講座。我們學校的老師被聘到外面去擔任講座的大概有十位之多，具有博士學位的一位，碩士學位的十五位，今年又有幾位老師申請要去進修。我非常鼓勵老師去進修，我們的前任校長也很鼓勵老師去進修，但教師們有一些反彈，尤其是一些年紀大的老師。

他們說：「我年紀都這麼大了，校長還叫我去進修，好像校長只重視有學位的，我們這些學歷不好的就會被人家歧視。」因為有些老師有這種看法，所以鼓勵老師進修的事我就放在心裡，不會大聲講，但是當有老師拿到學位的時候，我就會大聲替他宣揚及鼓勵。

這就是一種感覺，不用說教的方式。這次有老師論文通過，我就鼓勵他們要請客，所以就擺了三桌請大家，我就說明年還有誰要畢業要請客，大家就想好明年是誰了，後年沒有了，今年就要有人去考。

　　這樣置入式行銷，把校長要的價值在很愉快的情況之下落實，這就是我剛剛說的：「要講一些別人聽得下去的話，不要講自己想講的話。」當校長的要忍耐，校長不用急著講話，而且講話也不用講太多，思考過再講，而且要讓老師很清楚的記得校長講話的重點是什麼。

　　我很佩服孫校長有那麼多好的故事，也寫這麼多好的文章，這是我應該要多多學習的。其實老師潛力無窮，能不能自我進修，除了動機以外，他的自我省思的能力也非常重要，所以我很重視教學檔案。

　　既然要做教學檔案，我們就請校外教學檔案得獎的老師來進行分享，這樣我們老師就知道要怎麼做。我們也會進行校內的比賽，給獎勵也給獎金。從這個比賽可以看得出來校長很重視。

　　學校對外比賽方面，學校要付出的獎金非常多，有時候要發不少獎勵金。可是想一想，老師付出的心血更多，那一點獎勵我覺得是他們應得的。

　　文章的出版也很重要。一般都是校內的出版，如果水準夠的，我就鼓勵老師與出版社接洽出版，如此老師的成就感會更高。總結而言，我還是強調團隊，很多事情我都希望是由團隊來合作，好處是可以讓他們去了解別人的想法。如此也可以增進老師們溝通的能力，彼此跟對方學習。

　　除了老師以外，教務處去做課程計畫，總務處去做硬體執行，這些觀念都是我一直在強調的。上學期我們改善學校廁所文化，就是班級導師、資訊老師與訓導處結合，所謂教訓輔三合一，由各處室一起行動來完成的。

## 邱校長：

　　不同的家庭就有不同的家教，不同的家教有著不同的力氣，做不同

的事情，就像車子一樣，小車上坡就要用一檔，高級車可能四檔就拉上去了。我們做任何專業成長，要想得很多。

剛剛在座有校長提到老師不適應要更換，我們是六班的小型學校不可能換，一個年級只有一個導師，要換去哪裡？所以面臨老師得更新時，只能由現狀去更新，就是從他本身去更新，所以我們的難度高。周校長跟我有相同處境，每一個人都是唯一，只能讓他更好，沒有淘汰的可能，除非他自己離開。以這個處境來看專業成長，心情是不太一樣的。

另一個就是山上學校面臨招生上的困難，學生數的問題。我們只有81 位學生，一年級只有 7 位，是全校最少的。不知明年會有幾位？山下的學生大概佔六成多，這個學校不是為本地社區辦的，比例只有四成多，而且逐步在減少，怎麼辦？所以我面臨的就是如何讓山上的學生留下來，讓山上的繼續拓展，這就是我的學校目前的處境。

如果要帶領老師專業成長，有一個人要先專業成長，那個人就是校長。專業成長的定義又是什麼？專業成長應該是一個生命的成長，回到生命核心的成長才是真正的成長，就像剛剛幾位夥伴提到的，要從心去改變，因為心態若沒有轉化，所有的努力都會白費，所以校長要成為生命的成長者，當然平常就要大量閱讀。

我常常想，要讓學校長成什麼樣子，讓孩子長成什麼樣子，讓老師長成什麼樣子，校長就要先長成那個樣子。從這樣的角度來看，就是以生命的圓滿來當成專業成長的主軸。

另外兩個主軸就是態度與方向。一個人的態度會決定人生的高度，因此以什麼態度看事情，就會決定後面努力的方向與力道。第二個向度就是方向。方向要正確，努力才有意義。態度與方向這兩個向度如果沒有做好，後面很多力氣就是多了很多的疲勞而已。

　　談到生命的核心主軸，教育就是一個生命感動另一個生命的歷程，從生命去看那個活動，才能去感動人，包括我們辦才藝競賽或對外的比賽，或是我們去培養孩子去擔任小小解說員，都希望他的生命與這個環境產生一些聯結。

　　當他指著大樟樹述說大樟樹的歷史，以及在大樟樹下的活動，樟樹和他產生了什麼關聯，讓孩子與土地產生聯結。或者是當他在述說他的感覺時，那個感覺會在他的心理層面產生變化，並且持續成長。

　　老師也是一樣。舉例來說，我們學校也是朝向綠色學校掛牌的目標努力。我們很努力，雖然上學期才起步，大概就可以衝到那個群組的第三名，不過好像前兩名才有辦法爭取到永續校園的經費。這是一種公平的西瓜效應，體質好的就給更多，體質不好的就自生自滅。

　　我跟老師說：「我們一起來寫歷史，我們必須為學校的這段歷史負責。」因為之前我們面臨到很多招生上的問題，這是學校競爭與生存的問題，所以搭配生命共同體的感覺，有些方面的要求，在某種合理的程度之內，老師是會接受的。

　　前一陣子我們辦了學生才藝競賽，這個活動是為了給學生多元表現的機會。他們有很多獨特或是小小的表現，就像有的孩子會喜歡吹陶笛或喜歡說故事。

　　一年級就有一個學生說「三隻小豬」的故事。三隻小豬有什麼特別？他們一年級只有七位，但是他們之間的糾紛很多，學生輔導問題是全校六個年級之中最複雜的，七位都是獨生子，通通都是山下上來，父母親的學歷都很高，都是碩士以上。

　　衝突發動者的爸爸還是 IBM 大中華區的副總，太太是軟體工程師。七個人之間的衝突讓老師很頭痛。三隻小豬的故事在說的是說故事的人跟另外兩個人之間的衝突。他說另外一個人是很壞的豬，還有另外一

個是好的豬。

其實他在影射他們三人之間的人際衝突。說故事者把衝突編成一個故事，就在台上表演，我們都聽得懂他是在說誰。類似這樣的東西，你從生命去看，就會想到要給孩子一個窗口，讓他有機會去展現這些東西，很多的想法是這樣來的。

另外我想用一些影像的紀錄來回顧小朋友在學校裡的一些活動。我們校慶課程有一系列的活動，我希望老師用 DV 把每一個小小的活動都錄起來，未來可以一個一個回顧。有了這個紀錄，我們就可以講一些學校的生命故事，這是我們未來要做的事。

我們有很多事情要做，尤其多媒體的剪輯需要相當程度的專業。比如說，我們有一棟很有紀念性的校舍要更新。這棟校舍都是安山岩蓋起來的，它的樑柱都是台灣本地的檜木，東西要拆掉很可惜，可是不拆空間又不夠。這個計畫是前任校長定的。那座校舍的消失過程，我們要把它現代與過去的歷史記錄下來，所以我們利用這段時間慢慢去記錄它的故事，直到它消失。我們把這件事情當作課程來處理。

另外，拆除物要如何走入未來？因為安山岩非常寶貴，已經不可以再採，台灣檜木也是。我想把安山岩融入新的建築，放在教室的隔間，而不要使用水泥。至於檜木就做成家具。這就是為什麼我說學校教育要以生命為主軸，教室也是生命的起源，陪著孩子來走這一段，只要讓孩子有生命的體驗就夠了，不一定只是要他們讀很多書而已。

舉例來說，昨天我們全校還在討論，要找一個北投精神科醫師來談談如何對高危險群孩子進行輔導與篩選，然後我們又談到了前世今生。我們談到孩子的問題應該跟前世有關，因為前世的記憶可能還沒有抹去。

在很多精神科醫師的紀錄裡，有醫師實施催眠時，發現接受催眠者

的記憶，到了兩歲還是沒有辦法結束，所以有些就催眠到前世去了，從前世很多世裡頭找到傷痛，這是一個美國的精神科醫師做出來的，很有意思。所以我們也跟精神科醫師談論這個議題。我說孩子為什麼一生下來就有那麼獨特氣質，不是一張白紙，這是怎麼回事。

回到教師專業成長。教師專業成長要怎麼做？我想由點突破，哪個地方容易成功，就從那裡開始做。其實，我們老師進修的意願都很強，既然如此，我們就統整大家的想法，找出教師進修的方向。我告訴老師，我們可以從一個點開始，先找到一些同儕夥伴，然後逐漸擴展到全校。

專業成長有幾個歷程，從老師對專業進修的覺知，到他感受到需要進修，到了進修之後，他開始要有一些回歸的思考，進而自己要去內化。換言之，這一連串從發現自己需要去進修，進而付出行動，開始有進修的活動，然後就進入到評核進修成果的省思階段，老師如果沒有這樣的覺知，就像我們對孩子灌輸一般，一直都是我們塞東西給老師，要老師做這個、做那個，最後都會流於形式，教師對於進修就能逃就逃。

就像剛剛孫校長說的，教師進修時間要全部老師都不會請假，那是很困難的事，為什麼？因為那不是他們要進修，如果是他們要的進修，他們應該會很愉快，但是他們並沒有覺知，不是我們給錯，而是他們沒有覺知，所以他們不覺得是他們要的。我們常常都流於用自己的看法去看孩子或是看老師，用我們的高度去看他們。其實我們的高度不對，對老師的高度不對，對孩子的高度也不對。

這讓我想到我過年回家，因為我很喜歡用影像紀錄，我回去把我小時候走過的田埂路全部用 DV 拍下來，包括以前的老家，以前走過的田埂路，走完之後我覺得很驚訝。我問我爸爸說：「以前那條路很大，怎麼現在變成一小條？」我問他有改過嗎？他說沒有，以前就是這樣。

　　但是我以前覺得很大條，我跑到外環竹林的路，覺得好大條，我小小一個人在森林裡走，覺得很空曠，但現在開車會車都很困難。我現在對於空間的感覺，跟我的記憶差別太大了，所以我突然有個驚嚇：「原來我們看的世界與孩子看到的世界，竟然有這麼大的落差。」

　　我小時候就是這樣看世界，為什麼現在看就這麼不一樣了？後來我回頭想，我們在做課程設計的時候，是不是高度不對，或者是我們眼中的世界跟孩子真的不一樣，所以我就提醒老師：「你在做很多教學工作時，是不是應該要回到孩子的視角去看？」因為我們常會想當然爾，其實那是不一樣的，這是我自己的體會。

　　另外關於知覺的部分怎麼辦？我大概會怎麼做？在教師晨會時，我常會抓住一些新聞議題跟老師分享，譬如有個新聞議題是招生不足，今年大概是三十萬以下出生率，因為我們有招生上的困難，所以不曉得哪一天學校就被併掉了，我就提出這個議題跟老師談。

　　另外有一個有關生命意義與價值的議題。有一個研究生想不開，他是一個五年級〔編按：指 1961 年至 1970 年出生者〕文學創作者，他也提拔很多六年級〔編按：指 1971 年至 1980 年出生者〕的後輩，結果他自己跑到公司後山去尋短，他號稱是五年級創作的第一把交椅。以前有一個有名作家的兒子也去尋短。他們在創作中走不出來，創作的壓力承受不住就去尋短，所以我就跟老師談到生命的意義到底是什麼？

　　還有另外一個家長權限的議題。我最近看到家長參與校務法，這個法已經擬出草案，最近在辦公聽會。這份擬議中的家長參與校務法允許家長選班級、選老師，允許家長用個別評語對校務提出質疑，學校要書面回答他，家長若不滿意就再提出第二次質疑，答覆不滿意就要交付仲裁委員會，進行仲裁。這個法已經快成功了，我預期這是未來學校會面臨的最大衝擊。

我還提到鴻海的郭台銘不知道接受什麼訪問，人家問他成功的秘訣。他說：「我沒有成功的秘訣，我只有生存的秘訣。我是一隻打不死的蟑螂，在惡劣的環境我都可以生存，我都會成功。」

在受訪中，郭先生提到政府對中小企業都沒有照顧。他以前都會罵，但是現在都不罵了，他發覺為什麼台灣的中小企業主這麼強，因為我們台灣的經濟條件很差，政府不管這些中小企業，不給融資，這些人是從惡劣的環境中找到生存之道，所以都打不死、都很強，他說這樣也很好。如果從這個例子回頭來看教育，我們是要給孩子生存的能力？還是給他們一個優渥的環境而已？

再來就是讀書會。我們有一些重要書籍的讀書與對話，以及個別閱讀的讀書分享，以及讀書的對話，甚至下班之後會聚在一起，聊一個多鐘頭。這個讀書會的活動對大家幫助很大。

另外就是定期的課程檢視，檢視課程有沒有按照我們的計畫？有沒有需要作一些改變？我們隨時去檢視，包含對課表的檢視。這是我跟永安國小的校長學的。他們學校的班級都有一段課表，下面都有一個統計數，一個是記課程，哪個領域幾節？哪個領域幾節？第二個是實際實施的。

如果說一個老師用半節做班務輔導，只有二分一節作領域，老師就會發覺教學時數不符合原先預計的。老師每個禮拜去統計，若一個禮拜之後發覺進度不夠，就會知道原來自己花了太多時間去做與課程無關或是與領域教學無關的事情。透過圖表去解釋，老師就可以對自己的教學工作相關歷程做一個檢視。這一種做法，我現在只找了一兩個有興趣的老師做。

另外就是外部的評鑑。最近的綠色學校，我們找來外部的專家來評鑑，他們就對我們的小小解說員非常欣賞。小小解說員與大人的精采對

話，真是很美的畫面。另外教師進修還包括校際交流與校際參觀。像永安國小日本行的發表，我就邀請老師通通去看，看看人家怎麼做，讓別人教我們的老師們，而不是我教他們。老師們參加完回來也都有很多的感受。

我們的教師進修也包括對有效教學、班級經營、學生輔導的探討。我希望教師在進修時，能夠做到共同思考與行動技術的討論。我也想做教學視導，我希望每個老師都能參加發展性教學輔導系統，我們分批去完成，今年每個人都一定要去參加過。我也希望到明年十月，大家都去參加過生命成長的研習，這樣大家才有共同對話的基礎。

最近我們一年級的老師，每個家長都去管，每個家長都替孩子出氣，變成很多個家長每天都跟老師講半個小時以上。昨天我跟這個老師聊，我們常常都需要具有同理心。這個老師其實有壓力，我們也看得出來他有一些職能上的不足，但我大概不會去突顯那個部分。

我要站在他生命的擔憂與壓力上去看他，所以我跟他聊要怎麼去看事情。這些孩子有些家長是單親，知識程度高，可是他孤獨或是什麼原因，對孩子過度照顧，把孩子一言一行的損傷看得很重，所以老師也可以同理家長，不要和他在道理上論辯，因為那樣沒有用。

老師要能同理家長與孩子的生命，才有辦法跟家長對話。類似的點點滴滴，我常常聽到一句話：「面對一切境遇要觀功念恩。」我要老師從這個方面去帶這個孩子，所以我把收集到一些資料都送給他，也請他去試試看教師手冊。校長其實可以去當輔導者與支持者，去帶領老師成長，這樣對他會比較有幫助。

## 張校長：

對一個長久安逸、自由安全，幾乎沒有人員流動的環境來說，要談教師專業成長與教師考核，其實是很困難的。我很敬佩各位夥伴剛剛提

到很多學校的作為，包括教學巡堂紀錄、領域紀錄等，我的學校也都有在做，但總覺得就只是行禮如儀，僅止於有做而已，幾乎沒有品質可言，這是沒有辦法用猛藥去解決的，反而比較適合用借力使力的方式，從事件裡去導引大家，從單一事件去擴展效益。

在教師進修的部份，我採取以身作則的方式，循序對老師提出一些要求，如果老師有進步時，我立即給他一些鼓勵。舉一個實際的例子，本市一直在推展游泳教學，我們學校並沒有游泳池，歷年來體育課都沒有游泳教學，但教育局在今年度有新的措施，提出游泳池資源共享，可以跟鄰近的學校商借游泳池使用，規定五、六月學校必須進行游泳教學。

雖然預備要向鄰近學校商借游泳池，但校內卻沒有任何老師有能力可以教游泳。基於箭在弦上的政策壓力，我找行政同仁一起商量對策，得知有一個職員是合格的游泳教練，他可以協助大家進行教學，但不可能直接把學生交給沒有教師資格的職員來進行教學活動。我又想，在游泳教學過程中，如果老師只是純粹站在旁邊看，讓行政職員去擔任教學者的角色，豈不是角色錯亂嗎？我想，至少老師們應該學習游泳的技能。

上學期末，不論正式公開場合或私下交談，我跟老師們做很多的互動與溝通。大家一開始都存著觀望的態度，覺得只是短暫的政策泡影，且走且看，學校應該說說也就算了，不可能真的要實施游泳教學。我們先進行了一些觀念上的宣導，說明游泳教學的重要性與必然性。

這學期利用週三教師進修時段，安排三次時間，商借鄰近學校的溫水游泳池，連續進行三次教師游泳教學活動，商請具有教練資格的職員同仁來教老師游泳，要求全部的老師都要下水游泳。

一開始提出這樣的安排，老師們的反彈聲浪非常大，經過不斷苦口

婆心勸導，有老師提出要求：可否安排專任游泳老師來教？我請他們思考：校內有哪一個老師可以教？全校沒有人覺得自己可以擔任這個工作。

我提問大家：大家希望能新聘一個老師來教游泳，但學校並沒有教師缺額，沒機會找人來擔任這個工作，我們只能在現有的條件下，解決游泳教學的問題。私底下也有老師跟我說：「這真的很困難，該怎麼辦？」我回應說：「對啊！真的很困難，怎麼辦？我們大家一起來想辦法。」

第一次教師進修游泳教學，半數的老師沒有打算參與，只是漫不經心地站在泳池畔觀看。當老師們發現校長換了泳衣下水學游泳時，大家都覺得很意外。

第二次教師進修游泳教學，校長還是換好泳衣下去跟著學。這次，進入游泳池的老師比上次多了一些。

第三次教師進修之前，老師們心想：「就快要一個月的時間了，校長沒有其他更重要的公務要忙嗎？不找機會開溜嗎？」沒想到，第三次校長依然準時下水學游泳。

在這第三次的游泳教學活動，全校的老師終於全部都換好泳衣下水游泳了！事情最後的演變結果是，有好幾個老師自己花錢、花時間，請教練學游泳，想學好游泳，為教學做好準備。我覺得這就達到鼓勵與幫助老師進步的功能了，儘管過程辛苦，但堅持做對的事，一定可以感動人的。

**曾校長：**

在帶動老師成長方面，事實上，我一到了這所學校，就設定要幫助這邊的小孩子多多加強學習。我就跟老師講得很清楚：「你的教學必須

要有成效，不可以是沒有成效的。」

在這個前提下，我分幾個部份。第一個就是研習，研習是有目標的。我告訴老師：「我一個學期有兩次的研習，是校長去邀請來的，這兩次的研習，很抱歉，誰都不可以請假，除非你真的有事，真的生病，其他休假不准請。」為什麼有這樣的規定，因為原先有行政人員凡週三進修就跑掉了。

我覺得行政人員不帶頭怎麼可以？所以行政人員，很抱歉，我就是不准假，還好我們的人事滿配合的，星期三的假單一律不蓋，一個學期就那兩次，我們的研習是有目標，一個學期就有兩次是針對這個目標去做。

第二個是教學的部份我們去改變。我發現我們有六台單槍，但是都沒有人用。有的學校會覺得不夠用，但是我們是沒有人用，我就去找原因為什麼不用。我發現所有的教室都沒有保全，所以老師們不願意去用這東西，因為要承擔風險。所以我們就在兩間小型的視聽教室掛好單槍投影機，讓老師會去使用這些設備，去改變他的教學，希望他的教學成效可以提升。

這部份我們就開始做課程的檢視。比如說，我要求我們的英語老師，英語應該是要會「用」，不是只有課堂上會或是考試會用。我就開始要求老師，只要找到機會就要教小朋友去用。

可是要跟誰練習？學校沒有老師願意講，只有跟英語老師。為什麼只有跟英語老師說英文，不會跟其他的老師說英文？以前我早上都是去當導護，之後我就不出去，就每天站在校門口等，等小朋友跟我說英文。

第一個禮拜到第三個禮拜只有一個小朋友跟我說 Good Morning Sir，我很高興，就跑到他的教室去給他頒獎，告訴他的級任老師說，

你們班上哪個小朋友今天跟我說英文。

各位可以期待接下來會發生的事。接著，我就跑去跟英文老師說：「三個禮拜只有一個學生跑過來跟我英文，你的教學當中是不是要再加強一下。」所以會發生一點效果。大約兩個禮拜以後，大約有兩個班的學生跟我說英文。

到了一個月之後，大部份的小朋友就會跟我說英文，還有小朋友跟我說 Good Night。我還到他的教室頒獎給他，我說他有勇氣用英文。接下來我就告訴全校的老師，小朋友學了之後偶爾會用錯英文，雖然考試時這個學生考得很好，可是他講的時候就會講錯。

這樣推了兩個月之後，我就跟英文老師說：「現在全校大概四分之一的小朋友早上會跟我說英文，但是回家的時候，他們還是不太甩我。」現在回家就會有人跟我講：「校長，See you tomorrow.」我就很高興，但是還是有一點點小問題，因為他禮拜五也跟我說 See you tomorrow。所以說還需要教導使用時機的正確性，這樣級任跟英語老師就會去做到我們想要要求的結果。

當然，不是只有在英語這一科。在每一個科目，我都要去做這樣的事，但是我們不要去強迫。光是秦校長送給我們的一些 CD，我就拿那個來當獎品，每一班第一個開口說英文，他就會得到 CD。第二個之後我就開始掏腰包，自己買一些小獎品送給他們。

第三個就是老師會有一些問題。我就遇到老師跟我說：「校長，我們學年要跟你 Talk。」我很高興，他們至少是找我去談，不是在教師早會拉白布條抗議，或者是連署，我其實還是會遇到一些推動上的困難的。

再一個就是老師會不會去進修。我們有很多老師在就讀研究所，白天晚上都有，總共有 14 個。51 個老師有 14 個老師在唸研究所，已經

拿到碩士的大概有 10 個，博士有一個。

　　不過我留意到一個狀況。有一個老師，他的教學不是很好，因為我在抽查作業時，發現他不改作業，都是學生改的，也不給等第。上次不是說學生等第圖嗎？事實上那個成績圖到這個學期就比較有意義。有的班級中間段的學生一直往前面推，中後段的學生一直在減少，不過後面的還是在最後面，我就私下去找那位老師談一談。

　　其實我們公開場合不能講教師的教學，不然會被其他人知道，即使是私下去講，你還是會發現不是只有他知道，別的老師也會知道校長去跟那個老師談過話，就會有帶動作用。班上成績不太好，甚至上面的成績往下面掉的班級怎麼辦？我就跟老師說：「老師，救救這些小孩吧！想一些對策出來。我覺得這些小孩有學習上的困難。」

　　後來，我剛剛講的那一位老師跑過來跟我說：「校長，這學期我要去考研究所，我要增強我自己教學的功力。」實在很感謝他為了要把小孩子教好，要去考研究所進修了，我當然蓋章讓他去報考。

（本座談係於 2004 年 4 月 17 日在國立臺北師範學院行政大樓 605 會議室召開，由林文律副教授擔任主席，陳佳榮先生擔任紀錄。）

# 第 9 章
# 學生特殊需求

　　國民小學階段教育的首要工作在於提供兒童適切有效的學習，並協助其各方面適切的發展與成長。經營一所學校時，校長通常必定會留意一般兒童在學習上、行為上、生活上、情緒上、同儕互動上的需求。

　　在特殊需求的兒童方面，針對資賦優異兒童，不論一個學校是否有美術、音樂、體育、數理、語文等資優班，校長會如何讓所有在某些方面有潛力的孩子，在國民教育的基礎階段，就讓他的潛力得到適度的奠基，並且有很好的發揮？

　　身為教育領導者，校長是否曾經想像，如果學校的學生之中，有人未來有可能成為科學家、音樂家、美術家，或未來在任何領域可能獲得諾貝爾獎，校長是否會思考要怎麼教育他？

　　另外，學校各班也許不乏過動兒或是在某方面的行為或情緒方面不受控制的孩子。當這類學生變成班級教師的頭痛人物，甚至各個老師對他避之唯恐不及時，身為教育領導者，校長要如何有效處置？

　　除了照顧一般學童的需求之外，針對學習比較跟不上的孩子，以及各種特殊需求學童的學習及在校的生活，校長會注意到什麼地步？學校發展出哪些有效的機制，能及早發現問題，解決問題，並導引各型各類學生達到豐富的學習、快樂的學習，以及有效的學習與成長？

## 討論內容

**趙校長：**

　　這學期我們學校增加四位學生，有三位是因為有特殊需求，一位則

是因為在別的學校有些適應不良。會選擇我們學校，一方面是因為小校、小班，覺得整個環境對孩子的發展及學習會有幫助，一方面也是之前他們熟悉的朋友好康相報，覺得本校的教學和環境對孩子會有比較好的照顧。

對於學校和班級經營來說，我們覺得一則以喜，一則以憂。喜的是老師的教學及學校的環境和整體的教學品質受到肯定，憂的是特殊的學生增多，老師相對經常需要去解決學生之間相處的問題以及學習的困難，而資源班的老師同時也要加入更多的資源協助，因此老師的壓力相對增加許多。

班級上其他的家長面對這樣的情況，認為學校應有一個機制來做限制。一般的學生轉進來比較沒有問題。如果是特殊的孩子要轉進來，基於零拒絕，究竟有沒有必要限制，這是我們目前所必須正視的。

一般學生的輔導，以及對於特殊學生的安置照顧，支持資源上大都有既定的制度。以我們學校來看，資源班對特殊學生的協助，是資源班與級任老師的搭配為主體。以我們的個案來看，目前有兩位家長固定跟著班級上課，協助老師教導照顧自己的特殊生，有時候是學生的家長，有時候是學生的親人，有時是家長公司的員工。上學期幾乎是這樣的形態。

這學期經過個案的輔導會議，情況有所改變。建議兩位家長可以偶爾抽出，只留一半的時間在教室，另外一半的時間就讓孩子多一些自我處理的空間和機會。在輔導運作制度上，我們善用 IEP 會議、個案輔導會議。如果家長提出在班級處理上有需要另外提出來討論的需求，我們會運用既有的機制，讓相關同仁了解目前有哪些學生是需要特別關照的。

其次，老師所提出來需要我們從外面資源協助的部份，或是要求溝

通的機會，校長要做家長與老師們之間的橋樑。上學期處理過家長針對老師或是資源班老師覺得協助不夠，或是一些不認同的作法產生的質疑，會藉由主動召開 IEP 會議讓家長有所了解、接受老師的作法。

老師提出具體的教學策略讓家長能夠接受。校長有時要做為溝通的橋樑，並主動和家長聯繫，當家長有任何聲音，要立即做出反應、聯繫。老師如果覺得有壓力需要協助、給予心靈上的支持時，也要立即處理。

當老師或家長有這樣的聲音出現時，如果不立即處理，可能會衍生出更多負面的聲音，或是累積更多的壓力，到時處理的問題會更大。我在幾次的會議中一直跟同仁談到，通常我們寧願處理在前，而不要暴動在後，如果後續的問題要發生，也是藉由這些機制處理。所以要讓這些機制儘早運作，該發揮的功能要讓它發揮。

## 姜校長：

這個題目我覺得非常好，我也最心虛，看到這題目跟以往的一般題目，想了半天不知道從何著手。老師剛剛說是輔導，我覺得不完全只是輔導，而是全面的兒童學習。這個部份我為什麼最心虛呢？因為可以從兒童學習檢視我們各項行政的作為，我覺得是最好也是我最心虛的。

因為我擔任校長前最後一年曾擔任這樣的輔導主任，這樣的經歷對於輔導真正運作的模式，或是真正了解學生學習的困難，有一個比較深入的了解。譬如在學習、行為、生活、情緒、同儕互動、親子教育的部份，現在特殊兒童很多，尤其情緒、過動這部份。曾經有一位小朋友，他和班上其他同學發生衝突，在輔導主任任內，我召開了班級親師座談，擬定了有關教學的觀察、學生輔導的策略。

所以這一系列的經驗讓我對學生輔導工作以及學習有比較深入的了解。在擔任校長之後，我對輔導室的了解與指導方面，有幾個層面。

譬如對學生的部份，可能是學生的個案或是小團體，或是班級的大團體，或是全校輔導工作的推展，或是家長、親子的推展，或是老師專業成長，我都會力求有全貌的了解。

上上禮拜發生一個事件，家長帶著小朋友來找我，他的孩子在班上被其他同學欺負了，他也列舉了從開學以來，其他小孩以比較暴力的方式對待他的小孩，他非常沒有辦法忍受。因為這樣的事件，也造成其他家長的恐慌，說這和國中生的恐嚇是不是一樣啊？但是其實不然。藉著這樣的案例，請輔導室擬定班級內情緒過動的小朋友作小團體輔導的辦法，也把這樣的模式推展到全校。

有些家長因為這樣的事件，尋求資源、團體，找到輔導室的資源。輔導室因為有這樣的需求，剛好幾個師資培育學校有學生需要做這樣的實習，因此把學生的活動和輔導的資源連上線。

輔導工作比較難推動是因為有些人以為輔導主任好像是個涼〔編按：閩南語，指工作輕鬆〕主任。輔導工作的確比較容易被誤解，這是因為推動輔導工作很難有具體的成效，推動的策略也不是很明確，通常這是學校的行政或校長在處理事情最困難的部份。

最後提到學生輔導工作要如何不致於成為學校經營的死角？現在教育部推展的教訓輔三合一，有其後面的教育哲學或教育背景。以我曾經擔任輔導主任工作的經驗，我真的覺得輔導主任很重要，不過在教訓輔三合一的推展變成一項政策或運動之後，就很難讓行政同仁了解其背後的精神與意義，實在有點可惜。否則的話，學校的行政措施如果能夠以輔導為中心，以學生為中心來考量學生的學習，應該是一個很好的方向。

**賴校長：**

本校是屬於比較偏遠地區的學校，學生分特殊需求和一般性的學

生。先以整體來說，因為是偏遠地區，學生文化的刺激不足，還有家庭的功能不彰，再加上家庭社經背景比較低，因此孩子學習的主動性不佳、生活教育欠佳，習慣和態度不良在生活上都可以看到。

從輔導理念的角度來看，整個輔導活動的推動就落在生活教育上。輔導工作可以透過整體的活動與老師的班級經營實際去落實。學校規模小，校長到底了解多少？基本上，我比較不去注重形式，而是用個別性實際去了解，有機會就實際去幫助。

舉例來說，六年級有兩個孩子，在學習及各方面是不足的，我們就不斷地跟家長溝通，我們想幫助，希望他們配合學校帶孩子去作檢查。我們遊說家長，如果孩子到國中去，給他做鑑定並提供一些幫助後，對這小朋友是有助益的。

這兩個孩子最近經過鑑定後，進入國中就安置在資源班。這兩個孩子基本上心地非常善良，但在學習上是不足、欠佳的。因為這樣的緣故，在班上比較容易受欺負。其中有一個非常喜歡服務、幫助人，中午用餐時他都是推餐車，幫助別人，在這部份我們不吝給予肯定，孩子就很有成就感。另外一位整天就笑嘻嘻的，看起來憨憨的，我們也是從打掃工作、生活上去發現他的優點去誇獎他。

學校有一對姊弟，一個是三年級，一個是一年級，因為媽媽本身就不足，所以孩子看起來也是憨憨的。這兩個孩子，媽媽也是很無力。早上有時下雨，媽媽沒有陪著來，孩子就不來上學了。在學校，弟弟很好動，姊姊不講話，很不容易和人有互動。我用認輔制度，由行政組長來認輔，從行政上來提供協助。

學校小，每年級就只有一班。老師與學生的互動，其實就是帶班的基本工作。有時候我跟老師溝通，希望老師可以多提供一點關懷協助，老師覺得他們都做了，我看得出來老師是需要再教育的。偏遠地區的老

師很多是新手，甚至是代課，所以各種知能、愛心或是各方面條件的提升，都是需要再教育。

這次運動會，全校打散分成四組，每一組各年級都有，這兩個孩子在我們分組之後，趣味競賽時，大家一直找這兩個孩子卻都找不到，後來發現有一個孩子在休息區，怎麼請都請不來。主任問他想幫助什麼，他說他想顧休息區。學校為他至少找到了一個定位，讓他有事做也肯定他，最後大隊接力時他下場了。這樣的孩子我們一直覺得在他的生活以及學習的過程中，不定時的去協助他會比較有效果。

輔導組有時候效果是有限的。畢竟小學校很難用很好的資源去引進什麼，都是在生活上去做。這個媽媽我也和她溝通很久，請她帶孩子去做鑑定、做檢查，這媽媽一直都沒有採取行動，我們現在還是不放棄，還是繼續溝通。孩子各方面的不足是需要協助的。

再來，我們儘量加強同儕之間的互動，因為每個年級班級少，一年級到六年級都就讀同一班，這樣的情形之下，我們發現同一個班裡面，孩子兩極化，有的就會很熟，彼此相處好的就很好，但同學彼此之間衝突時也很常見。若要透過同儕互動去引導孩子，有時候是很費力的。因為有時候大人都不和好，底下的小孩子也會吵，這個部份我們必須特別去注意。

老師上課會發現，小孩子很容易起鬨，只要有一個怎麼樣了，其他四、五個就跟著帶頭起鬨，這個部份我們都看到了。我們也想在日常生活中，透過機會教育、班級集會宣導活動來協助孩子。

另外，學校裡有一個二年級的早產兒，令人感動的是，他的媽媽每天都陪著孩子來，在學校裡面協助老師早餐、午餐，甚至如果老師比較慢到，她都會協助。

這個孩子長得很瘦小，但是很貼心，我們也不斷用各種方式給他肯

定、鼓勵。所以對於特殊需求的學生，我們就尋求資源，幫孩子透過鑑定、診斷、安置，儘量提供協助。針對全校學生中的一般兒童，我們則會提供整體普遍性的協助，並透過主題活動與生活教育來落實。

## 秦校長：

我的第一份主任工作是輔導。我覺得輔導工作是活動多於輔導。那一年我八月份到任，前任的輔導主任正好退休。他接了一大堆的方案，包括生命教育、心教育等，也留給我很多經費，另外還去做了個家庭教育博覽會，接下來的這一陣子，已經快要一年了，學校仍然有生命教育的專款，新年度的申請，我們有消弭落差，對於學生需要輔助教學的方案，政大英語系有安排人員到本校特別做英語輔助教學。

另外現在在申請的是英語共讀，也是在輔導室底下。輔導室是很熱門的單位，一大堆人願意給予經費，所以輔導室的同仁是忙不完的。但是深層來說，真正的工作是基層孩子的輔導工作，出問題的時候，輔導組長二月一號退休，目前學校是用代課老師代理輔導組長，雖然他是師院畢業的初任教師，從校內老師去檢視，並不是真正具有輔導資格，讓他擔任輔導組長，也是不得已的安排。我們在座可能很多都是修過 20學分或 40 學分的輔導學分，或是輔導系畢業的，不知道為什麼在我學校的老師群裡面找不到。

很不巧的是，我的輔導主任是非常好的一位主任，但是過去經驗是教務主任，輔導理念以資格來看是沒有的，甚至連正式主任的資格都沒有，所以他的職稱是代理主任。

後來他又考上主任去儲訓，造成瑞瑞國小的空窗期很長，有一段時間沒有輔導主任，是由特教組來代兼。那段時間就出了個學生的狀況，學務處生教組在處理學生時做了個比較大動作的處罰，家長當天晚上聯絡來、聯絡去，家長當然有醜化生教組長的論述，說明天一定要見校

長。

隔天我親自在處理時，家長問學校沒有輔導主任、輔導老師嗎？我實在不知道怎麼回答。他說為何學校輔導工作這麼弱，一定要校長親自參與，我實在是非常無奈。輔導人員的部份，雖然看起來各師院非常多課程在開，為什麼這樣的學校裡頭卻找不到呢？另外，現在的孩子是不是出了問題，都要送到我們這邊來，一定要輔導主任、輔導組長或是校長來參與輔導才可以嗎？

輔導室有這麼多的專案在進行，也要對家長做親職教育。每一個孩子，每一個偏差都會發生。像這幾天輔導主任回來了，輔導組長也慢慢有概念了，現在我們又在處理的家暴事件，是媽媽希望我們去舉發，讓他的孩子和她受到保護，像這樣的事件也要學校來處理。很多老師在為孩子做很基層的輔導工作，尤其是學業方面，有些孩子為什麼都教不來呢？老師把孩子挑出來，就是輔導室要去做輔導。

這所學校很小，三個英文老師，二十六個班，有兩個半英語的課，這樣教下來，他們說差距很大的部份沒有辦法教，還好有政大的英語系來校內進行協助。很多學校沒有辦法進行英語的分組教學，因為一分組會逼那些低成就的孩子通通去補習班補習，如果要請這些英語老師來做英語輔助教學，責任可能又會落在輔導室上面。

各學科的低成就兒童責任是哪一個處室要協助？因為教務處要在教師教學上做很多工作，所以低成就學生的輔導好像又會落在輔導室上面，加上剛剛說的這麼多活動，輔導工作到底是輔導重要還是活動重要？我覺得有盲點在，所以現在的輔導老師一點都不涼，要忙的話就非常忙。

**李校長：**

去年我在接校長之前，我是接學務這個工作。輔導這個工作，我到

我現在的學校，發現這裡沒有特教班，沒有啟智、資源，奇怪的是，我們好像也沒有特殊兒童。我發現這個部份，領有殘障手冊的只有三個，但是其中一個是聽障，兩個是視障，都不是很嚴重。

在校園裡感覺起來都是一般的小朋友，沒有像我之前去接觸的。我曾擔任縣政府身心障礙兒童鑑定老師，所以我看過很多非常嚴重的孩子。回頭來看現在的孩子，他們其實非常的健康、非常的好，我覺得滿幸運的。到學校去沒有看到那些真的很需要特殊安排或是 IEP 這類的。

我這邊比較有特殊需求的，像是單親、原住民或是很弱勢的家庭，甚至現在很多的外籍配偶，因為我們學校學區位於工廠內，所以會有很多外地來工作的人，包括他們的孩子。今年我剛來時，有兩組孩子已經調進、調出很多次，常常會發現我們這邊比較會出現問題的都是像這樣的小朋友，我們的輔導室就在這方面做了很多，包括學習輔導的事。

我們除了課後班，還特地申請低收入戶補助，這些小朋友很多並不是功課很差，但是很需要照顧，因為回家要到七、八點才會有大人在。課後班老師就很擔心，家長沒來接，孩子就不會走，就有類似行政督導留在學校，有時候留到七點多，家長還是沒有來接，最後還是課後班的老師幫忙把他載回家。

我們社區裡面的家長，包括我們的班親會很強，每一班都有執行長，都能知道每一個小朋友家庭狀況如何，親族之間有什麼糾紛，他們都會和老師做確認的動作。甚至於你很少聽到有什麼樣特別的小朋友發生狀況。

我們隔壁的國中上報很嚴重，我把五、六年級老師找來。因為我們的小朋友高年級其實跟國中常接觸，他們一上報，輔導主任馬上就想到，高年級老師應該稍微去注意一下，順便調查一下我們小朋友有沒有像他們國一、國二的，因為他們的學生其實就是我們小朋友的哥哥姊姊

居多。我們有一個小朋友有自殘的行為，但他不是因為同儕的問題，而是因為不喜歡他自己，因為家裡都沒人照顧他，爸爸去坐牢，媽媽沒有時間照顧他。

在學校裡因為有安親會的協助，許多家長也會主動來幫忙。我們現在輔導室有學生學習的輔助教學。基本上，輔導室要做兩件事，學習輔導以及小朋友的生活輔導。生活輔導出現狀況的不多，反而是親師關係搞不好。前陣子校長室變成衝突解決室，一群家長在那邊質疑老師，我有時真的要幫老師一下。因為老師是新手，可能在面對這樣的質疑時，解釋都解釋不清楚。

其實這位老師該做的事都有做。就像國中的那件事，很容易就處理掉，因為他們的輔導室也做得很好。其實之前就有處理過了，但還是被記者知道又加以報導，學校就如臨大敵。

其實很多事情如果老師或是行政的知覺能永遠清楚的話，就可以避免掉小朋友在輔導上出現的學習、行為，或生活上、情緒上、同儕互動上的一些問題。我前幾天還看過這學期老師所做的家庭訪問記錄簿，多數的老師會去訪問小朋友，到家訪問之後，老師們走走看看，會覺得認識到了很多的事情，這次家訪設計的是老師覺得比較需要去了解的部份。

家訪設計在細節上會做得比較仔細，包括家訪記錄簿、輔導記錄簿。上學期末我就跟老師們說過，在記錄上就是紀錄事實，不要做評論。不要記他不乖、很笨，要記錄他哪裡不乖，要陳述事實，這個記錄簿對於後面的老師才有幫助，而且也避免老師有情緒摻在其中。有時候需要時，我會做一點說明。

另外親子講座我們學校也做了很多，像我們母親節就沒有大餐吃，以辦活動呈現，早上辦了親子講座，晚上還辦管樂團的成果發表會，是

一種心靈的饗宴，沒有大餐。輔導室的功能，只要正常運作，目前的成效都還不錯。

## 邱校長：

剛剛提到輔導，有人說輔導主任是涼主任或是輔導工作是一個比較看不到的東西，我感覺輔導沒有被廣泛接受，應該是學校的運作有問題。我認為這是一個果，很重要的輸出結果。如果輔導做得好，和學校的效能是成正比的。不可能把輔導工作放一邊，學校卻是很優質的。

我個人覺得，人人都是輔導者，因為有接觸才有影響力，有影響力才有輔導功能。孩子在學校生活，生活就是他的舞台，他的行為也會發生在舞台上。要解決他的問題，就要回到他的舞台去解決，在他的生活中的每個細節去解決。

輔導並不是特別把一個小孩子從群體生活之中抽出來，或是隔離在一個實驗室去處理。我們必須讓小孩回到他的位置，以便輔導能夠回到那情境去處理，了解為什麼他走到那位置就出現狀況。雖然我們會做很多，例如團體輔導，但那畢竟還是把孩子抽離出來。

一個學生是在一個動態的生活中產生問題，在裡頭與很多的人、事、物互相交往互動，輔導的功能與機會才可能產生。相關的人是很重要的，人人都是輔導者的概念就在這裡，只有在那時刻，不見得常常被他輔導的那個人在旁邊，可能是另外一個人，如果那個人沒有輔導的想法，可能就會錯失拉他一把的最佳機會，然後問題就產生了。

每一個人都應該有這樣的概念，利用一個有效的運作網路把孩子保護在裡面。輔導主任身為輔導活動的推動者與整合者，如果沒有概念是做不出來的。校長當然是整體動能的發動者與支持者，在重要時刻給予主任最大的支持力量。

至於如何去掌握整個狀況，我的想法是把他分為兩方面，一個是觀察，一個是預防性輔導，第一個是對孩子的觀察，這一個部份是預防重於治療，所以預防輔導是最優先，應該被放到前頭，而不是孩子有問題時我們才去治療，就像身體健康應該事前做好平常保健，重於事後去找名醫。預防輔導每個校長都在做，比如生命教育、多元發展、多元知能、性別教育，EQ 課程等，以及最重要的生活教育。

孩子從書本可以找到很多的世界，這是很重要的多元發展機會。孩子在有益處的好書的世界中比較不會放棄自己，比較有機會成長，願意往上走，有推力時也比較願意動，很多東西是這樣一點一滴累積起來。觀察的部分，班級上的觀察很重要，包括導師和科任老師，在教學中，要去留意孩子的問題就在生活中發生。

教學活動是學校最重要的活動，把教學活動拿掉就沒有了，剩下就是下課時間。教學者是最能在關鍵機會觀察學童的人，如果用輔導的眼睛看孩子，會看出很多問題，因為小孩子在學習過程中會產生很多狀態。

另外，從平常定期的標準化測驗可以找到更細的東西，從其中可以得出預防性的看法，看到這孩子在某方面的問題以及各領域的學習表現。家庭訪問也很重要，原生家庭對孩子的影響具有很巨大的影響，無法撼動。但是學校的老師要去看，用聽的不準。走到家庭後，才能看出孩子為什麼是這樣子，所以關懷很重要。

再來是借助認輔制度來做預防工作。認輔老師在與孩子相處的過程中會覺察到一些問題，但是並不是由他來解決問題，而是應該交由團隊來做，包含親師合作以及定期的會議，讓大家來分享並討論問題。

我們請北投國軍醫院，把可能有問題的個案，請他們協助做篩選。精神科醫生就用繪畫治療，讓小孩子畫圖，從圖裡可以看出孩子有什麼

問題。從這裡我們就可以知道問題的焦點在哪裡，後續要做什麼處理。

　　觀察和預防兩個是併行在走。觀察到問題後，大該分幾個部份，第一個是一般的輔導，另一個就是轉介，再來就是看看有什麼整體上的問題，預防措施是不是做得不夠徹底，所以產生很多本來可以預防卻沒有做到而產生的問題。轉介就是回到資源班，提出轉介的大概就是老師、家長，或是輔導室自己提出來，還有一些是從別的學校轉介過來的。

　　入班當然有很多程序，包含透過共同測驗，入班其實是在找問題，這孩子的問題是不容易找的，他的障礙在哪個點，這是需要以很精密的程序去找的，可能需要不斷嘗試，一直到找到他的障礙所在的那個點。第二是要確認目前有哪些策略可用。設計出替代的策略，必須一直不停的嘗試，直到找到可以度過或跳過這個障礙，來延續他的學習為止。

　　資源班並不是補足學科，而是補足學習的功能，讓小孩重新找回學習的能力，而不是補足漏掉進度的知識，這是資源班應該繼續走的一條路。一般輔導裡面，我們做了很多輔助教學，還有一些認輔制度的個案、小團體的輔導。

　　另外在一般輔導做了之後，我們會找很多教育學程的學生來做服務學習，幫我們做課後的補救教學。我們還申請了教育優先區，獲得了一筆補助教學的經費。我們也培育志工，點點滴滴去協助輔導。

　　我們要發揮替代家庭的功能，比如提供物質給需要的家庭。有些原住民孩子沒有錢，上游泳課就沒有泳衣，不能下水，老師就自己掏腰包幫他買泳衣。學校有些報廢的傢具，如果家裡有需要，就請家長帶回去。

　　畢業旅行或校外教學，學生沒有錢，老師或熱心的家長也會幫忙墊。類似這樣的物質提供，學校還是要幫有需要的學生走這條路，因為有時候他的資格沒有達到制式法令訂定的補助標準。

再來就是陪伴孩子。我們老師辦了一個課後的運動社團，陪小孩子打球、打籃球，為的是把孩子留在學校，和孩子建立良好關係，並進行輔導，並不是真的要做體育教學，最重要的就是要看到效果。我們大概都可以在孩子身上看到幾個效果。孩子們會信賴老師，有問題會告訴老師，包含家庭問題，孩子都會在電話中或私底下跟老師講，很多問題都可以在這裡找到機會解決。

不管是哪一班的孩子，我們學校的教職員工都願意承接這樣的團隊輔導功能，不會認為與他們無關。我們逐步建立一個比較完善的輔導網絡，這是往後要繼續努力的，為的是給孩子最後安全的避風港，學校至少要做到這一點。

舉幾個例子。有一個學生六年級上學期結束時就沒到學校上課，這學期才轉來本校，都快畢業了，他非來不可，因為他在山下學校，所有學生、家長都排斥他，他非常不快樂，不快樂到甚至沒有辦法生存，影響到了整個家庭，學校也沒有做什麼。來到我的學校他就感受到安全、開放的感覺，大家都接納他，結果他就好了，一切都令人很開心，父母親也非常感恩。

有些一年級學生也是到處碰壁，就轉到我的學校來。有一個五年級學生，爸爸酗酒，媽媽人很好，但是沒有工作能力，就是家管。爸爸常常罵媽媽，孩子也看不起媽媽，孩子也抽煙，就這樣不知道走到哪裡去。他來到我們學校，我們就盡全力去把他拉回來。

他喜歡運動，打躲避球，我們就給他機會，讓他當代表隊，去北區運動會，拿個精神總錦標，因為我們是用人海戰術，有什麼比賽都去，只要能比賽他都去。小孩子去跑，有人幫他拍手，那個感覺非常好，結果他就帶著價值感回來。這個孩子現在願意學習了，在學校不再垂頭喪氣，反而覺得自己有地位。

## 周校長：

據研究，美國 1960 年代的柯爾曼報告（Coleman Report），對整個教育的觀點帶來很大的改變。當初美國的想法是了解學生的成就是不是因為不同學校校園的關係，但在深入研究後發現是因為家長的社經背景。

我當了校長，為了力求對學校 102 個學生（包含幼稚園）有一個基本的了解，我們努力去找出哪一個學生在學習上、行為上、生活上、情緒上、同儕互動上出現了什麼問題，問題要怎麼去協助或具體解決。

我很喜歡跟老師做觀念的溝通和澄清，包括這次報紙刊登了屏東市有一位訓育組長在車上被查到制式手槍，還有中華日報報導台南市某高中老師與補校老師合開夜間 PUB。

我很重視老師的觀念，每次教師節，我都會朗誦那篇美洲日報 1981 年「親愛的威爾森太太」的文章，希望老師也能夠體會到我的用心與期許。老師積極正向的觀念建立之後，就比較會去關心孩子。將近十一個多月以來，我都一直在做正確觀念的建立，不是只有在教師節提醒老師。

當社會有事件發生時，我就跟老師講一下。我不斷喚醒教師的教學意識，喚醒老師成為孩子，甚至家長生命中的貴人。只要某次教師晨會的報告比較少時，我隨時就提供一段比較好的可以喚起老師心靈的文章，讓老師做自我的省思。

我們最近比較幸運，申請到了教育優先區去輔導孩子，一小時還有兩百元鐘點費。其實我很感慨，好像以前當老師去家庭訪問是理所當然的，現在整個財政這麼拮据的情況之下，還有這筆經費。上學期我和老師說，一定要去家庭訪視，他們以前跟我反應：「家長可能不在，我們已經用電話訪問了。」我說：「眼見為憑，一定要實際去家訪更好。」

事後，我都會看他們家訪後的輔導記錄。

那天就有個四年級的老師跟我抱怨，下雨天走了好遠。不過家訪之後他就跟我說，因為家庭訪問，他對那個學生的家庭真的了解了。我當老師時也有親身家訪的感受，我就實際以我以前擔任級任老師，對於某位學生在學校的表現，我一直質疑他是不肯努力，就到他家裡實地訪問，我看到即使在板橋市區，他們全家六口擠在大約五坪的房子，在廚房裡還養了山羊和雞。

因為他每次寫的作業都有羊爪和雞爪在裡面。他每次跟我說，我都說他騙我。我到現在還記得，家庭訪視後，我就公開在講台上，而且是在全班面前，以最誠懇的心意，深深向該位學生道歉。

我向大家說：「前幾個月，因為這位同學的作業簿老是被雞爪抓破，我就責備他。我昨天去過他家家訪，才知道他家實際的情況，我覺得很抱歉。」我很喜歡用這個案例與我現在服務學校的老師分享，如果沒有實際去看過學生的家庭狀況，不宜輕率判斷學生在校的行為。

昨天我看到一個幼稚園學生，我去問幼稚園老師，有沒有去過他的家，他們只在聯絡簿上寫請他的父母補交學費，我沒有責備，只是以校長的觀點，我認為老師有空去看看學生的家裡，或許會有不同的觀點。

我今天在這邊分享我當過三年輔導主任的心得。輔導主任不是一個涼主任，而是要做一些預防性的工作。沒有預防性工作，學校出了問題，就很難收拾善後。真的是不怕事多，就怕多事。我在學校分享是想具體喚起老師心靈的悸動，以及對輔導工作的落實。如果老師抱持的心態只是來到這所學校，一、兩年就想調走，對學校、社區來講，學校老師們只是陌生人。

**孫校長：**

首先就「涼主任」的觀點說說看法。這是校長的認定和擔任輔導主任者對角色的抱負與認知，假如主任工作不被肯定，又不知道要做什麼就去當輔導主任，那就是涼主任，或自己就是在找涼處室，就是想當涼主任。我對有涼主任這種想法非常不認同。

我在國北師的輔導組待了四年，彰師大輔研所四年，只是為了想做好學校輔導工作、擔任稱職輔導主任的角色，並彰顯輔導工作的本質。輔導工作絕對不是個外加的任務。若老師沒有這種體認的話，哪來「愛與榜樣」？如何進行輔導工作「真誠、尊重、同理、關懷、接納」的信念與作為？這是在人與人、人與社會必備的基本職能與發展訓練，它有必然的角色與任務，所以它絕對不是涼主任。

關於學校輔導工作的認知與推動，我首先調整位置。學校原來的諮商室在三樓，輔導辦公室在二樓。徵詢大家的意見之後，我就把輔導室辦公室遷到三樓，也賦予輔導室努力方針，成為本校的心靈故鄉。如此的方向性指引，從對象與內涵，角色與任務就更清晰，不只是辦活動而已，更有課程規劃，形成學校特色課程的一部份。

輔導對象可區分為一般兒童之發展性輔導及特殊需求兒童輔導與諮商。對特殊需求兒童方面，學校有一班特教班，一班資源班。進特教班比進博士班還難，因為學生都是重度、視障、溝通障礙。我第一次公開讚美的老師就是特教班。我認為輔導老師比輔導學生還重要。有快樂的老師，才有快樂的學生。我絕對不認為輔導室在學校經營上成為一個配角，把輔導主任看成是涼主任。

**張校長：**

針對這個問題，我想從幾個向度來談，一是有關於師資安排，二是學生照顧，第三部分是有關家庭協助的部份。

在師資安排方面，輔導工作應該涵蓋所有的孩子、所有的問題及所有的解決方式在內，學校該如何把適當的師資放在適當的位置，是非常重要的課題。有些學校在安排特殊班老師時，可能面臨一些困擾。以專業為導向來安排特殊班專任教師是最理想的，但有些老師可能不適合放在普通班，怕對學生影響太大，於是把他放到特殊班去。

這樣的師資安排，從特殊教育的角度來看是非常不適當的。特教師資應該更專業化。由於專業師資難求，行政資源的挹注更是重要。當特殊班老師提出需求協助時，行政團隊應該要克服困難設法協助。同時，學校需要加強提升普通班老師的特教知能。

特教工作不能只靠特教班老師來推動執行，而應該普遍提升全體老師的特教知能，讓每位老師都具備特教的專業能力，才能真正落實推動學校特教工作。校長的功能，應該要督促老師，把握較多的專業進修機會，也讓特殊學生能有更多表現的機會，讓特教老師獲得更多成就感，讓老師的努力在孩子身上呈現出來，讓大家都看得到。這是一個相輔相成、良性循環的功能。

第二部份是有關學生照顧。我想從兩個向度來看，首先是特殊學生的生理需求，怎樣對特殊孩子有妥善的教育安置。特殊孩子的師資安排真的非常重要。本校有兩種特殊班級，分散式資源班有兩位老師，集中式啟智班，我們叫丁班，四位特教老師師資堅強，有特教研究所畢業的，有工作一、二十年後回學校念師資班的，還有師院特教系畢業的學生，各個具備專業特教知能。

教室位置的安排也是很重要的。我們通常會把特殊班教室安排在適當的位置，但往往容易忽略普通班也會有特殊學生需求。假如普通班有肢體障礙的孩子，教室應該安排在一樓或方便上廁所的地方。每一所學校的條件不太一樣，要考量特殊孩子的需求，取得全校的認同，妥善安排教室的配置。

　　形塑堅強有力的特教團隊，除了 IEP 的設置之外，教師不斷互動、對談、專業協商，都是必要的。在新接任班級的一、三、五年級老師，我會商請他們與前一年段老師交換經驗。

　　有些孩子的潛在問題表面上不容易發現，只有曾經帶過他的老師才知道。有些孩子在轉換新環境時，會表現出焦慮性行為、自我傷害，或是反社會性行為，希望老師能特別關注，給予小老師或小天使等的協助安排。

　　其次是無障礙的設施。校園裡規範一定的無障礙設施空間，有些不在規範內的也很重要。我畫了一張本校的位置圖，學校環境配置非常單純，一個口字形的建築物，中間空白的是美麗的中庭，三層樓的建築物。校長室在樓梯旁邊，只要走出校長室，全校就一覽無遺了。

　　這樣的環境看似安全，但有些地方藏有潛在的危險。本校有一個走廊，底端並沒有利用的空間，從這個位置看出去，操場非常漂亮，綠樹很多，遠景有很漂亮的地標建築，是學校視野最寬闊、最漂亮的地方。

　　某一天，有一個特殊班的孩子，教室在一樓，在老師一秒鐘沒看著他的時候，一轉身就不見了，老師緊張得到處找人。過了幾分鐘，當他被同仁發現時，身體已經懸在女兒牆外面了！訓育組長正在操場上體育課，頓時急哭了，嚇得不敢喊叫，怕孩子受到驚嚇出意外！

　　真的運氣很好，這時事務組長正好有事上樓，就在這樓層，他看到後立刻上前緊緊抱住孩子，把他拖進牆內。事後他告訴我，整整一個禮拜，他腦海裡頭一直浮現那個畫面，心裡非常害怕，他也不敢喊叫，怕孩子掉下去。

　　很多人說，這地方非常美麗，碧草綠樹、藍天白雲，會覺得很想做神仙，假如心情不好可能就想跳下去了。

這事件發生後，我立刻請總務主任把鐵窗做起來，雖然景觀差很多，但已經有一次意外事件發生，怎能容許再發生第二次。學校環境安全絕對是不容輕忽的，校園的無障礙設施，無論多微小的地方，對特殊孩子來講絕對都很重要，一個不起眼的小角落，也要把安全防護做起來。

第三個是家庭協助的部份。我從過去的經驗中發現，資源障礙班孩子的家長，常常面臨經濟、生活上的強大壓力，對孩子的教養照顧常常有困難，需要學校協助他們改善。

我們學校有一個多重障礙的孩子，爸媽遊手好閒不工作，老師想盡辦法幫他做了一本基金記帳簿，能申請的獎助學金全放在這基金裡面，由老師幫他列管，每天班級營養午餐剩餘的食物，全部打包讓他帶回家當晚餐和第二天的早餐。

這孩子全家人的三餐都靠學校，當他們有用錢需要時，就來跟老師提錢，老師一點一滴的幫助這樣的家庭，已經持續很長一段時間了。我常常走到特教班去跟孩子一起玩耍，讓老師感受到校長的支持力量。有時候老師們心裡也會孤單苦悶，因為他們的辛勞付出不容易被看到。

除了對老師、孩子、家庭的照顧，校長要關照到的更多層面，在容易被大家忽略的地方發揮更佳的效果。有時候我們要思考，當校長人不在學校的時候，這些事情是不是就沒人做了？

其實不該用「人」來做事，應該採用「系統」來運作。我們常常說：「沒有壓力的壓力是最大的壓力。」我因故有幾天沒有到學校，同仁每天都在期待校長出現在校園，剛好學校舉辦一系列非常盛大的節慶活動。

當我返校時，很多家長和老師都很開心地告訴我，哪個活動辦得多好啊！哪個活動多成功啊！哪個人多麼棒啊！身為校長的我們，不管

學校經營的著重點在哪裡,當校長不在位的時候,在學校留下來的應該是有效的系統運作,而不是校長個人做了什麼東西,才讓這件事情有所成就。

## 蔡校長:

在學校大概會碰到幾類的報表:單親、低收入戶、原住民、外籍配偶、教職員子女等統計表,另外一類報表大部份屬資源班,這些我都會特別注意一下。我也請主任要特別注意一下,尤其數目字多少要很清楚。

以我們學校來說,大概有一成是單親,大概有三十多個是父母雙亡,加上外籍配偶子女也有三十多個。這些人需要學校特別關懷、注意。我粗估一下,這些人總共大概占全校學生的兩成,是很大的數目字。以單親而言,我們不是說單親家庭就有問題,但需要我們多加關照。

教職員子女,一般不會有什麼問題,但不要輕忽他的影響力。我在擔任級任老師時,我會向班上教職員的子女特別聲明,希望他們能成為同學榜樣。去年我在另外一所學校服務時,曾發生班級在換了導師之後,居然是教職員子女帶頭起鬨,對新老師的班級經營造成相當程度的困擾。

有關特殊需求學生教育的部分,我覺得行政體系,特別是輔導室,要能掌控老師的情緒反應,尤其是特殊班、資源班老師的情緒。我覺得在特教專業的部份他們或許沒有問題,但特教老師長期面對特殊需求的學生,相較於一般教師,他在心理上會不會產生不太一樣的變化,值得我們關心。

我現在這所學校,過去有位女老師,師專畢業時很優秀,結果沒想到她服務二十年後被學校資遣了,當時她身為資源班教師,特殊班教室

又在校園一隅，長期自己把自己封閉起來，最後幾乎處於失能狀態，上課幾近照本宣科。所以校長及輔導室也要關照老師的情緒，對生活狀況應該也要關心，從旁協助。

本校在特殊教育方面，老師很認真、很有愛心，但是也有一個很大的盲點：現在講求融合教育，特殊班老師有沒有主動介入普通班尋求合作很重要。我一直覺得資源班或特教班的老師，不應該只是侷限在課堂上那幾節課而已，他所提供的服務，應該有點像行政是不分時段的。如果沒有做到這一點，不只是沒有盡到責任，沒有和普通班老師打成一片，還很容易被邊緣化。

我們學校的建築平面圖像是一個布袋，有一個缺口，特教班就在一樓的袋底。依照我長久以來的觀察與感觸，特教班老師一直有被邊緣化的危機，他們的存在很容易被忘掉。他們純粹只是把課上完，其他時間可能沒有多多去接觸普通班同仁，我覺得這是很要命的事。

第一個是把自己孤立起來，自己的人際與心態容易變得不健全，把自己封閉在校園角落，可能幾年之後連自己本身的心理狀態都會出毛病。所以我一直希望他們能藉由參與學校活動或主動發起活動，充分融入教師團隊，也能夠把學生輔導的事情做好、關心學生學業、關心學生整個生活狀況。特教班及普通班老師兩邊一起攜手合作，才有辦法辦好教育。

再來是有關特殊班學生的互動。我發現特殊班大概有一半的學生會受到家庭因素很大的影響。這學期有一個家長拿著數學課本掉著眼淚來找我，他要求特殊班老師幫他上普通班的數學，老師沒有答應。家長認為老師犧牲他子女的受教權，而且告訴我，他的孩子升上國中後，一定要讀普通班。

另外有一個家長告訴我，他的小孩在資源班的第四班，是資優班，

乍聽之下我覺得應該比較好處理，學業上應該不會有問題。結果談到最後，家長也不敢確認他的孩子就讀哪一班，叫他的孩子出來確認才知道，他是屬於學習較緩慢的資源班學生。

家長對於小孩子讀哪一班、導師是誰都不清楚。他告訴我，小孩到資源班學習是沒有用的，要把這孩子回歸到普通班。我只告訴他，資源班的課程是根據小孩弱勢的科目進行補救，屬共同課程之外附加的課程，對這孩子是有幫助的。從上面的例子可以知道，家長和老師之間的認知，存在了一些誤差。我認為我們要留意老師和家長之間的溝通是不是很清楚。

剛剛提到家庭訪問。我在擔任級任老師時，新接一個班，在一個月內大概有一半的學生，我已經親自做過家庭訪問。現在基於安全因素，要請老師去家庭訪問是有點難度的，我也不敢強制要求老師去做家庭訪問。我們的老師無法做到親自去家庭訪問，平常就要用電話連繫或是透過與家長的互動來彌補。

我在其他學校服務時，發生過老師用丟的拿簿子給學生，剛好被家長看到，因此被家長控訴，也在校外宣傳這件事。不管這學生作業寫得有多爛，你或許帶著情緒，怎麼會在家長在教室時，還控管不住自己的情緒丟簿子。家長在教室時，一定是進班服務期間，老師這時應該從旁協助，而不是在改作業，這點應該自我反省一下。

有些老師的作法不一樣。家長進班服務時，他在旁邊協助。一般這種老師，是外面所尊稱的名師、好老師，這一點老師可能也沒有意識到，因此我們應該提醒老師，在與家長互動時要注意的事項。

最後我提特殊生的處遇情形。之前有一個中重度自閉症的學生，那個班的導師有辦法引導學生對個案展現很高的包容力，小朋友可以連哄帶勸，軟硬兼施引導這位同學一起學習、遵守班級共同規範。導師能

做到這一點，引導學生關懷特殊學生，而不是讓特殊學生脫離這個班成為客人。

我知道那個學生雖然自閉症的程度較嚴重，但在中年級那兩年內過得很愉快，後來在他轉學時，家長表示很感謝老師，也很感謝這個班級。有人開玩笑說：「急症就送訓導處，慢性病就送輔導室。」我覺得輔導室應著重在發揮保健的功能，在事發之前就該做了，不要等到變成慢性病甚至是急症，那時送到輔導室、訓導處都有點晚了。

## 王校長：

我個人並沒當過輔導主任，但是我很高興的是，當我考上校長時，就有機會到台北縣教育局特教課去歷練，我承辦的業務是台北縣全縣的資優教育、視障教育，以及在家教育。這個經驗讓我學到了相當多。

以往我自己雖然不是輔導主任，但是我教務主任工作都以輔導的理念來推動所有的教學活動，所有特殊學生的安置，不用等到輔導室提出來，我在教務處安排前，一定事前九個月先請比較適合的老師進行安置。

首先，現在我自己擔任校長，我的主任四處有三處是變動的，唯有輔導室不動。我考量的重點，以學生為主體，必須要讓輔導主任掌握到每一個孩子，要非常清楚每一個孩子，尤其是特殊孩子，不要因為主任工作的調動而忽視了，或是沒有注意到這些特殊的孩子需要照顧。所以我堅持輔導主任沒有變動。我非常清楚了解到，我們學校低收入戶的孩子有多少人，原住民的孩子有幾位，外籍新娘的孩子有幾位，以及瀕臨單親或是家庭發生變故的孩子。

除了低收入戶有政府補助之外，我每個月都還要為很多位小朋友籌募午餐基金，上次也透過家長的一封信去募集一些資源，目前大概募到五十多萬。我所思考的是把這些需要照顧的孩子先安頓個一、兩年，

接下來陸續再爭取經費，我想一任四年內應該不會有太大的問題。

　　另外我們的家長會也不錯，每年都會給各班助學金和獎學金的名額，學校每個禮拜五晚上都會審查家長所提出的助學金申請案。所謂助學金就是幫助家裡發生變故或是特別需要照顧的經費，我們針對每個個案進行討論、審查，很小心的瞭解每一個孩子。如果不清楚的就是再議，透過第二次的家訪了解孩子是否真的需要幫忙。透過這樣的機制，學校本身適當的投入，家長本身這樣的支持，對孩子的關照很多。

　　在行政體制實際的作為大概可以分成三個方面。首先，校長本身要非常重視輔導的工作，重視、關照到每一個小朋友。行政運作是透過教訓輔三合一的機制，讓各處室結合在一起來推動這些工作。

　　另外就是資源的轉入，我們一直做的部分，第一個是由我召開教訓輔三合一會議，所有的計畫是校長帶著各處組，教務、總務、訓導該做什麼，一一列定相關的計畫，讓每一位孩子，不只是特殊的孩子受到很多的照顧，優秀的孩子各方面表現非常優秀也得到肯定，我們也為中間層的孩子提供更多元的學習活動，讓家境普通，但並不是一直需要隨時特別幫忙的孩子，也都有被肯定的機會。

　　對於特殊班的孩子，學期前我們會召開學生的安置會議，在安置會議內再開個案會議，邀請家長、老師來座談，針對每個個案有什麼問題、教學計畫、IEP 的順序是不是有什麼建議進行討論。學期末學校也會召開這樣的個案會議，針對這些孩子做一些檢討。

　　我自己本身則會定期巡視這些特殊班，有兩位是坐輪椅的，有三位是家長到學校陪讀的，我們隨時都會去給老師、孩子加油打氣。輔導室確實有很多活動，尤其像生命教育、兩性教育，有很多的專款在推動，活動都是以實質的輔導為主，這部份是相輔相成的。本著初級、中級、三級預防的概念，該做的我們都必須要做。從這些工作看來，輔導室要

做的事情非常多，輔導主任絕對不是涼主任。

　　輔導工作若只有做到初級預防是不夠的。我在輔導主任生病時，我的組長做到那部份時，我告訴他，校長不是要這部份，校長重視的不是在成果，我更重視的是歷程，我們是不是對真正需要關懷的孩子，拿出具體的策略去關懷他。要關照每個孩子，這樣才是有意義的。

　　每個年度，學校都會提出個案，由家長會提供補助，包括午餐補助，針對各個個案，我們會共同呼籲老師來做輔導的工作。學校提供多元學習，讓各種社團的小朋友都是純社團的，所有學生的活動都是純社團性質，讓學生能適性發展。

　　弱勢兒童的部份，不只是教育優先區，我們也結合地方資源，結合市民代表，為弱勢的孩子安排很多課餘的學習，不只是提供他們吃飯，也提供給他們更多學習的機會。學校安排了一些書法、電腦、數學的課程，讓他們假日都到學校來學習。在教學輔導的部份，我也特別要求老師提供輔導記錄與相關資料以供檢查。

　　我要求輔導室，輔導資料要詳實紀錄，要有具體可查的資料，我會做定期的檢視。在訓導的部份，學校安排了很多法律講座，也安排了服務學習，帶孩子到社區去，看看其他比我們更嚴重的孩子，讓他們知道自己是很幸福的。

　　在經費資源方面，仁愛基金是一部份，家長講座是一部份，還有我們午餐專輔是一部份，給家庭特殊個案提供幫助。我們還結合里長、家護中心，以及慈濟等外部資源進來，私下幫助孩子，包括物件的器具，或是家庭生活的補助。台北縣政府資源也充分利用，包括申請助理人員、專業治療師，或是特殊個案需要治療的部份，我們都透過專案來申請，希望獲得縣府現有資源或是諮詢的體系的協助。

　　對於學校無障礙環境的部份，上學期十二月份時，我們有許多經

費，對無障礙廁所、樓梯、迴轉道等都做了全面的處理，目前學校這部份都已經改善了。輔導工作最主要還是要回歸到課程裡面，讓所有老師在課程裡面都要進行輔導課程的設計和教學。

## 薛校長：

輔導工作這個議題在學校裡面被關注到，可能就是學校最精微的部分。前兩天我看到一個孩子在學校後花園水池旁玩，我過去問他，他頭轉來轉去，說話時眼睛都不看我。我跟他說話，他卻不看我，我的老師本能就出來了。有一點半責備他的方式，要求他回教室。看著他乖乖回到教室後，我才想到這孩子應該是注意力缺乏過動症的孩子。

之後，我就跟老師聊了一下。在一次整隊，我看到那個孩子排在最前面，因為最高、最大，等到老師轉過頭要帶他走到前面去，他就是沒走，偷偷的跑到最後面。我站在那邊看他到底要做什麼，他轉過來看到我，就跑到隊伍裡面去了。後來，我就問老師兩件事：孩子有沒有到輔導室接受輔導？我也跟老師聊這孩子的狀況，我問老師這孩子是否很難帶？

第二個和第三個孩子是腦性麻痺的孩子，拿著枴杖，走路非常不方便，他們上完電腦課，我剛好從樓梯走上來，他跟我反方向走回教室。腦性麻痺的孩子拄著枴杖走路是非常吃力的。我本來想，我就走回校長室好了，又想想還是去看一下好了，因為沒有小孩子陪他，我就再轉回來一直看，猶豫到底要不要上前陪他走一段。看他走一段後，還是忍不住，在他要進電梯時我就跟上去了。我發現，他的教室離上課地點很遠，在最角落的地方，我就在想他的學習動線是怎麼樣的一個情況。

另外一個腦性麻痺的孩子，有一天學生沒有回家，家長打電話來找人，他爸爸常常比較晚來接他，資源班老師也找，導師也聯絡，輔導主任、特教組長也找了，最後在廁所裡面找到。他把自己鎖住，怎樣也

不肯出來，最後還是資源班老師爬進廁所把門打開來，幾乎拖不回家。最後家長來了，那是親子關係改變的契機。

家長好像突然發現，這孩子受到校長、主任、組長、兩個特教班老師以及導師全部人的關注，我就跟家長講，回去一定不要罵他，要聽聽看他怎麼說，要不然以往他回去都會被修理得很慘。他的家長是非常嚴厲的，我也看到在職能治療過程中，他爸爸陪伴他的樣子。

另外有個孩子是自閉症，學期開始沒多久，我就看到有個實習老師陪他在遊戲場玩。我覺得奇怪，這孩子怎麼沒回教室，問了一下才知道他是自閉症的孩子，還好有實習老師陪。導師在上學期受到他的情緒干擾非常嚴重，直到上學期快結束後，他這個學期有了心境上的調整，以一個做功德的心情來陪伴這孩子。

另外是晨光活動時間，學習輔導志工來指導孩子時，我會進到他們的輔導空間，看他們學些什麼。我問到一個孩子，他從基隆到這裡就讀，每天都精神不濟，常常沒有吃早餐，志工媽媽很早之前有講過了，有時會幫他準備蛋糕給他吃。

有幾個這樣的個案，我一直在回想我們輔導室做了多少事情。針對這些需要關懷的孩子，我還沒看到輔導主任閒過，而且，全校裡面機動性最強，可以做最多事情的似乎就是輔導主任。

剛接任校長時，我跟輔導主任講我對輔導工作的想法：「學校輔導工作如果做得好，就是學校精緻化的開始。」輔導室是學校親師生心靈的故鄉。長期以來一直都接觸輔導工作，我知道輔導室要做的事情太多了。還好我們輔導主任很多事情都能處理，我們那時就在談孩子的生活、學習、生涯輔導該怎麼來做。

有的老師們會說，現在家庭功能越來越式微，學校應該有一些作法來補足家庭功能的不足，所以我就跟輔導主任談親子教育該怎麼做。輔

導室其實是提供老師、家長專業諮詢服務的地方，輔導室還要做志工的整合，這一點也很重要。光是這些事情，輔導工作就做不完了。有機會我也會和輔導同仁一起參與處室會議。我跟輔導室主任細談過統整資料組、輔導組在資源班的功能。

目前，學校在小團輔、學校議題的輔導、班級的輔導、特教方面或資源班方面都做得蠻好的。甚至個別輔導或輔導主任跟輔導組還規劃「午茶有約」，讓孩子自己約輔導室的老師談，談他老師、學業、交朋友的情況，輔導老師就花中午的時間跟這些孩子談。

我看到輔導組給我的資料，做得非常細緻，我真的是很感動。跟孩子談完之後，輔導室甚至主動去跟老師聯絡，告知老師孩子可能處在的情況，或是了解一下老師處理的方式。很多林林總總的事情，輔導室看起來很難是涼處室、涼主任或是涼組長。

因為輔導主任比較活躍，在學校比較有人望，很多老師會把班級的問題、自己的困難、學生的狀況主動告知。輔導主任知道得越多，就覺得有越多的事情要做。輔導室真的是忙不完，要不就跟老師談，要不就做家庭訪問等。我認為輔導工作是校務工作的核心，要用專業的方式來做。因為我對輔導主任有這樣的期待，所以我也把輔導室的人當專業人員來看待。

學校有身心障礙資源班，我常常會關注到資源班老師給我的訊息。感覺上老師似乎把資源班當作補救教學的地方，不是補救數學，就是補救國語。我很希望資源班不要光做這件事情，要做的是孩子感官功能的重建或加強。課程的設計，除了補數學、國語那些永遠補不會的東西之外，更重要的是學生的生活自理能力、人際關係如何培養，如何安撫他做情感情緒的教育，這些很多都是專業的東西。

當教育局吳科長寫一封信給校長，說臺北市教師會某位資源班老

師，在身心障礙類特教學生個案輔導的評鑑會議上，提出對資源班做評鑑，要用法或行政命令來規約。教育局的科長就寫一封信給校長做說明，同時我把這訊息給輔導室，我們輔導室就自行提出申請接受評鑑。

資源班的老師做成的這份資料，都是個案的評鑑資料，寫得非常精緻。另外一個資源班的老師也把這評鑑資料寫得非常專業。這一份資料所呈現的是從如何跟老師溝通，如何處理孩子的學習，如何做很多細緻的東西。我就把他影印下來，以後再慢慢拜讀。

以資源班孩子的狀況來看，我常常和資源班老師們討論，從孩子的編班、學習動線，導師如何處理資源班孩子的問題，尤其聯絡簿上怎麼告知孩子學習的狀況，都會發現很多事情。

目前資源班老師都會和導師密切聯繫，孩子從入班觀察、初級篩檢，到發現這孩子需要做鑑定和安置，做得滿完整的。另外我們上學期一直到下學期，因為資源班功能越來越強，老師提出的個案也越來越多，我就提出一個問題：「以特教知能而論，班導師到底對資源班的認知是什麼？」

我跟班導師說：「上個學期一定要針對整個學期孩子的學習狀況去評估，應該要有部份學生回歸。因為有部份學生回歸，代表資源班功能是正面的，這樣可以省下學習時數，提供其他需要入班的孩子。」這樣子跟他們提時，他們也跟著這樣的想法去做。

老師提出很多個案，我們討論的結果，應該有個過程，從入班開始做比較細微的觀察，然後做客觀的鑑定，透過特教委員會作確認，很多細緻的東西就在裡面運作。我偶爾會和老師們提，這些資源班孩子的生命已經有所缺憾了，我們是生長在幸福的家庭裡面，很難想像一個家庭有這樣功能缺憾的孩子，他們是生活在怎麼樣的一個深淵裡面？面對這些學生時可能要特別留意，以同理心去關照他們，也可以做一些預

防。

我們也做了一些努力，針對家長不太能夠接納孩子缺陷事實的這些人，我們輔導室主任邀了導師、特教班老師去聯合家訪，最重要的是談一個關鍵問題，也就是孩子用藥的問題，幫家長找出哪一個時間是需要用藥的，是學校能配合的，孩子在用藥後那段時間內，能夠比較穩定學習，而不干擾到別人。家長也比較能夠接受，因此這孩子在班上的狀況就有比較明顯的改善。

校長可能真的沒有辦法直接去做什麼事情，但是人非常重要，如果輔導室的每一個人都非常專業，功能就非常強。但是專業的人還是會有一些盲點，我們經過互相討論之後，能夠發現一些細節，做一些微調。最後是建立親師合作的默契，讓資源班的孩子在學校得到最好的發展和成長。總而言之，針對特殊需求孩子關照得越細緻，其實也是學校精緻化的開端。

## 曾校長：

對於輔導室的工作，在我的學校將近有 600 位學生，上學期一開學調查，請輔導室把資料給我，我那邊單親和隔代有三成五，低收入戶有一成二。我算過這是該區最弱勢的學校，狀況最嚴重的學校。

對於輔導的工作，我會想，在這樣的學校，目前在推的幾個制度是不是適合？比如說認輔制度，我科任要去認養多少人？零拒絕是不是對的？如果這個地區都要零拒絕進來，真是不得了。

第二個，我的輔導室有沒有這麼大的能力去做很多的事情？我就在想，訓輔要怎麼讓他合一。我的訓導主任在開學第一天罵學生，下台時，我告訴他：「能不能以後想辦法罵人讓別人去罵，儘量用鼓勵的方式？」我的主任真的很好，他從此就沒有在公開場合罵人，他立刻去想很多方法。

　　我也想到，其實老師是不是每一位都能去當認輔老師呢？剛剛提到資源班老師的安排時，事實上有一些學校資源班老師是怎麼安排的？擔任級任不太行，就擔任科任，擔任科任不太行，就去接行政，再不行就去教特教班，因為那邊有兩個缺，資源班編制有兩位老師，若有事情還有另外一位老師可以幫忙掩護一下，等待有機會看能不能趕快省市互相調校，有一些學校還真的是這樣的狀況。

　　我不認為每位老師都適合做輔導工作。很願意做輔導工作的人，是不是就懂得怎麼做輔導？這些我以前都在思考，在學校的輔導工作上，我告訴我的輔導主任，不要強制去做。以前輔導室就專門辦大型的活動，比如說跳蚤市場、母親節、聖誕節活動，家長會還希望再辦些活動。我就跟他說：「你最需要辦的是家長的成長，因為我們這邊的家長最需要成長。」

　　在這學區的家長都有很類似的觀念，那類似的觀念對小孩子的管教態度都不是很適當。我每個學期有三次的時間與班級代表午餐，每次我都問：「你跟爸爸媽媽意見不一樣時，爸爸媽媽怎麼樣跟你溝通？」十個有八個說我爸媽就是打下去。家長的管教態度本身就有問題，對學習的要求也是不太一樣，對於多元學習，家長根本不要，他們只要看小孩子考試的分數，覺得他考得不行就要送去補習班讀書。

　　第三個問題，孩子需要的是安親照顧，要辦家長演講叫他們來聽，家長都要做生意賺錢，哪有時間跟你聽？星期六、日是家長賺錢最好的時間，到兒童樂園去賣一天就要生活一個禮拜，怎麼可能來參加家長成長活動？我跟輔導室說：「就不要去搶辦這些活動了，你去想想如何跟家長多做聯絡，改變他們的一些觀念。如果改變不了，我們就多照顧學生。」

　　並不是所有老師都能輔導學生，有專業的知識不一定有專業心。老師如果沒有體認愛與榜樣，是沒有辦法對學生做輔導的。老師放眼看

去，一個班上有三分之一是單親，老師在班上很多事情講話都要很小心。我們的主任也有這樣的體認，用幾個方法去提醒老師要有輔導的特質。比如我們在寒假時介紹老師讀幾本輔導的書。

另外在一些場合我會提醒老師，最近做兒歌教學時，要特別小心。比如說母親節時，主任會去提醒各個老師，要知道班上有多少單親的小朋友，在做母親節的聯絡教學或是兒歌教學時，要特別注意這些小朋友的感受，不要叫學生舉手調查「媽媽不在的舉手」，因為會傷害孩子的心。在老師專業知識的部份，還要加上老師專業的心去提醒他，幫助老師去了解。

也有一些比較嚴重的，怎麼輔導都沒辦法的，我們跟生倫基金會合作，以前是每個學生一個月補助三千塊，在我們學校補助十二個學生，補助了四年，方法是把錢拿給教務處，請註冊組長發給這些學生，做家訪之後發現花了很多錢都沒有用，都被家裡拿走了。我有個辦法，把這些學生集合起來，照顧他們的課業。第二個請人家給他們做一些心靈輔導的課程，跟我們輔導組長一起合作。

在星期三的下午，用他們的基金組成一個班就叫生倫輔導班，我們在一些表演場合，讓這班的小朋友有表演、表現，或是給他們去當服務員的機會。我們學校有一個五年級的男生，他從這學期開始，早上我站在校門口，他就會要求校長抱一下。有一天我問我的教務主任，他說有啊！學生也要主任抱一下，主任說不要，教務主任是男生。

我們學校在母親節都會買花，把這花獻給媽媽，感謝媽媽。但是教職員男生都沒有，我就說今年改變一下，全校教職員工包括臨時工，大家通通都有花，男生就帶回去給老婆、給媽媽都可以，沒有小孩的也帶回去，或是給班上的小朋友，他也許沒有錢買禮物，就把這一束分好幾朵給他們帶回去。

我就在教師早會時，要輔導主任找一個老師內最年長的媽媽，請她當代表，由校長送她這束花，我就說可不可以擁抱一下。女老師就說：「校長，你吃點虧好了。」我藉這機會告訴老師那個五年級男生的事，也許班上有很多小朋友是需要抱一抱就好，有的小孩就是抱一抱就會覺得很舒服了。

## 趙校長：

我初接主任就是輔導主任還要兼辦人事，所以是一個人負責兩個處室。基本上我是一邊走一邊修正，我也帶過八個特教老師。以這次的評鑑為例，士林區是整個集體抵制，才會有這樣的一封信。

我們學校的特教老師讓我花了非常多時間溝通，但他們有內外的壓力，我說你要對外怎麼說我都可以接受，說是校長接受的也可以。你要怎麼在參與的特教團隊裡來接受這樣的事情，重要的是你願意來做這件事情，來做自我的檢視，藉由評鑑表來做自我的檢核。

但是我們可以看到，目前在整個特教團體裡，他可能是在比較邊緣的位置，在工作上的成就感比較低，在學校的團體上他沒有隸屬的學年，因為這樣的情況，以他校共組群組為主的特教組合，大家會比較有情感的認同，反而感覺上會比校內來得多。如果輔導主任在聯繫、溝通、帶領，或是在壓力的釋放、支持上不是這麼充分的話，會在特教工作的推展上花更多力氣。

特教老師所從事的工作，以我所帶過的經驗，方向一定要抓得很正確，不然會覺得事倍功半，所做的事情根本沒辦法回饋到學生身上，並且覺得只是普通班課業的延伸而已。這樣的例子在我帶八位特教老師的過程當中印象最深刻。針對這部份我跟他們討論非常多次，IEP 內容規劃，不僅是所謂的學業延伸、學業補救的角度來看內容。

但是這也牽扯到他們在唸特教系的過程中，很多都還是從這角度

出發，針對表格的詮釋，針對 IEP 內容規劃的詮釋上，就有非常大的落差。後來我們還是藉由幾位資深特教老師提供的內容給特教老師們參考，引導特教老師更清晰地看待 IEP 規劃內容。特教學生的自理能力，生活社交能力，他的優勢在哪裡，把他開發出來，讓他更進一步得到成就，更願意去參與學習或是生活、活動。

這可能更能夠激發特教學生、偏差行為的學生對自己的自信，整個內在的層面，如果能把焦點抓準，特教老師的專業分享就能朝專業的角度發展，而不是政策性的抵制。如果能夠回歸到學術面上看待政策的功能，而不是只是情緒上的反應，對自己的幫助與對學生的幫助可能會更大。

校長看待輔導工作時，可能也要不斷自我呈現，學校做的哪方面是對的或是錯的，哪些作法或制度在運作上有缺失，都需要做自我檢視。

## 秦校長：

學校輔導工作，校長這個角色要對學校特殊性的兒童或是個殊性兒童有所了解，要知道怎樣讓孩子知道我們是關注他的。今天我的學校規模不是很大，能夠把孩子的名字叫出來是比較容易的，那些被關心的孩子包括家長的感觸，我想是很深的。

學校裡的班導師只會管自己班上的學生，即使他們只有一個特殊生，他們也會只把那個部份做好。可是他們已經慢慢了解，現在的教養真的很不一樣，我們很需要從孩子的需要性或是個殊性來輔導學生，我覺得把孩子的名字叫出來是非常重要的。

過去我服務的學校實在是太大了，曾經發生特殊學生的安排，校長先拜託老師認養領有殘障手冊或是非常特殊的孩子，一個年級可能有七、八個，希望老師針對自己的能力是否可以協助輔導自閉症、過動兒，能不能忍受班上很多學生都會排擠的兒童，若老師可以，我們就會

安排，也就是說會先去徵求老師的同意。

我過去服務的仁仁國小曾經為了七個孩子，必須要把二升三年級或是四升五年級的學生當中挑出有行為、內向性等等偏差問題學生來加以分配，也可以讓導師先選擇。但卻真的發生過有些特殊生或個殊生沒有導師願意挑選，讓我們很寒心。這樣的狀況，在我現在的學校就很幸運，在稍微中等一點的學校或是小一點的學校，真的非常幸運。

我現在的學校，沒有一個學生需要指定，但過去服務的明星學校連好學生都要找最好的明星老師，有的導師甚至於說，那些特殊學生若是他抽到，就是他的不幸，讓人聽來覺得真是教育界之恥，老師怎麼可以如此標籤化特殊的學生。我到這所新學校都沒有這個問題，甚至於來拜託我安排老師的特殊生。

媽媽來跟我提時，她說沒有要選任何老師，希望校長能替她考量的是讓她的孩子與手上名單中的這幾個孩子編在同一班，因為她的孩子曾經有這幾個孩子帶他，他已私下問過這幾個孩子的父母，他們願意跟他的孩子編在同一班：「校長，你能不能接受我這樣的請求，因為他們會幫新的老師來帶我的孩子。」我不知道當我把這需求說出去時，其他同仁會不會說：「校長，這樣會不會以後很多家長都紛紛來做這樣的請求，這樣編班上合法嗎？合理嗎？」

我覺得我還是要把這問題拋出去，因為她不是要指定老師，只是要幾個孩子跟她孩子同班，我就決定在編班會議時提出來，還好老師們都欣然接受。我過去很惶恐，碰到很多困境的部分，到了新學校很多都解決了。

在我服務的學校所屬木柵地區也是有隔代教養問題，在新的重劃區也是有非常明星、非常有錢，住別墅區的父母。另外就是政治大學教授的子女。這三個不同的族群在這邊融合之下，有些狀況可以透過說明

與討論來試著做做看。這部份不是我的功勞,也不是輔導的功勞,是需要專業的考量以及更多的會議進行協商,讓一般的孩子有學習,特殊的孩子也得到適切的個別輔導。

(本座談係於 2004 年 5 月 15 日在國立臺北師範學院行政大樓 605 會議室召開,由林文律副教授擔任主席,陳佳榮先生擔任紀錄。)

小學校長走過第一年

# 第 10 章
# 校長如何經營對內和對外公共關係

眾所周知，任何一個組織都無法自外於其所處的環境。一般而言，環境可分為內部環境及外部環境。學校是一個教育組織。學校的內部環境即其組織成員所形成的校內繽紛世界。學校內有老師、有學生、有職工，甚至有一批批為學校提供各項服務，同時也關心學校運作的熱心志工。

另外，環繞著學校組織運作的是學校外面更加繽紛的世界，包括緊臨著學校的社區仕紳與家長，也包括媒體、民意代表，甚至還包括上級單位。這些都是學校外面，時時在留意學校運作，甚至不乏時時會對學校提出各種指點的團體或個人。

不論是針對校內各個組織成員，或是對於學校外面關心學校運作的利害關係人或團體，身為組織領導者，校長要如何展現靈活的身段，化各種有形或無形的干擾於無形，並吸納各種有形無形的資源，轉化為對組織的助力。本章主要在於探討校長對內及對外公共關係之經營，同時也觸及學校在社區中的定位。

## 討論內容

**主持人：**

今天的主題分為兩部份，一是校長對內和對外公共關係的經營，包括學校內與學校外，這個範圍很廣。第二是學校與社區的關係如何定位。

## 小學校長走過第一年

### 江校長：

有關校內公共關係，我想從校內爭端來談起。學校去年考核完。校內最常見的爭執就是到底要怎麼考核。每每到了考核，就會有很多不平之鳴出來。理性層面來講，學行政管理的人常常會認為，績效一定是一個應該被考量的重點，所以就必須做一個評分的動作。

問題是評分完難免就有人覺得有所不平。如果有人不贊成績效評分，那就大家直接輪流。不只老師與主任會有所不滿，工友與事務組長之間，也會產生一些對立。從工友的角度看來，組長是用另一種角度在看工友。組長與主任雙方都有一些意見要告訴我。從這當中可以明顯看出一些不同的反應、不同的感受，更多的是一些不舒服。

大家都帶著問號，帶著有色的眼光在看對方，這樣令我很難過。我在仔細評估之後，發現事實上大家並不是像對方所看到的那麼有心，並不是如他們所揣測的那麼多問題。既然事情要做一個決斷，後來我就找一個時間把大家都找來。我的個性比較直。我要大家今天就把心中的不滿講清楚，有什麼對對方質疑的，大家通通講開來。

不論是什麼事情，只要是他們告訴我的，我都拿出來一件一件求證。這樣做可能不是很好的處理方式，可是至少在這些事情當中，有些誤會當場就澄清了。當事者之一會發現其實根本不是原來所想的那個樣子。藉著當面溝通的機會，我告訴雙方，哪些是自己應盡的責任。

很多前輩校長或是我們校長同儕之間常常會提到，校內同仁常常會期待校長是公平正義的化身，校長甚至要扮演裁判官的角色，一刀裁下去就必須很清楚，而且是符合公平正義的。

但有時候一些校長可能比較不喜歡得罪某一方，以免破壞氣氛，所以就把問題隱藏起來，放在檯面之下，可是事情並沒有解決。這當中大家對校長的不滿就會慢慢累積起來，不再那麼信任校長。校長如果把爭

執的各方找來，把話談開了，對或錯大家心裡清楚，彼此心裡就可以舒服一點。他們後來也承認，其實對方不是那樣想的。

有關社區公共關係的部份，在我上任之前某日，學校與地方的爭執就上了中國時報地方版的頭版半個版面這麼大。我就任校長之前，教育局長就特別交代我，要把學校開放停車場這件事情做好。

學校是社區的公共財。在上課時間以外，學校盡可能對所有的人開放，儘量提供可能的服務。我們學校對面剛好是派出所。學校跟派出所正好門對門，過去常常非常對立，非常不愉快。後來我們改變互動方式。我們張開雙手，把學校的資源提供給派出所。

學校的停車場因為也沒有用，所以我就告訴派出所所長：「如果有你們的同仁要停車，我就打一個遙控器給你們，讓你們輪流使用，把車停到學校的停車場。條件是你們警察同仁進來學校的時候，要順便巡邏校園。」這樣的做法在夜間效果最大，因為夜間學校校警人力有限，多了一個警察幫我們巡邏，或多或少有一些效果。透過我們這樣的動作，讓派出所知道校長的態度是很開放的。也因為這樣，地方上很多人會來學校借用停車場。我把我們的規則訂得很清楚。

校長換個人，把觀念轉換一下，採取了不同的做法，原來的問題就沒了。

## 蔡校長：

就對內的經營，有些學校是屬於比較重視制度的：學校運作一切按制度、按規定來，老師會認分的遵守那些規定。但是也有一些學校是屬於比較講求情感的：凡事只要校方沒有先討論辦法、事先溝通就宣布或執行，有的老師聽了就會很火大而產生抗拒。

我目前服務的學校是比較屬於情感型的學校，需要私底下先溝通，

先尊重當事人意見，如果執行一個辦法、一個規定，未經充分討論就公開宣布，或認為依「**法**」行政，先談法或行政規定的話，執行效果就會非常差。所以快樂國小以前有很多紛紛擾擾，可能都是因為這樣而引起的。

不管怎樣，一個學校的同仁對校務的看法不可能都是一致的，一定會有一些比較支持行政、一些比較支持教師會的見解。我到快樂國小擔任校長之後，雖然面對很多以前的老同事，而且大家都很熟，但是推動校務時我還是非常戰戰兢兢。

舉個例子：當我們召開一般會議時，教師會會長因為是科任老師，所以坐在最後面，當召開教職員朝會時，他會主動坐到前面來，所以我就主動邀他和我們一起坐在前面。我當時也預測，我這個舉動一定有少數人不認同，但是我評估優缺點後，決定要這樣做，彼此尊重才能互相信任，至少到目前是相安無事的。

最近學校教師會會長又當選全國教師會副理事長，請問我該不該公開在教職員朝會時表示恭賀？我想是一定要的。我知道，當我這句話講出去的時候，一定會有人不願苟同，認為我是比較偏愛教師會的，但我還是得公開道賀，畢竟這是一個全國性公認的職務，不應摻雜任何好惡。

我們的家長會長說：「我們送一束花給他。」我那時候第一個評估反應是：「如果你送一束花給他，一定會引來很多反彈。」所以我告訴他：「我們送盆花過去他的辦公室，這樣可以省掉很多的麻煩。」所以在處理很多這類事情時，我第一個會想到老師們的想法或反應會怎麼樣，避免引起無謂爭端，造成內耗。其實我會就事論事推動校務，不會偏聽行政或教師會，我知道老師對我的言行會非常非常的敏感。

有關對外關係方面，快樂國小學生來源合括四個里，有的里長比較

純樸，有的里長比較率性，這些里長都很支持學校，當然也會讓學校背負一些壓力。譬如，有一個里長說，他的里的管區警察從澎湖剛調職過來，又是單親，三個子女中最小的就讀幼稚園，三個想一起轉進本校，以方便忙碌的父親接送，但是我們學校的幼稚園額滿沒有缺。

當我表示我們學校幼稚園沒有缺額時，里長就非常不以為然，認為怎麼連一個缺校長都沒有辦法幫他弄到，碰到這種事情校長就需要去安撫。我常常在想：「擔任行政究竟要如何兼顧公平與正義？」我覺得，行政有時候是很難兼顧公平與正義的，時常在堅持與妥協中做抉擇。

有關學校在社區的定位，因為快樂國小是屬於比較重感情的地方，如果我跟社區之間都不聞不問的話，後果可想而知。我進到這所學校半年多來，學校有幾位老師身體出了狀況，有同仁就熱心地告訴我，我們學校也算是校旁那一間廟的管區，我雖拜訪里長與派出所所長，但那間廟我沒有去拜訪過，所以當很多事情發生時，就會有家長或老師告訴我：「我們是那個廟的管區，校長是不是要去拜一拜？」我說：「沒有問題。」拜廟求神是否靈驗我不知道，至少是展現傾聽意見、安撫人心的作為。

針對對外關係，我覺得有形、無形都要去關照。我們可能平常只注意到那些有形的人、事與物，大概很容易忽略那些無形的東西，包含既有的典章制度、組織文化氛圍的存在，所以去到一個學校就要入境隨俗，依照親師的建議，校長要展現很樂意配合的態度，這種作法其實就是希望能安定一些人心，以免人心惶惶。

## 李校長：

關於我如何與同仁連繫感情或溝通，比如婚喪喜慶要怎樣處理，我認為處理這類事情就是在「搏感情」〔編按：閩南語，指非常注重與他人情感交流〕，不管是校內或校外的事情，大部份都是要用搏感情的方式來

面對。

　　我到目前這所學校的這半年多，因為在我們學校，中間的那一代比較少，老的很多，年輕的也很多。年輕的就是結婚生子的多，老的可能就是娶媳婦、入新居等，這些禮俗都是我要去跟的。身為校長，基本上只要是校內同仁有上述這一類的事，類似的禮俗一個都跑不掉，而且我一定都是親自出席。

　　另外，我們學校比較特別，在老師們之間已經行之有年的就是有所謂的「社團」，包括羽球與桌球。老師們自己下班以後或是假日，都會組隊去打球。我剛到這所學校時，就是從這些老師社團裡面去跟老師做接觸與了解。

　　事實上我剛到這所學校時，坐在辦公室的時間還是很長的。其實有很多事情都需要去了解。因為白天的時候我沒有時間跟老師聊，所以我大部份都是利用下班的時間去跟老師打打羽球。

　　雖然我打球的技巧很差，但是一方面可以當作自己運動休閒，一方面中場休息就可以與老師聊聊天。老師就會跟我講今天發生了什麼事情，譬如教務處在安排一些工作上可能不是很妥當，或是總務處處理一些工作動作怎麼這麼慢。像這些訊息其實很有用。參加老師們的休閒活動就可以獲得訊息，也可以適時溝通。

　　另外還有一個也是可以善用的管道，就是社區的機關或公眾人物，比如清潔隊、派出所甚至是廟公〔編按，或稱廟祝，即寺廟管理員〕。我們的家長會長也是廟公之一，有時候有一些活動他也會告訴我。去參加這些活動，我就會聽到一些社區人士對學校的反應。就像整個寒假的這段時間，我們學校所在的社區有一個清水祖師廟殺豬公。

　　這個寒假，我從初五吃到十五，吃了七天，天天都在跑攤，我每天都要與社區人士吃飯，真的是很辛苦。不過到這種場合，通常輪不到我

講話，因為最近要選舉了，都是一些大官在說話。到這種場合吃飯，校長有時也要上台說說話，真的是消化不良。

若遇到這種機會，基本上我都會儘量參與。比較特別的是，剛好我們學校有一個比較大的禮堂，社區人士就會把這個地方當作是聚會的場所。平常假日時，我們的禮堂每週都有活動。偶爾我會進去看一下他們辦的活動。倒是我們總務主任非常辛苦，幾乎是天天加班來顧那個場地，因為辦活動有時候還會有一些吃吃喝喝的，都會造成困擾。

上學期期末，老師就已經反映，他們掃禮堂的那兩個班級哇哇叫，因為很髒，不只有酒味，還會吐得滿廁所都是。校長去看的時候還要安慰老師，因為指導學生清掃那個使用過後的場地真的是很辛苦。我自己在那裡的時候，只能幫一點點忙，因為小朋友都是穿著雨鞋在洗廁所及地面。廁所環境使用後很髒、很難聞，都是一些菜渣之類的，很糟糕。

校務會議時，有老師提議：「學校能不能不出租這些場地？」因為這是一個臨時動議，我沒有直接作成決議。我說：「希望寒假時由各處室，尤其是總務處，把一些資料看一下，了解一下我們的場地為什麼要出租。」不過在寒假期間，我還碰到家長在罵學校。他們很不滿意學校依規定出租的場地費。因為老師們覺得越來越不乾淨，雖然我們都還會要求租用者略做清掃，總務主任一直要求他們弄乾淨，結果後來就起衝突。

工友跟租借人吵架，因為那天辦活動的時候，租借人穿著旗袍。活動辦完之後，工友覺得場地沒有弄乾淨，就要她拖地，結果那個人氣得要命。租借人說：「我穿著旗袍，你還叫我拖地。學校收那麼多錢，還對我們要求那麼多。」

社區很喜歡學校大禮堂這個場所。其實社區也沒有什麼比較大的場地可以使用。學校大禮堂就好像是社區中心，因此上述這樣為了場地

清潔的爭吵就經常發生。為了這件事，我最近花了很多時間，要求總務處重新擬出一個辦法，讓社區與學校在使用大禮堂這個場地上，彼此能夠相安無事。

主要的問題是，我們這一個禮堂，因為是社區花錢蓋的，學校不能向縣政府要求不出租出去，作為社區人士婚喪喜慶之用。所以他們會覺得為什麼不能用，不然其實按照縣政府的規定，只要一個行政命令就可以禁止他們使用，因為其實收的那些錢在縣政府也是收支對列，不是很好用的經費。

雖然學校想把場地外租禁掉，依法很有道理，但是執行上困難度就很高。其實我最近就常去清潔隊聊天，看看他們能不能幫我們多多打掃一下。我也拜託里長，社區辦活動的時候，因為這算是我們社區建的東西，有時候可不可以替我們照顧一下。

剛剛提到，每次場地外租使用過之後，真的是非常髒，每次小朋友打掃時都哇哇叫。我也拜託家長會長，看看他們能不能有義工來幫忙打掃。其實要解決這個問題的辦法很多，但是能不能處理得圓滿，其實校長真的要花很多心思。

**趙校長：**

我想這是對外關係建立的很好的開始。不論對內或對外，我通常都會把握每一次接觸的機會，讓對方留下好的印象。對內的方面，包括每天跟家長與老師的接觸，我都會主動親切問候，關心他。如果知道他有些相關訊息，儘管公務很忙，我都會去問候他，會儘量花時間與老師和家長談話。

大部份的時候，我會主動送公文到各處室。有一個碰巧到學校洽公的公司老闆就說：「啊！校長，你自己在送公文喔！」我說：「對啊！大家都很忙，所以我走走也是不錯的。」我會藉著送公文的機會與大家接

觸。大家看到校長來送公文，反應也都很好。

第二個就是行事曆規劃的活動，例如慶生會、期初期末的犒賞活動，或者是婚喪喜慶的活動，我大部分都會很主動參加，希望不會漏掉。慶生會的時候，也會運用生日卡，贈送小禮物來感謝同仁的貢獻，我也會唱歌來謝謝大家。

看到同仁有好的表現，我都會公開即時回饋。有需要協助的，我都會主動協助。比如說，寒假時，學校空間要重新整體規劃，工友在搬桌子。如果我有空，也會去協助搬一下。雖然我只是去搬一下，工友可以感受我在關心這件事情。

有一位學生家長在今年寒假要轉學到紐西蘭。他說：「奇怪，這學校有很多事情以前大家都不敢碰，但現在會去碰，而且也願意做。」有幾個過去站在反對立場的人現在也說：「現在的校長身段都放得非常柔軟。校長都這麼低聲下氣來跟我們談這些事情了，大家也都會樂於接受，並且願意協助。」

所以，那個家長就說：「越有權力的人，就要越謙虛，就像稻穗要更彎腰，才會更加顯現出它的飽滿。」記得有一次我跟台北市教師會的幹部談。他說：「校長的權力非常大。校長最好不要隨便發脾氣，因為發脾氣所造成的後續效應真的很多。校長應該要用一種溫柔的堅持來鼓舞大家。能把事情完成很重要。」

如果對內關係做得好，就是培養了一批對外最好的公關人才。每一個老師如果對學校有信任，學校對老師有信心，對外所傳達的訊息就是學校公共關係最大的利基。對外的部分，我會積極的去掌握住每一次接觸的機會。我會主動去拜訪家長，拜訪贊助學校的基金會，至少可以打電話去跟他們問好。

社區的公務單位，像是里長、警察局，在地的國中，學校如果有活

動，都會寄邀請卡給他們。學校有出版品，我們都會主動寄過去或者親自送到。

另外，對媒體的掌握也是建立良好公關的重要管道。以小型學校來講，我們如果能適時宣揚學校的特色或創新性的作法，我們都會主動對媒體發新聞稿，以建立學校的正面形象，藉此開闢招生的來源，這些作法對小型學校都非常重要。

其他如師院系所要求參觀，我們也都是來者不拒。去年前來我們學校參觀的師院大概就有三、四所。我跟張德銳教授說，我希望我們的招生率到達哪裡。他說他會幫我們學校做宣導。同時我也邀請家長到我們學校來看看。我們已尋求各種機會與附近的學校建立夥伴關係。我們互相分享資源，而不是相互競爭。我們是從這幾方面來經營學校對內與對外的關係。

有關學校在社區的定位，我認為學校是為社區培養人才。學校經營者應當思考，當前學校所提供的知識是不是能夠帶給社區更好的改變，或者是帶給學生的知識與能力是否真的符應當前社會的需要。

前兩天我參加中央所辦理的中央與地方座談會。游院長的施政報告談到，未來文化創意產業就是帶動觀光與社區營造的重點。在這樣的情況下，我們要共同來思考，學校要提供什麼給社區，才會對社區比較有利？以目前來講，社區是具有發展觀光條件的，學校可以與社區緊密結合。

去年七月，我們社區的里長與家長會長帶我們去找大屯里的里長，並且提出九個里的規劃案。馬英九市長非常肯定，認為這些里長是台北市里長的最佳典範。如果里長爭取到的資源能夠挹注到社區，所帶來的正向改變是很大的。里長們也都希望學校能夠提供給他們意見。

從學校在社區的定位來看，學校的確可以幫社區培養人才，是知識

很重要的來源。學校與跟社區是共同發展的。學校也有可能帶給社區重大的改變。可以說,學校在社區發展與轉型的過程中扮演非常重要的角色。

## 周校長:

針對學校對內的關係,當學校有爭端的時候要如何解決問題,有一件事給我比較深的印象。

我剛去接任校長差不多兩個月左右,在校長室專心看書的時候,隔壁的老師辦公室,正上演總務主任跟工友的拉扯。大家都很生氣,總務主任是一個 1972 年次的男生,淚眼婆娑地走進校長室說:「校長,我不幹了!」我說:「什麼事?」原來是工友因為是副連長退休,比總務主任大了好幾歲。工友總是覺得,總務主任在指揮他的時候,好像都只有出一張嘴巴而已,自己什麼事都不做,什麼事情都要工友做。

教導主任年齡與在學校時間又比較資深。總務主任是學校從外面遴聘進來的。他總是覺得總務主任是他當初提拔進來的,而教導主任對工友又比較偏袒,總務主任連一個工友都指揮不動,就覺得很委屈。總務主任有什麼事都會去跟教導主任說。教導主任好像會比較偏袒工友一點。這件事情就是一個引爆點。所以那天我就把兩位主任請到校長室,跟他們好好聊一下。

我覺得擔任校長,分析能力很重要,尤其是要了解事情的來龍去脈。好不容易安定好了,我覺得總務主任跟工友的關係應該有改善。這一陣子我跟他聊一聊。他說,現在如果要工友去做事,工友就比較不會有那麼多的意見了。

但是剛開學一個禮拜,要開例行的校務會議,反而是學校的警衛跟家長會長說:「是不是等一下開校務會議的時候,你可以請校長讓你公開發言,幫我講講話?」我問會長說:「什麼事情?」會長說:「校長!

校長！警衛伯伯說，他覺得事情很多。那個工友都不做事，你有沒有發現這種事情？」我說：「前任校長要離任之前，有跟我提過這件事情。你是不是有問那個伯伯是什麼問題？」所以我趕快私下又把那個工友找過來聊了一下，了解情況。

從這些瑣碎的人際關係事情當中，我發現，校長要維持整個學校的運作，有時候反而是一些想像不到的小細節產生很大的干擾。所以對內的公共關係，比如說老師的婚喪喜慶，我會重視，工友的問題我也會重視。但是如果一個學校激起對立，或是主任之間各有各的想法時，校長有必要深入了解，仔細評估，再採取適當的處理。

我最近就很審慎的想，要不然就由校長親自指揮那個工友，因為大家一直建議我這樣做。因為前任的校長都是帶著那個工友。好像校長要他去做，他才願意去跟。我的想法是，將軍幹將軍的事，小兵做小兵的事。如果校長要戴著斗笠帶著工友去做事，他才肯去，這就變得很奇怪。不是我不願意放下身段，我只是覺得這樣會造成校長常常在做一些打雜的工作。

我們學校雖然只有 90 幾個學生，但是校地將近 1.5 公頃，校地整理費時費力。前任校長真的是很認真，戴著斗笠帶著工友去做事，我覺得應該不需要這樣。所以我就跟總務主任說：「也不是說發號施令。你就儘量直接跟工友講清楚要怎麼做。如果他還是不太願意做，你才跟校長講。我會在巡視的時候，看到他哪裡工作沒有做，就會跟他提一下。」

其實我也不希望校內發生衝突事件，但是學校偶發的衝突，卻可以讓我有解決的契機。我深深體會，尤其是在上一次的衝突與校務會議的這一次，在衝突引爆的時候，我才有介入的機會。

至於對外社區關係，可能我的個性比較文靜一點，社區的活動，只要不是純粹吃喝聚餐，他們都會通知我。假如有打電話來，只要我沒有

什麼事情，我一定會去參加。我們學區最近剛剛成立了一個社區發展協會。當他們辦元宵慶團圓活動時，我看里長上台致詞時，感受到他對於這個發展協會的成立，好像有點要跟他搶鋒頭。我就很敏感與審慎。

前任校長曾跟我提到這個里長的風格及各方面的作風。由於他提醒了我，所以我參加任何活動，只要對學校好，我會兼顧各個不同立場的人的邀請而儘量去參加。

## 張校長：

跟學校同仁溝通，我做了一些事。我們學校不大，教職員工人數不多，在同仁生日當天，我一定會親自寫一張卡片，可能是買現成的，小小一張，或是我自己設計列印的卡片，上面一定會寫一些對當事者的祝福，尤其是他比較需要關懷的地方，或者寫上幾句他的特殊表現，並在他生日當天親自把卡片送給他，通常同仁們都會很感動。

第二，當同仁有婚喪喜慶時，我一定會親自到場，喜事祝賀，傷病探視，遇到同仁家人生病，我也會帶著主任們一起到醫院去探視，感覺不只是校長自己一個人，而是整個行政團隊表達對於同仁的共同關心，讓同仁們都能強烈感受到。我也促成一些同事之間的團體活動，比如期末聚餐或新春團拜，或是假日辦的教職員工團康活動，以前學校幾乎沒有這樣做過，這些活動可以在同仁之間發展出比較好的同儕關係。

有時同仁會提出假單，事由如果是生病或是看醫生，或是帶他的家人去看病之類的，假單到我這邊之後，我通常會記在心上，遇到當事人時，會跟他問候關懷一番，並且看看有沒有可以幫上忙的地方，通常同仁們大多都會有一些回饋，感覺好像有被校長關懷到，這是我跟同仁建立感情與溝通時所用的一些做法。

剛開學時，因教室位置安排的關係，一個有特殊需求孩子的班級教室沒有被安排在一樓，我緊急做了一些思考，找大家來做討論，緊急重

新微調，過程裡我考慮到幾點：當初的教室安排是總務主任做的決定，有些教室布置已經完成了，臨時更動會影響到其他老師，協調結果確定後，商請幾位老師來協助重新布置。

我總結了一句話說：「所有的責任都是校長我的疏失，事前沒有考慮周全，請大家為了共同協助孩子，不要再追究原先是誰的錯，都由校長我一個人來承擔。」在這事件過後，很多人看到校長勇於承擔，相對地也多了一些信任。

有一個老師在學期中連續出過兩次失誤，班上孩子開學前提出轉班要求，不想繼續待在這個班上。這件事我分幾個部份來處理，家長的部份我提供一些保證、關懷與支持；老師的部份我採取軟硬兼施的作法，我用和緩的態度跟老師溝通，勉勵他要追求自我成長。

我分享我自己的經驗，告訴他，現在的我也是不斷調整的結果，理直不一定要氣壯，得理可以饒人的，理直氣緩，事緩則圓，對事、對人、對己都是好的。當事人有了正向增長，覺得自己惹的麻煩要別人協助收攤，慢慢調整自己與行政的敵對態度，有時候還會公開出面支持行政決定。

另外很重要的一點就是校長和主任之間的關係。校長與各處室主任之間，無論私交如何，公務上要維持等距，不能有親疏遠近的差別表現。要讓大家覺得校長是一視同仁的，而且和每個人都很好，那種感覺最重要，而不是跟每個人都很遠。

我的主任都比較資深，原則上我會採取虛心請教的態度，針對一些事件輕輕點醒，只講一點點。大家都很聰明，能很快的理解自己疏失的地方，自行調整。其實我心裡會偷偷緊張，不過我覺得這樣的等待是值得的。從幾個案例中也看得到，過去主任之間有強烈衝突存在，其中兩個主任甚至只談公事完全不談私事，他們最近的相處狀況改善了很多，

大家都看得出來，這也是校長要去做的重要工作。

## 王校長：

講到溝通，我會掌握正式溝通的機會。我們最長的正式溝通時間就是教師早會，這個時間我很少做一些特別的要求或是說明，但是我會掌握開學前或是開學後的校務會議，提出比較大的方向來建立大家的共識，或是一段時間看來，校長覺得哪些部份是我們還需要再努力的地方。

不過，有時候校長話說多了反而不好，所以在適當的時候，一定要有事證或數據，因為我們老師都是高級知識分子，有時候我們在跟他們訴說，或是做出要求時，一定要拿出具體的事證、事例或數據來引導他們，這部份很重要。

非正式溝通的部份，我們隨時隨機都在進行溝通。至於溝通的技巧，對於老師與老師之間的衝突，或是師生之間的衝突，有一個老師，以前做行政工作，原來是主任，大概有一年到教育局支援，後來又回到我們學校。回到學校以後，她當組長，但是我來了之後，所有的主任沒有人找她當組長，所以她自然被換下來，造成她時常在情緒上有一點不穩定。

我發現她整個學期在很多事情上一直抱持著一些固著的觀念，最近有一點親師之間的衝突，像昨天我也一直在處理她的問題，但是我都沒有正面去質問她。她整個學期在很多事情上一直處理得不好。其實輔導老師是很重要的，但因為校長室是很嚴肅的地方。如果當發生問題時，我馬上請她到校長室來，她會感受到發生很大的事情，或是校長要給她正面要求的事情。我個人不這樣做。

事實上從早上開始，我就一直在處理她的問題。我從帶學生的方向來處理她的問題。下班時我就到輔導室去走了一遭，結果我發現她也在

裡面，其實我一整天都在處理她的事，但是我假裝沒有這一回事，她後來自己也憋不住了。她跟我說：「校長，我有事要跟你談談。」我說：「太好了，有什麼事，你就說吧！」本來我們是要面對面說話的，後來我說：「那我靠近一點好了，不然我們搬椅子來坐在一起，這樣的話，校長能看得到你。你說吧！你現在想跟校長說些什麼，我先傾聽。」

傾聽完之後，我跟她說沒關係。我試著要她放下自己的身段和固著。我說：「我在處理其他個案的時候，每一個老師也是依照我的建議，一起先傾聽小朋友以後，才來決定我們要怎樣來帶孩子。」

後來她答應我了。昨天早上一大早，她打扮得非常年輕，也穿著白襪子。我看到她這天不一樣了。她試著去接納我們的小朋友，結果我們就試著把各班跟她有師生衝突的孩子，一一帶到校長室來。我們就用傾聽的方式先接納孩子。我要提的是，我們要讓輔導老師知道我們是在協助他們，這一點很重要。

談到要如何建立良好的公共關係，個別的關懷與個別的肯定，以及適時的獎勵團隊，這些都是隨時要做的。上個學期末，我們學校的老師非常用心，非常努力，各方面都表現得非常好，所以學期末我也包了紅包，包括學年及科任都有，裡面有$2,000元的紅包。他們並不知道校長當天會有這個動作。

我說：「今天我要頒獎，我們就頒給學年主任。六年級是人才濟濟獎，四年級是團隊合作獎，五年級是潛能無限獎。」我就是一一頒獎給他們，各年級都有，科任則是多才多藝獎，我說：「這個部份，你們學年主任期末就帶老師們出去放鬆一下，去喝喝茶，聊一聊這一學期的事情。」我認為適時給團隊激勵是很有意義的。

另外就是生日的部份，因為學校教職員大概有一百多位，我會每個月的月初，在教師早會送給每個人一小盒的小蛋糕，這是大家都有的一

些關懷。另外特別一提，最近我們有很多老師都在生產，生產完之後她們就提出哺乳室的需求，學校也積極幫她們設置。

在鼓勵老師時，感情的表達很重要。像我常常會講：「有你真好！你真的好棒啊！我好喜歡你喔！你真的做得很好！你的努力我都感受得到。你真是太好了！我以你為榮。」「沒關係，這需要一步一步來，我們一起來努力。」像這樣言語上的鼓勵，老師們感受到溫馨親切，這是很重要的。

關於對外的部份，我並沒有做什麼對外公共關係，只有正式的活動，比如代表會要開會，我才會在這種場合上與大家互動。其他方面，我就回歸到以學校為中心，每個早上我一定站在校門口，歡迎我們的小朋友，跟小朋友打招呼，笑瞇瞇的迎向他們。

漸漸地，每個小朋友進來，也會跟校長說：「校長早！」小朋友是我最好的公關。他回去一定會告訴爸爸媽媽。所以有些家長會跟我說：「以前我的小朋友回家會講什麼、什麼，現在他們都是跟我講校長怎麼樣、怎麼樣。當他們看到校長的事情，回家都會跟爸媽說。」

昨天我給家長寫了一封信，發給全校的小朋友帶回家。我要呼籲我們學校的家長關心我們學校的貧困兒童。目前我們學校大概有 75 位貧困的小朋友，我們要協助他的就是營養午餐的部份。

另外，我也常常鼓勵家長走進校園，幫我們修修電風扇，做做窗簾或幫我們修電腦。關於這些事情，我就寫了一封給家長的信，我覺得這種方式也是很直接傳達到每一個孩子，是對每一個家長做的公關。

上學期我們製作了發表會光碟，對於所有支援過我們的地方代表，比如說里長或常委，我們都寄光碟給他們，透過這樣的方式建立良好的互動關係。

由於學校土地徵收沒有移轉的問題已經拖了一、二十年都還沒有解決，昨天稍晚時我們也召開了土地徵收協調會。昨天很高興的，市長來了，議員也來了，里長也來了，而且我們原來請不到的地主也來了。所以昨天有很多人共同來開這個會，相當有進展。我有信心，在我的手上很快就可以完成我們這塊土地的移轉。

如果我都要到社區去參加社區的活動，說實在我也沒有那麼多時間。可能每一所學校的情況都不太一樣，我們的學區那麼大，我實在沒有辦法。但我會透過正式教學，讓師生有很好的互動。

我認為良好的師生關係是對外公共關係最好的窗口，包括我們老師的媽媽也出面幫我們爭取介紹認識重要公司的董事長。過年前我專程去拜訪，過年後年初五他馬上幫我裝置了單槍投影機，這是學校很大的收穫。

## 曹校長：

公共關係分為對內與對外。我先說一下對內公共關係的幾個原則。第一個就是主動與走動的原則，亦即校長要主動去了解教師教學的狀況。第二個就是平衡原則，這個部份需要校長相當的敏銳度，例如校長激勵各處室時，因為有的處室常有比賽得獎，就會讓校長覺得他們表現良好，卻有可能會忽略了別的處室，比如學校的人事主任幾乎沒有什麼比賽機會，就不會有任何表現，那要怎樣去關懷他呢？

考慮到這一點，我就利用校史室整修的機會走到人事室，問問人事主任有什麼需求，我也利用這個機會幫他做了空間的整修。他覺得不但受到校長重視，也受到很大的激勵。整修過後，很多同仁到了人事室發現這裡變漂亮了。有人送人事主任一幅畫，有人送花來擺設，增添生氣。

人事主任說他本來調任到本校時，覺得自己不被接納，卻因為最近同仁的關懷，使他說要做到退休為止，可見同仁對他的關懷讓他感受良

深。所以，對其他的同仁，不能讓他們只感受到校長的關懷而已，而是校長要帶動其他的同仁，同仁彼此之間的關係良好也非常重要，不是只有同仁與校長之間單線的關係而已。

第三個是接納的原則。我常常利用同仁吃午餐的時間，進去看看今天的菜色好不好，跟他們聊一聊，他們也會把一些意見告訴我。那些意見可能是不成熟的，但是我都會回答他們說：「很好，很好。我會去考慮考慮。」可是第二天他們自己卻跑過來說：「校長，我昨天說的事已經沒有問題了。」我只要傾聽，他們覺得校長接納了他們的意見，不會覺得他們的意見不成熟，他們就很願意把他們的問題拋出來。

還有一個就是關懷原則。很多時候老師們來跟我講一些問題時，其實我沒辦法幫他什麼。可是我會說：「你這麼好，一定會吉人天相，逢凶化吉。」我給他們一些信心，真的他們就逢凶化吉。有些事情一定會逢凶化吉，如果沒有逢凶化吉，這個困難沒關係，我們就慢慢解決。其實都不會有問題，這樣給他們激勵關懷很有用。

不過，有時候還是要注意到及時的原則。有一次我看到訓導主任忙到臉臭臭的，我感覺得出來，可是我不會去講一些空話，我就放在心裡。後來他真的忙到扭到腳，我趕快及時送一盒餅乾給他，然後寫字條貼在上面，悄悄地請職工放在他的桌上，他就感激涕零，從臉上就可以看出來。

其實不是那個餅乾，而是校長這麼關懷他，而且只有他有，別人沒有，很幸福！這時候別的處室沒有餅乾，他們也不會覺得心裡不平衡。有時候這些都要看情況來做。

另外我剛剛提到校長要有高一點的敏銳度。舉個例子，我們有一位資訊組長，他的表現真的非常優異，經常得獎。他的老婆也是本校同仁，他的老婆並不太願意他做那麼多的事，所以有一次我發給他獎勵金，是

他指導小朋友參加全國的比賽得獎，剛好在情人節前夕。

我就說：「這 1,200 元是情人節買禮物的基金。」我就說：「某某老師，你的情人節禮物已經有著落了。」我把資訊組長的榮耀跟他太太連在一起，後來這個太太對學校各種活動的參與度就越來越高。

我認為甚至職工也是需要我去關懷的。我就任的第一個會議就是校務會議。開校務會議時，許多職工提了很多意見，我就鼓勵他們，給他們一個人一盒小點心，他們都非常高興，因為以前的校長並沒有這樣做過，他們覺得受到重視。

剛剛有一位校長提到卡內基，我知道卡內基人際關係原則是很受用的。第一個就是常常面帶微笑，不批評。老師或許意見不一樣，或是行為不妥當，我們永遠不批評，都放在心裡面，總是要正向去看。

另外，與媒體互動方面，我並沒有刻意去與他們接觸，但是學校表現，我是利用媒體來行銷出去。其實學校有新聞可以報，他們就自動會來找校長。

有關地方資源方面，我覺得校長與里長的關係很重要，我們的里長對地方的影響力很大。除了里長之外，就是跟當地議員的互動，當地的議員為我們學校爭取了每一年 24 萬的捐款，學校與他們的關係保持良好，財源就會進來。

我認為學校必須與他們互惠，不可能我們只拿人家的資源而不給人方便，但是也不要犧牲掉一些原則，比如說里長辦活動，我們就會把場地借給他，但是我絕對不會讓他在學校辦宴席。通常他們會利用到的是操場。如果日後社區有一些經費，里長也都會回饋給學校，成為我們的校務基金。

因為本校位於內湖科學園區，附近還有花市。花市辦理活動，我們

就會有社團去表演或是借場地給他們，他們就會捐款贊助其他活動經費給學校，這樣也是一種互惠。

跟家長會之間，我倒是覺得吃吃喝喝也是有必要。我舉一個最簡單的例子。家長會通常都會有春酒與尾牙，可是這次我去就請大家吃尾牙。會長就說：「校長都請吃尾牙，那春酒就由我來請。」他還請當時的副會長一起來，但是這一位副會長是醫師很忙，我們請他很多次，他都不願意出來，我就改為請他吃飯。

飯後就喝了很多酒。他很開心，從頭唱歌唱到尾，結果就答應擔任下一任的會長，他酒醒了之後就後悔。在我們寒假校史室整修結束時，我們就請他們來吃飯，他們兩個就連袂來參觀校史室，看到當時校史室還缺地板、冷氣，他就說他來捐款完成。所以有時候吃飯那種氣氛是可以達到一些效果。

有關公共關係方面，我來到這所學校大概兩個月，我已經上了兩次的電視採訪，也參加內湖科學園區舉辦的一個晚會。這些其實都是為了做好學校的公關。

## 姜校長：

處理校務要非常勤快，早上到中午就是把握每一次接觸的機會，包括在校園裡面巡視，或是參與家長會。家長會週一也開晨會，這部份我們就是儘量一起來參與，因為很多事情提出來了，如果沒有儘快解決，就會慢慢醞釀成一個比較大的問題，要解決就變得不容易，所以我就會很勤快的來跟他們接觸。

因為我自己也喜歡喝咖啡，我與大家接觸時，就是煮好一壺咖啡，或者是課間去巡視時，我就會端一杯咖啡請老師喝。雖然不見得每一個人都喜歡喝咖啡，但是喝咖啡是一個媒介，可以形成一個共同討論的話題，也可以製造很好的溝通機會。我有一句話，就是我在寫信給老師時，

我寫說：「我將我的心倒入每一杯咖啡之中，我將我的情融入你我的接觸之中。」透過這樣的方式，我把我的心意傳達給同仁與家長。

這樣的關心或互動，真心誠懇非常重要。我在寫給老師的信就提到：「唯有真心才能溫暖彼此，唯有付出才能成就你我。」在與老師接觸時，可以用比較多元的管道，比如在各種會議時，或是寫信給老師，或寄電子郵件，這些溝通方式都很有效。

在與老師互動時，創造一個共同的經驗非常重要。比如說，因為寒假都要上班，所以寒假時，我就請我們的行政同仁與我們的姐妹學校南投奧萬大地區的一所國小，以比較遊樂的性質來進行行政的交流。從南投回來時，有很多的話題在學校內會發酵，這是平時在學校公務繁忙時，不容易看到的。

又譬如說，我們有一個禮拜三舉辦校務座談會。以前我曾經聽說有他校的校長在櫻花樹下開會，聽了很羨慕。所以這次校務會議，大家就相約到陽明山的度假村，在櫻花樹下開這樣的校務會議。這樣的感覺也創造了大家共同的經驗。

再來，學校做任何事都要有一個目標作為引導。剛剛聽到一位校長說：「和諧是墮落的開始。」這句話我聽了很震撼也很惶恐，因為我來到這所學校之後第一個寫給老師的信就是倡導「溫馨、和諧、安全、互助」，可能每一所學校都有獨特的背景因素。我主張根據「溫馨、和諧、安全、互助」的原則，來給老師支持與鼓勵。

有了這個目標，當老師每次展現這些行為時，我就提醒他們這些原則或對他們表示肯定，比如說某某老師或是某某班群所做的，就是我們在學期初所提示的。下學期在校務座談時，我就提出另外一個短期的目標。這樣的目標領導或目標管理非常重要。

此外，不論校內、校外或社區，「創造雙贏，我好、你也好」的原

則也非常重要。我會把學校的榮譽歸功於他人或社區。我們學校附近有一些慈濟的團體、教會的團體，他們都很願意幫忙學校。

我參加「慈濟愛灑人間」的活動，就有家長問我：「校長，你是慈濟的會員嗎？」我說：「不是。」後來聖誕節時，家長也舉辦了兒童聖誕的晚會，大家也有不同的解讀。善用這樣的社區資源，讓學校的學童有一個難忘的體驗，把榮譽歸功於社區人士，就可以創造雙贏。

## 郭校長：

對內的部份，平常對學生、老師、職工，我用比較具體的方式來作一個說明。我常常跟學生說一個小故事，比如在朝會的時間，我會說比較有啟示性的小故事，說完之後會有一些解釋或是感受，學生作一些回應，常常也都會收到一些小獎品。學生代表學校參加比賽，我都會給他們鼓勵。

有小朋友受傷了，或個人在家裡有小意外或住院，我會和老師一起去關心。老師與職工生日時，我會親自寫卡片送給他們，每年都不一樣，以免他們跟我說：「校長，不用了，用去年的就可以了。」

老師指導學校的代表隊，不管是動態或靜態的團隊都很辛苦，我都儘量抽空去看。中午合唱團在樓上練習，我也會去個一兩次，鼓勵學生並讓學生知道老師犧牲中午午間來指導學生很辛苦。

對外的公關包括與家長、社區、媒體與政府機關的互動。家長會如果有任何活動或重要的會議，或社區裡的里長、議員有重要的活動，我都會儘量參加。

從上學期八月到現在的半年當中，我們在學校日、教師節、城鄉交流、學生才藝表演，締結姐妹校，甚至於禽流感，這一些訊息學校都會主動發新聞稿，讓媒體記者知道，包括聯合報、自由時報、聯合晚報，

請他們把學校的訊息刊登出來，讓社區與社會大眾看到學校的最新活動以及所做的各種努力與表現。

提到學校校長要贏得老師與同仁信賴的最大障礙，我認為最大障礙就是校長自己。尤其是當一位新任校長剛開始接觸一所新學校，每一件事都是全新的局面，校長要用自己的能力去處理人我之間的關係，要充分展現出人際之間的信任與和諧，這部份需要長時間的累積。

在人際互動時，當校長看到對方在互相交談時有點不耐煩，或對於校長所說的話不為所動或不以為然時，有可能是因為校長自己平常疏於與對方互動，或自己說話不夠熱誠或不夠用心，這時我就會反省自己什麼地方做得不足。

提到如何有效化解校內派系之間的摩擦，最常看到的情況就是，學校裡總是會有人告訴我以前是怎麼樣。有一些自認為比較熱誠的人會告訴我，誰、誰、誰怎麼樣。其實這類人本身就很熱心，也出錢出力，可是他就是講了很多很多，我還是要去聽啊！

這時候我的處理方式就是對他說：「謝謝你告訴我這些事，我感覺你很有原則，令我很敬重。」但是通常我都還要再加上一句話，要他趕緊靜下來，不要再扯下去，否則把很多別人的事情都扯進來，只會造成校內更加不安，而且非常困擾。

我常常跟這些人說：「我不怕事多，但是我怕多事。」聽的人都聽懂了，就會自動接受，連家長會的委員也是一樣。我常常很高興的去請問家長委員們對於學校的建議，雖然他們知道校長是在怎樣的前提之下請教他們意見，可是有一些事情他們還是認為該說重話就說重話。

這讓我想到剛剛有一位校長所說的話：「我們對長輩謙虛是本分，對平輩謙虛是和善，對晚輩謙虛是高貴，對所有人謙虛是安全。」這話想來真是有道理，其實做起來是需要自我修為的。

就對內與對外的關係而言，我就是馬不停蹄的不斷去觀察與體會，並且不斷去修正自己，我希望能在各方面儘量提升辦學的績效，並希望日後自己在工作上，不斷有創新與改變。

## 秦校長：

我們每一位新任的校長，其實都是花了非常多的心思，也是非常細膩的在處理校務工作。我個人在校長職責上盡全力去扮演稱職的角色，包括對內教職員工。我感覺到同仁們都睜大眼睛在看，看看校長的表現，我想機會是自己要掌握的。

舉一個例子。我的前任校長的母親在九月中過世，公祭的地點在高雄大樹鄉非常靠山裡的鄉下，選的時間又是上班時間。前任校長非常客氣，他退休前跟同仁說他的兒子在十二月要結婚，所以十二月中會跟大家再見面，會邀請大家。

可是沒想到他的母親過世在先，所以喪事的部份他覺得不宜驚動同仁，發訃文的時候要我幫個忙，要發給熟識的一些台北市的校長，他也透過我還有我們學校的幾個同仁發送。

不過，我還是覺得我有責任讓全校同仁都知道這個訊息，因為他在這所學校服務不只四年，他前前後後在這所學校擔任過主任、轉任他校再回來擔任校長，所以我有責任告知大家，但是地點那麼遠，不知道如何前往致意最恰當，前任校長也一再表示我們不要去，任何人都不要去，因為地點真的太偏遠。

可是我就是想好了，我覺得至少我一定要去代表參加，所以再大的困難我都去克服。我獨自一個人前一天搭車南下，隔天請我南部的家人開車帶我前往大樹鄉去弔唁，這在校內同仁眼中，就會覺得我這個校長是個很有情義的人。

小學校長走過第一年

　　因為我之前跟這所學校任何淵源都沒有，只有教務主任是我過去主任班的同學，所以在三個主任欠缺之下，到處詢問主任人選。後來有一位又是我主任儲訓班的同學，就有人臆測校長是不是找了什麼人馬過來，校內同仁其實都在看。

　　在整個歷程中，有些聲音甚至還會傳到前任校長的耳裡，所以現任者要深思熟慮，什麼是最重要的，是一定要做的，同仁會一直關注，包括校長為什麼要這樣做，為什麼要這樣宣導。這些都是別人從我表達的口吻中會去感覺與臆測的，這些都是事實。

　　對外公關的部份，我覺得還是那個字眼「主動」，很多單位或人會主動來跟校長接觸，校長就要把握這個機會去要資源，對於教育局而言，他們只會發公文，不管哪個學校會如何看公文，因為我借調過教育局的關係，所以知道教育局的運作。教育局的態度就是，反正學校自己看著辦，要經費，計畫寫來了他們就給。

　　但是學校的主任因為都是新任，通常一看到公文很複雜就把公文存查，一切都要看校長，或者是徵詢校長的意見與裁示，我發現我們幾位初任校長的特質都很相似，就是會極力爭取經費，但卻不會寫計畫。校長就來寫啊！在教育局借調期間，局裡長官也都是這樣教我們爭取經費的，所以才會聽到剛剛郭校長說城鄉交流都辦，我想我們也是這樣在努力。

　　另外，不要跟校長當好朋友，因為很多好朋友不小心就會透露他的公司或單位有哪些福利，我們就會開口去要，像台北銀行要撤點到台北101，正要把很多很漂亮的櫃子與桌子撤掉，好像一個辦公家具100元、50元就要送掉，我一聽哪有這種事，就趕快去要。

　　學校的老師很希望有一個辦公室，瑞瑞國小真的沒有教師辦公室，只要科任老師上課，導師都坐在教室後面批改作業，感覺像在管理班

級，實際上比較像在監聽科任上什麼內容，使得同仁之間很不喜歡這樣的氣氛，可是事實上就是沒有教師辦公室啊！教師們就是希望新任校長來之後，能想辦法擠出一間辦公室。

我就這樣把半間教室大的原科任教師辦公的位置，加上一間原是鄉土教室也是學校校史室，打開了隔間牆，把台北銀行的辦公桌椅及櫃子放入這個一間半大的空間，完成了教師辦公室，裡面也擺得下行政同仁來開會的椅子。

到任半年後，全校教職員工可以在這個空間開教師朝會，老師們都有辦公桌可以批改作業及休息。來自同仁的掌聲不小，因為我為老師們解決了多年來的困擾。

另外，現在有很多的基金會會行文給各校，辦活動歡迎各校來看，最後我們就趕快去開口要經費。這些基金會都比我們有能力要到政府單位很多的資源，教育部的、行政院的、文化局的，文建會的等等，我們反而不知道，但是因為與他們結合，與他們成為朋友就會間接獲得資源。

還有過去我服務的仁仁國小，有一位家長在我擔任訓導主任時就常常送一些紙到學校來。他說那是他的印刷廠不要的資源，問我們要不要，其實每一張紙都只是邊毛了而已，不能再進機器，因為他的機器一台都是幾千萬，幾張卡紙，就要花好幾十萬。後來他就把這些紙送到我的學校，布置環境可用、印獎狀或美勞教學都可用。

有一年他標到政府單位的過年燈籠印製訂單，有剩很多馬年的燈籠，就拿來送給我們的小朋友。還有很多國外進口的紙張，三個月就送來一次，包括剛剛送給大家的學習英文光碟也是一樣，是教育部請嘉義縣做的，他是得標廠商，送到很多單位。有一次他知道中國童軍總會在我服務的瑞瑞國小辦理地區性的活動，遇到歲末營火晚會，他就拿了四

百份送給現場參加的各校小朋友及瑞瑞國小、傳薪童軍團的夥伴。

他說，還要的話可以再去搬，所以後來我又與我先生去搬，搬了八百套回來到處送人。幫老師們找資源是校長很重要的事。

另有一位仁仁國小的家長送給我一堆很可愛的小時鐘，他說要我轉送給學生當禮物。我今天沒有拿來，下次拿來送給各位。那個時鐘圓圓的，放在桌上很可愛。剛開始有老師說，我們學期末送鐘給學生好像不太適宜，但那真的只是一個小時鐘，絕對沒有那個「送終」的意思，我們要送給小朋友時鐘，是要他們懂得把握時間與守時的意思，我讓老師拿五個去送給第一名到第五名。

還有一位家長送我英語學習列車，請老師們轉送給英語不太好的孩子一人一套。政大英語系的教授不但請政大英語系學生來幫我們做補救教學，也利用這一套學習列車指導弱勢生學習。

他還跟一個作家名叫陳涵寄了兩本尼斯湖水怪，又寄了兩本什麼之謎給我。陳小姐說：「校長，我聽說瑞瑞國小沒有資源，以後這樣的書都會陸續寄來。」像今天早上我就又收到陳涵小姐寄來的一百本「尼斯湖之謎」，社會上就是充滿這樣的好人，他們就是看到校長辦學的誠意，也看到我們敢要，要來給親師生學習或使用。只要我們敢開口，都會找到資源嘉惠學子與校內的人。

## 邱校長：

今天早上是學校日的活動，今天每個學校都有辦，這也是很重要的一個活動，因為很多家長一學期可能就來這一次，所以這一次要支撐一學期，當然如果這一次印象不好，就會怪我一學期，我今天來開會遲到，不是我弄那麼久，是因為他們都不走。

因為像剛剛姜校長講的，我們是在大樹下聊的，事實上除了公開的

說明之外，還是會有一個個小團體到各班，我就一個個到那些小團體去，這裡講講、那裏講講，因為有時候媽媽會來，爸爸不一定會來，媽媽回去可能都靠那一次的意見在和爸爸談話，所以趁這一次兩個都一起談。

另外就是有些事情公開說明時，可能不是說得那麼清楚，因為有時候有疑問，他們並沒有提出來，或者是有些是電話可能要好幾次才能弄清楚的，所以很多意見要靠那個時機說，尤其是一些意見領袖，我就要把握那些機會。

類似這種場合的掌握以及營造那種感覺，如果能有一個正面的互動的話，會給我很大的幫助，因為往後很多方面，對方就會給我很大的支持，或者給我的回饋會比較好。所以今天花了比較多的時間，基本上他們也都很認同。

對內公共關係，需要跟同仁溝通，建立默契。很多人的意見會不一樣，不是因為同一件事實對不同的人呈現不一樣的面貌，而是因為每個人的經驗或見解不一樣。不是看法上眼界的高低，可能是不同人的背景知識不一樣。

所以我認為與同仁溝通專業成長，要在專業成長上儘量找到共識，有了共同的知識基礎才能有對話，要不然天南地北，大家對於問題的定義都不一樣了，怎麼談下去呢？這樣的結果就是所有的溝通都變成無效。

先在專業上建立共識很重要，所以當大家對於主題的認知有落差時，我會先補那一塊，那一塊衍生的一些活動就暫時不去推動，因為去推動也是做不起來。談溝通時，以校長的專業角色，大致上我是用一個比較尊重、同理與誠信的態度，以身作則，去貫穿所有的公共關係。

其次就是要在平面、書面、電腦等各方面建立對話的機制，包含簡

訊。另外，面對面的接觸能確保你所有的溝通真正有效。有什麼問題就
是面對面，沒有到達那一關，不保證溝通完畢。

成果能夠扮演最好的溝通。當你提出很多主張，講半天都沒有用，
如果我們能夠立即做出一件可達成的東西，先累積一點成果，這一段結
束再去溝通下一段，不要一口氣去談很多事情。

其次，要聯繫感情，走動式領導很有必要。我一直要求自己每天要
與同仁有面對面的機會，所以走一圈，跟每一個人照面一次，利用機會
聊一聊，了解他們目前的現況。也許我給的工作太多了，看對方的表情
就知道，有些同仁心事雖然沒有說出來，可是看得出來。幾句話大概就
知道對方爽不爽，可以嗅出一些味道。

有時候部屬或老師可能遇到一些障礙，我盡可能即時給他幫助。老
師或同仁不是怕辛苦，只是做不來。當他力有未逮時，就會開始抱怨。
所以有時及時的溝通，包括喝咖啡、談一談，先把工作暫停，放鬆一下。
所以稍微走動走動，聯繫一下感情，掌握時機，或是辦個小活動，都是
製造與同仁們溝通的機會。

舉例來說，期末我會請同仁吃火鍋，或是冬天煮個雞酒，其實只是
加個東西而已，沒有多少，可是有那一鍋就是不太一樣。山上橘子很多，
開學第一天的週三下午，因為沒有安排任何會議，我們就一起去採橘
子，或去挖山藥，當然採橘子或挖山藥的費用就由校長自己出。每次帶
同仁出來放鬆時，校長就要自己付錢，不過大家倒是都會很克制。

今天有一個家長跟我談，談到空白。他說校長有時也要給老師空
白。上個禮拜五我就給老師一個無所事事的時間。我說這段時間就是無
所事事，要幹什麼隨便各位。

婚喪喜慶，我一定會到場。就個人而言，婚姻可能只有一次，其他
事情一生遇到的次數也是有限。對當事者而言，那一次可能非常重要，

但是對校長而言，就是一大堆。遇到同仁有喜慶或特別節日時，我會送一些禮品表示祝賀。

再來，若要向校友募款怎麼辦？首先要釐清所有問題的脈絡，我會單獨去聽取個別的意見，並且閱讀很多書面的資料，先做功課。其次，我會找相關法源的依據，然後再去模擬一些可行的策略，或者問一些意見領袖、同學、前輩校長等，找到一些方法之後，便開始聽取主管的意見，最後我才會召集各處室的幹部開會，討論策略，然後分工。

我會依照幹部提議的策略，想好以後再依法行政具體執行。比如最近我在處理公文與請假的問題時，我會跟大家講得很清楚，我有一條線，這條線以內的通通 OK，這條線以外的通通不行，並且一視同仁。

工友彼此之間通常比較會計較，因為不公平，有些人偷懶，所以我就把偷懶的整治掉。請假不按照程序，我也會處理。就連老師的部份，我也會建立一些規範以方便處理。

## 孫校長：

在我遴派之前，「春天」國小我只認識兩個字，與它可說是毫無淵源。因此，從事對內與對外的公關，挑戰性很大。首先，就學校內部而言，校長與教師會意見常有衝突，我不希望把精神花在內耗上，所以我花很多時間做許多不同意見的整合。

我跟大家說明幾個策略與做法：像認識全校教職員工，也叫得出名字，不只是了解名字，更要在生日卡片寫藏頭詩肯定字句。比如說老師名字有一個「真」，她是資源班的老師，我就寫「真情普渡邊緣人」。每一個人的生日卡我都很認真用鋼筆慢慢寫。

接著像老師的次級團體聚會，年輕的老師偶爾會約我去參加慶生會，上 KTV 唱歌。實際去參與老師們的活動，我才能更全面了解老師。

教師會意見多的皆是年輕的這一群，他對學校過去的文化了解不深，特別重視權益的分配。

另外，就內部教師與行政溝通聯繫上，我們學校稱「每日通告」，這部份我們執行很徹底，每日通告一定請老師簽名。通告內容有各處室的報告，有激勵小語，不然就寫生活小偏方，或是教學藝文訊息交流，老師普遍的感受都非常好。另外對「慶生會」儀式的重視，建立彼此良性互動，我很在乎這個時段的經營。

至於對外的部份，三重地區的教育參訪活動比較頻繁，包括義工、退休老師、補校等，上學期我逐一的跟著大家走，學校志工兩天高雄行，晚上我們與志工們在愛河畔喝咖啡，補校三天到阿里山，晚上大家唱歌又跳舞，六年級的畢業旅行還遇到邱校長的學校，有相聚的時刻，大家就有更多彼此意見的交流，是凝聚共識最好的時刻。

另外，我花很長的時間到校外巡視，這個舉動就是我最好的校外公關時段，走到的地方，只要微笑點頭，別人自然笑臉相迎。另外，運動會是拓展人際網絡的大好時機，我從淡水到三重來，什麼主任也沒有帶，但整個運動會的場面，台上座無虛席，讓家長、老師感受我的領導，大家可以全力的付出。

其他是有關與地方士紳民意代表互動，這部份挑戰性很大，光我們學區里別就有十六個，市民代表、議員更需要有即時的溝通管道，所以要持續努力，畢竟我對三重市毫無淵源。很可喜的，這次市長宴請所有學校機關首長喝春酒。他說：「春天國小是應該給予更多補助的。」我們的努力，大家是看得到的。

與媒體互動部份，我比較不積極，至今只有學校運動會時上過一個小小的篇幅，大愛電台、社區電台也曾報導過兩次。我沒有主動爭取學校曝光，因為過去對春天國小有負面報導，我剛來什麼都還沒做，不急

於一時的宣傳。過去我在另一所國小時，校長連量個體溫都要上媒體，都要社區電台來採訪，我則覺得穩扎穩打，好名聲就會傳開。

## 陳校長（首次以口頭發言）：

對於這樣的議題，我的理念與作法是：「學生是中心，老師為主體，家長為伙伴，社區為合體」這樣的關係，我用這樣的經營理念來做公關。剛剛大家談到的都大同小異，我覺得關鍵期很重要。比如，過年時大家都會有一些適當的作為，我也是一樣。期末時，從幼稚園到小學、到家長，我發了一封賀函。每一位小朋友，我寫了一封信給他，還包了一個紅包給學生，家長都很訝異。

家長說：「我的小孩第一次收到校長的紅包，即使很少錢，他也要把它放好，好好的保存。」這樣的感覺讓家長對學校一下子變得很有向心力。第一次收到校長的賀卡，他們覺得這是一位很特別的校長，這就是一個重要的關鍵期。我並沒有做多少事情，但是在重要的關鍵點，家長都可以感受得到校長對學校的用心，以及對小朋友的用心。

有一次聽到一位長官談到一個作為，如同仁生寶寶，可是他們在台北沒有親戚，沒有人可以幫她坐月子，所以同事在醫院休養的前幾天，我就請我的母親，先幫忙煮產婦要吃的東西，拿到醫院給同事，她覺得好感動，真的是在台北舉目無親，前三天又是滿重要的，可是醫院的食物，產婦不愛吃。我的作法讓老師非常感動，就像關心自己的姊妹一樣，那種情分是不同的。

在解決問題上，很多事情是要看是怎樣的關係，再做適當處理。校長如何和同仁相處，又可以保持等距，公正公平的原則很重要。我的原則就是只參加團體的聚會，不參加老師個別的邀約，因為同事常常會有所謂的「國王人馬」這樣的觀念。因此，我秉持「於公，就事論事。於私，廣結善緣」的處世原則。

我非常關心老師的生活，但我也維護自己的隱私權。在學校時，我不太談及我個人的私事，我會讓大家感覺校長是等距的。其實要贏得同仁的信賴，最大的障礙可能就是自己。身為校長要放下身段，願意聆聽老師的想法，去找到最適合的切入點。

對外的公關，我的原則是來者是客，絕對尊重，只要踏入學校的人，都是學校的朋友，包括經過學校的登山客，我都會主動跟他們聊天，有空的話到校長室聊一聊。這學期就有很多的登山客，最後願意當學校的隨車導護義工。其實校長就是最好的公關，而且也必須要去做，更要虛心接受家長的批判。

對媒體的部份，除非是必要的活動，我不會非常主動，但是教育局時常轉介一些媒體來採訪時，我也會接受，請媒體提供意見或想法給學校。我更常做的是邀請主任一起參與。雖然校長是代表學校，但也要讓主任有發言的機會，讓他們受到更多的肯定。

在社區的部份，學校與社區是息息相關的共同體，我們社區只有一個里，學校面對一位里長，但因為社區有著非常豐富的天然資源與人文資源，所以我努力讓明媚國小成為社區中具有好資源的地方，與社區的人共享。另外，我們也會主動爭取很多社區或社會的資源進入學校，讓學生有更多的學習機會，去享受社區總體營造的成果，同時也可以讓大學區的家長更關心學校。

**曾校長：**

校內活動的部份，我知道自己不太適合在公眾場合演說，所以我很少在教師早會當著大家的面說話。有時候我講話，大家也不見得聽得進去。我比較常做的事是在校園裡面到處走，沒事就到處跟人家聊天，把我想要講的話在聊天時就置入性行銷。

第二，因為我們學校的情況，我很鼓勵學校老師成立所謂的次級團

體。比如說，老師下班後會組成一些社團，自行去運作。校長只要做一件事，就是把資源撥一些過去。學校多多少少要補助一下，老師們就會自己去運作。後來我覺得這樣不錯。

由於我們老師很討厭我們的家長會，所以如果校長要請學校同仁一起聚餐，一定要請家長會一起來，不然家長委員們會說：「校長為什麼不請我？」後來我發現，如果要去吃飯，就由這些次級團體的領導者把全校的老師都邀請去，但是他們就是不請家長會，反正不是校長邀請的。

因此，家長會只有校長出面時才邀請，但是聚餐時就互相避開了，以避免尷尬。不過，有了這些次級團體，我發現他們好像都是我的主任一樣，我就多了很多隻幫助的手。

第三個就是我擅用我們的幹部，不只是主任，包括組長，我希望他們成為校長的分身，包括開會的時候都會找他們一起去，或者是帶他們去，讓他們知道學校到底發生什麼事情，免得回來學校之後還要再轉達一次，回來他就知道怎麼去執行。

在校內溝通會有一些事情，剛開始前兩三個月，我覺得很像以前當主任，學校一些小小細細的事情大家都會知道，我當主任的時候那種觸鬚好像會到最底端，但當了校長之後，我覺得觸鬚好像只有到主任，不太下得去，很多事情我都不知道，很怕這個學校是不是不在掌握之中。

慢慢我覺得，人家如果不想讓我知道，我就不要知道，因為有一次我發現，主任捅了一個婁子，但是又不敢讓校長知道，等到有一天他突然講出來，我就想，婁子出都出了，不然我要怎麼辦，這時候我去責怪他不是，我只能說，那就這樣，這主任覺得很寬心，覺得好像出了婁子也無所謂，只要能補回來就可以了，校長也不太會找他的麻煩，反正主任不想給校長知道，校長就不要去知道。

小學校長走過第一年

　　至於對外公關方面，第一個就是我們附近學校的校長彼此之間大
家都滿好的，覺得這個很需要，我們都跟附近國中的校長保持良好的關
係，他們都會主動提供資源，像我們學校的溫水游泳池沒辦法改成溫
水，我的游泳隊就沒辦法訓練，所以就藉助附近國中、高中的游泳池，
免費提供給我們使用，從十月之後到隔年的四月，都是在國中高中的游
泳池訓練。

　　另外，我們附近也有大學，大學裡面有帶動中小學的經費，就怕學
校不要，只要校長去要，就會拿得到，而且大學裡面有很多人很會去要
錢，要來的錢我們學校也不用會計去辦核銷，他們使用的靈活度比我們
高，要來的錢通通用在我們小學也是滿好的，反正力也是他們出、行政
也是他們做，我只是出學生讓他們帶，所以我覺得這樣滿好的。

　　比較麻煩的還是我們社區的有力人士，雖然我們那邊有三個里，但
是其中有一個里不太好搞定，這事全台北市都知道。剛剛孫校長說，他
會故意去跟講話不太好聽的握握手，他下次就會講好聽一點。

　　我都不太敢去找這位社區有力人士，因為每次我去找他，他就會跟
我要一樣事情，比如說要一個辦公室或是什麼，我怕他下一次跟我要錢
就麻煩了，所以我就儘量避開，讓別人去跟他握手。

　　因為我們那邊觀念有點不太正確。比如我們自己的家長會說，我學
校的教室這麼多，放著也是沒做什麼，可以讓他來使用。教育局有學校
場地租借辦法，但是他就是要求學校讓他免費使用。

　　比如我們的會長說：「家長會辦公室就是我的，我要怎麼用都可
以。」但是我跟他說：「那是政府的財產，也是屬於我學校管的。」他
說：「不是，只要我當會長兩年，這一間就是我的。」我覺得觀念很難
改變，所以地方上的資源就很難去應用，而且學校的資源會反過來被應
用，這是我目前為止覺得比較困難的。

可是這當中，我覺得很多困難正好可以磨練校長的功力，因為這些人我不能得罪，我不能不借場地給他，但借他又違反教育局的法令，只好在狹縫中求生存。我想只要能生存下來，功力還是會大增。

## 賴校長：

當了校長之後，我很佩服那些當很久的校長，這些人真的很有能耐，能當這麼久，也許是因為自己有很多的不足，再加上經驗與特質各方面的條件，我發現當校長很辛苦。有一陣子剛好老師與主任有一些衝突，自己扮演的角色好像那邊搓一搓，這邊搓一搓。那邊搓也不對，這邊搓也不對，到最後好像什麼都不是，自己很難過，把那些東西背在自己身上，最後兩邊不是人。

那一段時間，自己也在思考一些事情。我突然想到，當了校長之後，要怎樣去規劃自己退休後的生活！大家這樣講，我這樣聽，我感覺大家都很厲害。我自己是不是能夠這麼如意，我不曉得。

我自己也會找一些比較能談的初任校長聊一聊，因為有一些東西大家不太講。我發現其實每一個人都有一些苦楚，只是大家都沒有去講它。我覺得心裡面的東西不講出來好難受喔！講出來會比較健康！

有關對內與對外的公關，對內，我會主動關懷了解大家工作的情況。對外的部份，我們有一個鄉，幾所學校大家都很好，很像現在很強調的策略聯盟。幾所學校的校長都會互通有無，有什麼活動就大家一起去，打個電話大家都有默契，基本上沒有什麼困擾。

我們是屬於偏遠小學校，家長就是很放心地把孩子交給學校，不太會干涉什麼，不太會造成學校的困擾，學校社區有三個村，校長主動拜訪或電話聯絡，有時候直接去家裡走走，我發現村長都很友善。那些村長年紀都滿大的，孩子都大了，沒有在我們學校裡就讀，基本上對學校都很尊重。

　　家長會的部份，會長跟我說，家長委員都選了，但是都放在那邊，其實沒有什麼作用。我有什麼事情就找會長，會長比較會去關心，也想做些什麼！但是好像都帶不起來。我利用下班的時間到學生的家裡走走，還有一次走出去被狗咬，還沒有進門狗就衝出來從大腿咬下去，真是無奈。

　　社區我走了幾家之後，覺得好像跟三、四十年前的鄉下很像，差別在於現在有比較好的房子住，但是無暇去管房子裡面的擺設，也無暇去整理，每個家庭好像是為三餐在打拼，經濟都不好，工作有一天沒一天，打零工。有些孩子連午餐費都繳不出來，有時候還要等到領錢才能把費用繳出來。這樣的狀況，家長沒辦法發揮什麼功能，會長也是要拜託，不然也沒有人要當會長，所以對外的部份很單純。

　　我比較費心的是對內的部份。學校很小，但很明顯的感受到行政與老師的立場分明，老師對主任是很有意見的，有時候主任在報告什麼，或是要推動什麼活動，老師會覺得你這麼厲害，以前人家都怎樣怎樣，你現在就要怎樣怎樣，有那個味道在，老師很會去比較現在這個主任跟以前的主任在人格特質或做事的能力的巨大差別。

　　每一個主任的習性、特質，不是我跟他說怎樣就是怎樣。老師會認為他沒有不對，主任也認為他沒有不對，老師也覺得他有立場，校長的處理要很技巧的就事論事，不讓老師認為你偏袒主任，老師的意見沒有被關心到。因此校長需要兩邊溝通。

　　上個學期我跟大家提到的那個一直說要辭職的老師，督學到我們學校時，我跟他談這個問題。督學說：「**既然他一直提、一直提，你就不要再擋，因為他留下來也是一個麻煩。**」事實上我知道我留他下來也是不對（他和教評會已經站在一線，和主任對抗），後來被挽留下來。有一天他又跑來跟我講他是受害者！我現在很困擾的是，他幾乎每一個週三研習進修都不參加，也不參與學校任何事情。我跟他講話就要很

小心。我覺得好無力，真的。

我在朝會上講過代理人事，也透過會議講過很多次，他就是不理，假單不事先遞出，都是事後再拿來給我，讓我很困擾。老師要來請假，我又不能不蓋下去，又不能不准假，因為他們有這個權利。到現在為止，雙方各持己見，所以這部份處理起來很棘手。我需要請教他人，並調整自己處理事情的一些原則。

學校其實人不多，只有幾個人而已。我覺得每一個人就是一個心情，好像每一個人的心情我都要去關照到。學校小，要是一個人有怎樣的表現，都會牽動到整體。我做了很多非正式的溝通，然後這部份講講、我就聽聽，然後就把它放掉。那邊也是講講、聽聽，然後把它放掉。

職工的部份如果互相計較，反正我就是聽，聽完就放著。我會覺得我一直困在這個地方，但是我又希望能有一些作為！總之，這部份我自己不必樣樣討好，需要再加油努力。粉飾太平只是讓自己更無法著力，希望能吸取大家一些寶貴的意見解惑。

## 主持人：

聽起來滿沉重的。但是我覺得賴校長所面對的是學校比較消極負面的文化所帶來的困難處境。我們很感謝賴校長願意分享她深刻的感受。她毫不保留地敘說著她的苦楚，可說是蠻誠懇的。

賴校長講的是她當校長最苦的部份，其他校長好像比較沒有講到當校長很苦的部份。當然各位校長陳述自己校務經營歷程的點點滴滴，也都是無所保留，很誠摯。我們很感謝大家都樂於分享自己身為新手校長最真實、最細膩的感受。如果不是新手校長的話，這類感受未必會這麼深刻、這麼尖銳。

上次我們聽曹校長分享她當校長的經驗時，感覺她是一個樂觀派，

## 小學校長走過第一年

以積極正向的心態，面對學校所有紛至沓來的事情，總是能輕鬆以對，所以她當校長好像是置身於天堂一般。與曹校長對比之下，蔡校長約略提到他當校長所面對的既複雜、又艱難的學校生態，讓他感覺當校長好比是在地獄一般。這種說法雖然無比沉重，卻也道出了身為一位新手校長最真實的感受，可說是很有趣的對比。

現在，與賴校長對比之下，大部份其他校長所感受到以及所陳述的，雖然未必都是輕鬆愉快，至少是乘風破浪，一步一腳印，奮力往前邁進。從這裡我們可以看得出來，面對校務經營過程中的每一項挑戰，每一位新手校長的態度、心情與心境大概都不太一樣。

回到對內和對外公共關係的部份，可以進一步討論的地方有很多。有的校長會刻意展現自己的實力與靈活手腕，為學校、為老師爭取社區或其他來源的資源，可以說每一位校長都有他特別關切的事情與優先處理事項。

在與校內或校外人士互動時，你互動的對象，他心中所懷抱的真實想法，究竟要不要毫無保留地跟你分享？另外，你有沒有去覺察到，不論你用哪一種方式，用走動式的，或者是跟他喝咖啡，問題是他願不願意讓你知道他真正的一顆心？你知道了他最在意的事情之後，為了真正打動他的心，你會進一步去做什麼事情？打動人心的那一個部份，只要有那麼一點點，只要對方能夠感受你的誠意，你跟他就會編織出一個心靈上共同的世界，即使原本是陌生的世界或是互相冰冷以待的世界，也許瞬間就翻轉過來了。

剛剛大家談到了很多，比如說在老師生日或有特殊表現時，校長親自寫卡片、送個花、送個小蛋糕，或是像孫校長幫壽星做一首詩、用鋼琴彈奏一首歌，或是像陳校長說的，當同事生產時，請自己的媽媽幫老師坐月子，或者像秦校長要專程遠赴高雄偏遠地區向家有喪事的前任校長致意。

　　當然不是每位校長都可以用這種特殊的方式做校內公關，當學校老師不多時，也許還可以以這種別緻的方式進行公關。要不然像學校規模比較大的，校長一定要有適當的方式來與老師互動交心。

　　不管是運用哪一種方式，校長只要是出於一片真心，大概都能打動對方的心。所以說，人心的經營是很有必要的。我感覺各位校長都很用心去處理人的情感這一部份，這也是身為組織領導者在平日、尤其是關鍵時刻必做的事情。

　　其實有些校長本身個性上就是比較內斂型，不喜歡在公眾面前做一些平常他不喜歡做的事情，但是面臨人際互動時，身為一位組織領導者有其角色上的需求，即使並不太符合自己的個性，恐怕也要勉強自己去做，只因營造最佳的公共關係是校長必做的功課。

　　剛剛王校長提到，她不會特別去經營對外的公關，這是一件很有趣的事情。我相信欣欣國小的社區也是蠻大的，不過看來她對外方面的公關進行得還算不錯，只不過對內的公關她會比較優先，所以這裡面都有一些特殊的考量。

　　我想每一位校長在不同的時期，可能有不同的重點，不管你是把初任的第一年當作是一個時期，預備在第二年你才要做什麼，或是說以學年而論，每一個學期的學期初、學期中、學期末等不同時期，都會有不同的處理方式，每一位校長的考量也許都有值得他人借鏡的地方。不過，不論是校內或是校外的公共關係，校長時時刻刻都要謹慎經營、把握機會用心經營，以便為學校的近程或長遠的發展，創造最有利的機會，並為學校創造最大的利益。

　　有關對內或對外的公共關係，有沒有哪些共同點或是不一樣的做法，或是他人慣用的處理方式，但自己卻沒有想到，或是在某些情境之下，自己從來不會自然而然去做的，卻能夠從其他校長的做法之中得到

一些啟示。大家在對內及對外公共關係的經營方面，或許還有其他的心得或感觸，請繼續發言。

## 邱校長：

在我看來，學校的辦學績效與用心就是最好的公關。我們做的公關行為，很多都不如我們經營學校的成果來得更具說服力。整個校園經營起來的氣氛、學生亮眼的學習表現，以及親師之間愉快的經驗，這一些學校給外界的美好印象就是最好的公關。

在我看來，公共關係要有一些合適的素材當作橋樑，要有好的東西可以搭配，因為空的東西很脆弱。我常常跟老師提到，我們要推出我們的價值，要展現出我們在這裡就是不一樣。至於在哪些方面不一樣呢？就像阿律老師所說的：「心念在哪裡，成功就在那裡。」學校若能夠呈現出美好的東西讓外界眼睛一亮，就是最好的公關素材。

經營校內公共關係，首重在學校同仁之間創造同舟共濟、彼此互相支持援助的感覺。如果能夠這樣，學校同仁就比較容易跟校長談他心中真實的想法。剛剛陳校長提到注重個人隱私，比較避免與同仁談論個人生活，我是持比較相反的看法。

從輔導的角度來講，我個人以為，要跟同仁溝通，基本上就難免要先自我坦露。為了要別人坦露，我都會先坦露自己。我要先從自己做起啊！我常常會談到自己的家庭生活、孩子的學習。當家長遇到孩子學習的困境，我也會聯想到自己孩子的經驗。我會先說給他聽，慢慢的那種同理的感覺就會出來了。他會覺得我跟他是同在一個點看事情。我的老大是國二，老二是大班，所以我的涵蓋面很大。

這些家長的經驗我都可以同理，有些經驗是我把自己坦露之後，對方就很容易把那個防衛的部份撤除，這是我常用的方式，包含跟老師分享，我都會直接講，拿我太太當例子都可以。我常常是拿這個當素材，

討論媽媽親子之間的關係，所以彼此的親近度會拉近。

再來是創造彼此的共同經驗，這是溝通的基礎。我常常讓家長、老師一起來共同討論媽媽親子之間的事情或共同參與媽媽親子之間的活動，創造一些共同的經驗，以便建立彼此之間的默契。

另外還有一點很重要，就是在某些適當時機把榮耀歸功於他人，就像今天學校日，我們很多處室的報告我都統整在同一份簡報裡，所有人的工作內容都彙整在一起，從頭報告完。主任報告完之後，家長就調侃主任說：「校長是不是壓榨你們？」因為從主任們製作的東西就可以看得出來，那是花了主任很多的心力與時間做出來的。

不過家長是當著我的面說這話的。大家都可以看得出來，大家都是為了這個活動非常用心，當看到這個用心的時候，家長也可以很同理的相信其他的東西，但是我必須適度的把這些成果與榮耀歸功給這些主任與工作同仁。我常會抓住一些時機，讓家長們給這些同仁掌聲與鼓勵。我覺得激勵再激勵就是最好的公關策略。

回到社區的部份，我們學校的學生六成是山下上來的，四成是山上的，我們社區不知道跨了幾個里，山下的里我都無法一一關注到，學校本身主要就是大屯里一個。一個里有一個里的好，好幾個里有好幾個里的好，各有優缺點。

談到學校在社區的地位，我大概估算，家長的年齡大概都在 28 歲到 40 歲的範圍之內，這個層級就是支撐整個社會的中堅份子，所以一個社區如果有這一群正有生產力並且能夠支撐起責任的人，以學校做為最佳的流動的平台，對於社區就會產生很好的影響。

我們都知道，人跟人之間要有接觸才會有影響。平常就算是鄰居，如果一年都沒有說過一句話，那個社區是空的，那只是一群人剛好在同一個空間而已。但是如果學校能夠提供這個機會、以孩子作為共同的話

題，這個東西通常是沒有利益衝突的，比較容易得出共識，產生正向的結果。學校是一個意見流動的平台，學校如果能協助家庭發揮正向功能，就可以決定孩子是否正常成長，並形成社會進步的支撐力量。

親職教育是可以在學校裡做的，平常如果社區開親職教育，家長大概都不會來。一個社區人力素質以及家庭功能的提昇，學校可能是最好的窗口。學校在社區可以扮演的角色很多，包含我們有很多外交官，常常要外放，最近有兩個就外放出去了，把孩子從學校帶走了。他們就像候鳥一樣，三年或四年回來一次，讀個三年或四年又走了，很少在同一所學校把書讀完。

學校所提供的這個交流平台，這些家長非常積極參與學校所提供的各項活動。我們共同的感覺就是，我們的孩子是一起成長的，因為有孩子，這一群陌生的家長才會在一起，坐在一起交流。他們透過這些交流學習到很多，後來也都成為好朋友，像他們要離開學校到洛杉磯去，大家也都依依不捨，這個關係是因為有孩子、有學校才建立起來的，大家都很樂於善用這種難得建立起來的關係。

另外一個就是傳承。很多社會價值包括最近我們在爭取辦外籍新娘的班，因為我們山上人那麼少，可是外籍新娘的人很多，我們都看到未來三、四年的危機。我跟幼稚園園長講，後年就進來了，我們要有心理準備，所以已經開始向教育局第六科申請經費，可能這些外籍新娘現在不是我們的家長，但是他們未來一定是我們的家長。類似這樣我們學校在社區可以做很多的事情。

回到家長會，其實我跟學校的家長會相處很融洽、很親密，每個人都釋出關懷，像學校日我們家長會長打電話來，問學校日忙得怎樣？有沒有需要幫忙？我說：「你來就好了。不然，你能幫我做什麼？」其實這些家長看到我們一些打拼的過程，都能體會學校所做的努力。

所以家長對我們而言是完全正面的，包含那些委員都是我們的志工、閱讀媽媽。平常接觸面太多了，幾乎天天在談，倒是爸爸比較不常見，所以今天跟爸爸講講話。

有一些重要的電話還是要我自己打，包含里長、家長會長的邀約，因為我發現很多誤解都是在這裡產生，校長找人代打電話可能會讓他們覺得層級太低，沒有誠意，有時候主任打電話也會出問題。

我有一次經驗之後就學得很乖，只要是重要的人我都親自打電話，這樣他們會覺得比較受到尊重，他們很在意那種感覺，這一點很重要，包含社區重要人士都是這樣，所以公關有時那個角色是校長就是校長，不要替代，雖然都是講那些話。

另外就是行銷。我跟陳校長一樣，我們那邊遊客非常多，像今天就遊客如織，因為我們那邊櫻花大道開放了，櫻花真的很漂亮，大家都在那裡照相，里長還發布新聞稿，所以遊客很多。我還沒下班，遊客也都坐在校長室門前的木平台聊天，我剛剛從山上下來還碰到自來水處副處長。不過也不錯，他答應我要幫我們做水質檢測。給他一通電話，水的問題副處長就幫我解決了。

有些退休老師現在是遊客，就幫我打掃。有時候老先生就來這裡打拳，我們大門口有景觀平台，以前很少看到打拳，現在這種健身活動常常一直活動到早上八點多，這裡已經成為他們的秘密花園。有一些遊客現在已經很熟了，他們還會進來跟我打聲招呼，也答應我幫我拉學生，為學校行銷。他們都是最佳的行銷員，不要我們去講，他們就會講，這是一個善性的循環。

當善性循環動起來的時候，如果我在適當的時機去推一把，加一點東西，整個運作就會好很多，這樣有沒有副作用？我有一個經驗。我的心得是，校長要清楚自己要的是什麼，然後去評估事情本身的利害，好

的學校要承受，壞的學校能不能承受？如果可以轉化，你就接吧！那個壞，校長本來心理就有準備，所以沒有被支配的問題，因為已經準備好了，那是校長應該付出的部分，如果超過了自己能接受的程度，就要放棄，這是我的原則。

另外，有一些是外界自己主動送過來的，我不會立即答覆，我會說我要跟老師討論，因為第一個我要想一想，第二個我真的要討論，不要馬上答覆，因為有時候會後悔，再回頭去拒絕會很難看，這是我的經驗。

## 曹校長：

我在小型學校待了六年。小學校因為人數少、資源少，工作一樣多，有時同仁就會有情緒。我的經驗是，第一，不要隨著學校同仁的情緒起舞。我是校長，校長是一個掌舵者，可以左右一所學校的方向，決定要把學校帶到哪裡去。比如說，假單應該蓋就蓋，不應該蓋就不要蓋了，不要去想那麼多，一切回歸專業。這樣的堅持就會讓同仁知道校長要的是什麼，而不敢再把垃圾與情緒往校長身上倒。校長不需要去做這樣的事情。

如果老師真的很需要發洩情緒，我也會給他適當的疏導。情緒是可以放下的，不要花校長太多的時間。學校要走到哪裡去，校長要抓穩學校的方向。任何與學校方向不相干的事情，真的不要去著墨。校長要懂得如何去尋找學校的舞台。

我以前服務的學校有做課程領導，但是在這所學校，如果課程領導我帶不起來或是帶得很慢，我自己一樣要做，然後到外面去發表。若從外面得獎回來，校內要否定都很難。外面給予的肯定回到學校來以後，就會有肯定的掌聲，接著校長就可以帶動老師，同時校長的地位就能提升。

第三個是我喜歡的一句話：「面對陽光，陰影就在後面」。寒假的時

候有一位淡大的教授來進行初任校長的專題研究訪談，訪問後覺得非常高興。他說他訪問的那麼多校長都有很多的抱怨、很多問題，可是訪問我怎麼都沒有抱怨，反而充滿希望。

我一想是不是我真的沒有碰到問題，比如說我剛剛提到校史室的問題，講一講很輕鬆，可是跟大家報告，我們學校的校史室關蚊子關了六年，都沒有人去處理，所以我一到任，喊出的口號是「讓校史活起來，讓校園亮起來，讓師生動起來」，用這樣的口號讓大家知道校長要做什麼。

我有一個原則：任何報告不超過三分鐘，因為太長大家就記不下來，我要把我要做的事情具體的用口號說出來。參加校長遴選時我就是三句話，因為這所學校不要女校長，我就提出我「是溫柔的堅持，是微笑的溝通，是耐心的傾聽」，我永遠比男校長多前面的一小段，加上了這幾句話他們就會記得。學校裡面也是這樣，我要老師們知道校長要的是讓校史活起來，所以我要做的第一件事就是整理校史室。

以前老師與行政之間不太溝通。老師講的任何事情，行政都說不可能。行政常常說的就是沒有錢。後來我跟行政說，你們不可以再講沒有錢。會計主任說：「可是我的預算就是沒有錢。」我跟所有的人說：「我知道沒有錢，沒有錢是事實，就不要去說。沒錢一樣可以做事。」

舉個例子。我們在寒假舉辦一個母語研習，為期一個禮拜，但教育局並沒有給錢，是我們自己去做，找台北市母語協會，他們向教育局申請到錢，給他們資源到我們學校來做，我們一毛錢都沒花，我們總務主任甚至要他們支付水電費，我說這樣有點過分，因為母語研習後的證書都是他們花錢去印的，用我和他們的名字。可見一個人只要願意做事，很多資源就不用去擔心那麼多，今年做不到，明年再做，但不要一直喊沒有錢無法做事。

小學校長走過第一年

## 王校長：

　　我也是處理了學校許多重大的事情。家長和老師看的是校長做了多少事情，或是解決了哪些重大的問題。舉例來說，學期中學校很多的團隊練習時，面臨場地使用上的一些衝突，我都看在眼裡，在心裡盤算著所有的問題。我所思考的是怎樣解決團隊的問題，怎樣去籌措資源，利用寒假把各種所需要的空間準備好。老師後來發現校長都準備好了，場地很適當又很舒服，老師最直接的感受就是真正的問題解決了，這就是我做的很好的公關。

　　其實我同樣解決了學校許多重大的問題，包括土地移轉、工程問題，或是廚工的辭退，這些都是已經鬧了多久的問題，但是我都以具體、明快、溫和的方式解決了，看在所有老師與家長的眼裡，這就是最好的公關。

　　對於小朋友表現非常好的部份。我們舉辦成果發表會，讓家長在晚上來學校欣賞小朋友精采的表現，這也是很好的公關。有些公關我並不是很刻意的在某些人面前做。寒假的時候，透過他人的推薦，我寫了一封信給一位企業家，告訴他我的辦學目標，以及學校目前需要一個良好的圖書室。

　　在我很冒昧的去拜訪這位企業家之前，我先把我們學生優異表現的 VCD 寄給他，也告訴他我到這所學校之後看到了哪些問題，以及我正在積極規劃的事項。我知道這位企業家在全省很積極的提供書籍給需要的學校，所以我希望企業家伯伯可以支援我們學校圖書。過年後我就接到了他的電話，願意提供資源給學校，我非常高興。目前各個年級正在選書，然後再統一去招標，由企業家送給我們。

　　昨天晚上學校舉辦了一場活動，歷年的里長都到場了，他們看我們處理問題的過程和態度，就與學校建立了很好的關係。我不用多說或是

利用其他的方式,因為我們女生也不方便特別去跟人家建立關係,所以我一開始到現在,都是以解決問題以及呈現學生良好表現的方式來贏得社區的支持,或是靠計畫去爭取經費。

這所學校並不是本來就經營得非常順暢,而是事情處理之後、家長給我們的肯定。他們覺得校長表現得很好。我的主任之前有些是有問題的,但是現在每一個主任都很高興,當然我對她們很尊敬,經常肯定她們是我們教育的尖兵。

我以這樣的方式去營造學校的和諧。我的總務主任當初完全沒有總務經驗,很排斥接總務的工作。但前天他很高興告訴我:「校長,我很高興我看到我們的土地有曙光了!校長,你是對的,因為之前我做很多事情,絕對都是透過行動研究,做好很多課前作業與分析,掌握處理問題的策略與籌碼,然後解決問題。現在校長把很多問題都一一解決了,我很高興。」所以我的總務主任現在很有成就感,也很高興。我認為我的公關的方式是不一樣的公關,透過這樣的公關就是最好的公關。

## 陳校長(座談會後特地補充之完整書面意見):

學校是為學生而設立,但學校也因為有教師,才需要行政人員來為師生、家長及社區服務。因此「學生為中心,教師為主體,家長為伙伴,社區為合體」的校務經營理念是我經營學校的原則。教師是教學的第一線,行政人員是服務師生的前線。對我而言,堅持「績效,公平、公正但又謙讓溫和」的領導方式,是我努力的方向。

在對內公關方面,要如何與學校同仁溝通,並建立默契呢?學校的溝通有正式溝通及非正式溝通。通常各項重要事項在實施前,我都會先以非正式溝通的方式,和主任、相關教師先行聊天,了解他們的想法。在大家有共識後,就以「行政會報」確認,再加以執行。

若發現大家對某一議題仍有意見,尚未有共識,而此議題並非有急

迫性時，我就會採用延宕的策略，暫時擱置。若是重要緊急事項，通常在主任說明，加上我親自說明後，同仁們都會接納配合實施。

至於如何與同仁聯繫感情？婚喪喜慶的原則如何？因為明媚國小是小型學校，全校同仁只有 27 位，在情感的聯繫活動我有下列幾個方式：

生日活動：學校原本就有同仁每月的慶生會活動，會有蛋糕（學生也是每月有慶生會，會有一塊小蛋糕）和一張生日卡。我一定會用心寫祝福的話語。每年校長也會以一樣禮品做為同仁的生日禮物（今年是手拉坯的陶杯）。

餐敘活動：每年九月辦理迎新送舊餐敘。一月份辦理忘年會，九月以外燴方式在學校辦理。一月忘年會由每位同仁準備一道菜餐敘。我們都會邀請同仁家屬、退休同仁及家長會委員一起來參加。餐會後會有卡拉 OK 活動，讓同仁聯誼，交流情感。

婚喪喜慶：同仁本身或直系親屬的婚喪喜慶，只要送帖子給我，我一定親自出席。尤其是喪禮，只要地點在新竹以北，我一定撥時間出席。同仁的另一半生小孩，一定到醫院探望。若在台北沒有親屬，我也會請我媽媽特別為她準備產婦食物，送至醫院給產婦食用。同仁結婚，除禮金外，我會另外送一份小小的金飾禮品。

善緣分享：家中有較多的食品，我會拿來學校與全體同仁分享。對待同仁如家人一樣，隨時照顧全校每一位同仁。

至於學校內有爭端時，如何分析問題？解決問題？在小型學校，「人和」是一項重要的相處原則，但也不能為求「人和」，就失去原則或枉顧學生權益。對於學校內的爭端，我處理的原則是：若與學生權益有關，則以「學生受教權益為主」。如家長對教師教學有意見時，我會請教務主任共同參與，了解雙方的想法，並與相關人員分析問題（教師

偏心？家長偏見？教師教學問題？教師對家長之態度不佳？學生不信服教師？⋯等狀況），討論出可行的解決方案。

　　比如上學期期末，有家長反應教師教學進度落後，學生學習成效不佳。我在了解不同家長的想法後，與主任分析問題，發現因為學校有很多活動確實都依賴六年級學生，影響了學生的學習進度，因此與教師討論解決方案為：（1）期末時間不再辦理其他活動，讓教師可以專心教學，依進度教學；（2）寒假期間免費辦理三天的學習營，配合畢業系列活動，進行全班的補救教學，並進行一些活動，如元宵提燈夜遊活動、宿營學校鄰近風景區的活動等，讓學生留下美好回憶，也讓家長了解教師的用心及願意改進的誠意。

　　同仁之間的爭端：牙齒有時都難免咬到舌頭。來自不同環境與背景的人，難免也都會有爭端。面對同仁爭端時，我採取的原則是：了解其前因後果，各個溝通抒解誤會。就事論事，不涉及個人人格批判。請其交互輪調工作，以了解彼此的工作內容，避免本位主義產生。若是性格問題，則會藉機會讚美彼此，讓兩人重新建立互動關係。真的無法彼此共事時，我會找尋適當時機，勸大多數同仁都無法接納的同仁考慮更換學校。

　　至於校長在校內如何自處？針對各種身分的同仁，如何保持適當距離而仍能保有和諧關係？校長在學校的位置像天平的中心，維持校內的平衡與校務運作。因此自身設定的相處原則為：

1. 公正、公平的原則：不偏袒任何一人，一視同仁，維持等距的交往原則。

2. 只參加團體的聚會：不參加個別同仁邀約的聚會，只參加五人以上的團體聚會，避免讓同仁覺得有國王人馬。

3. 於公就事論事的原則：於公事上，不做人身批判，只就事論事，建

立個人公平、公正的處事原則。

4. 於私溫和善緣的處世原則：於私對待同仁如家人，廣結善緣，讓同仁感受如家中長姊的照顧。

5. 保有個人隱私權，學校只談公事及教育或相關問題的原則：不隨意與同仁談個人家庭或家人的事情，以保有個人的隱私權。

　　是否有國王人馬？如何運作？如何防止負面作用？至今我在學校沒有國王人馬，因為不帶任何一位人員至學校。但我很重視教務主任的意見。因為教務主任在學校已經 18 年，對學校的各種關係都非常熟悉，對社區也非常熟悉，因此以他為媒介，向四周擴散，以善結人脈關係。為避免只聽到主任的意見，除聽取教務主任的意見外，我也會另外向教師意見領袖徵詢意見，以求平衡，並觀照不同面向，因此至今尚未出現負面作用。

　　我自己思考，若要贏得全校同仁的信賴，我最大的障礙為何？如何有效克服？我個人認為，信賴並非一蹴可幾，而是以平日的言行作為及行動來證明。我自己到這所學校真的很幸運，由於前任校長的用心經營，因此學校組織氣氛一直很好。

　　當然這樣的情況，對一位初任校長也是一種考驗，因為我絕對沒有像前任校長一樣有豐富的校長經驗。但因為我之前的歷練，經歷過大、中、小型及籌備處主任等學校的經驗，讓我很快融入這所學校的環境中。再加上自己過往的行事風格，也已建立一定的形象，因此在很短的時間（行政人員約一個月左右，教師約二個月時間）就獲得同仁的信賴。

　　有關初任校長獲得信賴之前的最大障礙，我認為是「自我的想法及意念」。因為若自己一直存著當校長的想法，而不是服務與共同體的想法，則同仁永遠和校長會有一層隔閡與距離。所以放下身段，沒有不能談的事情。重視每一位同仁說話的內容與時間，主動熱誠和每一位同仁

聊天，就能很快得到大家的認同與信任。

至於如果有尚未獲得同仁信賴之處，我要如何有效克服？其實要克服的就是自我，不要有校長的自大與架子，不要有指導的意念與命令的想法，就能找到最好的介入點，與同仁成為學校的生命共同體，大家共同為學生及教育努力。

有關如何有效化解校內派系？我是否已做過深入分析？由於這所學校本身因為人員較少，所以沒有很明顯的派系，但有意見領袖，比較會表達自己的意見和看法。初至學校時，我曾經和教務主任做過深入的談話，了解校內成員之間的關係，也知道每位成員的個性及作風大致為何，如此談話對於自己和所有同仁的相處有很大的益處。

另一方面，經由與家長會長和相關家長的對話聊天，了解家長對同仁的看法。在對待意見領袖方面，我自己試著在互動的過程中，爭取意見領袖的認同，並尊重他的意見，使其充分感受到尊重與肯定，讓他成為助力而非阻力，使校內的派系漸漸淡化。

在對外公關方面，我要如何與家長、家長會、社區、媒體及其他外部人士維持良好關係？要如何創造對學校有利的局面？就這方面而言，我認為家長是學校的合夥人。家長會是代表家長參與學校事務、協助學校事務的組織。社區是學校的延伸，媒體是學校的宣傳者。這些都是學校的重要關係人，都要加以尊重。

我的做法是：來者是客，絕對尊重：只要進入這所學校的人，都是學校的朋友，不管其身分地位為何，都受到我的尊重。對家長，上午、中午、下午上學或放學時間，只要遇到家長，我一定打招呼。時間允許的話，我一定和家長聊聊天，關心其生活和孩子的學習狀況。有空我也會請家長到校長室坐坐，喝杯茶，聽聽家長對學校的看法。經過這所學校的登山客，都一樣受到同等的待遇，也因此有好幾位社會人士，成為

本校的隨車導護志工，願意來學校協助放學的隨車導護工作。

在參與家長會的各項活動方面，我帶領主任主動參與家長會的委員會或各項活動，並且主動贊助相關經費。對關心學校的家長會的委員及志工家長，比照學校同仁，贈送陶杯感謝他們為學校犧牲奉獻。

另外，我主動與社區人士建立關係。透過學校重要成員（教務主任，在社區居住 18 年），我主動拜訪社區人士，建立良好關係。學校鄰近的這個社區多為溫泉餐廳，且幾乎都是這所學校畢業的校友、家長或畢業生的家長。因此利用午餐時間，到各個溫泉餐廳用餐，與社區人士建立友好關係。

在關心孩子、關懷家長及社區人士及媒體方面，過年前，我為全校每一位孩子寫一封祝福的信，並發給一個小紅包。我也對全校每一位家長寄出一張賀年卡，向家長問候並祝福，讓家長感受到我的誠意與用心。對社區及相關媒體協助的人士，如里長、曾報導本校新聞的記者，我也寄出賀年卡，感謝其對學校的照顧。

在接受與教育相關的訪問與邀約方面，若媒體朋友打電話詢問相關教育的問題，我會主動誠懇的回答。對相關單位的邀約訪問，時間許可下，我都同意接受訪問。我還會帶領主任一同參與，以增加主任的信心與認同。

在參與社區的重要活動方面，區公所的重要會議及里長舉辦的活動，我會主動提供相關物品並親自參與。需要學校配合之處，只要與教育相關，我都會給予最大支持。

此外，我會虛心接受家長或外界的批判。對少數家長不同的聲音，我也會予以重視及處理，讓家長感受到學校的誠意與教師的善意。若外界有所批判，我也會接受檢視，並加以改進。

有關如何獲取最豐富的資源以供學校運用，而又不受制於人，我個人以為，學校需要相關部份外界的資源與支援，但不必過多。因為對小型學校而言，成員有限，人力資源固定，同仁工作負擔其實也不輕，因此爭取資源固然需要，但更要經過評估後，確信是學校真正需求的，而非個人要的資源，否則結果反而會造成教師的負擔。我的具體作法如下：

經行政會報取得共識後，認為確實有益學校發展，則全力爭取，其主要對象先以社區資源為主，真正有管道才找尋社會資源，但因為學校較小，所以不易爭取。第二，不可爭取有條件支援的資源。在爭取資源時，除非經學校行政會議通過或教師認同，否則不答應對方有條件的支援，以免橫生問題或造成困擾。再來，我絕對不做違法的事情。凡事必以學校的發展為前提，不以個人的聲名為考量，更不可為爭取資源而做任何違法的事。

我要如何不得罪不同派系的校外人士？因為學校小，所以較無此方面的困擾。議員等人不會看上小學校，因為沒有太多選票。至於地方上的派系，則是保持等距尊重，不與任何一方過分親密交往。除公事或公開活動之外，我不參與私下邀請的餐宴等活動，因此至今尚無此困擾。

如果有校外人士對校務關心或介入，我要如何分辨呢？我要如何取其利而不受其害呢？我會以全校整體的利益為分辨，不以少數或個別的利益為依據。我不個別面對其關心，而是以群體一起面對，比如我會請主任或家長會長或委員會共同參與，以作為阻擋的力量，並獲得緩衝的時間。而且由大家共同決定是否接受其關心與介入，而不由校長一人做決定。比如校護甄選，我透過甄選委員會作公正、公平的遴選，並透過考試加以遴選，如此我就可以避免校外人士的關心或不當介入。

在向有經驗的校長或督學請益方面，當遇到有人士關心或介入時，

我抱持著審慎處理的原則。但因為我是初任校長,經驗不足,所以會主動向師傅校長或督學請益,常常可以獲得很好的支持。

在不與人為惡方面,即使無法達成介入者的心願,我也一定親自打電話向其感謝關心,並對事件加以說明及致歉,不使他難堪,並在日後適當時機給予感謝,以廣結善緣。

有關學校在社區的定位方面,我認為學校與社區是息息相關的共同體,尤其對明媚國小而言,是明媚里唯一的小學,也是社區重要的活動場所。而社區又有著豐富的天然與人文資源。因為位於陽明山國家公園內,因此社區是學校教學場域的延伸,是學校重要的戶外活動場所。學校與社區的關係,我是透過 SWOTS (strength, weakness, opportunity, threat, strategy) 的分析,來了解學校的優勢及社區的優缺點,用來規劃學校與社區的互動模式。

因此,在學校與社區的定位上,我個人的態度是:學校是社區民眾生活的場域之一,學校與社區應該是共生、共榮、共享,才能促進學校進步。學校硬體建築應與社區環境景觀搭配,融入自然情境中,以綠建築為發展方向。學校各項設施皆是社區的公共財產之一,可提供社區人士申請使用。未來希望以明媚國小為核心,建立社區總體營造的共識,共同促進社區的發展與進步。

(本座談係於 2004 年 2 月 21 日在國立臺北師範學院行政大樓 605 會議室召開,由林文律副教授擔任主席,陳佳榮先生擔任紀錄。)

# 第 11 章
# 校園規劃

　　學校為學生所提供的各種學習空間與環境，包括有形的物理環境與無形的人文氣息，一切都是為了教育的目的而存在。簡單的說，除了提供必要的教學與學習設施與設備之外，學校也必須具有豐富的境教功能。也許學校也可以像一個公園一樣，既綠化又美化，校園碧草如茵，青青校樹，展現舒適宜人的氣氛。

　　學生與老師整天都在學校進行教學活動與學習活動，學校在物理外觀與人文氣息上，究竟要如何為師生（甚至訪客）創造一個愉悅的環境？校長是否可以扮演校園設計師的角色？此外，學校常常需要拆除或增建校舍，一些工程上的細節，校長要如何處理得當？以上這些都是本章要探討的課題。

## 討論內容

**曹校長：**

　　在校園規劃方面，我一到任就在校史方面有所突破，因為前任校長之前讓校史室有如蚊子館。我請一位老師把以前學校的照片都蒐集起來，用魅力四射的方式呈現出來，放給大家看，藉此讓大家了解一下整個校園從創校開始如何一步一步演變到現在。

　　說實在的，每個階段都有它的時代意義也有它的功能。我發現我們學校的校園，原來的規劃其實比現在更美麗，後來因為有停車需求，還有一些設施一直加進來，有一些是不得不做的，就硬加進到校園空間裡面來，讓這個校園一直在改變。

　　我們現在的校園還是很美，但是我感覺沒有過去的校園明亮。校齡也是有一點年紀了，所以我提出「讓校園亮起來」這樣的口號。其實在我的心裡就有一個未來的圖像，所以在四年的學校發展計畫裡面，我就把我自己想要做的東西一步一步具體化。

　　從校務發展計畫的角度來看，在硬體的設備方面，我擬定了一個計畫。這個計畫在校務會議以及家長會議的時候，只要有機會我就會說給大家聽，讓大家了解。我告訴大家，我想要改變的是什麼？我也找機會爭取一些資源與經費來做一些改善。

　　這一年來，因為經費不是很充裕，所以我大概只做了下列幾項。第一個，我把學校的功課表全部換掉。這是小東西，可是我覺得以前的功課表都是很制式的，有很多都破了，甚至有的教室沒有功課表，老師也不在乎。所以我就在行政會報時跟大家討論這件事，後來教務處就願意把它結合在課程裏面。

　　由於我很早就提出來，所以教務處就可以做一整年的規劃。現在是期末的時候，小朋友都已經把所有教室的功課表製作完成，在這次畢業典禮時，就把它當作是畢業生留給母校的紀念品，成果令我很驚訝，也超過我的預期。

　　每個小朋友，兩個人一組，設計及製作功課表，製作得非常精緻，所有的設計都融入到課程裡面，過程中小朋友都做得很興奮又開心。比如說，英語教室學生們就用 ABC 去設計，電腦教室就用滑鼠的圖像來設計。小朋友的設計真的完全超乎我們原來的想像。我現在可以想像，我們明年的功課表一定是獨一無二的。除了校園景觀的改變，這一項活動也讓小朋友有參與的感情。

　　第二個是校史牆。因為校園任何活動都是課程的一部份，我希望所有的活動都能結合校史，成為校史的一部份。比如「魅力四射」這樣的

東西，我們是在資訊研習時，讓所有老師都去學著做，接下來就有一個成果發表，還有一個比賽。我自己也得了名，自己頒獎給自己，可以說人人都參與了這樣的活動。

這些校史的作品逐漸累積了以後，大家就想，我們學校有一個空白的牆面，也許可以考慮將它美化，可能明年會做成一個校史牆。校史室只是室內空間，校史牆就是戶外開放的，所有外面來的人都可以從校史牆看到學校的一些發展歷史。這個主意是我們去參觀美國學校以後學到的。

第三個就是「藝文走廊」的設計。我一直向大家強調，學校展示的所有東西不應只是金錢買來的，應該也有我們自己文化的產出。我所謂的「藝文走廊」包含兩種作品來源。一個是學生與老師的作品，另外一個就是社會資源。我們在 2003 年時申請了「藝術行腳」，有六個展期展示名家的作品。我們在美勞課時，訓練高年級小朋友去做導覽，講給低年級小朋友聽。

這樣的課程設計，我們一共有六個展期，最後一個展期的 28 幅名畫，贊助單位就送給我們了。這 28 幅名畫，我會利用暑假時佈置在學校裡面，用來提升學生的美感經驗。此外，學生的作品只要是優秀的，我都希望美勞老師把它留下來裝框。行政大樓也都有學生作品的展示。另外，學校所有的空白牆面，我們都以一個主題、一個主題的型態呈現。以這樣的方式，我們儘量做到校園美化與課程結合。

再來就是顏色與燈光的改善。只要有一點經費，我們就逐步改善這一部份。校園內本來沒有夜間照明，我們也把它加進去。燈光老舊的，我們也都重新更換過。原來的司令台是空白的一面牆，我也利用暑假重新油漆。

在安全部份，除了燈光改善以外，我發現消防栓以往都隨便設置，

凸出物可能會造成學生的碰撞，帶來危險。只不過，改一個消防栓要花好幾千元。只要有錢，我就會逐步做一些改善。從以上說來，雖然有些都只是在小處著眼，但小處易做、易完成，也很容易有小小的成效。

另外，我也在校務發展計畫提到了遊戲器材的修繕。本來有很多校長跟我說，台北市現在對很多遊戲器材的經費申請都不太通過。不過，我編入明年的預算，教育局也通過了。我想，只要極力爭取，還是有機會的。

在校舍部份，我們設置的花廊，把原來老舊的玻璃改成透明的玻璃。我們也打算在樹下裝設一些休憩的椅子，這些都是用永續校園的經費申請。如果獲得經費的話，大概今年就可以做，這些構想要付諸設施要有一些規劃。我在今年學期末已經定案，把所有校園裏的配置全部重新更改，由老師確定以後，就可以逐步去做。譬如我寒假做了校史室的部份。暑假時，教師餐廳將會改成教師聯誼室。我希望外面美化之後，室內的空間也能比較舒適，因為我們學校不是新的工程。

我們努力朝向讓校舍更新後一如新校舍一樣，並且與課程結合，然後不斷釋出新的想法，擬出計畫、用行動來完成計畫。只要提出了計畫，就有可能會有一些經費進來。只要有經費，我們就會儘量去做。擬出整體規劃，以此一步一步達到我們的理想目標。

## 江校長：

我去年來接任校長的時候，悠遊國小就像灰姑娘。灰姑娘應該是很漂亮的，但是沒有任何裝扮的話就是很醜。記得去年校長交接八月二日那一天，很多人對我都有很大的期許，提點我許多要我加油努力之處，告訴我哪些事情可以去做。確實，當時我到任時，我跟老師以及家長借用馬市長的想法，提出一個概念，就是「軸線翻轉」。我想悠遊國小在空間運用上，需要在很多地方做很大幅度的調整。我當時提出這樣的計

畫，有許多思考點。

第一個就是充分利用每一個空間的功能。在我到任之前，學校有很多閒置空間。明明是很好的地方，但是都沒有好好利用，要不然就是關起來養蚊子。我一到任之後，很不能忍受。幾個空間被我一個一個打開，把裡面的東西清掉，重新做規劃與運用之後，我向老師形容那是光復。所以現在幾乎學校的每一個空間都是被運用得當的。

後來學校的老師反應一個問題，就是教室的配置出現了很大的問題，因為兩個教室連在一起，互相干擾嚴重，家長也跟我反應。後來參觀姜校長的學校，老師們了解到班群教室如何去運用。參觀回來之後，聲音就慢慢減少。我就沒有再聽到老師們對空間有什麼意見。

第二個就是人性化的設施。悠遊國小沒有大辦公室。老師們沒有一個好的休息室，所以老師們是非常零散的。他們空堂的時間不曉得要去哪裡，我也沒有看到他們在哪裡。後來我就跟總務處強烈要求，為老師們提供一個研究室或休息室，而且要為他們提供很好的設備，即使沒有辦法裝冷氣，也一定要有電腦設備。慢慢地，我發現我們的老師會聚集在那個地方，因為他們有一個空間可以去。

第三個就是美化。悠遊國小有很多綠地，這在都會裡面的學校是很難得的。可是綠地不整理就會變得很亂，所以我到任的時候，就主張校園綠地一定要整理。很幸運的，我們得到地方清潔隊的協助，把所有的校園整理一遍。

另外，有一次去參觀妙妙國小（化名）時，校長告訴我，在哪裡可以買到很便宜的花。那時候悠遊國小所有的花圃根本沒有花，只能說是零零散散的雜草堆。我就請總務主任帶著兩個同仁到石門去載了數千株花苗回學校自己來種。種完之後剛好遇到雨季，花就長得很好。現在來到悠遊國小，就可以看到各式各樣的花，五顏六色，爭奇鬥艷，美不

勝收。這也是校園環境翻轉的部份。

有關校園規劃，我一直很強調我們很多信念可以透過一些標示物、學校徽章、標誌，不斷的傳達，所以我盡可能在學校可運用的地方，把校徽放上去。

校徽不是我設計的，是之前留下來的，我就讓它意義化，讓同仁知道校徽所代表的意義，以及如何與學校的願景產生聯結，如何去發揮它的精神。最近我還要去整理學校的一塊地。家長一直在反映，那個地方遇到下雨天就會非常滑，所以我就把它跟校徽結合，只要一進校門就可以在那裡看到學校的徽章。

老師提到校長像一個校園的設計師，我非常同意。我的思考點就是讓整個校園空間能夠運用得非常好，既舒服又很美觀。

**姜校長：**

我的運氣很好，我在台北市所服務的幾所學校都算是比較新的學校。第一個學校就是卓越國小（化名），是一所新設的學校。第二個服務的國小是希望國小（化名）。我在希望國小擔任總務主任，有機會與陳校長一起做校園規劃，所以把心目中對學校的想像，做了一套規劃設計。

但是可能百密一疏，實際上有部份在落成使用時，跟原來的規劃真的是有所不同。譬如各個空間都應該有網點，但是黑板前面可能疏漏了網路的點。所以我可以體諒每一所學校當初規劃的人都是非常的用心，但是後面的使用者也應該為自己未來能做的部份承擔一些責任。

美國總統林肯說：「一個人過了四十歲，就要為自己的容貌負責。」同樣的，我常常在想，我在這所學校待了四年或八年之後，我能夠帶給學校什麼？我的想法是，經營一所學校，我要能夠欣賞這所學校，也要

了解這所學校。我也希望我所經營的學校能夠為學校的老師及學生，在他們生命的歷程中帶來豐富的意義。

前些時候有機會到日本參觀，發現日本有名的學校，譬如緒川，學校一定不是新的，甚至可說都是非常老舊，但是都富含生命。生命創造最多的部份就是孩子，有機會的話，學校就會在各個展示的空間或是入口場景，留下了教師教學或學生學習的痕跡。大部份都是學生學習的痕跡。從校園規劃的角度以及從學生生命歷程的角度而言，這些學習的痕跡非常重要，也非常有意義。

剛好今年六年級的畢業生在美勞老師的指導之下，做了一些美勞的創作，他們的作品也留在學校的牆面。悠悠國小也算是一所新設的學校，有很多牆面可以利用，所以也利用一些陶瓷創作作品，讓學生留下紀念，讓他們有機會將來回到學校來時，能夠在這所學校找回他們以前學習的經驗。譬如我們每一個人對於國小印象最深刻的可能就是校園裡面的那一棵大樹，所留來的不只是生命的痕跡，也是種種校園生活的記憶。

另外要留意的就是安全、通風、景觀的部份。悠悠國小雖然是一所新設的學校，不過因為是比較開放的空間，家長在安全上有一些疑慮。校園的設計其實完全符合法規。因為剛好有一個花台。站在花台上，家長就會有一些安全上的疑慮，所以亟需改善。另外，因為教室是開放的，有一些密閉窗也是亟需改善，所以安全和通風的部份，剛好有一些標餘款，可以向教育局申請利用標餘款的經費，立即做一些改善。

第三個就是校園美化、綠化的部份。各位如果有機會到悠悠國小，就會感覺學校的花非常驚艷，好像都不用花錢一樣。的確真的是不用花錢，因為剛好我們總務處的一個同仁對於美化、綠化非常有興趣。他利用個人私人的關係，開車子到處去載花材，定時澆水。很珍貴的花一天都要澆兩次水。我們這位同仁每天早上六點就起來澆水，假日禮拜六、

日也來學校澆水。

所以在校園美化、綠化的部份,我非常感謝這位同仁,不只學校不花錢,這位同仁還會定時改頭換面,例如九月份時,就來更新,到了十一、二月校慶,也來做更新,寒假之後開學也來做更新,重大慶典也來做更新。這實在是學校的福氣,對校園的精緻化非常重要。各位如果到我們學校來,校長室旁邊的一塊空地,這位同仁也把它佈置成秘密後花園。毫無疑問,把校園的每一個空間精緻化,也可以說是校長不可忽視的一項使命與任務。

## 李校長:

講到校園規劃,我真的是有一點痛。我的學校有 93 年的歷史,新舊校舍各半。新的校舍感覺很空虛,沒有什麼佈置,每一片牆壁都很乾淨。舊的校舍則是漏水、斑剝,凹凸不平。其實硬體的部份,學校很需要做整建。

我呼應姜校長,他說日本的舊校舍為什麼可以保存得那麼好,富含生命的價值。我們學校的問題是新舊校舍雜陳。我們學校的老樹很多,地方人士希望留下老樹,我都不能動、不能砍,因為會影響到很多人的回憶,而且樹會長在不該長的地方,很令人頭痛,因為維護是一個很大的問題。

另外,我現在的校長室與總辦公室是一棟很大的日式建築的禮堂,真的很大。我有一個很大的問題是我的辦公室沒有裝冷氣,熱得要命。總辦公室也跟火爐一樣。這兩天很熱,就會很想去裝冷氣。我找得到錢,但是就不知道該不該去裝,因為有的老師覺得不要裝。但是在裡面辦公真的很痛苦,真的熱得不得了。如果用電風扇,公文會一直飛,根本沒有辦法做事。所以我就陷入了兩難。

但是我今年到了之後,還是做了一些改變,譬如說辦公室設施如辦

公桌，做了一些整頓，屋頂剛修過，因為是瓦頂，因此讓它的情況稍微好一點。另外就是老鼠為患。前一陣子校長室一進去都是大老鼠。這種狀況很多，就是在老舊的校舍裡常常會有。所以我今年申請要整建一棟老建築。這座八十幾年的總辦公室大禮堂我不會去動它，但是周邊的部份我會想辦法去做一些改善。

教室的部份，其實我曾經向縣政府國教課申請經費。我先把計畫呈報上去看看，大概需要三千萬。我還有一個很大的困擾。班級數雖然是27班，可是我的教室是滿檔使用。

一所創校 93 年的學校卻沒有校史室。我到任的時候，才從活動中心、舊的辦公室與儲藏室，把校史文物全部清出來。我找了我們活動中心樓上的一個閣樓，特地把原來的東西清乾淨，把校史文物集中在那邊。我特地與工友、公共服務同仁以及總務主任說，收這些文物時，可能要稍微注意點，不是看到很舊的東西就可以丟棄。

另外，交接時，前任校長還跟我說：「這是金庫的鑰匙，但是打不開。」那個金庫很大一個，很厚很重，就一直擺那邊，可是都打不開。類似這樣鑰匙一直打不開的東西，其實我們學校很多。若真的要整理，也需要花一點時間。所以今年我到任時，第一個印象就是新舊雜陳。

另外就是亂七八糟的樹很多，最多的就是桑樹。我問以前的老校長：「怎麼這麼多桑樹？」他說：「就是長起來，但是都捨不得砍，所以到處長得很多。」桑樹養蠶很好用，但是平常會影響到其他比較好的樹木的發展，也會擋到人。

我們學校有一棵日式神社都會有的那種樹。因為它的雜木林太多，新舊雜陳，老樹很多。我請教了學農業的家長以及台北縣內比較懂得這方面的輔導員到學校來幫我看。

他們說雜樹太多，理論上要鋸掉比較好。所以後來上學期末，我就

## 小學校長走過第一年

拜託家長會派了十幾個人,用堆高機與電鋸弄了兩天,把這些雜樹都清除。因為是春天,處理過的樹木,大概三、四月就可以開始長。

另外,因為舊的校舍很久沒有改建,很多地方是不平的。路面凹凸不平,使得我們學校的女老師很少穿高跟鞋,因為常常會跌倒。路不平還牽涉自立午餐要抬菜。由於路面不平,常常聽到東西碰撞的聲音。這部份我也花了很多時間去整頓。所以校長的責任,就是「人在哪裡,安全就在那裡。」由於這部份也需要花一點時間去做,所以我就去做水溝的工程、地面的整平。

另外,我們學校不是很舒適,主要是因為動線不良。由於新舊建築雜陳,校舍在不同時期增建,沒有考慮到校園整體,導致動線不良,這一棟擋到另外一棟,餐車也沒辦法推,所以推餐車的廚房阿姨會哇哇叫。校長叫她們抬到教室,可是又那麼難抬,而且又沒有電梯。很多地方她們一定要用抬的,不免會抱怨連連。

所以當學校校園整體規劃不是很好時,不只會影響人員的安全,方便度及舒適度也會很差。所以這部份我也要做一些改變。另外,我們教師的休息室,兩扇大門,多年來不只開很難開,關也很難關,還會發出聲音,我也做了一些改善。

我們學校也有很多倉庫,樓梯間到處都是倉庫。現在隔開的校長室,以前也是倉庫,有很多東西都要整理。有一陣子,我覺得我比總務主任還像總務,一直在整理這些雜七雜八的東西。我很贊同老師的觀察:「很多東西已經定型了,你到底要不要去改?」其實這牽涉到一個校長到底要不要做校園整體規劃?還有,校長得要得到老師與社區的認同。

另外還有一個以前這所學校的校長很厲害的地方,就是他們之前有做過一個校園整體規劃,而且是參與式的,是建築師、家長、老師、

學生一起做的規劃案。可惜的是,那個花了將近一百萬的規劃案,我到任時,看到校舍、校園空間不是很理想,我就覺得是不是還要做一些改善。

我把他們做的校園整體規劃案拿出來看,當場傻眼,因為那個規劃是建築師的理想,也就是我們的校舍有四棟,有兩棟分別是 1999 年與 2001 年完工的,根本不可能拆。可是他畫的時候,那兩棟是畫歪的,跟原來的位置長得不一樣。也就是說,那一整本的整體校舍規劃,根本就是零。花了那麼多錢都是零。我最近在做的就是重新來過。常常為了已經存在的東西,卻又沒有辦法做大幅的更動,很頭痛。

我常常說,我現在在做的就是小針美容,這裡改一點、那裡改一點。我覺得學校與社區會有一點比較寬容的是,他們覺得女校長比較愛乾淨。我承認我對校園美感真的很在乎,因為那個死角很麻煩,不只是髒,而且磚塊這裡一堆、那裡一堆。這種死角真的花了我很多的時間。學校那兩個公共服務的老先生常常跟我說:「校長,我們怎麼有這麼多的地方要整理?」

校長一到一所學校時的第一印象很重要。不太習慣的地方,就要把它記下來,然後開始慢慢改。所以我的公佈欄也改,進校門的盆栽我也通通改。禮堂前的那些盆栽與花圃看起來幾乎就是雜草,都要做整理。快一年了。我比較有成就的是家長會長跟我說:「花木比較好看一些。校園也乾淨多了。」但是其他的空間,我還在努力。

## 趙校長:

我們發現大部份的學校都會有不同時期的老舊建築物並陳。我們學校也是一樣。我們學校最早的建築物是 1962 年,第二棟比較主體的大樓是 1972 年。1962 年這一棟很有名,是魯冰花拍攝的校舍,這棟建築是安山岩的建材。1972 年的這棟建築早期外牆是洗石子,後來加上

二丁掛。後來二丁掛慢慢脫落，這裡掉一片，那邊破一個，好像補丁一樣。

所以我們發現，一棟建築剛開始選用的建材會決定這棟建築到底給人家什麼樣的感受。以 45 年歷史的安山岩的建築而言，大家都覺得它很美。雖然已經有一點歷史，我們還是可以看到它有歷史的美、典雅的美，有電影、有大家生活過的美。我們看到的教學大樓，大家都嫌，嫌它二丁掛怎麼掉得這個樣子，嫌它工程品質怎麼那麼差，各種不同的話都就出來了。

所以學校工程，一開始的決定對於學校的面貌是很大的契機。如果我們夠專業，在一開始規劃設計時，能夠花時間去規劃，那麼經過歲月淘洗的檢驗，它所留下來的美感更經得起考驗。

但面對校園裡這樣的情況，我們怎樣讓老舊的建築與空間，不管是好的或是不好的，都可以得到再生的機會？所謂再生的機會，就是讓它有生命。如何有生命？就是讓它有故事。就像我們剛剛談到的，這棟建築因為有電影的拍攝，所以我們目前在蒐集與電影相關的資料，希望能夠讓這棟建築的影像紀錄成為這棟建築的一部份，不管是校史也好，或是成為學習的材料也好。

如何讓校園的空間，經由我們的規劃，從舊有的建築物發現它的新意義？除了以課程教學吸引入外，藉由老師的帶領讓孩子發揮創意，讓空間的美更能夠靈活被看到。

其實不同的空間蘊含了不同的價值與意義。以我們學校來講，同仁們會覺得某一邊的雜草割了就好，另一邊不要割，大家都能認同。因為大花咸豐草就是蜜源的植物，可是另外一邊為什麼要割？因為那是學生活動的場所。

我們可以呈現校園園藝的空間性質，也可以呈現荒野特色的校園

空間。從不同的觀點來看待校園，不一樣的需求都有它的教育價值，也能呈現不同環境與空間的特色。特色要如何去看待和運用，讓它有生命、有意義、有價值，就端看學校團隊的人如何去開發運用。

當然，整個團隊對於空間的運用方式都要能認同，不論是概念的形成或是校園整體的考量也好，或是校園多元面貌的呈現也好，我們都不斷在看校園空間的經營。當然校園的規劃，一開始就要非常謹慎，儘量去多看。另外，校園環境的再生利用，也很值得納入考量。

我覺得校園的空間經營，還是要回歸到教學上，要回歸到學生的生活經驗上，讓空間因為我們的經營、學生的活動而更有意義，能夠有故事，也有內容。

## 邱校長：

關於校長是不是校園的設計師，我有兩個思考。最主要的思考就是，學校的發展就像是孩子的發展，校長就像對待一個孩子，怎樣讓他的優勢潛能出來，不應該盡是呈現校長主觀的喜好。這就好比我們不希望孩子都長得一樣或表現得一模一樣，所以我覺得經營學校的人，不論是在校園的外貌或實質的內涵上，最好不必刻意地讓自己經營的學校和其他學校長得很像，而是應該把每一所學校原本歷史與物質環境的特有元素完美地呈現出來。

常常一位校長會不自覺地讓自己原有的經驗強烈地表現在自己所經營的學校，甚至凌駕在學校這塊土地上原來既有的面貌與性質上，也因此使得學校原來的獨特性不見了，這是很可惜的。所以作為一位校園設計師，校長應該從這個角度去思考學校校園的整體規劃。

第二，空間規劃要從課程的角度來看。學校整體環境本身就是最大的教具，或是一個學習的對象。所以空間規劃，第一個是它的有機，也就是它的永續。其次，我們不能只看環境中各個單一的部份，因為若只

是從單一個體的層次來看，未必能看出更高層次的整體的意義，這是因為整體大於部份的總和。

當有些個別的元素在同一個環境裡面流動時，就會產生更大、更深層的意義。所以我們要去思考環境的動態與有機的部份，而且要進一步強調環境內各個部份之間會產生互相對話。如果能夠從這個角度來進行校園規畫，空間就能夠得到更有效的利用，並且產生更深層的意義。

一個環境應該有生命的主軸。這主軸是什麼？應該說些什麼環境的語言？這語言可能需要我們花一點心思去想。並不是我想到什麼語言，就要它說什麼語言，應該思考的是我們要讓這環境呈現什麼？

我們學校有很多安山岩素材，還有階梯式的校園，到底這個空間環境裡，應該有哪些東西？哪些素材才是適合這個環境的語言？哪些素材不宜存在這環境裡？

在同一個環境生活或工作的人要慢慢形塑出一個規範。身為校長，我在這所學校只是一段時間而已，可能之後會離開。不過，既然一群人生活在一起，就應該去找這個規範，找這個語言。有些素材不要在這環境出現，因為一出現，會使得你要表達的東西中斷掉，你就要花更多的力氣去把你原來要的東西找回來，所以我們要去強調人文與土地的對話。

這一年來我做了一些省思。一般人一開始都會積極做很多事情，常覺得空間哪裡應該去改就去改，應該怎麼創造就去做了。可是我們卻常常忽略了一點：空間規劃都是我們在推動，但其實孩子才應該是環境行動的發動者。我們應該讓發動權回到孩子身上。我們常常很周到的帶孩子去做，事實上很多行動是來自大人的腦袋，孩子沒有感受，他只是跟著做，做出來不錯就不錯，但是他生命裡並沒有特殊的感動。

我們學校有一棵百年的老樟樹，它的樹皮有很多真菌。我跟自然老

師研究，有真菌代表老樹不是很健康，有很多傷口，復原力不是那麼好，因為我們在樟樹下面用很多水泥圍起來做成座椅，很像公園。我覺得這樣有問題。如果以我以前的想法，我會馬上挖一挖。但是我想一想，我下學期再跟小孩一起來做這些事。

這學期我們培養小孩做解說員，他們就開始思考，然後去批判這個環境。在人對待老樹這個問題上，以及環境使用方面，學生們慢慢產生了一些想法。他們開始去思考要怎樣幫助這棵老樹，想到了很多的策略。最後就是大人所做的事，其實是孩子自己發展出來的。這樣的發展是有意義的。我覺得環境價值的實踐，應該由孩子來參與，而不是我們大人規劃得好好的。

空間規劃的原則，優先順序依次是安全、方便性、景觀、富含教育性。在操作部分，應該強調清靜，強調從孩子與環境的角度可以操作，強調綠色價值，也就是強調永續。在思考空間規劃時，我會思考如何用生態工法去做，比如我們校門口鋪了很多安山岩的鋪面。

我把原來的安山岩鋪上去，原本是想要用水泥黏起來，但這樣透水性就沒有了，我現在就用沙子鋪在上面，下過雨就乾了，水照樣可以滲透到泥土下面，沒有把地面隔絕掉，這樣做起來，效果也是非常好，只不過汽車不能在上面輾來輾去，可見只要我們在思考，做法可能都會不一樣。

環境是有機，有一個生命在裡面，趙校長與姜校長都提到了很多生命的東西，我認為生命的傳承與流動會具體呈現在環境更迭時，比如說我們學校第二棟校舍改建，圖都好了，但是因為教育局沒有經費，所以就一直擱著，沒有進一步處理。

這棟房子整棟都是 1959 年以安山岩蓋起來的，屋頂的樑則是台灣檜木，很有紀念性，可是因為新的需求而必須拆掉。拆除計畫並不是我

擬定的，他們說要拆就拆。如果是我，我就不拆。

我認為校舍是有生命的，它的過去、現在、未來都形成了一段故事。在執行的前一年，這一段故事可以成為課程的一部份。基於這一點，我們現在就去把這棟建築細心的拍攝下來，否則未來拆了就拆了。

我本來想把這棟建築的素材重新拿來用於新蓋一座校史館，把它的安山岩湊一湊，建一間小間的校史館，木頭弄一弄，而且安山岩整塊狀況都算良好，可是沒有土地。後來我就跟建築師說，不然你就把它當作新校舍隔間牆。所以結構主體是 RC，中間的隔間是安山岩。把安山岩回收做隔間牆，舊的素材回到新的建築裡，繼續傳遞他原有的生命，而且有一些木材還可以回收，嵌入新的建築裡，這是一種有意義的處理方式。

昨天晚上學校舉行畢業典禮。我們學校的空間很特別，上了階梯有很好的視野，可以看到山下的景色，所以我們就把舞台轉過來，朝向山下，讓畢業典禮以藍天為背景，晚上則變成以夜空為背景，那個感覺非常好。從這裡我體會到，空間只要運用得宜，也可以帶出一種美的感覺。事實上這樣的軸線翻轉，不只讓老舊的東西找到新的生命，也帶來了非常新鮮的感受。

初任校長到了一個新的環境，要馬上跟新的環境做聯結，內外環境都要同步去做，尤其應該要提供充足的設備，讓老師或行政人員一起動起來做事情。我的習慣是，我要大家做事，我會提供所有的行政支援，而且後勤支援也要一次到位。

每個物都要有定位，要讓每個物回到原來的地方，不要疊成一座山，否則跌下來就摔傷了。很多時候人是從環境養成態度，新的初任校長到環境去，要先去除一些環境裡舊的、破的、亂的東西，這樣的東西應該立即移除，因為處理這三樣東西並不需要花很多錢。一個環境寧可

留白，不要讓舊的、破的、亂的東西留在那邊，不知道在說什麼語言。在一個環境中，所有的東西都是在做出某一種宣示，因此壞的或不好的就要先去除掉。

第二個就是怎麼去排除有安全顧慮的空間與設備，並且要整理空間的動線，提高使用性。有些東西大家都習以為常，這是時間的累積所造成的結果，可能很不方便，但生活在環境裡面的人卻無感。就像李校長提到的，我們剛到一個環境覺得很新鮮，但卻會發現到環境裡面有一些大家很習慣但卻很奇怪的事情。在把環境裡面一些奇奇怪怪的東西一次有效做一個處理之後，大家會發覺，其實只要花一點點力氣而已，日子就可以過得這麼方便，為什麼我們大家都要忍受？

再來就是去檢視空間到底在哪裡？其實空間都很小，空間在哪裡，必須要去找出來以便重整，甚至沒有空間也要去創造空間。提到空間不要閒置，我有兩個想法，功能如果不彰就是閒置。不太好用或效用不大，或根本沒有在用，這些都是閒置，都需要處理。

我最近把原來多元教室的屋頂平台進行整理。這個平台原先是用粗的鐵鍊拴起來，不准小孩接近，我已經忍受了一學期多，現在有經費就要處理。我把要種百香果的木頭藤架都做起來，要做成一個類似有機花園、菜園這樣，因為沒有錢弄桌子，所以準備暑假找個時間跟老師DIY 做一個工作檯。另外，我們昨天買了一個電窯，準備在那裡捏泥巴，拿去電窯燒，陶藝是我下學期的重點。

空間景觀的美化綠化，並不是那麼有次序性，有時跳過前面其他項目，直接處理這一塊，可說是多軌同步在做。

至於營繕工程，我認為任何營繕工程都該是一個故事，而不應該只是雜事，故事的精采在於每個故事細心的細節。校長應該當一個見證者或參與者，所以我每天都會巡個好幾回。我習慣背著相機走，從怎麼釘

螺絲，或是開挖的細節，看到了就用鏡頭記錄下來，所以一個工程可能有幾百張照片。

　　過程中我看到了問題，馬上就要求改善。工程的成功在於細節的成功。在細節看到的問題，有些是設計的問題，有些是實作的問題，有一些是實作時才發覺設計出了問題，所以改變是在實作時去改變，才有機會改變或是彌補錯誤，所以動態的掌握非常重要。

　　最後，若要掌握營繕工程做事的要領，順序非常重要，這是關鍵時機與關鍵作為，既可決定整件事情是否順利，也可掌握原先期待的目標的達成度。

## 周校長：

　　「人過了四十歲，就要為自己的容貌負責。」這是美國林肯總統說的名言。我十年前在青春國小擔任過教導主任，所以我對這所學校很有感情。這一所學校有 94 年的歷史，所以在整個任期內怎麼使校園更美，我提出整體的觀點，因為我八年前是擔任新籌備學校的總務主任，當時參考了很多的案例，尤其是宜蘭縣每一所學校都有整體規劃，讓我很敬佩。

　　當我回到這所十年前任職過的學校時，我就有一個整體規劃感的觀念，向校友鎮長爭取了一筆經費後，遴選建築師把整體規劃完成。我贊成前面趙校長講的，我們不要有主觀的想法，我會把家長、學生、建築師的想法引進來，看看他們對這所學校的規劃有什麼想法，是否恢復學校的一股古樸歷史美，因為學校是 94 年的學校，不要老是加入一些很現代的東西。

　　再來就是讓學校古樹參天、綠草如茵、落葉繽紛的美學融入校園。由於學校在綠化方面比較差一點，所以我們最近在綠化方面就注入了很多的心血，按照一年四季會開花的植物就把花種起來，其實校園綠化

可以不用花很多錢。

　　另外就是如何使校園變得更美，除了視覺上看到建築的古樸之美，恢復建築的歷史感是重點之外，我們也強調心靈，也就是這所學校給老師的心靈感受，所以目前的重點就是尋找並整理這所有 94 年歷史的學校的校史。

　　可是這所學校卻沒有校史室，令我很納悶。我跟老師們說，學校要有歷史，九十幾年的老樹是會說故事的。我說學校有間學生放學等待室，如果大家沒有很強烈的反對，我準備把那間教室改成校史室。除了引進校內老師對校長的認同以及學生的參與之外，也要引進學生家長的觀念，畢竟這所學校已經有 94 年的歷史，校友與教師們可能有很多的想法。

　　國泰保險企業認養了台南成功大學的一棵樹，我們學校有很多青楓與榕樹，不會比台南大學的差，所以我最近就找了國泰保險企業來看學校的十幾棵樹，希望他們認養。上個月他們已經來過第一次，希望他們能認養成功。我認為外面的觀點進來之後，不同的想法就會進來。

　　再來就是學校的文藝走廊，這方面的改造是第二目標，因為文藝走廊可以把學生的作品擺放進來，突顯學生對學校的認同。像校長室擺了很多獎杯。我說獎盃怎麼擺在校長室？他們說其他空間擺不下，我就很感慨。

　　這方面我都會拋出訊息，跟學生與老師討論。我們的結論是校園規劃是校長帶領大家參與，然後整合學生、老師、家長與外面的企業，當然要挑到好的景觀設計師，大家一起討論，讓學校有生命歷史感，否則老師會覺得都是校長自己要改的。校長要強烈主導的應該是會影響學生安全的動線，或是安全方面明顯的問題。

　　比如說，我們學校各班教室的門一打開，就有很多黃臘石，因為學

校緊鄰基隆河，教室門吹來吹去，所以教師把黃臘石當做門擋，我認為這是對視覺的戕害，所以我就請總務主任去買些門篩子，門一開就擺著。

我要讓任何進入這所學校來參觀的人，都可以感受到古樹參天、碧草如茵、落葉繽紛的美，也充分感受到這是一個地靈人傑的好地方。

## 張校長：

校園具有十足境教的功能，是學生學習的最佳場所。校園是教職員工每天工作的環境，校園整體規劃也影響學生日常生活常規。透過學校校園整體規劃，不但學生可以擁有優質的學習場所，也讓教職員工有良好的工作環境。

校園的規劃、營建、修繕是校長經營學校相當重要的課題，尤其是安全性問題，包括校舍建築與校園死角，只要有安全疑慮的地方，都應該優先排除。在有限的政府資源挹注下，學校該如何爭取並善用有限經費，有計畫的逐步執行校園規劃，在在都是讓我們頭痛的問題。

我理想的校園中，學校每一個角落都應該是學生想去而且能夠去的地方。美麗國小的校舍非常完整，教室區是口字型的建築群，操場在校區的另一端，校園面積雖不大，大樹及植栽花卉、昆蟲、游魚、飛鳥很多，在都會市區實屬不易。

口字型建築物的中庭，除了繽紛的四季草花、錯落有致的植栽與休憩設施外，還有一個大魚池及一棵很高的南洋杉，目前已列入市級珍貴樹木。現在這個季節裡，每天會有幾隻五色鳥停在樹梢鳴唱，師生可以就近欣賞、聆聽，隨時看到三三兩兩的師生，悠閒自在享受其間。

有些學校受限於校舍配置的關係，學生大概只有下課時間才能感受到校園的美。美麗國小得天獨厚，一走出教室就是美麗的中庭，師生

每天在此工作與學習都是愉快的。

　　除了校園的美化綠化具有先天優勢外，在校園的整體建設方面，美麗國小今年獲得中央單位補助一筆不少的校舍修建工程費用，所有的教室全面更新，一改以往老舊校舍的灰暗，增加了穿透性窗戶的明亮效果，操場的翠綠直接穿透進入教室，教室的視線打開了，教室裡原來堆積的雜物也消失了。

　　班班有空調冷氣的教室，讓家長宣稱這是公費學校私校享受。明年度將接著進行教室櫥櫃與校內電話系統改善，這是後期要逐步完成的校園規劃。另外，學校門口的意象總覺得不太理想，由於經費限制，目前只能做一點小小的改變，先製做了大型電子看板，讓學校資訊可以公開分享出去，也傳達一些政令宣導，除了可以改善門口的意象之外，也成為學校與社區非常好的溝通橋樑。

　　學校利用節慶做一些有節慶味道的佈置，聖誕節就種有聖誕紅等有聖誕節味道的草花，加上一些裝飾布置，可以讓校園氣氛更加熱絡。另外，角落的利用也很重要，上學期學校做了停車場的改善，利用大塊空地規劃一些跳房子等兒童遊戲，畫好之後學生馬上就玩了起來。在情境中，孩子會用自己的方式去使用這些設施，玩得不亦樂乎。

　　我們需要有校園逐步更新的概念，今年度這樣做，明年可能會做到怎麼樣的地步，我的下一步是辦公場所與專科教室設備的逐步改善。至於大家提到的校史室，學校已經沒有多餘的空間，我認為刻板的校史紀錄不容易讓人親近，我們規劃的遠景是完成網路校史室，利用校園網路建置一個專區當作校史室，初步構想剛剛產生，需要一些時日才可以看得到成果，先提出粗略構想提供大家參考。

　　我不曉得在座各位校長對學校的管線了解多少，新舊校舍銜接所產生的問題比較容易被發現，建物內部管線問題卻經常被忽略。去年八

月份我上任的第二週，邀請總務主任和負責的職工一起爬上學校樓頂，去觀察了解全校所有的管線，包括飲水系統、生飲系統、冷氣空調、電話線，還有電機房等等，讓我對校內所有的管路管線，以及比較危險的地區、重點的地方有一些初步的概念，我覺得這對校長而言是很重要的。

我建議各位校長可以找時間到學校的機房和樓頂看看，包括屋頂的漏水口，整潔與安全的部份，那是非常重要的地方，平常很少人去，很容易被忽略，但卻值得我們花心力去關注。

**孫校長：**

剛聽各位的陳述，有個聚焦的念頭。新上任到一所學校，不一樣生態和文化等著新校長去促成，從這裡看到校長任期改變，促成了學校轉機的可能性。

先從昨天國教課的技士到我們學校工程會勘說起。前陣子打電話給國教課課長，提及廁所整修。他說沒問題，把計畫報上來。前天收到公文，立即邀集國教課的技士以及承辦人員到校，發現 700 萬給學校也做不了什麼事，因為要處理的範圍相當大。學校要全面的修繕才能徹底改善環境。

聽各位說如何進行校園整體規劃，我則是光修修補補就來不及。每一所學校的差異真大，我來自新興，新興是一所新設的學校。交接典禮時，很多好友跟我說：「真的能夠適應嗎？習不習慣？」因為我們學校是 45 年的建築物，且整修幅度受限，因為涉及到土地爭議，這些問題在我到任之前是不知道的。

交接典禮時，校園幾近是一座廢城，因為暑假時間，原校長要忙他的新學校，而我還沒有名分，八月一號才交接正式派任，我怎麼敢事先去動手動腳。

　　交接完成之後，我才正式召集各處室，正式召開第一次行政會議，因為之前就做了很多功課，各處室要做什麼我很有定見。過去這所學校被教育局認定要整建、要拆掉重建，但校地徵收一直不能解決，因為地價補償談不攏，又涉及法規權責的問題，複雜度非常高。更明確地說，有錢不一定能解決，更何況縣政府沒有預算，光是土地徵收就要好幾億，校園的建築工程概算更是嚇人。

　　我剛剛說的廁所整修，因為春天國小是市區中心學校，工程動線就是大考驗。整修一個廁所的化糞池就要敲掉好幾面牆壁，工程車進出時，那邊擋住、這邊也擋住。所以技士說，七百萬也整修不了什麼。「校地徵收」我樂觀預期任內可完成，現在不能一直等待，改建還是要按照近程目標努力前進。

　　大家的共識是「學校博物館化」，如何讓課程隨處可及，結合學校的願景發展，我有責任把它說清楚。現在您若到訪春天國小，現況也沒那麼糟，我們已經把它改頭換面，給大家清新的面目，不一樣的感覺。這是我詮釋的「陽光春天」。

　　聯結學校願景，就健康而言，「安全」一定列為第一優先處理。「關懷」的部份，就是營造「心靈的故鄉」。學校很多區塊是經過討論之後的命名，都深具詩情畫意，像「留園」、「夢園」、「尋根園」。

　　至於「創新」的部份，即國際化、未來化、資訊化。在穿堂中間，精心設計製作學校經營的圖像，呈現學校有力的精神意象，充分表達了「健康、關懷、創新」的意涵，表達學校的生活、生命與學習的精義。一年要過去了，前幾天遇到一位五年級的小朋友跟我說：「校長，這樣不公平。我五年級了，快畢業了，學校才弄得這麼漂亮，真的不公平。我的弟弟最好了，他才一年級，還可以在學校六年。」小孩子天真的一段話，讓當校長的我聽起來很舒服、很開心，且熱情滿滿。

## 小學校長走過第一年

### 賴校長：

　　聽了這麼多，我的心裡也是有一些思考。每個人到我們學校一定會覺得一片綠，很舒服，遠眺青山，緊鄰陽明山公園。學校裡面也都是綠的，從都市到鄉間很舒服，這是剛去的感覺！但是我後來發現好像缺少了什麼，少了一點顏色。一年下來，學校已經沒有所謂的死角，整個裡外都整理過了，學校也變得很乾淨很舒服，顏色的部份也在努力當中。

　　對於今天的主題，大概分幾個角度來看。關於校地、校舍、校產的部份，我們很幸運，整個學校的校產、校地都非常清楚，而且沒有麻煩。整個校園整體規劃，也是一目了然。學校景觀能做的，前任校長也都做了，接下來要努力的地方，第一個就是校園環境的整理，也就是讓校園亮起來。一年下來，大概有兩三次整個學校校園樹木的整理，請鄉公所與鄉長幫忙，很雜亂的部份都修修剪剪，感覺比較亮。

　　環境整理的部份，我發現努力一年下來，學生的生活習慣正在轉變中！如果我們每天把環境整理得很乾淨，小孩子丟垃圾的次數就會減少。從幾個角度來看，第一個是美觀，第二個是校園的粉刷與清洗，再來就是各教室的佈置與整理，這是比較痛的部份，整個教室給人的感覺並不理想。我雖然以身作則，對老師懇切的叮嚀，請老師對教室的粉刷做一些調整，讓教學與學習變得更好。但是我發現，老師沒什麼感覺！

　　再來就是文化櫥窗。我剛到這所學校時發現，因為學校風很大，文化櫥窗無法固定住，有時候風一吹，可能一個晚上就全毀了。我們也向陽明山國家公園爭取經費，把校園環境做了整理，從安全的角度來看，雖然是小學校，但是家長還是很在意。現在校園監視系統正在施工中。

　　關於校園建物的安全，因為學校有 61 年的歷史，之前處理幼稚園的活動室，牆壁上拆下東西，結果牆壁脫落。我在想，應是建築物久了的問題，所以不敢動，後來也補強了。所以我自己在思考，學校建築物

的維護很重要，如何保養，讓它的壽命延長。我想到可以建斜屋頂，已經申報經費了，至少防水防漏處理好，對校舍的維護會比較有幫助。

再來就是各種管線的整理。我自己以前當總務時，經常帶著職工一起到屋頂上清，清了幾次後就有改善。其實屋頂是要去清的，要不然會造成很多問題，比如說，水因為排水孔被堵而阻塞不通。

我們是小學校，以前總務主任本身比較沒有概念，什麼事都會找替代役上去，他自己本身則很少上去。我親自上去過後，就帶著主任一起上去。其實注意到小地方，問題很快就可解決。後來有一點經費補助，也做了處理。

遊戲器材方面，學生的安全是最重要的。有一句話說：「**沒有安全就沒有教育。**」學校做了再多的努力，更重要的是要避免學生發生意外，這部份我們會定時或不定時去作檢查，有什麼情況都馬上處理。

再來是美化綠化。學校一片綠，但值得討論的是，龍柏好多，到處都是，大部份都是外來種。因為原來種龍柏的地方很小，龍柏長大之後，就會把原來的花台撐破，所以這學期我們已經把學校的龍柏請家長委員用機器幫忙全部移走，以避免花台蹦開或倒塌。

接下來家長會長、老師、村長及地方熱心人士，大家一起研究在學校種植本地的植物，包括杜鵑花與櫻花。感謝社區上學期送了杜鵑花一百棵。扁柏的部份，我們找到櫻花的花主，用龍柏與他交換櫻花，讓整個學校的感覺會比較有聲色。學校如果讓人感覺清爽舒服、有生氣，就是很好的境教。

我很佩服幾位校長說的，怎樣去注入生命，怎樣有人文的關懷。如果我們能夠提供給孩子最好的境教，讓孩子關心學校的植物或任何生命，並且懂得珍惜，對孩子才有意義。

這是因為當孩子沒有感覺時，他可能會去破壞。比如：我們種了百合，學校也有一棵桑椹樹，只有一棵喔！結果長很多，小孩子都跑去拔，在那邊跳，結果把下面種的花都踩死了。

可見如果孩子沒有感覺，他對於東西是不會去愛護的。所以我在思考下學年度，在學校為小朋友辦理學校植物認養活動，鼓勵孩子參與，養成愛惜學校一草一木的習慣。

剛剛聽邱校長說，學校營繕工程的細節都會去拍照，我聽了很感動。回想我自己剛上任時，發現圍牆有很多裂縫，那時候很急，覺得是機會點，很幸運申報修繕計畫，申請到了一百多萬經費。那是在很急的情況下申請的，當下自己根本沒有去思考可以再怎麼樣！只是剛好有那筆錢可以處理，不久又遇到地震，震掉了很多二丁掛磁磚，請技師來看，他一看就說一起規劃進去，趁這機會補起來，一些不完善的部份都能及時處理，現在學校的校舍還算完善。

**陳校長：**

聽了大家的敘說，我覺得自己很幸福。基本上明媚國小所在地是一個非常美的地方，每一個從這的地方出去的人，都非常愛這所學校。整個校園經營與營繕工程上，我常常覺得我不是在設計，而是在成就他人，成就所有老師的理想與希望。以這樣的角度去思考，基本上明媚國小的願景是自然體驗、學習生活。

對學校而言，是要做減法，不是要去加很多的東西，而是要減掉一些人為的東西，讓學校與自然更結合，因為學校本身就是很美的地方，擁有一座紗帽山，有很美好的環境，所以每個孩子都很喜歡這個環境。

畢業典禮當天，到了晚上十一點，孩子都還不願意回家，家長都在校園的星光下聊天，後來我只好把鑰匙交給級任老師。學校非常有人文與歷史的氣息，校史也有六十年了，所以第一個就是保留傳統特色。

第二點就是成就大家的夢想。記得去年就任之後,我發現學校最大的問題,就是有一棟宿舍被佔用了二十年。經過了一年的努力,使用者已經簽下切結書,只要申請到搬遷補償費就搬離。另外一個夢想,就是新建校舍的夢想,這可以讓所有的老師、學生、建築師去規劃。

所以,每天我都跟老師一起築夢,有空就會跟主任一起聊天,看怎麼做可以讓學校更自然。所以今年暑假的工程是校園的入口改成透水磚,讓校園更貼近自然,所有的夢想都是朝向讓學校與自然融合,朝向綠色學校而努力。

在體驗上,我跟老師思考的就是生物的多樣性。所以植樹節時,學校做了兩件事,吸引很多媒體來採訪。學校讓資深老師為學校種一棵樹,也讓畢業班學生為學校種一棵樹。物種的選擇上我們朝多樣性、是學校內沒有的。

這樣的作為,讓資深老師對學校更有感情,畢業班的孩子也會對學校有感情。畢業班學生還埋下瓶中信,相約十年後回到學校相聚及拆信,這些都是增加人文氛圍的作法。從多年前開始,每一個孩子畢業時,就會有作品留在學校,學校會配合暑假的工程,一起把學生作品鑲嵌在校園中,比如自畫像。這是前任校長智慧的結晶。

因為明媚國小本身就是一個很好的教具,所有的孩子很自然地在這裡學習與生活,我要做的就是成就老師們的願望與期待,做長期的整體規劃。為了使學校更美,我就去找錢和資源,因為學校在陽明山國家公園內,陽管處是我們的金主,固定每年提供學校 30 萬。經費的第二個來源就是社會與家長,有些家長需要節稅,但不喜歡出名,就會捐款,讓學校可以維護校園,這也是很好的資源,校長則是扮演一個促成者的角色。

## 王校長：

　　有關校園規劃，我們學校人很多、校地很小，所以要注意的是安全。另外空間不足，我們要擴展學習的空間，目前有兩棟樓的樓頂都是加蓋，都是違建。地下室都充分利用。我們在沒有空間的情況之下，還是儘量開闢空間。我的原則是「定期檢視，安全第一」。綠化美化要和安全結合，情境教育盡可能轉化為課程，校園的各個角落處處都是可供學習的地方。

　　另外就是善用我們的人力，包括我們的公務人員、老師、義工、學生，我們利用計畫爭取經費，因為聽說縣長要來，後來又沒來，我一定要要到錢，這是我的目標，所以我趕了專案計畫，發文到縣政府要錢。針對學校的部份我寫了五個子計畫，如果只寫校園綠化美化，很可能要不到錢，所以我是寫校園安全，第一個高低壓的部份，夏天我們學校的電費都是超支的，所以我們要從 110 調到 220 伏特，後來我們獲得五萬多，目前已經完成。

　　另外歡喜樓廁所的水箱很危險，會搖晃，隨時可能掉下來打到孩子的頭，我們原來的計畫是要二十幾萬把水箱改成腳踏式的抽水馬桶，後來國教課長、技師以及督學到學校來勘查，他們說那樣改不是很好，最後給我們四萬多元，我們就用鐵架把它撐起來，目前已發包施工中。

　　校園椰子樹及有很多樹的樹根都撐破了花圃，再不注意可能會危及我們第一棟大樓的地下室。聽說有一所國小也有類似情況，樹根已經滲透到教室去了。我們總是要預見危險，若要修繕的話需要很多經費。為了花圃裂開，農業局與技師、技正都到學校來勘查評估，可惜因為現在並不是移植的適當時間，而且我們也實在沒有地方可以移植，只好暫時想一想其他方式。我們可能要用除根的方法或是把圍牆打掉，這部份農業局的人已經來勘查了兩次。

操場的部份，群賢樓那一排盆栽，小朋友容易碰撞，碰到群賢樓氣窗凸出來的鐵窗部份。農業局技師和技正來評估之後，准予我們規劃小花圃圍起來。植栽的部份我們目前也寫計畫上去。

後山的部份，我去年到任時才把兩邊的覆坡做好，讓後山的水流能夠順暢，不致於發生危險。山坡小花圃改變為學生的植物區，讓每個地方都充分利用。校門口的部份，由於真的沒有空間，我因應自然科老師的要求，把前面停車場的兩塊地挖出一塊來給他們使用。

辦公室的走廊外面則規劃為生態園，這是我們自己去開挖的。開挖出來之後，我們去新店開山的馬路工地搬了一些石頭，自己砌起來。現在種了很多蝴蝶的食草。昨天與前天我就駐足在那裡，一個早上就看到很多種蝴蝶飛來飛去，很有成就感。要怎麼樣不用怎麼花錢，只要運用我們的人力，讓大家都有成就感，這部份我們做得很好。

地下室的空間看起來不是很好，所以我們向市公所代表爭取了一些經費，做一個低年級的圖書室，目前正在準備中，馬上要發包。頂樓的空間因為團隊要練習，所以頂樓的小空間全部打通，四小間打成兩大間，給專業團隊來使用。

有關校地，我們的校地還有問題，這是第二學期我要做的重點。我們已經召開了協調會，已經請律師評估過，目前進展還算順利。那個地很小，只是很複雜，人口很多，總共買只要兩百多萬，所以這部份我們希望很快能解決。我們所有的器材與設備都通盤清點過，清點完之後就要流通，統一使用，不能讓單一處室或是某個老師霸佔。

教學設備方面，目前兩間英語教室都裝了單槍，最近合作社又提供十五萬給學校買了三部單槍，目標是要買到八部以上，這是為了因應課程研究時，學年分配或領域小組進行研討之用，讓老師都能夠應用單槍投影作課程設計的小組研討，以落實學校本位課程的研究。目前已經快

達成預計目標，下學期一定可以運作。

## 薛校長：

　　大明國小學校的面積是 4,747 平方公尺，一天繞三回還不會累，畢業典禮就借用公家機關的八樓禮堂舉辦。據主任說，這是大明國小這幾年畢業典禮規模比較完整的一次。他接訓導主任第一年，非常認真，剛好這一年的活動又特別多，辦了兩次校際交流，這學期一次，下學期一次，要到馬祖。

　　畢業典禮的計畫，我一直提醒訓導主任，在典禮之前兩個多禮拜，要有完整的計畫出來。但他真的太忙了，忙到沒辦法做細部的規劃，我只好帶兵操練，一直帶著他做規畫。我帶的時候，就會看得鉅細靡遺，因為以前我有很多辦理活動的經驗，很多的細節負責的人就要跟著我的想法去做。有人說，校長的要求在無形中會產生影響。如果我的要求變成執行者的創意，他們做出來就會很有成就感。

　　大明國小因為校地很小，經常都要借外面的場地，今年應該會有遷校的契機。在校園規劃的部份，我強調的是美感的經驗。色彩、線條、造型、空間、材質都要能夠營造出整體的意象。另外就是採光、通風和排水，我習慣從這幾個層面去看校舍整體的面貌。

　　去年八月來到大明國小就任的第二天，我就請總務處打開每一個空間，請總務主任帶我去看，看完之後我就有了一些想法，比如哪些空間是錯置的？哪一些死角長期存在？哪些地方是疏於維護的？哪些地方應該加以改善？

　　大明國小已經建校 52 年，是一個舊的建築，有很多地方需要修繕。首先我想到的是整理學校學習空間，我花了一個學期把地下室的一個倉庫整個清出來，然後把圖書室與英語教室共用的空間切割出來，把英語教室移到地下室。

同時我也想到，學校人員目前工作的狀態怎麼樣，因為不管是修繕還是維護，人的運作是最重要的。我看了學校各個角落之後發現有一些死角，就想到總務處人員對空間的維護是否已經有一個很好的機制，或是總務主任是不是很注意角落的狀況，是不是需要提醒。

在舊的建築物，維護和修繕是需要特別留意的。我們學校很多空間都是利用地下室，所以採光、通風都需要特別留意，所以學校也裝了很多抽風機與冷氣機，讓學生可以在專科教室好好學習。

至於颱風災害後排水的問題，總務組長跟我說：「校長你來之後，下兩三次雨就讓你發現有積水，尤其電梯竟會積水。」因為每逢下大雨，我就去巡一巡排水的情況，暑假期間我就請總務處把幾年沒有清的水溝清一清。因為我發現有明顯的狀況，好險我們的總務主任有經驗，而且工友只要提醒一下還是可以動得起來，學校雖然舊，但是維護得很好。

有趣的是，教育局今年的預算審查進行了實地的勘查，因為市府經費較少，學校編了三百多萬廁所改善的經費，希望透過廁所整修，把良好的廁所文化建立起來，讓學校有一個美的空間，而不是新舊雜陳的感覺。但經督學來學校勘查之後，因為維護得太好，督學就跟我說：「校長，我巡了二十幾所學校，就是你們學校看起來最好，所以不要編了。」

我們學校的廁所在臺北市比起來，相對是比較陳舊的，但是我們的工友在總務處的帶領之下，都用強酸把每一個便池刷過，刷得跟新的一樣，所以督學來看了之後，就把我們的經費刪了一半。

他還說：「地下室用途有問題，防空避難室不能做專科教室。」我說還是要編，但是他來過之後還是不給。預算審查時，我遇到陳副局長，我想，不給我，我就搬到三樓。本來他只給廁所的經費，我當場跟陳副局長說：「我來之前有想過，如果我們以原來最省錢的方式二十九

萬來修英語專科教室，能不能容許我搬到三樓，也能符合使用的規範，但是需要四十五萬。」後來他竟然給了學校預算。

有了預算，學校就多了一個改善的契機。因為教具室在三樓，我就可以請總務處將教具分散到更適當的空間，甚至到地下室去，這樣就可以有更好的學習空間，小朋友不用當土撥鼠，還有一些改善的契機。

因為要新蓋學校，所以我常常會去看新的學校要怎麼蓋，會去看誠品書局櫥櫃擺設，就會去想學校的圖書館要如何經營。我會去看悠悠國小，看最新的開放教室的規劃是不是跟新生、健康、永安三所國小有什麼不同的地方，這也是預作準備。

校舍的規劃，各位校長的經驗給了我一些提醒，例如融入孩子、老師的想法，讓這些想法變成校園規劃的創意，再融入我們對美與生活細緻的要求，對環境空間經營的要求，細心經營應該會有不同的感覺出來。

（本座談係於 2004 年 6 月 19 日在國立臺北師範學院行政大樓 605 會議室召開，由林文律副教授擔任主席，陳佳榮先生擔任紀錄。）

# 第12章
# 新手校長第一年回顧：
# 探尋校長工作的意義

　　初任校長在歷經第一年的校長職務之後，校長這份工作，最迷人的地方在哪裡？是因為擁有相當高的社會地位？是因為掌握了相當大的權力？還是因為掌握了絕好的機會，可以做許多自己想做的事？校長最想做的事是什麼？擔任校長，是否有非常崇高的理想？是哪些？這些理想有可能達到嗎？

　　擔任校長，是否有非常辛苦的地方？會不會苦不堪言？擔任校長，是否覺得再苦也有很值得的地方？是因為擔任校長才能領略這些值得之處嗎？擔任校長，可以完成哪些有意義的事？擔任校長最大的樂趣是什麼？如何去尋找這種樂趣？如何去體會這種樂趣？如果說有些人擔任校長，很能體會箇中滋味，這種滋味究竟是什麼呢？

　　擔任校長的苦、樂、無奈、心酸等滋味如何？擔任校長是一種自我實現嗎？在擔任校長時，自我實現的需求滿足了多少？是否覺得自己有很大的貢獻？如何得知？無論如何，是否深深覺得自己擔任校長是一種非常正確的選擇？自己非常珍惜？總之，本章即在探討初任校長回首校長的第一年，擔任校長的最大心得。

## 討論內容

### 趙校長：

　　校長的工作內容非常繁雜。擔任校長必須要有相當好的能力才能

不斷帶動學校的發展。我一直把校長的工作定位在好比是一個企業或公司的執行管理人。前兩天參加校長的資訊研習，聽到施振榮董事長的想法。他說：「校長就像是企業的執行長，他的工作第一個就是去整合所有可能統合的資源，帶動企業的獲利和績效，另外就是兼顧內部關係人不同的要求和壓力。他必須要有績效和獲利，必須能夠滿足員工對公司的要求，對於公司發展要能看到願景。」

　　同樣的，從學校的角度來看，校長能帶動的是全體親師生的共同發展，這也是我覺得當校長很有價值的地方。我一直認為學校是社區知識與力量的重要來源。社區的發展與演進，如果能夠因為校長的投入，展現的魄力與謀略，讓社區改頭換面，甚至走入不同的境界，校長對社區就有相當大的影響力。

　　我們有份刊物，裡面有篇文章是「寧靜行旅一年回顧」，其實是拿范寬《溪山行旅圖》的名稱做轉換。我在任期第一年內所做的事，包括課程發展、校園營造、學校活動、社區環境營造，都是希望引領學校內外部的關係人，不管是家長、老師或是社區都能夠感受到學校的進步，讓大家知道學校表現好的地方，是我們共同努力所達到的結果。

　　最近我們攀登玉山被各大媒體報導，確實是大家的共同努力才有的結果。在歷程中，我們不斷的用成功的經驗來培養成功，藉由失敗或是挫折的過程看到我們的下一步，讓關係人藉由我們的推動與影響力，來帶領學校的發展。這是校長很重要的目標，也是我樂在其中，最想繼續投入的地方。

## 蔡校長：

　　這一年來，剛開始我沒有對老師說出明確的辦學目標，因為我發現在同一學年裡面，老師就已經跨不出他的教室，更何況要跨出學校，若行政說了卻做不到，是很損行政威信的。我的主任中有兩個是我的師專

同學，所以什麼話都可說。我跟他們談到我的理想與目標，大家也都配合得很好。

我現在努力的目標，第一個是改善學校的設施與設備。一所學校經過了二十年，已經進入修繕期，但因為政府的財政有限，所以這個部份我們還在想盡辦法爭取。毫無疑問地，設施會影響到教學，我們學校空間狹小，沒有多餘空間可以作為科任教室，這一點目前我們一直在努力改善。

在課程發展方面，快樂國小的課程主要是行政擬出來的。老師的部份，我以前只要提到主題或校本課程，就好像鬥牛看到紅布會抓狂一樣，當時我也不曉得為何會有這種情形發生。這學期幾次課發會開會，每次我都提到 2004 年度課程發展一定得落實進行，到目前為止，我還沒有因此遭到反抗，甚至有一個學年還主動向我索取製作主題的範例。在發展課程之前，我一定會跟大家做一次全校性的總說明。

第三個是學生學習的部份。在校長遴選時，我一直很好奇，家長為什麼會一直追問畢業旅行的議題。我實在不了解，校長遴選這麼大的事情，家長怎麼會問畢業旅行要不要舉辦？要去幾天？畢業旅行辦不辦根本就是雞毛蒜皮的校務，為什麼會一直追問我，一定要我表態。

後來我才發現，畢業旅行這件事在我參與遴選的學校一直有爭議，所以進到這所學校以後，我一直在注意這件事情的發展。我們的家長會非常支持畢業旅行，開會很快就完成決議，而且也很快全票通過另外再舉辦一場畢業晚會，甚至還有畢業班老師主動提議要與家長會合辦畢業晚會，令我非常意外。總之，畢業生所有系列活動都進行得非常順利。

另外，教學活動的部份，我們的學生已經去參觀了美麗國小。下學期我們想要去參觀青春國小，參與周校長風箏節的課程。以前我覺得很

奇怪，49 班的學校校外教學經費怎麼會沒有超過十萬（十萬元以上的採購需要上網發包），以前我在 39 班的學校經費就已經超過這個數目，怎麼現在不超過十萬？原來學生們很少進行校外教學，現在有學年主動找我幫忙尋找校外教學的目標，我很樂意幫忙聯絡，從近程的目標開始，遠程的中南部我們可以慢慢籌劃。所以在活動方面，我們也開始慢慢有些進展了。

有一點令我感到不安的，就是針對同一個處室，所得到的評價卻是兩極的。有人告訴我，我請來的這幾位主任很好，但是也有人告訴我，我請來的這幾位主任在這裡沒有加分的效果。從這件事情，我可以給自己一個警惕：這所學校的老師的確還沒有完全調和在一起，兩邊各有不同看法。

以前有一派是非常支持教師會的，另一派則是支持行政的。比較支持行政的那一派認為現在的那些主任沒有以前的優秀；支持教師會的那一派則支持現在的主任，認為這些主任比以前的行政人員優秀很多，這些主任是可以溝通的。可見讓全校同仁能融合成一體，也是我未來要努力的目標。

擔任校長的好處，第一個就是可以提升自我的修養。擔任校長要有很好的自我調適能力，哪怕是人家當面掛你的電話，或是當面對你發飆，你都要忍下來，還是要以大體為重。很多事情你可能覺得很不以為然，但是你還是要先傾聽、忍受，跟對方不斷溝通，甚至對你有不禮貌的地方，也要忍下來。

有人說，擔任校長是社會地位的提升，我並不以為然。我一直覺得，我在學校一直在處理層出不窮的事情，我一點也沒有享受到當校長的「特權」，擔任校長有時甚至要低聲下氣。

我贈送給老師的生日卡，每張可以花 10 到 30 分鐘製作，平均一

張也要花 15 分鐘製作，我從來沒有花這樣的時間寫一張生日卡給我的親人，但是我就花那麼多時間為同仁製作生日卡，這是我一直要把團體凝聚起來所付出的心力。

至於社區的凝聚力，我以前不覺得學校與社區有太大的關係，自從擔任校長以來，我發現不論是家長會或是志工團，學校做的一些事情其實對社區的凝聚是有幫助的，尤其是志工團。志工從很多地方來，她們做得很好就會變成一股凝聚力，散發出去給社區的感覺就會不一樣。我現在體會到，學校可以成為社區的中心，端看校長怎樣去經營。

## 李校長：

擔任校長，我覺得背後的支持很重要。擔任校長會不會苦不堪言？我覺得體力是很大的問題，因為女校長校務與家庭要兩頭投入，比各位男校長負擔更大，所以體力很重要。另外，剛開始當校長時，背後的支持力量需要很大的溝通協調。我比較幸運的是，自從當了校長之後，我家裡的事情好像就當作都忘記了。

一部份原因是大家一起分擔，而且小孩也能獨立。另外就是忙碌的人要很健忘，如果不記在記事簿上我就不太會記得，因為上了班我就一頭栽進去，盡力把學校的事情做好。昨天為了一件事情跟老公吵架。如何把所有學校事與家務事都處理得好，我還需要調整。

當校長一年以來，我有許多感想。一個人一開始要去當主任或考校長，其實都有一些對工作的執著，或是對教育懷抱著某種重要的價值。當校長之前，我並沒有感覺到我的權力在哪裡，可是別人都在看我。

我認為校長有一個典範轉移的作用。校長會讓人家一直看，看得非常細，不只是大事看校長如何做決定，會議如何運作，如何裁決，甚至別人也會看校長的脾氣、語言與做事情的方式。別人會看校長如何看小朋友，如何和小朋友相處，如何跟老師談事情，如何應對家長，如何應

對上級教育局。

所有周遭的人隨時都在聽與看，校長在做這些事情對學校所有人都會有某種影響力，大家並且會把現任校長拿來和前任校長作比較。校長室在學校的一個角落，剛好與廚房連在一起，我至今還沒有把校長室移動到他處。

由於前一任校長很少在校園走動。現在，學生與老師就會說：「校長，你比以前的廖校長更常出來在校園走。」我說：「我喜歡我們的校園，所以比較常出來走走，和你們聊天。」

學校的老師與學生發現校長的行為與以前的校長不一樣，學校氣氛也不一樣。有些老師還會跑過來跟我聊天，因為我跟之前的校長不太一樣，我比較坦誠對人，比較健談，這就影響到了所有人運作的方式，包括組長之間在做一件事情的時候。

我一直覺得，辦教育所做的每件事情都跟人有關，因為教育的產品是學生。學生是人，執行這些工作的老師又是另一批人，這些人在互動的時候，校長會有一個很大的牽動作用。我經常思考，要怎樣讓所有人把事情做好，把學生或社區的活動辦得大家都非常滿意，這個滿意與否以及滿意或不滿意的程度掌控在校長的手上。

由於我有這種感覺，我會很費心跟主任與組長做溝通，包括我們要達到的目標，我們要帶出怎樣的樣子或形象，以及我為什麼會這樣做。我會花很長的時間來做溝通，因為我認為校長本身應該有一個典範轉移的作用。

第二個是制度。每一所學校的制度都會有不一樣的地方。以我的學校來說，因為學校已經很老了，每個人都待很久了，感覺起來大家的活力不是很夠，甚至也沒有什麼制度。因為大家都很熟，一些事情在飯桌上決定就可以了。

不過，隨著新的法令持續頒佈，以及整個教育大環境的風氣和潮流一直有變化，讓人覺得制度是必然要存在的。尤其是現在老師爭權益的意識比較高，如果沒有制度，校長很難做事，包括所有的行政在推動的事情。

校長要努力的就是建立必要的制度，希望所有事情的運作因為有良善的制度而能夠長長久久，並且希望所訂下來的制度對大家都有利。在這方面，校長就有這個決定權。雖然制度是主任在擬，但是我們常常在修改一些計畫，這是必要的，因為權力與責任是相對的。

若事情做得不好，不是只有主任或是組長執行得不好，校長一定有責任。很多事情，校長的責任就掛在那裡。校長做了怎樣的裁決，就要負起那樣的責任。我常跟主任講：「你可以放心去做，做得不行，校長我負責。但是，相對的，我的要求也請你儘量配合。你不能做的，也要跟我溝通。」我覺得，制度應該要存在。制度的建立是校長工作的意義。校長在建立典範的時候，第一個是對人，第二個是對事，這就是制度建立的原則。

另外還有一點我常在思考的，就是傳統的東西要不要留，因為傳統與創新有時會互相抵觸。我這兩天看運動節目。英國溫布頓的網球大賽有一個規定，球員一定要穿白色的衣服，這是它幾百年來的傳統。參加溫布頓，不論排名，都要穿白色的，男生女生都一樣。

我回歸到學校裡的一切，校長任期到了就會離開，不過校長所建立的制度或規範如果可以變成傳統，就會永遠留存著。傳統與學校的氣氛與文化是可以留下來的。

我常常在思考，我能不能留下一個非常好的傳統，不管是硬體或是軟體，可以讓這個學校現在以及日後的人知道，我曾在這所學校做了一些什麼，當然留下來的是要有價值與意義的。我不希望我走的時候，我

是白來的，或者是留了一些攤子讓後面接手的人收不完。我會把這個信念當作責任。校長這個工作是很大的工作責任。當然伴隨著這個而來的就是壓力，這就要看自己的調適、修練以及智慧上的增長。

**孫校長：**

　　早上與太太一起吃早餐。老婆跟我說：「過去看你忙著唸書、忙著考校長，校長考上了，研究所也畢業了，現在看起來好像不太像校長。」我說：「因為我本身不高、不壯，看起來沒有校長的架子。」

　　校長甄選時，口試委員問我：「校長那麼難當，你為什麼還要考？」我說：「校長在現階段確實是很難為，但這是責任、榮譽、挑戰，更是一種使命。」

　　回想過去的一年裏，我在忙什麼？未來要做什麼？檢視這一年，幾個努力方向就是「行政效能的提升、教學績效的促進、學校文化的形塑」。期末校務會議的檢討與反省中，看到堅持「誠實的、群策群力的、創新的」行事風格，行政效能提升的影子。

　　在老師教學的部份，大家在親切互動、合作的基礎下，也呈現教學多元的面向，促進學校同仁對教育工作意義與生命的理解，更深層的自我詮釋。希望大家能有自信、勇氣，更樂觀面對教育工作。

　　在建構學校文化的部份，就願景的形塑而言，今年度我把蘊涵生活與愛和學習的學校圖像精心製作，掛在穿堂，並且印在學校的邀請函及郵寄信封上，讓所有關心這所學校的人很清楚知道我們要的是什麼，我們努力的是什麼。

**秦校長：**

　　我們平常很難找到適當的人來談擔任校長的深層意義。今天早上我還在問我女兒：「你覺得我像校長嗎？」在家裡，兒子女兒就是覺得

媽媽不像校長。我是出了門以後，到了學校，在小朋友叫我，我得到一些追認與肯定，才感覺自己是校長。在學校，我是經營一所大約有 900 個孩子的學校的校長。

回溯我自己小時候，我父親是學校的工友，我常常有機會陪伴他到學校值日與值夜。我是在校園中長大的小孩。我可以說是最擅長利用學校資源的人，因為我們家沒有電視，所以就到我爸爸服務的學校看電視，學校報紙也都在我手中成了剪貼。現在成為校長，在我父親的眼中，他覺得現在他的女兒變得很有權力。

我常常覺得，校長這個位子，我在當老師的時候並沒有特別的感覺，但是我當主任時就開始感覺，很多事情我必須做決定，別人也在等著我做決定。現在身為校長，我寫一篇文章，會有家長的回應，也會有很多的效應。我做任何一個決定，在同仁當中也常常會引起很大的反應。

我過去服務的仁仁國小是一所超大型學校，很難做事，因為很多事情都要經過層層諮詢，走一些設定好的制度。現在我在瑞瑞國小擔任校長，我很尊重大家，很多事情一旦做了決定就會去做，的確是很多人在等我做決定。

在我看來，校長是一個帶動者，是一個很有影響力的人。這個影響力不知道是我帶來的，還是他們對校長這個職權所認同的。當一個校長，寫字有力量，說話也有力量，做決定也帶來力量。大家看到校長做了一個決定，即使在後面有很多的雜音，好像不是他們都認同，但是他們都認同校長這樣的一個位階。現在我會稍微大膽一點，比過去還要更肯定自我一點。

雖然回到家，什麼都不像，只像個媽媽，但是這一年讓我覺得很多地方是很過癮的，因為做了決定之後，很多人就跟著我動了起來，不管

他是老師或是家長或是行政同仁。類似這樣的事一直在發展著。對於未來，我總是有很多想法，也還有很多事情要做。

就像李校長說的，一個校長到底能為他的學校留下什麼？瑞瑞國小期待一個大型的活動中心及游泳池、停車場，但是我的困境已經來了。最近做了調查，一些資料回來，反彈的聲音好像比要蓋的聲音還要大。我希望四年或八年要做的事都能陸續完成，但是現在看起來好像還有困境要面對與解決。

## 張校長：

權力越大，責任就越重。這一年就在不斷作決定當中，很快就過去了。回顧自己這一年來，一直在告訴自己，我真的是一個比較幸運的人，不論在工作或是生活上，不敢說自己有什麼成就，一年走來都很順遂。一年來能夠把比較沉默、敵對的學校環境，透過一些策略與方法，讓學校變得比較溫馨、和樂、朝氣蓬勃，讓每一個做事的人覺得花心血去做事情是有價值的。

看在眼裡，也覺得週遭每個人的努力也都很值得肯定，不管是學校學生跟我的互動，或是老師與老師之間的互動，以及家長對學校的讚賞，這一年來努力耕耘的點點滴滴都是值得的。

我在想，為什麼身為校長常會帶著一些想法去經營學校？我的前輩校長是很有專業能力的校長，有十幾年的校長資歷，但在學校經營還是面臨了一些困境，與心中的理想有很大的落差。如果我們帶一些自己既定的想法到學校，反而不易融入學校既有的價值與文化當中，框限在自己原來的價值體系裡。

一個組織的文化形成其來有自，組織文化的好或不好，究竟是誰說了算？新來到一個組織的領導者，究竟要融入學校既有的文化，還是要帶來文化的創新？即使新的文化會給既有組織帶來衝擊，領導者如果

執意要求改變，甚至顛覆傳統，如何能知道自己所做所為是為了組織長久的好？如何確定創新作為不會使組織陷入不利的處境？

在維護組織既有的做事方式與組織創新之間，究竟應該如何取捨？為組織帶來的創新，是否導致組織變得更脆弱？

領導者的眼光一定是對組織未來的長遠發展更有利嗎？組織創新一定是好的嗎？組織若沒有創新，很可能不易有所進步，但創新就一定能確保帶來進步嗎？創新也有可能隱藏著未可知的風險。在帶來好處與不利結果之間，領導者的創新作為，就是一把雙面刃。

我自己不是一個喜歡展示權威的人，寧願做一個比較謙沖為懷、在專業上有所堅持、讓學校能夠進步的人，即使只是一點點的小進步。維持追求進步的這個動力很重要。我心中的想法是學校的一些重建，以及如何能讓學校的運作從根本改善學校與社區的關係。不論如何，當校長還是要有某種作為與某種影響，這是校長這個位子存在的理由。

身為一個女性主管，在現代生活當中，家庭生活應該是相當大的責任與社會包袱。家庭如果能夠經營得好，工作職場上也會有相乘的效應。在工作與家庭之間，如果我們能夠花很多時間在學校事務上與同事互動，為什麼我們面對自己親愛的一半，以及與自己血脈相連的孩子，卻只能在工作之餘付出剩餘的一點點心力？工作與家庭，孰重孰輕？能否兩全兼顧？這是女性校長所面對的困境。

我們的社會似乎對男性比較包容一點。身為女性主管，我一直對自己的家庭責任要求非常嚴格。如果我不能把家庭和夫妻關係經營好，我就不夠資格承擔校長的重責大任。相信很多女性主管在工作與家庭之間面臨了很大的衝突，精神體力各方面大量消耗。話說回來，身體的鍛鍊很重要，身心健康鍛鍊好，才有足夠的精力可以兩者兼顧。

一年下來，我覺得有持續追求自我成長的必要性。在專業成長方

面，我要去思考未來要做什麼，希望自己在職場上能更加精進。

**周校長：**

當校長與以前當主任最大的不同是，當你有一些構想時，比較有機會去落實。主任通常是被定位為校長的幕僚。主任提出計畫，校長如果認為不夠周延，就沒辦法立即實施。

現在當校長，我比較能夠把自己想做的事情付諸實現。舉例來說，我到這所十年前服務過的青春國小，是以第一志願回來擔任校長。由於早期看電影知道台灣人有東亞病夫的封號，而且自己在唸書的時候就很重視體育，所以現在當校長，我也很重視體育。

青春國小打躲避球的風氣很盛，在開會的時候，我就多次向老師提示，體育課時，玩躲避球的次數不要太多，至少體育課還包括舞蹈、踢毽子等等。就因為校長提到體育課上課內容可以更加多元化，這一個學期我只看到老師上兩個禮拜的躲避球，因此學生反而跑過來跟我抗議：「校長，怎麼你來後，我們打躲避球的次數就減少了，反而舞蹈也要學、毽子也要學？」從這裡，我明顯體認到，當一個校長，理想是可以落實的。

第二，我推行大量閱讀的活動。我向老師拋出一個問題：「放寒暑假時，是不是可以把圖書館的書借出去？」他們說不可行，因為電腦設定一位學生一次只能借三本。我說電腦是我們設定的，我們可以改設定，可以試試看。

因此，學校的學生在寒假，每個人就可以借 30 本以上的書，他們以前沒有這樣的習慣，現在大家都覺得很不錯。暑假除了借書 30 本，還要將借書分成四大類，請老師在學生借書的時候，幫學生規劃語文類、數理類、科學類要平均，三年級以上的學生偉人傳記要多一些。我提出了這樣的構想，大部份都能落實，讓學生獲得自我實現與成就感。

此外，我很重視老師對「教育愛」真諦的體認與溝通。我不想刻意強調以前師範體系的好，但是我在師專五年當中，「鐵肩擔教育，笑臉待兒童」那種教育愛的思想，深植在每個師專生的心靈。所以我到了青春國小，就拋出一個議題，請老師談談什麼是教育愛，不管是從德國文化學派或其他學派去談都可以。

我再三跟老師們強調，我們做任何事情，教育愛的真諦要把握住。做對的事情比把事情做對更重要。我常常跟大家提示這樣的觀念，所以我們學校的老師在辦活動或做任何事情時，就會靜下心來。我提醒他們，並不是以前這樣辦，所以現在也要這樣辦。一件事情要有教育的意義，我們才要辦。由此我感覺，當校長有一些理想是可以實踐的。

## 曹校長：

人生就像戲一樣，演什麼像什麼，就是要把戲演好。當校長我也是第一年。這一年回顧下來，我覺得我應該早一點來當，因為當校長真的是一件很有意義的事情。

首先，校長的關懷層面很大，當老師的時候，我只關心自己班上的孩子以及個人。我現在心裡想的事情是如何去照顧老師、如何去成就學生，這就是一種宏觀嗎？校長工作的苦與樂就圍繞在這裡。有時我們接到家長電話抱怨老師如何如何，我的心裡就很沉重，就會去想怎樣改變老師。如果我看到老師表現很好，能夠去實踐教育理想，那種快樂也是當校長最大的快樂。

舉例來說，有孩子受傷，但是我們處理得不是很細膩，家長就會有一些抱怨，我就利用這樣的事件去跟老師談，我們如何去處理這樣的事情，因為實際處理事情的背後，觀念與價值是很重要的。學校的人員如果尊重孩子的感受，事情處理起來就會很細膩。

這次暑假我去參加校長資訊研習。我一回到學校，就看到一封家長

寄來的信，裡面充滿感謝。她說，孩子這次受傷，孩子所受到的照顧，她非常滿意。可見校長的影響力可以改善校園氣氛與老師處理事情的態度。這是校長工作很令人滿意又快樂的地方。

校長的影響力其實很大。我第一年也在調適。以前我若有一些想法就會講出來，我認為講出來也不會怎樣，但是現在不一樣，現在講出來大家就會去做。我必須要很謹慎，因為我體會到校長是很有權力的。校長有很多地方都可以去著力。

另外還有一些無形的地方。校長代表的是一種典範，他所說、所做都是在傳達一種價值，當校長就是把職場當道場。

我認為應該早一點來當校長，因為當了校長，就覺得對自己的要求應該高一點。以前我總是可以躲在人群裡面，現在我變成了焦點。我講話的時間很多，寫文章的時間也很多。這些方方面面我如果運用得好，就是教育工作者最大的喜樂。如果肚子沒有東西，或是做出來的決策常常錯誤，真的會苦不堪言。

我以前常常在想，很多人已經當到校長了，為什麼還要去唸書。以前我當主任時，我的校長就鼓勵我去讀研究所。我說：「我又不當校長，為什麼要唸研究所？」所以我是今年才要去唸。我如果早一點當校長，就會早一點去唸。

校長如果做事情隨時都很投入，隨時關心別人，所散發出來的熱度就會多一點，也可以做很多事情。比如說，我把學校的制服改了，不是因為我是新的校長，而是因為大家一直反應，大家期待要改。校服改了之後，大家就很開心。

校長就是去替別人解決問題，去為大家實現他們想要的東西。校長還可以激勵老師。教育局副局長有一次演講時曾提到，他的太太如果那一天在學校被校長稱讚一下，就會非常快樂，也會因此影響到他們家的

家庭生活。這真是很值得校長去珍惜的地方。

　　校長去激勵老師的士氣，給老師們很好的教學環境，給小朋友很快樂的學習環境，這些都是校長要去做的。學期末的時候，二年級的小朋友用紙做了兩個金元寶，他說：「校長，我要把這兩個金元寶送給你，因為你讓我們在學校很快樂。」小孩子的童年只有一次，給他們快樂的童年是校長的責任。為老師提供一個良好的教學環境，盡力給小孩子一個快樂的童年，當校長雖然忙碌，但是卻很有意義。這就是當校長最深層的意義。

## 姜校長：

　　我聽過一位前輩校長說：「校長要接好棒，接棒後就好好做，才能讓人家好接棒。」這句話真是有道理。我們都是初任校長，這個時期初任校長所表現出來的，不論是對老師或對家長，做事情的態度大概都很一致。由於我們的背景經驗、儲訓過程都很相似，所以在這個時期所表現出來的想法與作為大概都很類似。

　　身為一個校長，對自我的要求與對事情的看法，是有一些與以往還未當校長時不一樣的地方。以我自己來說，在遴選的過程當中，有一位老師就問過我：「為什麼要當校長？」我說：「因為我是一個社會型的人，喜歡服務別人，也喜歡促成他人的自我實現。」

　　以老師來講，老師的自我實現一定要包括讓學生獲得自我實現，行政人員則要讓老師樂於教學，才叫做行政人員的自我實現。校長的自我實現則是要力求讓老師、家長與學生都能更有自我實現的機會。這就是身為校長，我對自己的自我要求與期許。

　　在學校裡，很多時候都是有趣的，即使這種時刻大部份都很短暫。譬如小朋友見到校長說：「校長，你剪頭髮了！」小小的關心話語，可以讓自己高興很久。或者是幼稚園的小朋友說：「校長，校長，抱抱！」

有退休老師說：「能高興能夠在退休之前，有一個自我成就的機會，找到春天。」我覺得類似這些話語都讓校長感到有所回饋。

其實大部份的時間，校長還是比較孤單的。面對孤單的時刻，持續努力的力量是來自自己對目標的堅持，實踐自我實現，滿足自己的成就感。

最近我碰到一件事情。前兩個禮拜我住院八天，因為發燒四天，實在受不了，就去醫院檢查，照了 X 光。醫生跟我內人說：「這是腫瘤。」我老婆哭了一天。醫生就幫我照了超音波與電腦斷層。隔天晚上，醫生跟我內人說：「這是肺炎，是非典型肺炎。」醫生說：「這實在很少見，因為通常只有老人或小孩子會得到。」我心想，怎麼抵抗力這麼差，因為學校的老師同事都認為我的體力很好。

所以，我就自我檢討。因為我當初任校長，實在很緊張，所以能做、能想的、能夠參加的、人家要求的，一定都會參加。當我自我檢討時，我想到我是不是把馬拉松當百米在跑，我一直用意志力來參加，儘量跟大家結緣，爭取學校資源。

資訊之旅之際，我就問了幾位資深校長。我說：「校長，你當了這麼久的校長，心情與初任校長時有什麼不一樣？」他說，他發覺自己並沒有比別人了不起，幹嘛在學校管這麼多。當時因為聊到這個話題的時間並不是很充裕，所以沒辦法深談，只是隨性的回話。

比起資深校長來，我們初任校長要怎樣才能找出一個平衡點？要怎樣在工作、休閒、運動、家庭之間，定出一個適切的節奏？或許跑馬拉松時，配速就好，不要當百米跑。

## 江校長：

一年真的很快就過去了。參加這個校務經營焦點團體一整年下來，

其實我一直在反思自己的一些做法和想法。其實要在悠遊國小原本的情況下做一些突破，原本就已經不容易，不過我覺得我們學校還有很大的進步空間。參加這樣的焦點團體是我這一年來最大的支持力量。我可以知道還有其他的校長也跟我一樣踏在同樣的歷程上。

這一年來，我看到學校有很大的進步。以前悠遊國小是一個與社區隔絕的孤島。這一年來，學校的環境在改變，老師的向心力在增加，社區也愈來愈認同學校。經過一年來的努力，學校確實是一直朝著我設定的理想在前進，這是我覺得擔任校長最迷人的地方。

我可以按照自己的意思，打造一個理想的校園氛圍。這當中確實有很多苦。最苦的是，這當中有很多話不能講。如果提早講出來，就會破功。可是不講出來，就會有很多的流言。

更可怕的是，流言是在市場上傳來傳去，家長或是老師聽到了，回來就會說，校長校長、怎樣、怎樣。不過我覺得這是當校長要去學會面對的事情。很多話，時機不對，就真的不能講。一切得由自己概括承受。

我當校長這一年有很大的成就感。我接觸到了很多的人與事，當我在下決斷時，要關照全校 460 個小朋友最大的福祉，要考量他們可能會受到怎樣的影響。

比如說，我們學校一直沒有一個很好的作品展示空間。有一天組長談到：「我們學校的美展辦完了，卻沒有地方展示這些東西，怎麼辦？」我就打個電話向民意代表爭取。他們慨然同意撥了一筆經費，所以展覽空間很快就有了。

其實並不是因為我特別了不起，而是因為校長這個名號賦予我這樣的力量。校外的人士會因為校長的名號而願意幫忙，我覺得這是很大的成就感。

## 小學校長走過第一年

　　另外一個成就感就是我培養了很多人才。我們學校的老師都很年輕，我把組長培養成為一個主任，讓他憑自己的實力考上主任，我很為他高興。在這之前有很多流言，說校長要把這個人趕走，所以要他去考主任，終究大家還是體會到校長栽培後進的一番心意。

　　另外一個讓我很喜歡的地方，就是一次一次的接受一些挑戰。很多事情在家長或是老師認為是不可能的事情，一次一次在大家努力之下達成了這些原本大家認為不可能的任務。這是一年來收穫很大的地方。

　　另外我也在思考，為什麼很多校長做了一段時間之後就卻步了。我認為很重要的關鍵點是，這一年當中我們有很多苦處、很多抉擇。當一個校長要做判斷時，覺得很困難。還好我們有一些前輩校長可以請教。他們也適時給我們一些重要的指導。我們也有一些情緒可以對自己的太太發洩。

　　最近期末，家長會會長對學校提出一些挑戰，也對我個人的專業有一些質疑。這樣的事情對我是一種傷害。我可以跟學校的同仁講，但是我不想講。因為我若講了，就會引起學校與家長會長的對立。我問一位前輩校長：「我要怎麼辦？我到底要不要講？」他說：「你應該說。」

　　而且他也教我，應該站在老師和學生的立場談這些事情。最重要的是不要讓中間的人傳話，免得再度傷害了校長。我覺得立場抓住了，就去跟老師談這些事情所有的由來。能看到老師對自己的行為和工作態度作一些反省，我的目的就達到了。

　　其實大家都想突破。雖然一年來每個人的學校可能都有進步，但是大家都很想在這個任期內，在這個學區當中闖出一片學校的名號。尤其我的學校是在台北市學校的狹縫中求生存。我很希望明年能在教學上做出重大突破，贏得家長的信心，讓他們不會把孩子轉學。

## 王校長：

當校長最迷人的地方在哪裡？國民教育法提到:「校長綜理校務。」校長要做好行政領導、課程領導與社區領導。校長的責任非常重大，也非常具有挑戰性，不只成就小朋友、成就老師，同時也在成就自己，讓自己獲得自我實現。

一年來，我掌握學校經營的一些原則，就是掌握革新的時機。有些人會說，剛到一個學校不適於改什麼，但是我認為這不可以一概而論，而是要看問題。以本校午餐而言，本校廚工的問題由來已久，本校也沒有經費可以支出，這個問題如果一開始不處理，以後就會變成我的問題，所以我必須做一個切割。八月初我就任校長，8 月 31 日資遣金就先安排妥當，讓一切都制度化，讓一切上軌道。

另外有關教師進修，我不想觀察一年之後再來做改革。寒假過後，我就告訴老師們，我們教師進修的型態以及原來不合理的部份，必須讓它上軌道。我先釋放出要改的訊息。這學期沒辦法改，下年度落實學校本位時，就要先建立制度。所以在學期末的時候，很多課程規劃就已經納入了這些觀點，下學期教師進修就可以有所轉變。

關於課程，我發現在彈性時數的調查裡面，低年級的彈性時數是低標的，但是台北縣大部份的學校都在中標，所以我們這一次也是透過課發會的機制來處理。第一次是沒有完成的，第二次我們成功的按照課程的調整，到了下學期全部上軌道。如此掌握改革的契機，在明年度可以回到軌道，往前邁進。

另外，講到合理的決策。做決策第一件事，我們會先蒐集全縣的資料、鄰近學校的資料，以及老師的意見，從資料作研判之後，再做適當的決定。另外，在法制的基礎上，以法為基礎，人性化關懷為原則，建立學校的教學制度，在整個流程裡面進行檢視與評鑑。下年度我們學校

會有更好的制度來運作。

在高倡導的過程中，我們也沒有忘記高關懷。上學期每個年級我都有給一個獎勵，包括團隊合作獎、人才傑出獎。每個年級，我都找一些優良表現來激勵。學期末我也是找到大家方便的時間，分批參與，慰勞每個年級。老師叫我唱歌，我就唱歌。叫我表演，我就表演。

小朋友叫我吃東西，我就吃東西。他們的聚餐叫我去，他們要我做什麼，我都順著他們的心意，與他們做很好的互動。我放下身段，參與老師的研究，也參與老師的投入，這一切都很值得。

在建立教師團隊方面，今年我們的行政人員非常辛苦。每天到了下午六點多，都還有很多行政人員在學校，非常賣力。照理講，四點半就可以下班了，但是他們都非常認真。我想，會不會一年下來，我的行政團隊變得沒有人要做？但是沒想到，很快的，我們有替換的部份馬上各就各位，我的人事馬上就齊全了。

在激勵的部份，我有兩個主任退休。我不是從外部進用人員，而是從內部人員晉升，如此也激勵了他們行政工作的熱誠。我也用了學期末的時機，推動了兩次基本能力的訓練，包括文書處理、行政事務處理、計畫撰寫的技巧。我們不只教學要備課，行政人員也要有一個工作計畫，學習如何掌握工作的重點和要領，包括處理事務和方案的流程。

此外，我一開始做得很成功的一點，就是學校老、中、青的老師之間建立校園倫理，讓年輕的能夠敬老，包括校長以身作則，尊重資深的老師。資深的老師覺得被尊重，很多問題年輕的老師不懂的時候，他就可做一些非正式的溝通。當校長是很迷人的。當老師、家長和小朋友都向我說「校長好！」我就很高興。

針對校長的生涯，我是有規劃的。年輕就讀師專時，我就是實習校長。我有三個孩子。我是等到我的孩子都上了大學以後，才出來當校

長。我先生的同學都笑他是保鑣，我學校有活動，他就來參與，有玩的就一起玩，有吃的就一起吃，像昨天晚上我們就去觀賞了一場音樂劇。我現在是在先生的支持之下，全心投入。

當校長就是「歡喜做，甘願受」。學校晚上常常舉辦親師生的活動，都會忙到很晚，但是因為先生支持我，給了我成長的空間。孩子們也都長大了，家裡也只有我們夫妻兩老。我自己感覺很勝任愉快。我希望下學期會更好。

## 薛校長：

以前台北縣光復國小鄭端容校長說：「人有三個部份要好好經營，一是事業，二是家庭，三是生命，尤其是個人的生命。」我想一想，其實生命是最重要的。生命圓滿，才能經營自己的家庭與事業。所以，再怎麼忙碌，一個人既要運動，也還要有靜下來的時間，讓自己好好經營自己。

有時候我跟我太太夫妻倆有點像教育論壇。前幾天開車載我太太。我問她：「你覺得我這一年當校長當得怎樣？」她說我到大明國小之後，所做的一些事情或是所辦的一些活動，比較細緻，也比較有品質，這是其一。她也提醒我，可能要好好想，未來要把大明國小帶到什麼地方。

針對第二點，她說依她所觀察，大明國小所推動的閱讀活動似乎比較沒有發揮。我說：「這也是我心裡一直在想的問題。」還好家裡有一個人可以一起好好探究，一個校長自我實現最重要的點在哪裡。

剛剛提到，對於孩子的成長、自我實現，老師的自我實現，以及校長的自我實現，這一年來，因為我到這所學校以來，對行政同仁有所提醒，有一些特殊的孩子因此獲益。例如有一個自閉症的孩子升上二年級，在過去一年級，完全沒有受到特教的服務。

## 小學校長走過第一年

　　當我到這所學校第二或第三個禮拜，我發現這個孩子在遊戲場上自己玩，實習老師在旁邊看著，也看到老師這一兩個月都處在非常焦慮的狀態，甚至晚上睡不著。我就問輔導老師：「我們有沒有提供這樣的孩子一些特教的服務？」答案竟然是沒有，原因是因為老師沒有提出來。所以我覺得這部份很需要去著力。

　　在一個機緣之下，主任帶著幾個老師去做家訪，以確定孩子的狀況，也因為這樣，學校與孩子建立了親師生的管道。這一年來，現在他看到我，還會跟我親近。以前我叫他的名字都不會答「有」，現在我叫他的名字，他還會說「校長好！」這孩子確實有了很大的轉變。

　　我也看到六年級的孩子，因為輔導室做知性的對談，那一班是六年仁班。我跟他們說，「學校的獎盃很多都是你們班拿回來的，真是了不起。」的確，所有的運動團隊都是這一班，有跳繩隊、籃球隊等為學校拿回來獎盃，很了不起。我常常提醒訓導處推展體育活動。我發現，參加這樣的體育競技，展現了學生的信心與班級的活力。

　　一位校長究竟在哪些事情的哪些節骨眼上，可以做出一番事情？以我來講，我最在意的就是孩子的成長。看到孩子的成長就是對自己最大的鼓勵。另外，我經常在拿捏「破」與「立」的過程。要改變學校，似乎要做一些破壞性的舉動，可能要破除行政團隊的工作習性。既要改變長久以來學校停滯的氣氛，也要破除自己常有的成見。

　　要建立一個新的團隊，氣氛和運作模式，不破則不立。破了之後，小破小立。這樣的智慧與個人的修煉、智慧與成長有關。我可以藉此看看自己的影響，在不同的人、事、階段，究竟發生哪些影響力，

　　因為過去老師的班級、位置、名稱都沒有改變，六月時我想做一點改變。我跟教務主任說：「我看到了三件事。第一，肢體障礙學生的學習沒有被照顧。第二，有很多角落的教室都是固定的人在享用。第三，

空間上的調整需要再思考一下。」我跟主任說：「教室是不是要做變動？」

另外，編班的辦法其實是有規定的，是要依常態編班辦法來進行編班的。我提醒主任，要有一個討論形成共識的過程。擬好草案，應該預留討論的空間，討論之後，有了共識再做決定，決定後再徹底來執行。

我現在回想起來，自己過去擔任主任時，應該比較工作取向，一些工作或想法確立之後，就毅然決然去執行。當了校長之後，除了工作取向之外，我也慢慢關照到人際關係取向。

在討論教室是否變動的這個過程中，二年級的老師等我等到了五點，我就跟他們討論。後來，我接受二年級老師的想法，讓她們留在原來的空間。過去我當主任時，我非常堅持依照我的要求，我發現這次我自己有了一些轉變。

我之所以會在二年級這部份彈性處理，是因為這群老師非常盡責，同時，我也感受到老師面對更換教室的焦慮感。看到這兩個層面之後，我自己在當下就做了決定。

其中一個老師跟我說：「校長，你怎麼一直在笑？」其實我的笑容代表的是，在跟老師對談的過程，我心裡逐漸有了定見，而當下只是順著老師們的心意，讓他們完整的敘說。

當時我體認到，校長在下決定時，對老師與同仁都會有很大的影響。那天是禮拜五，如果沒有做決定，這四位認真的老師，整個週末一定都會很焦慮，會睡不著覺。在這個過程中，我發現我自己在工作取向與人際取向的抉擇和轉換之間，也算是在職場上的一種調適。

有時候我會想：「學校的運作看起來非常順利，到底為什麼會這麼順利？原因是什麼？有哪些問題是我不知道的、不確定的？是否有很

多事情同仁們漸漸不跟我說？」我感受到偶爾有高處不勝寒的感覺。

有一天我跟主任們聊天。他們說：「校長的背是冰冰的，完全沒有依靠。主任的背雖然涼涼的，至少還有校長可以幫忙撐著。組長就稍微好一點，有比較強大的後盾，可以從校長與主任得到協助。」

其實行政團隊是要為老師提供發揮的舞台，假如學校的行政團隊能夠大力支援教師團隊，這個學校就比較可以建立可長可久的制度，不會因為校長離開而消失。身為校長，我希望能為這所學校累積一種能量，讓這所學校展現優質的文化。我想這就是校長工作的意義。

**賴校長：**

在這一年每次的座談當中，似乎比較少聽到夥伴談到比較無助的地方，自己反而談得比較多。不知道自己跟大家分享擔任校長的思考模式到底合不合適。這一年下來，今天來到這個座談會，表示自己還沒有陣亡，或許也代表自己第一年過關了。

談到校長這個職位最迷人的地方在哪裡？個人覺得權力與責任是一體的兩面，是相互並存的。校長這個角色在各個鄉鎮都很被尊重。平常會收到很多單位的活動邀請，這也是我們需要去廣結善緣的地方。

一開始我個人對這部份有一些排斥，心裡想：「一定要這樣子嗎？」其實這牽涉到我們講的社會地位。我們在各種場合，別人就會介紹這是某某校長，看起來好像是對校長很尊重，這部份我想每一位校長都會感受到。

講到責任的部份，或許我給自己的責任很重，常常想了很多，卻放心不下。也常常會擔心與焦慮，這是我自己要去調適的地方。現在總算走過了第一年。我舉幾個例子，學校屬偏遠小學，孩子的一些舉動讓我很心疼，也讓自己覺得願意為這些孩子付出。

六年級的學生照畢業照，接下來發畢業紀念冊。小朋友拿畢業紀念冊給老師簽名，這很正常。碰到一個三年級的小孩，他拿東西給老師簽名。我就很好奇，問他為什麼要給老師簽名。他說：「我要給老師簽名留念，不然可能下學期就看不到老師了。」這意味著我們偏遠地區的孩子每年都在換老師，今年可能這個老師，明年這個老師就離開。小孩子們就會隨時準備，老師明年就會離開，他們很認命。從這裡也可以看出，偏鄉學校的確承受著比較不足與失衡之處。

我們今年是聯合畢業典禮，所以當天早上我們就在學校先辦一個歡送會，頒獎給孩子。讓我很感動的是，這樣的活動下來，雖然就是表演活動與頒獎活動穿插其間，但是六年級的孩子全部都哭。帶頭哭的是在班級裡面不愛唸書的孩子，他在很多地方的表現都不足。他一哭，很多孩子就跟著都哭了，哭得很傷心的小孩子，在其他孩子的眼中都是比較麻煩的。從這個地方，我看到了孩子純真的一面。我事後也藉機和他們聊一聊。

我提這兩點的意思是，本身在校長這個角色上，剛開始自己有點排斥。後來慢慢去調適，走過第一年過程其實很辛苦，主要可能是因為自己的心境加上特質，但從幾個點看到孩子，發現自己還是有一些事情可以去做。這是我這一年的心得。

走過才能體會！在這樣子的環境，來本校的老師其實都會把自己當做是過客。來服務一年、兩年，一有機會就會離開。我們其實也體認到這樣，家長也知道，學生也知道。所以我們學校從去年整個動，到今年兩年這樣動，幾乎全部都換血。現在人事也還沒有安定。人在哪裡都不知道。

我知道這樣對孩子真的很不公平。所以在面對老師時反而會勉勵同仁們。老師可以試著陪伴孩子走一段，去當孩子生命中的貴人，在孩子心目中留下一些甚麼。不管時間長短，都要有一個信念作為指引，讓

孩子在生命中留下一些什麼，因為每個老師對孩子的影響既深且遠。

　　未來的一年自己有許多要努力的地方。首先，由於我們的行政團隊都是新的，所以幾乎整個一年我都是在做磨合的工作。行政與老師有許多需要去努力的地方。有一些事情在過去來講是不錯，可是也會演變成現在的包袱。如何去思考怎樣調整、修正變得很重要。

　　當然這學期就要結束，學校也起了一些漣漪。有很多的點，我們都觸動它。觸動之後就衍生出很多的效應出來，到六月底結束我們都還在處理，譬如廚工的事情、警衛的事情、分班的事情，很多都還在處理。

　　慢慢的，我自己發現我也學著放下。我曾經聽過一句話：「**事情不是拿來煩惱的。碰到事情就要去面對、去解決。**」的確，我發現過去自己比較會杞人憂天，所以會背得很辛苦。一年下來，一直在學習放下的功夫。

　　往後的一年，會試著把職場當道場，好像自己在修行。暫時不去想往後要怎樣。先照顧好自己，才有能力照顧他人。長久以來，其實自己運動都沒有間斷。但是這兩三年來，自己的生活和運動都亂了套。上個學期有試著去加把勁提起來，這對自己而言是很重要的。

　　我自己常常思考著怎麼去照顧這一百多個孩子。我也給自己暑假的計畫，就是先把自己的身體鍛鍊好。運動才是保持體力不退化的方法。自己本來就是一個很有毅力的人，長久以來運動都沒間斷過。現在終於可重新開始了！

　　早上五點起來，跑到山上一個半小時，再到學校上班。中午參加體驗營再來這邊座談。今天晚上還有一個活動。雖然很忙碌，但是驚覺要先好好照顧自己的身體，體力好、精神好，才能做自己想做的事情，圓滿自己的責任。

## 曾校長：

回想我剛到這個社區時，有些社區的老阿嬤早上都會到社區來運動。常常有阿嬤拉著我的手，說這個校長這麼年輕。我說我不年輕了。我們前一任的校長比我多十幾歲。兩三個月前，我發現自己的頭髮掉得很嚴重。我剛來這所學校時，大家都說校長很年輕。再過幾年就不年輕了，那我還有什麼東西可以吸引這所學校的家長？

人總是有老的時候。去年家長會副會長提出了一個挑戰。他說：「校長，你好好想一想，我們學校到底有哪個東西可以拿出來見人？比如說有一所國小，人家就知道該校的資訊電腦很好。我們的學校能拿出什麼？」我一直思考著，這所學校要走到哪裡去？這個思考一直像一根針，刺在我的背上，常常有刺痛感。

我覺得我在校內比較可以有一些影響力。令我比較無奈的，其實是議員、家長、社區的一些人。孫校長說他學校的家長對學校是付出的，但是我的家長一天到晚都要我做犯法的事，令我覺得很煩。最近我們游泳班開課，一般公定價是一週 700 元。家長會長就說：「有人嫌太貴，我們可以收十個學生，然後報五個，減收一些錢。」類似這樣，讓我這個當校長的人很無奈。

但是我卻必須跟這些沒有法制常識的人相處。我一直告訴他，我想做一個守法的人。我最常想起朱高正所說的話：「政治是高明的騙術。」我發現家長、老師、小孩都要連哄帶騙，有時候善意的謊話也是不得已的。身為校長的人掌握了很多的資源，我覺得資源分配是我可以使用的誘因。

在這一年當中，從接任校長開始，我看到老師們的時候，我都沒有笑。後來我成立一些團體，也引進一些社會團體幫忙。這個學期末，在團體裡面，我就笑得很開心。而且我在團體中被接受，我就很高興。這

些孩子可能爸媽不在身邊，爺爺奶奶不疼的，托在其他人家裡，在班上可能老師都是用酸言酸語的方式對待。這些小孩子，我幫助了他們。

再來，我覺得老師也要連哄帶騙。我發現最近兩年來，學校老師不做研究，也就不會看書，我只好請設備組長向老師要求，請老師們做行動研究，要求兩個月回報結果給我。時間到了，設備組長說一篇都沒有。我說：「怎麼這麼奇怪？」我就分兩批找老師們約談。為什麼分兩批？因為人少比較好講話，而且我把會反對的分開，所以他們的力量就分散。

我跟他們談完之後就問：「有困難就舉手，我會陪著你一起寫。」他們就大笑，沒有人敢說有困難。「如果你不希望校長陪著寫，你就自己交作業。」所以兩批人馬都解決了。

當然不是這樣就結束，我還請設備組長發一張調查表，看他們寫什麼主題，預定的題目也可以，最後一定要加一格，寫不出來的要跟校長約時間，校長會陪他寫，那一格不寫的，上面一定要寫題目。這樣就都解決了。

所以學校從暑假開始備課時，就一起做行動研究，包括下學期週三兩個月讓老師做行動研究，但十一月以前要交出來，這也是有一點連哄帶騙。其實老師們也難免會覺得校長很強勢。

有一個本來是大砲型的老師私底下跟我說：「校長，其實你只要說要陪我們做，我們就會乖乖的做，讓我們不要覺得校長只是把東西丟給我們做。我們不會真的要你陪我們，可是我們就真的會去做。」校長好像哄一哄也有點效果。

另外，家長會一直問我：「家長會可以做什麼？」事實上，因為校長這一個任期還有三年，未來三年要做哪些事情？我常常跟我的行政同仁說：「規劃事情時，不要只規劃今年要做的。要規劃未來幾年學校

會變成什麼樣子。未來三年我們行政要做哪些事情。」我要行政各處室想好未來要發展哪些重點。

有人提到有的校長還很年輕就退休。我覺得除了校長的自我實現之外，體力也很重要。如果體力沒有了，就不要繼續擔任校長，因為沒有體力就沒辦法跟人家玩下去。這一年來，我掉了很多頭髮。我在想：「我這一任幹完之後要幹嘛？」我從師專畢業到現在，沒有一個職務超過三年。校長一任要做四年，我已經覺得很久了。

最後，我覺得當一個校長，高關懷比高倡導來得重要。當一個校長，就很像阿扁說的，「就已經選上了，要不然你要怎樣？」當了校長，整個學校就是校長最能掌握權力、分配資源。不管是老師或是行政有什麼反對，他也得要聽校長的。所以當校長掌握資源時，多多關懷老師可能比高倡導來得重要。

這一年來，我體會到，我的同仁做的比我還多。他們真的做得比我多，而且他們很多時刻都會想到校長。其實一個校長如果對同仁多關懷一點，同仁也會回過頭來多關心一下校長。這一年來，我非常感謝我學校校內的全體同仁。

## 邱校長：

等一下開完會，我還是要回學校所在的社區去吃拜拜。在這所學校到社區吃飯變得很重要，就算沒吃半口，都要回去露個臉，這也是校長辛苦的地方。另外，當了校長之後，因為沒有時間運動，所以就一直胖，這也是一個苦，而且目前沒有辦法改善。

第三，讓我一直有如芒刺在背、如梗在喉的事情就是招生。對學校而言，招生的壓力是很大的。當我在看學生人數那個數字，就很像股票在看盤一樣。也許其他學校對於學生數可能毫無感覺。我們是每掉一個數字，心頭就會顫動一下，那個感覺是很明顯的。

## 小學校長走過第一年

如果以學生人數的擺盪來論斷學校或是公司的績效責任，那是一個非常深刻的感受，因為學生人數永遠都是重要的指標，尤其對小學校來說，任何人坐在校長那個位子都必須去面對。這個壓力是很大的，但是這又很難在短時間或是只做簡單的措施就能去改善。我必須做很多基礎的事情，才有辦法去轉化很多東西，因此我的腳步和速度都必須要能趕得上學生人數的變化。

當一個校長，最迷人的地方就是校長可以擁有一個能夠實現夢想的舞台。既然累積了多年的夢想，總是要驗證一下自己的想法。自己以前有很多的想法都需要去驗證。事情還沒做以前都是空的。若是有一個舞台可以實現夢想，不管是自我實現或是成全別人。有這樣一個實現夢想的機會，本身就是一件很值得感恩的事情，也是當校長很迷人的地方。

當校長就像養育一個孩子。我們當爸爸媽媽，不管小孩的美醜，我們都透過很多的努力，讓小孩開始成長。看到小孩一點一點的成長，看到成長過程中動態的改變，那種逐漸改變的樣貌，那種充滿希望的感覺，就是很迷人的地方。

再來就是價值的重新省思與建立。光說沒有用。透過自己的實際行動和團隊的努力，慢慢地有一些價值就會反映出來。很多東西慢慢在學校日常的運作之中產生變化，那種感覺也是很令人振奮。

舉例來講，我們的畢業生在學校種了一棵樹。我們一直呵護著這棵樹，期待這棵樹慢慢長大成大樹。我們學校有很多老樹。這些老樹，推估樹的歷史，大概有 100 年到 150 年。

我常跟一些社區的老先生聊天。他們談到他們的阿公種了一些樹。小時候，樹小小一棵。那時候很多樹都砍來賣。但是那棵樹因為太小，所以沒砍，因此就活了下來。還好當時沒有砍掉，現在已經變成一棵大

樹。

　　從這裡我領悟到了學校經營也是這樣。一個校長要如何在關鍵時期為學校做一些什麼事情，或者當一個校長看到別人因為校長的存在，他的日子過得好一點，或是多得到一點照顧，那種感覺真是令人有無比的踏實感。

　　回到剛剛說的招生壓力，其實我最想做的是，在一個主客觀條件不是那麼好的環境下，怎麼去勾勒出一個扎根於學校教育現場的理想形貌。我非常期待找到這樣的東西。圖像找到之後，如何找到具體的步驟，讓圖像慢慢成形。這是我最想達成的目標。在這樣子的前提之下，我有幾點想法。

　　第一，如何去拿捏適當的工作壓力。剛剛有校長提到倡導和關懷，我卻覺得很模糊。很多理念與作法必須要回到教育現場來衡量，而且各校都不太一致。我現在必須學會拿捏適當工作壓力，讓老師與職工都能夠很歡喜的去面對工作，並找尋到價值。如何去做到這一個點，如何去轉化，大概也沒有一個規準在裡頭。這一點有待我們耐心去尋找。

　　再來，我所思考的就是如何發展一個有價值、有學校主體性，又可行的學校課程，也發展出一個比較有人文、綠色概念，而且可以提供互相對話的綠色學校。這一部份，就算未來我到別的學校也都會繼續做。

　　身為校長，我總是希望能讓孩子有一個有希望的歡樂童年，因為有希望才能永續快樂。這裡講的「希望」指的是植根於對未來的希望感與成就感，而不是短暫的歡樂或是熱鬧。校長在經營學校時，有時候會迷失。我們的局長不是常常提醒我們，經營學校不要綜藝化嗎？

　　當校長有許多辛苦的地方。首先，時間永遠不夠讓我去做我想做的事情，所以很多事情我常常必須要有所取捨。此外，有一件事情令人很無奈。很多人的努力，常常會被少數人抵銷，因此效果就會降低，甚至

變成沒有效果，這是很可惜的。往往，有些人其實已經很努力了。大家可能往前跑，但是某些人因為沒有到位而造成延遲，這會讓人覺得很辛苦。

另外，有時候有一些教育政策其實不是很適當，或是沒有真正給學校即時或是對焦的協助，因而造成一些資源的浪費，這也是很可惜的地方。我也看到學校有一些學生迫切需要一些協助，可是學校並沒有足夠的資源，這些事往往是該做的事，可是學校卻沒有能力做。

講到我自己這一年來做了什麼，我從幾方面來講。第一，找方向感、找價值感、找認同感、找未來感。當校長一年來，有一種感覺，就像青春期有一個非常快速的成長，要給足養分。因為如果要維持以前的步調，進步可能會很緩慢。

校長是全方位的位置，在這個位置才有辦法去貫徹一些想法。以前身在一個處室很難去做很多自己想做的事情。很多部份我沒有辦法做到。若要真正想幫助別人，就必須站在校長這個位置。

另外我要提一點。校長必須學會什麼時候應該放下，什麼時候應該堅持，要去想未來的日子要怎樣。理想的形貌就是把理想的架構放在現實的土壤上去成長。這是我希望去耕耘，去作深化與轉化的東西。其次，我必須學會落實一個全方位的時間管理，去兼顧自己、家庭與學校。暑假我必須要靜下來思考一下時間的管理，哪些地方應該要學會放下。

學期結束時，我跟老師做了一些分享。我說：「不管是好的經驗還是錯誤的經驗，走過第一年非常珍貴。錯誤本身也很珍貴。我們要以感恩的心去看待過去的經驗，就算做得不好，我們都要很感謝，因為那是成就和修正的更好的基礎。對於曾經努力過的軌跡，一定要尊重與反省。」

## 曹校長：

我常常想，校長在學校不要話太多。每次我要上台去講話，我就會想要如何用簡單的話，讓老師記住我的想法。我剛剛聽到很多夥伴說，要兼顧很多事情，應酬很多，時間不夠或是家庭經營方面會造成困擾。我覺得當校長一年來，我真的很快樂。

學校假日活動很多。上學期在同一個禮拜天，歌仔戲是我們學校的特色，假日應邀到中正紀念堂表演「白蛇傳」。小朋友等了很久。我也去了，但是我不知道我能做什麼，後來家長回來就跟我抱怨說：「為什麼校長沒去？」因為他們沒有看到校長。我說：「我去了。我那天同時還有籃球比賽、童軍團。」

這一類的家長有一些抱怨。我有時候會思考，校長是否一定要去滿足每個人的需求。我聽過一個師傅校長說：「校長只要在最需要的時候出現就好，不需要出現的頻率太高，讓人家覺得你沒有價值。」我是第一年的初任校長，現在還無法完全體會這位師傅校長的這句話。

另外，在校際交流時，我想到一個一流的領導是用組織，要懂得如何善用組織。我認為校長其實不要樣樣站在第一線。我們校際交流或是畢業旅行都有領隊，這領隊做的決定和校長做的決定是要一致的。我發現有些學校領隊的決定會跟校長衝突，我認為這是不應該發生的。只要領隊是我們學校的主任，他講了就算數。在學校組織中，很多情況我都授權讓主任去做決定。

這學期我跟所有的主任說：「你們做的所有的決定，你們一定要事先讓我知道，但是都是由你們自己去講。可是我不知道的事情，我一定不負責。」我要讓他們養成一個習慣，有事情一定要先告訴我。我認為主任都有相當大的權力。但是校長就像偶戲後面的細小拉線，有時候還是要限制他們。

這學期我們學校有一個籌備會。我要求負責籌備的人員要把所有的活動都用單槍投影機秀出來，資訊組長覺得有困難。我說：「我現在提早做出要求。有什麼困難，可以提出來解決。」資訊組長就跟我說：「我會去規劃，但是不要一下子就跟大家講。壞人讓我來做，校長你只要做好人就好。」我聽了就很欣慰。我覺得這很符合我們剛說的高關懷與高倡導。

我記得卡內基的《贏在影響力》裡面談到，人際關係的九大法則是讚美、不責怪等，就是你永遠都不要去講重話，你永遠都不去責備別人。校長要做到高倡導是需要有一些組織以及一些方法。我覺得這樣做效果很好，會讓一個人當校長當得比較愉快。

## 孫校長：

先從招生的問題說起。市公所給我的新生入學名單有八班額度。到目前為止，八班全滿，將近第九班，可能會邁向第十班。這是讓我很訝異、也很雀躍的。因為學校目前各方面，就校舍或是環境條件而言，是三重後段的。鄰近的光光國小（化名）新校舍今年剛整建完成，喜悅國小（化名）是我們台北縣的標竿學校，美德國小（化名）在語文競賽一直是相當有口碑。這些學校都在我的學校旁邊，而且學區互相重疊。

以這些鄰近學校的條件，要把我們的學生拉走的可能性很高。聽家長說：「我們校長年輕，而且認真。」家長們應知道，我是努力的，是有練過功夫的。

做一個經典的比喻。「當校長」，就好比結婚或是訂婚，既期待又怕受傷害。校長角色是教育者的理想追求，是一種榮譽的肯定，是生涯的進階。但它也必須有接受挑戰、面對困難的勇氣。它不會像童話故事說的：「從此王子與公主就過著幸福快樂的日子。」

目前學校面臨許多家長、老師、長官在校園整建、土地徵收、改善

學習品質等各方面的期待與要求，有很多困難有待克服。「校長」可能讓一個人揚名立萬，卻很可能讓人身心俱疲。可能讓你意氣風發，但也可能讓你一蹶不振。當校長不是祈求事事如意，每一天都沒事，而是在提昇處理事情的能力與智慧，面對問題善加因應。

　　用抱持著「交朋友」的心態來當校長，把當校長當成生活的內涵，是一種態度、一種修為、一種道場。生命當中承擔校長任務足以讓人得意。這一歷程，「喜、怒、哀、樂、愛、惡」也相互交融，如何樂在其中就是自己要做的人生功課。

（本座談係於 2004 年 7 月 4 日在國立臺北師範學院行政大樓 605 會議室召開，由林文律副教授擔任主席，陳佳榮先生擔任紀錄）

國家圖書館出版品預行編目資料

小學校長走過第一年／ 林文律 主編─初版─
臺中市：天空數位圖書 2022.05
面：17*23 公分
ISBN：978-626-7161-00-5（平裝）
1.小學 2.校長 3.學校行政
523.68                                     111008063

書　　　名：小學校長走過第一年
主　　　編：林文律
發 行 人：蔡輝振
出 版 者：天空數位圖書有限公司
美工設計：設計組
版面編輯：採編組
出版日期：2022 年 5 月（初版）
銀行名稱：合作金庫銀行南台中分行
銀行帳戶：天空數位圖書有限公司
銀行帳號：006--1070717811498
郵政帳戶：天空數位圖書有限公司
劃撥帳號：22670142
定　　　價：新台幣 780 元整
電子書發明專利第 I 306564 號

服務項目：個人著作、學位論文、學報期刊等出版印刷及DVD製作
影片拍攝、網站建置與代管、系統資料庫設計、個人企業形象包裝與行銷
影音教學與技能檢定系統建置、多媒體設計、電子書製作及客製化等
TEL　：(04)22623893            MOB：0900602919
FAX　：(04)22623863
E-mail：familysky@familysky.com.tw
Https ://www.familysky.com.tw/
地　　址：台中市南區忠明南路 787 號 30 樓國王大樓
No.787-30, Zhongming S. Rd., South District, Taichung City 402, Taiwan (R.O.C.)